实证法学

法治指数与国情调研
（2018）

田　禾　吕艳滨　等著

中国社会科学出版社

图书在版编目（CIP）数据

实证法学：法治指数与国情调研. 2018 / 田禾等著. —北京：中国社会科学出版社，2019.10

ISBN 978-7-5203-5199-7

Ⅰ.①实… Ⅱ.①田… Ⅲ.①法学—研究—中国—2018 Ⅳ.①D920.0

中国版本图书馆 CIP 数据核字（2019）第 216526 号

出 版 人	赵剑英
责任编辑	王　茵　马　明
责任校对	胡新芳
责任印制	王　超

出　　版	中国社会科学出版社
社　　址	北京鼓楼西大街甲 158 号
邮　　编	100720
网　　址	http://www.csspw.cn
发 行 部	010-84083685
门 市 部	010-84029450
经　　销	新华书店及其他书店
印　　刷	北京明恒达印务有限公司
装　　订	廊坊市广阳区广增装订厂
版　　次	2019 年 10 月第 1 版
印　　次	2019 年 10 月第 1 次印刷
开　　本	710×1000　1/16
印　　张	29.75
字　　数	473 千字
定　　价	139.00 元

凡购买中国社会科学出版社图书，如有质量问题请与本社营销中心联系调换
电话：010-84083683
版权所有　侵权必究

摘 要

实证法学是法学研究发展的重要方向，法治国情调研是做好实证法学研究的基础，法治指数评估是推动法治实践的重要手段，智库报告是实证法学研究成果的重要载体。本书精选了中国社会科学院国家法治指数研究中心、中国社会科学院法学研究所法治指数创新工程项目组在法治指数评估和法治国情调研方面完成的主要智库报告，分三大板块展示了展现了相关领域的法治发展状况。法治政府板块对政府信息与政务公开、政府信息公开工作年报发布等领域开展了第三方评估，以政府信息与政务公开为切入口，集中展现相关领域法治政府、阳光政府、透明政府建设的成就与问题。地方法治板块对四川省依法治省工作进行了评估，从依法执政、人大建设、法治政府、司法建设、社会法治等方面分析了四川省依法治省情况，总结了地方法治实践中有益的经验。社会治理板块则选取广东省珠海市和山东省潍坊市，对当地落实中央决策部署，提高社会治理社会化、法治化、智能化、专业化水平的实践进行了考察，为全国其他地区加强和创新社会治理提供了可资借鉴的样本。

Abstract

Empirical research is an important direction of the development of legal studies, and the investigation of the national conditions of the rule of law is the basis of doing a good job in empirical legal research. The evaluation of the rule of law index is an important means to promote the practice of the rule of law, and the think tank report is an important carrier of the results of empirical legal research. This book selected the main think tank reports on the evaluation of the rule of law index and the investigation of the situation of the country under the rule of law completed by the Center for National Index of Rule of Law of the Chinese Academy of Social Sciences and the Law Institute of the Chinese Academy of Social Sciences, which is divided into three parts to show the development of the rule of law in related fields. The first part carried out third-party evaluations in the fields of government information and government affairs publicity, government information publicity work annual report publication and so on. Taking government information and government affairs publicity as the entry point, this book focuses on the achievements and problems of the construction of government under the rule of law, sunshine government and transparent government in relevant fields. The second part evaluated the work of ruling the province by law in Sichuan Province, analyzed the situation of ruling the province by law in Sichuan Province from the aspects of ruling the province by law, building the People's Congress, government by law, judicial construction and social rule by law, and summarized the beneficial experience in the practice of local rule of law. The third part, choosing Zhuhai City of Guangdong Province and Weifang City of Shandong Province, inspected the local practice of implementing the central decision-making deployment and improving the level of socialization, legalization, intellectualization and specialization of social governance, which provided a reference sample for strengthening and innovating social governance in other parts of the country.

目录

导　言　法治指数、法治国情与新时代法学研究 …………………… （1）

第一编　中国政务公开第三方评估报告（2017） ……………… （16）
　导　论 ……………………………………………………………… （17）
　第一章　评估对象、指标及方法 ………………………………… （17）
　第二章　总体评估结果 …………………………………………… （20）
　第三章　各领域评估结果 ………………………………………… （29）
　第四章　发展展望 ………………………………………………… （91）

第二编　政府信息公开工作年度报告发布情况评估报告（2018） …… （94）
　导　言 ……………………………………………………………… （95）
　第一章　评估对象及指标设计 …………………………………… （96）
　第二章　总体评估结果 …………………………………………… （98）
　第三章　评估发现的亮点 ………………………………………… （112）
　第四章　评估发现的问题 ………………………………………… （116）
　第五章　完善建议 ………………………………………………… （121）

第三编　四川省依法治省第三方评估报告（2017） …………… （125）
　第一章　评估概况 ………………………………………………… （126）
　第二章　依法执政 ………………………………………………… （135）
　第三章　人大建设 ………………………………………………… （148）

第四章　依法行政…………………………………………（170）
　第五章　政务公开…………………………………………（191）
　第六章　司法建设…………………………………………（205）
　第七章　法治社会…………………………………………（234）
　第八章　结语………………………………………………（257）

第四编　社会治理：珠海平安社会建设……………………（260）
　第一章　珠海市平安社会建设的背景……………………（261）
　第二章　以社会治理法治化推动平安建设规范化………（270）
　第三章　以社会治理社会化推动平安建设协同化………（285）
　第四章　以社会治理专业化推动平安建设现代化………（302）
　第五章　以社会治理智能化推动平安建设迅捷化………（316）
　第六章　珠海市平安社会建设经验和面临的困难………（333）
　第七章　社会治理与平安建设的发展方向………………（340）

第五编　社会治理：潍坊智慧城市实践……………………（345）
　第一章　智慧城市：城市化发展的进阶…………………（346）
　第二章　潍坊智慧城市建设概况…………………………（358）
　第三章　潍坊智慧城市建设经验…………………………（371）
　第四章　"智慧潍坊"建设的未来规划……………………（427）
　第五章　智慧城市建设展望………………………………（431）

附录一　2017年中国政务公开第三方评估对象……………（437）

附录二　2017年中国政务公开第三方评估指标体系………（446）

附录三　2018年政府信息公开工作年度报告发布情况
　　　　评估指标体系…………………………………………（455）

参考文献………………………………………………………（457）

后　　记………………………………………………………（462）

Contents

Preface: Evaluation and Investigation on Rule of Law and Legal Studies in New Era ·· (1)

Part I: Third-part Assessment Report on Openness of Government Affairs in China (2017) ·································· (16)

Introduction ·· (17)

Chapter 1: Assessment Objects, Indicators and Methods ············· (17)

Chapter 2: Overall Results of Assessment ································ (20)

Chapter 3: Results in Fields of Assessment ····························· (29)

Chapter 4: Development Prospects ·· (91)

Part II: Assessment Report on Publication of Annual Reports on Government Information Disclosure Work (2018) ············ (94)

Introduction ·· (95)

Chapter 1: Assessment Objects and Indicators ························· (96)

Chapter 2: Overall Results of Assessment ································ (98)

Chapter 3: Highlights Found in Assessment ···························· (112)

Chapter 4: Problems Found inAssessment ······························· (116)

Chapter 5: Perfect Suggestions ·· (121)

Part Ⅲ: Third-party Assessment Report on Ruling the Province by Law in Sichuan Province (2017) ………………… (125)
 Chapter 1: General Situation of Assessment ……………… (126)
 Chapter 2: Governing by Law …………………………… (135)
 Chapter 3: People's Congress System …………………… (148)
 Chapter 4: Administration according to Law …………… (170)
 Chapter 5: Government Affairs Openness ……………… (191)
 Chapter 6: Judicial Construction ………………………… (205)
 Chapter 7: Law-based Society …………………………… (234)
 Chapter 8: Conclusion …………………………………… (257)

Part Ⅳ: Social Governance: Construction of Peaceful Society in Zhuhai ………………………………………………… (260)
 Chapter 1: Background of Peaceful Society Construction in Zhuhai ………………………………………… (261)
 Chapter 2: Realizing the Standardization of Safety Construction by Ruling by Law of Social Governance ………… (270)
 Chapter 3: Realizing the Coordination of Safety Construction by Socializing Social Governance ………………… (285)
 Chapter 4: Realizing the Modernization of Safety Construction by Specializing Social Governance ………………… (302)
 Chapter 5: Realizing the Efficient Construction of Safety by Intelligent Construction of Safety ………………… (316)
 Chapter 6: Experiences and Problems of Peaceful Society Construction in Zhuhai ………………………… (333)
 Chapter 7: Development Direction of Social Governance and Safety Construction ………………………………… (340)

Part Ⅴ: Social Governance: Practice of Smart City in Weifang … (345)
 Chapter 1: Smart City: Advancement of Urbanization Development …………………………………………… (346)

Chapter 2: Survey of Smart City Construction in Weifang .... (358)

Chapter 3: Experience of Smart City Construction in Weifang .... (371)

Chapter 4: Future Planning of Smart Weifang Construction .... (427)

Chapter 5: Prospects for Smart City Construction .... (431)

Appendix I: Objects of Assessment on Openness of Government Affairs in China (2017) .... (437)

Appendix II: Indicators of Assessment on Openness of Government Affairs in China (2017) .... (446)

Appendix III: Indicators of Assessment on Publication of Annual Reports on Government Information Disclosure Work (2018) .... (455)

Reference .... (457)

Postscript .... (462)

导　言

法治指数、法治国情与新时代法学研究

一　实证法学是法学研究发展的重要方向

法学研究与国家法治实践的发展密不可分，法治实践为法学理论的发展提供经验与素材，法学理论指导和引领法治实践的，法学研究应成为推动经济社会发展走向法治轨道的动力。

中华人民共和国成立70年，尤其是改革开放40多年来，中国的法学研究取得了举世瞩目的成就，中国的法治建设也取得了前所未有的进步。然而，在充分肯定成绩和进步的同时，我们应当清醒地认识并正视法学研究中的不足和长期存在的"幼稚"。很长一段时间内，中国包括法学在内的社会科学基本还继续着20世纪80年代开始以来对西方学术的"狼吞虎咽"，不大讲分析和论证，甚至不懂什么是分析和论证，普遍以引证代替论证，以引证名家权威代替分析论证，以理论复述代替独立的研究，法学研究的所谓"创新"和"填补空白"基本上是西方法学、外国法治的翻新炒作。就像学者尖锐批评的那样，"那基本就是一个抄书的年代"。① 实事求是地讲，我们不能否认这种研究范式在引进域外法学资源和法律资源，为中国法治建设引进整理理论资源方面的历史地位和发挥的作用。② 然而，随着全面依法治国的不断深入，尤其是随着中国特色社会主义法律体系形成后，这种研究范式的缺陷便日益凸显。这很大程度上导致了中国法学"上不沾天，下不着地"，既不能为部门法提供全面的思想指导和法理支持，也难以为全面依法治国的积极推进提供理论指导，法学在日新月异的现实社会生活面前常常显得难堪而苍白无力。

问题和方法是任何一项研究的两个基本元素。没有真问题便没有学术研究，没有适合一定问题的科学方法便没有好的学术研究。③ 造成许多法学研究"困境"的原因也主要存在于问题和方法两个方面。

一方面，法学研究缺乏对中国现实的深入关注。法治有其共同的规律，但它必须根植于一个国家土壤之中，受其国情以及历史、文化、经济基础、上层建筑的影响，体现出各自的差异性。长期以来，中国的法学研究不能真正关注中国的现实法治问题、社会问题、民生问题，一些学者眼里只有英美法系、大陆法系，言必称西方法学，习惯于盯着其他国家的所谓法治经验、法学理论、法律思想，满足于对外国理论和制度的简单引介和直接照搬。这导致我们的某些法治理论、观点和建议脱离中国实际，不能解决中国的现实问题。也有人盲目认为中国在法治方面一无是处，既没有制度，也没有理论，更没有方法，他们满足于对英美一些微不足道的制度、理论、方法津津乐道。有的在理论推演和制度建构中，竟然满足于"某某国这么规定，所以中国也应当这么规定"的逻辑，从而陷入了一种光怪陆离的"殖民地半殖民地风景"。④

另一方面，研究方法落后。在研究方法上，过去我们关注较多的是演绎推理、抽象思维，甚至于故弄玄虚、玩弄概念，把简单的问题复杂化，

---

① 苏力：《问题意识：什么问题以及谁的问题?》，《武汉大学学报》（哲学社会科学版）2017年第1期。
② 陈甦：《体系前研究到体系后研究的范式转型》，《法学研究》2011年第5期。
③ 白建军：《少一点"我认为"，多一点"我发现"》，《北京大学学报》（哲学社会科学版）2008年第1期。
④ 参见蔡枢衡《中国法理自觉的发展》，清华大学出版社2005年版，第28页。

以显示理论的高深莫测。① 经过几十年的发展和实践，这种研究方法和思维范式已经远远过时了，以至于中国法学总体上虽然取得了巨大的成就，但由于方法的落后，与国外最先进、最发达、最前沿的法学研究阵营相比，还有巨大差距。而从中国的实践来看，这种研究范式又脱离中国实际，对于在法治实践一线所产生的鲜活创新和经验视而不见，其结果是既无法与国外学者进行同一量级的对话，又不能为中国的法治实践提供有参考价值的对策建议。

困境出在问题和方法上，走出这一困境，当然也要从这两方面入手。就目前而言，开展实证法学研究是一条可行的途径。早在一百多年前，美国最高法院大法官霍姆斯即断言："法的生命不是逻辑，而是经验。"并预测："对于法律的理性研究而言，现在的主流是对法律进行'白纸黑字'的解读，但将来必定属于那些精通统计学和经济学的人。"② 目前，对自然科学以及社会科学中的许多学科（如经济学、社会学、政治学）来说，实证分析作为一种研究范式的存在价值早已不成问题，但在中国，法学研究尚未全面引入实证分析。③ 实证研究主张研究真实的世界，有别于语词构成的概念世界或由信条构成的理论世界。实证研究用可经验感受和验证的方式，有别于概念界定和演绎的方法，运用特定研究所必备的多学科知识，努力追求功能性和因果性，理解社会中的各种法律现象，进而有助于人们审慎但有效地改造世界。④

党的十九大标志着中国特色社会主义进入新时代，新时代全面推进依法治国的一个重大战略特征，是坚持中国特色社会主义法治道路、法治理论、法治体系、法治文化"四位一体"和"四个自信"，⑤ 这就要求我们扎根中国法治实践，立足社会科学研究最前沿，大胆推进法学理

---

① 李林：《法治国情调研丛书·序》，载吕艳滨《透明政府：理念、方法与路径》，社会科学文献出版社 2015 年版，第 3 页。
② Oliver Wendell Holmes, "The Path of the Law", *Harvard Law Review*, Vol. 110, 1997, p. 1001.
③ 白建军：《论法律实证分析》，《中国法学》2000 年第 4 期。
④ 苏力：《好的研究与实证研究》，《法学》2013 年第 4 期。
⑤ 李林、莫纪宏：《新时代中国特色社会主义法治理论的创新与发展》，《暨南学报》（哲学社会科学版）2017 年第 12 期。

论创新、方法创新和成果创新。我们提倡的实证法学,是基于中国的法治实践,采取对立法、执法、司法、守法等法治研究对象大量的观察、实验、调查和统计等方法,科学获取第一手客观真实的材料,从个别到一般、从特殊到普遍,总结归纳出法治和法律现象的本质属性和发展规律,发现可能存在的风险、问题和不足,并作出前瞻性的分析预测,提出现实性的对策建议的研究方法和研究范式。① 实证法学不仅是一种科研方法,更是一种治学态度。② 它是"中国问题"与"世界方法"的结合,对于改进中国的法学研究,推动中国法治实践,具有重要价值,在这个意义上,我们可以说"实证强则法学强,法学强则法治强,法治强则国家强"。③

实证法学研究,必须坚持实践性特征。法学是来自实践、服务实践并在实践中不断发展的科学理论,本质上属于实践应用之学、经世济民之学。实证法学的问题意识必须是实践导向的,而不是玄思导向的。一个针尖上能站几个天使,不是实践者、行动者的问题意识。④ 实证法学研究必须具有鲜明的"问题意识",即聚焦"中国问题中心主义",在中国的法治实践中进寻找和认定困扰当今中国人生活和中国社会发展的重大难题,在中国场景中寻找出真正的中国问题。⑤ 实证法学研究的根本目标是发现中国自身的法治问题,解决自身的法治问题,以解决中国的法治问题为出发点和归宿。⑥ 具体而言,就是要倡导法学理论的应用和操作研究,倡导法律实施效果的测量,倡导法律经验的归纳,不仅要深入研究法治和法律的基本概念、原则、范畴、价值、方法、理念、功能、法律关系、法律行为等法学基本问题,构建系统的中国法学学科体系,而且要深入研究如何

---

① 李林:《共建中国的实证法学》,载田禾、吕艳滨主编《实证法学研究》第一期,社会科学文献出版社 2017 年版,第 8 页。

② 陈甦:《实证法学:一种科研方法、一种治学态度》,载田禾、吕艳滨主编《实证法学研究》第一期,社会科学文献出版社 2017 年版,第 5 页。

③ 李林:《共建中国的实证法学》(修订版),http://www.iolaw.org.cn/showArticle.aspx?id=5367,2018 年 8 月 8 日最后访问。

④ 苏力:《问题意识:什么问题以及谁的问题?》,《武汉大学学报》(哲学社会科学版)2017 年第 1 期。

⑤ 陈甦:《体系前研究到体系后研究的范式转型》,《法学研究》2011 年第 5 期。

⑥ 程金华:《当代中国的法律实证研究》,《中国法学》2015 年第 6 期。

把"纸面上的法""条文中的法"切实变为"生活中的法""行动中的法"等法治问题。

实证法学研究，必须坚持创新性特征。实证法学研究具有其他究方式所不具有的独特价值，具有规模性、客观性、科学性以及"技术中立性"，[①]它往往能够发现现实生活中具有普遍性的法律现象，能够揭示实践中普遍运行的法律规律，而且是用有说服力的数据对之加以证明，便因此凸显了其不同于法解释学（法教义学）和社科法学的独特价值：它更有可能发现和解释法解释学和社科法学所不能发现和解释的问题与现象，提出二者不能有力证明的命题，提出能够证伪的结论，进而设计出更具操作意义的改革措施。[②]坚持实证法学研究的创新性，一是要超越"言必称西方"的西方法治中心主义和主导法学话语体系的"西方法学"理论，汲取中华传统法律文化精华，借鉴世界法律科学的有益成果，走出一体以中为本、中西结合的实证法学发展之路，构建中国特色实证法学体系。二是加强与法学各学科、与其他社会学科的合作交流，推进适度综合的交叉研究，探索运用统计学、社会学等跨学科知识推进实证研究，并综合运用法教义学、社科法学的方法，深度、综合地阐释法律现象，不断提出、发现有生命力的命题。三是要关注大数据和"互联网+"带来的"实证革命"，不仅要重视观点、思想的创新，还要重视研究方法和技术手段的创新，用新方法、新技术、新手段推进实证法学研究的"革命"，实现实证研究样本的海量收集、迅捷处理、精细化和精准度。

二 法治国情调研是做好实证法学研究的基础

"没有调查，就没有发言权。"[③]重视调查研究是中国共产党的优良传统，在新的历史条件下"调查研究"被赋予了新的内涵和使命。国情是

[①] 左卫民：《一场新的范式革命——解读中国法律实证研究》，《清华法学》2017年第3期。
[②] 左卫民：《法学实证研究的价值与未来发展》，《法学研究》2013年第6期。
[③] 毛泽东：《反对本本主义》，载《毛泽东选集》第一卷，人民出版社1991年版，第109页。

研究中国问题必须考虑的主要因素。制度的建设离不开文化、民情与民族性格。① 中国的法治发展离不开产生它与推动它的具体环境,研究中国问题应当以中国的文化与国情作为基础,研究中国的法治发展也必须关注中国的法治国情。法治国情调研是实证法学研究领域的具体体现,侧重于法学研究方法的观念转型,深入基层来获取法学研究所需要的第一手材料。开展法治国情调研是弘扬理论联系实际优良学风的重要载体,是培养科研人员尤其是青年人才的重要途径,是产出优秀科研成果的重要源泉。深入开展法治国情调研,正在深刻影响和推动法学研究人员转变学风、文风,创新研究方法。深入开展法治国情调研,推动实证法学研究,是未来中国法学适应中国经济社会发展和民主法治建设的必然要求,是中国法学研究深刻转型、走向辉煌的必由之路。

中国社会科学院法学研究所有着重视调查研究的优良传统,坚持理论联系实际,扎根中国法治实践开展实证法学研究,关注中国法治发展进程,服务中国法治建设顶层决策,在很大程度上直接推动了中国的法学繁荣、法律发展和法治进程。从 2003 年起,法学研究所连续发布法治蓝皮书,以年度性《中国法治发展报告》的形式记录中国法治发展历程,总结中国法治发展取得的成就与存在的问题,并对其发展趋势进行预测和展望。2006 年,法学研究所组成了以田禾研究员为主任的法治蓝皮书工作室,负责法治蓝皮书的编创工作。2006 年以来,法学研究所连续组织所内外专家展开广泛的法治国情调研,并以法治蓝皮书为载体发布年度性法治国情调研报告,从定性和定量两个维度,从宏观到微观两个层面对中国的法治建设进行全景扫描。法治国情调研采用实地调查、座谈访谈等方式全面地了解中国国情,深入地解读中国道路,有力地发出中国声音,从而形成持之有故、言之成理的调研报告,积极地为中国改革发展建言献策。2008 年,法学研究所成立法治国情调研室,职能定位是在理论联系实际的基础上,对法学理论和法治实践问题进行实证调研和量化分析。法治国情调研室是法学所顺应国家法治建设的需要和法学研究发展的趋势,打破原有的部门法学科限制按照研究方法成

---

① 田禾:《公职人员禁止行为研究》,社会科学文献出版社 2013 年版,第 3—10 页。

立的新型研究机构。

法治国情调研室成立以来，抓住重大热点、重点、难点问题，如公职人员廉洁从政法律制度、行政审批制度改革、电视广告监管法律制度、个人信息保护法律制度等，开展法治国情调研活动。在法治国情调研活动中，项目组除了采用传统的文献分析、案例分析、座谈访问等方法外，还根据调研内容和目的，科学灵活地采用问卷调查、实地考察、随机抽样等方法，获取了大量的一手数据和素材。在公职人员廉洁从政法律制度调研中，项目组利用两年时间，在北京、江苏、浙江、广东等23个省（直辖市）对公职人员和公众开展了廉洁从政的问卷调查，其中共向公职人员发放问卷1617份，回收有效问卷1464份；共向社会公众发放问卷1555份，回收有效问卷1505份。经过对问卷数据的系统梳理和科学分析，调研显示，国家的相关实践对提高人们的认识、预防腐败起到了一定的作用，但与当前反腐败的需要相比，仍有一定差距，推进财产监督还需整体有序，财产监督的范围还有待进一步扩大。对公职人员实施有效的财产监督必然要不断扩大财产公开的对象，扩展各种公开渠道。推进公职人员财产监督制度应采取由点到面的方式逐步推进。[1]在公职人员亲属营利性行为规制方面，调研发现，公职人员亲属违规营利性行为是规范公职人员行为中最为复杂、最难监管的一种行为，应当完善规范公职人员亲属行为的法律体系，建立健全公职人员亲属行为监管机制，公开公职人员亲属涉权力的相关信息，建立公职人员及亲属财产公开机制，严惩违法违规的公职人员及亲属，加强对公职人员及亲属的教育。[2]

法学研究所及其法治国情调研室不断加强与党政机关的长期合作、改进调研效果并提升影响力，先后与广东省依法治省领导小组办公室、四川省依法治省领导小组办公室、浙江省高级人民法院、贵州省人民政府办公厅、浙江省宁波市中级人民法院、广东省珠海市司法局、广东省中山市人

---

[1] 田禾、吕艳滨：《破解反腐难题应加快公职人员财产监督制度建设》，《中国党政干部论坛》2013年第2期。

[2] 田禾、吕艳滨：《论公职人员亲属营利性行为的法律规制》，《马克思主义研究》2014年第2期。

大常委会、重庆市黔江区政府法制办公室、江苏省江阴市委政法委、浙江省杭州市余杭区司法局等全国十余个省市的地方党委、人大、政府、法院等机关合作，开展了大量的国情调研活动，并建立了 20 多个法治国情调研基地，每年坚持开展法治国情调研数百人次，形成了丰硕的调研成果。2015 年，项目组对浙江省杭州市余杭区大数据推进基层治理法治化情况进行了调研。调研报告认为，基层法治建设是法治中国的基础环节，当今基层普遍面临着有限政府与转型社会、小基层与大负担、碎片化与一体化的紧张关系。作为全国法治"试验田"的余杭区面对困境，遵循顶层设计，通过智能决策办公系统、民生社会服务系统和智慧城市管理系统等创新举措，将"大数据"和"互联网+"的应用成果深度融入基层治理，全面整合政府各部门的资源，多点共享相关的数据和信息，使政府基层治理逐渐从条块分割的闭合回路走向协同合作的开放回路。余杭实践表明，新技术与法治创新的结合，不仅有助于纾解基层治理难题，还可倒逼基层法治转型、推动治理结构扁平化，走出一条高科技、接地气、尊民意的基层法治新路径。[①] 2017 年，项目组对广东省珠海市社会治理创新和平安社会建设实践进行了调研。调研报告认为，社会治理和平安建设的重点和难点在基层，活力和动力也在基层。近年来，珠海市着力完善平安建设体制机制，推动平安建设精细化管理，扩大平安建设社会参与，筑牢平安建设基层基础工作，加强立体化社会治安防控体系建设，在做好社会治理和平安建设常规工作的同时，开展了具有本地特色的积极探索和创新。加强和创新基层治理，推进平安中国建设，有赖中央的统筹顶层设计和整体制度安排，应在总结地方实践经验的基础上，不断完善党委领导、政府主导、社会协同、公众参与、法治保障的社会治理体制，全面提升平安建设的社会化、法治化、智能化、专业化水平，打造共建共治共享的社会治理格局。[②]

[①] 冉昊：《余杭区"大数据"推进基层治理法治化调研报告》，载李林、田禾主编《法治蓝皮书：中国法治发展报告 No.14（2016）》，社会科学文献出版社 2016 年版，第 336 页。

[②] 田禾、田纯才：《社会治理视野下的基层平安建设——以珠海市平安社会建设实践为例》，载李林、田禾主编《法治蓝皮书：中国法治发展报告 No.16（2018）》，社会科学文献出版社 2018 年版，第 365 页。

三 法治指数评估是推动法治实践的重要手段

实证法学研究本质上是一种以数据分析为中心的经验性法学研究。① 量化研究是实证法学研究最为重要的方法之一,而法治指数是法治量化研究的重要组成部分。② 法治指数能够实现对不同社会体制和文化的比较,为改造权力结构提供更清晰的蓝图,以及使法制建设的具体举措和绩效的评价趋于统一化。③ 随着实证研究方法不断被引入到法学研究领域以及不同学科交叉影响日益深化,法治建设状况的量化评估迈出了实践性的步伐。近年来,中国不少地方人民代表大会、法院检察院开展量化绩效考核,地方政府也纷纷以法治评估为契机推进区域治理法治化。法治评估指通过建立法治指标及其他实证方法对国家、地区抑或是社会的法治状况进行评价的系统工程。法治评估的关键在于提取与公认的、确定的法治概念相对应的法治指标。法治评估因其科学性和概观性逐渐得到学术界和实务部门的认可和适用,国内学者大多对法治评估持肯定态度。④ 法治评估实际上是一种法治的推进机制,也是一种制度创新。法治评估为法治建设确立目标,同时又是一种法治建设的倒逼机制和一种公众参与机制。⑤

然而,不可否认,中国目前的法治指数评估普遍存在一些问题:首先,国内法治指数内部评价居多,或是公权力机关自评或内部评价与外部主观评价相结合,容易陷入表扬与自我表扬,或是避重就轻,其缺陷不言而喻;其次,国内法治指数指标体系科学性不足,有的将客观数据直接转化为法治数据,且不能量化;再次,国内的法治指数也存在西方法治指数类似的方法问题,将公众对法治的主观满意度,而非制度运行的客观状况

---

① 左卫民:《一场新的范式革命——解读中国法律实证研究》,《清华法学》2017年第3期。
② 田禾:《量化研究:衡量法治的尺度》,《中国应用法学》2017年第1期。
③ 季卫东:《以法治指数为鉴》,载氏著《秩序与混沌的临界》,法律出版社2008年版,第56页。
④ 张德淼:《法治评估的实践反思与理论建构——以中国法治评估指标体系的本土化建设为进路》,《法学评论》2016年第1期。
⑤ 钱弘道:《中国法治评估的兴起和未来走向》,《中国法律评论》2017年第4期。

放在重要的位置；最后，国内的多数法治指数的指标设计和赋值权重具有任意性和主观性，缺乏可操作性。① 解决上述问题，必须创新法治指数研究方法，在强调强化研究中立的思维的前提下，突出评估的学术和人文关怀，防止被技术理性和工具理性所支配：一是在评估指标的设置上，应兼顾全面性和重点内容，既立足现有制度规范又有适度前瞻；二是兼顾评估指标的连续性与灵活性；三是找到真正有关联的数据和事件，以对制度执行、政策落实情况做出准确的判断；四是兼顾地方性与普适性；五是评估指标的设置与修订应兼顾公众意志、公众需求的主观性与法治自身规律的客观性；六是评估指标和评估结果并不是密闭于系统内部孤芳自赏的，而应向社会各界开放；七是要避免评估的"材料审"。②

2007年4月5日，国务院常务会议通过《政府信息公开条例》，条例自2008年5月1日起施行。2009年，在《政府信息公开条例》施行一周年之际，法学研究所组织所内外专家自主研发"中国政府透明度指数指标体系"，对《政府信息公开条例》实施首年的政府信息公开工作开展了全面评估，于2010年2月通过法治蓝皮书发布《中国地方政府透明度年度报告》，并于次年起连续八年发布《中国政府透明度指数报告》（《中国政府透明度年度报告》），对《政府信息公开条例》实施十年来中国政府信息工作和透明政府建设进行了跟踪评估，评估对象涵盖国务院部门、31家省级政府、49家原较大的市政府和100家试点县级政府。③ 中国政府透明度指数评估开创了研究机构站在第三方角度评价政府工作的先河，引起了广泛的社会关注，得到专家学者和社会公众的高度肯定，也得到了政府机关的认可。2014年至2016年，受国务院办公厅委托，法学研究所连续三年承担全国政务公开工作评估项目，评估对象涉及54家国务院部门、31家省级政府。2015年、2016年和2017年，三年项目均顺利完成，评估报告、评估排名、各评估对象问题清单通过国务院办公厅下发给国务院

---

① 田禾：《法治指数及其研究方法》，《中国社会科学院研究生院学报》2015年第3期。
② 田禾：《量化研究：衡量法治的尺度》，《中国应用法学》2017年第1期。
③ 相关情况可参见吕艳滨《政府信息公开制度实施状况——基于政府透明度测评的实证分析》，《清华法学》2014年第3期；亦可参见吕艳滨、田禾《中国政府透明度（2009~2016）》，社会科学文献出版社2017年版。

部门、省级政府。据国务院办公厅反馈，评估报告下发后，评估指出的问题和提出的建议得到国务院各部门和各省级政府的高度重视，有效推动了政府信息与政务公开工作。此外，2015年以来，法学研究所还接受民政部等国务院部门，北京市、广东省、贵州省、宁夏回族自治区等省级政府，和北京市西城区、朝阳区等区县政府委托，开展相关领域和区域的政务公开专项评估，通过制定有针对性的评估指标体系并开展实地调研，推动了阳光政府建设。

2011年，在中国政府透明度指数的基础上，法学研究所研发了"中国司法透明度指数指标体系"，自主开展了中国司法透明度指数评估，并于2012年3月通过法治蓝皮书对外发布《中国司法透明度年度报告》，并于次年起连续六年发布《中国司法透明度指数报告》，对最高人民法院、31家高级人民法院、49家原较大的市中级人民法院的司法公开工作进行了跟踪评估。[①]《中国司法透明度指数报告》的发布，在法院系统引起了巨大轰动，报告和相关报道引起最高人民法院的高度重视。2013年以来，在最高人民法院的直接推动下，司法公开取得重大进展，在国内外产生广泛影响。如今，司法公开被称为司法工作的"牛鼻子工程"受到前所未有的重视，取得了广泛的社会影响。2017年，受最高人民法院审判管理办公室委托，法学研究所启动了对全国法院裁判文书、审判流程、庭审活动公开工作的第三方评估。2013年至2015年，受浙江省高级人民法院委托，法学研究所连续三年组织开展了浙江法院阳光司法指数评估。此外，2014年、2015年，受北京市高级人民法院委托，法学研究所组织开展了北京法院阳光司法指数评估；2015年，受重庆市渝北区人民法院委托，法学研究所对其开展阳光司法指数评估，并将其列入浙江基层法院中，查找问题与不足；2016年，受广西壮族自治区高级人民法院委托，法学研究所组织开展了广西法院阳光司法指数评估；2017年，受浙江省宁波市中级人民法院委托，法学研究所组织开展了宁波法院阳光司法指数评估。

---

① 相关情况可参见王小梅、栗燕杰、张文广《中国司法透明度（2011~2016）》，社会科学文献出版社2017年版。

2012 年，法学研究所组织研发了"中国检务透明度指数指标体系"，并自主展开了评估，于 2013 年起连续六年发布《中国检务透明度指数报告》，对最高人民检察院、31 家省级人民检察院和 49 家原较大的市人民检察院的检务公开工作进行了跟踪评估。《中国检务透明度指数报告》连续得到最高人民检察院的高度关注和重视，最高人民检察院案件管理办公室多次来法学研究所或邀请法学研究所团队赴最高人民检察院就检务公开工作开展调研和培训，推动了检务公开工作取得实质性进展。此外，2013 年，法学研究所组织研发了"中国海事司法透明度指数指标体系"，于 2014 年起连续五年对外发布《中国海事司法透明度指数报告》；2017 年，法学研究所组织研发了"中国警务透明度指数指标体系"，于 2018 年、2019 年两次发布《中国警务透明度指数报告》。[①]

四　智库报告是实证法学研究成果的重要载体

智库建设是推进国家治理体系和治理能力现代化的重要内容。近年来，新型智库作为思想库和智囊团的战略地位和作用日益凸显。党的十八届三中全会通过《中共中央关于全面深化改革若干重大问题的决定》，明确提出加强中国特色新型智库建设，建立健全决策咨询制度。2015 年 1 月，中共中央办公厅、国务院办公厅印发了《关于加强中国特色新型智库建设的意见》，提出中国特色新型智库是党和政府科学民主依法决策的重要支撑、是国家治理体系和治理能力现代化的重要内容、是国家软实力的重要组成部分。中央的上述决定为建设中国特色新型智库指明了根本方向、提出了总体要求。中国需要提升中国智库和国际对话的能力，并能够把中国的行动转化成科学语言和外交语言，通过学者宣讲出去，就会取得更好的效果，也会提升中国的软实力。中国的智库还应加强对当前时代和中国定位的研究，为国家提出更多的战略选择。[②] 中国目前的实证研究的

[①] 参见王小梅《中国警务透明度指数报告（2018）——以公安机关网站信息公开为视角》，载陈甦、田禾主编《法治蓝皮书：中国法治发展报告 No. 17（2019）》，社会科学文献出版社 2019 年版。

[②] 黄平：《中国智库建设应以"小而精"代替"大而全"》，《国际展望》2010 年第 5 期。

根本任务是通过有效的学术竞争来改变学术风气，逐渐形成扎根于中国却又能同国际勾连的传统。[①] 实证法学研究有助于有效解决过去三十多年中国知识界有效供给不足的困境，将为中国特色新型法学智库建设提供力量和支持。

智库报告是法学研究所与中国社会科学出版社合作推出的一种新型成果形式，是展示法治指数评估与法治国情调研等实证法学研究成果的重要形式，它将法学理论和法治实践相结合，兼具学术论文与咨询报告的特征，不仅拥有深厚的理论支撑，又能针对现实问题。2015年3月，法学研究所法治国情调研室、法治指数创新工程项目组通过中国社会科学出版社出版《中国高等教育透明度指数报告（2014）》，这也是中国社会科学出版社推出的第一部智库报告。截至2018年，中国社会科学院国家法治指数研究中心、中国社会科学院法学研究所法治指数创新工程项目组已通过中国社会科学出版社推出各类智库报告23部，包括国家智库报告17部，地方智库报告5部，年度报告1部。

为落实《政府信息公开条例》和中共中央办公厅、国务院办公厅《关于全面推进政务公开工作的意见》、国务院办公厅《〈关于全面推进政务公开工作的意见〉实施细则》和国务院办公厅《2017年政务公开工作要点》等文件要求，进一步推动政务公开工作，受中国社会科学院国家法治指数研究中心、法学研究所法治指数创新工程项目组对2018年机构改革前对外拥有行政管理权限的54家国务院部门、31家省级政府、49家较大的市政府和100家试点县（市、区）政府2017年政务公开工作开展第三方评估，并形成《中国政务公开第三方评估报告（2017）》。报告指出，2017年各级政府政务公开工作取得显著进步，重大决策预公开水平提升明显，行政执法领域信息公开成都较高，重点领域信息公开情况相对规范，政策解读与回应关切情况不断向好。同时，政务公开仍面临一些问题，应进一步树立政务公开的正确认识，理顺公开工作机制，注重总结和推广经验，加强政府网站信息化建设，以大公开理念推动政务公开工作。

《政府信息公开条例》要求行政机关每年总结分析并向社会公开政府

[①] 苏力：《好的研究与实证研究》，《法学》2013年第4期。

信息公开工作年度报告（本段简称"年报"）。2018年，法学研究所法治指数创新工程项目组对2018年机构改革前对外拥有行政管理权限的54家国务院部门、31家省级政府、49家较大的市政府和100家试点县（市、区）政府发布2017年年报的情况进行了统计和分析，形成了《政府信息公开工作年度报告发布情况评估报告（2018）》。评估发现，2018年年报发布情况稳中有进，无论是在形式还是内容上均有了较大进步，年报的编制质量进一步提升、内容描述分析更加翔实，不断涌现出创新点与亮点，社会关注程度不断提升。同时年报的编制和发布仍有进步空间，需要在不断发现问题与瑕疵并不断改正的过程中突破瓶颈，达到新境界。

为贯彻党的十九大和十九届二中、三中全会精神，落实《中共中央关于全面深化改革若干重大问题的决定》《中共中央关于全面推进依法治国若干重大问题的决定》《四川省依法治省纲要》等文件要求，检验《四川省依法治省2017年工作要点》完成情况，法学研究所法治指数创新工程项目组对四川省21个市（州）落实依法治省工作、推动法治建设的情况进行了评估，形成了《四川省依法治省第三方评估报告（2017）》。评估从依法执政、人大建设、法治政府、司法建设、社会法治五个方面详细分析了四川省各市（州）的依法治理情况，总结了依法治理中有益的经验，指出了推进法治工作中面临的困难，并提出了今后发展的建议。

平安建设是当前中国社会治理中的一项基础性工作。加强和创新社会治理，是建设平安中国的基本途径。社会治理和平安建设的重点和难点在基层，活力和动力也在基层。加强和创新社会治理，建设平安中国，有赖于中央的统筹顶层设计和整体制度安排，也必须发挥地方和基层的积极性。法学研究所法治指数创新工程项目组在实地调研的基础上，从完善平安建设体制机制、实现平安建设精细化管理、扩大平安建设社会参与、筑牢平安建设基层基础工作等方面，对珠海市推动平安社会建设规范化、协同化、现代化、效能化的实践进行了全面考察，并对其成就和经验进行了总结，形成了《社会治理：珠海平安社会建设》报告。报告建议，加强和创新社会治理，建设平安中国，应当坚持依法治理，完善平安建设法律支撑；坚持协同治理，扩大平安建设公共参与；坚持创新治理，增强平安建设基层活力；坚持智慧治理，强化平安建设技术保障。

智慧城市是全球城市化发展的进阶，开展智慧城市建设有利于提升城市综合承载能力，推进新型城镇化，促进城市产业提质增效，提升社会治理和公共服务水平。随着物联网、云计算等新一代信息技术的快速发展，全球智慧城市建设掀起新一轮发展浪潮。法学研究所法治指数创新工程项目组以山东省潍坊市为样本，展示中国智慧城市建设的显著成效，形成了《社会治理：潍坊智慧城市实践》报告。报告认为，以潍坊市为代表的各试点城市在智慧政务、智慧医疗、智慧教育、智慧交通、智慧物流、智慧园区等重点领域大有作为，为智慧城市建设全面铺开积累了一批可复制、可推广的有益经验。报告同时指出了中国智慧城市建设中遇到的难题。报告指出，中国智慧城市建设具有得天独厚的优势，随着国家大众创业万众创新、"互联网+"、大数据等战略规划的实施，中国智慧城市建设必将向纵深发展。

第一编

中国政务公开第三方评估报告（2017）

摘　要：为分析政务公开工作进展及存在的问题，中国社会科学院国家法治指数研究中心、中国社会科学院法学研究所法治指数创新工程项目组，围绕决策公开、管理服务公开、执行和结果公开、重点领域信息公开、政策解读与回应关切、依申请公开等方面，对2018年国家机构改革前的54家国务院部门、31家省级政府、49家较大的市政府和100家县（市、区）政府2017年政务公开工作开展第三方评估。评估发现，各级政府政务公开取得显著进步，如对本领域本地区政务公开工作指导成效明显，重大决策预公开水平明显提升，部分行政执法领域信息公开程度较高，部分领域的执行和结果公开相对规范，部分重点领域信息公开情况较好，政策解读与回应关切总体较好。但仍存在一些问题，如部分领域政务公开标准有待明确，部分基础性信息公开仍不到位，部分重点领域信息公开仍有提升空间，部分政务公开的新要求有待进一步落实，政策解读发布水平有待提升，依申请公开仍存法律风险，政务公开平台建设有待加强。对此，应树立政务公开的正确认识，理顺公开工作机制，注重总结和推广经验，注重处理好公开和不公开的关系，以大公开理念推动政务公开工作，加强政府网站的信息化建设。

关键词： 政务公开　法治政府　政府透明度　法治指数

导　　论

公开透明是现代法治政府的基本特征。全面推进政务公开，让权力在阳光下运行，对于发展社会主义民主政治，提升国家治理能力，增强政府公信力、执行力，保障人民群众知情权、参与权、表达权、监督权具有重要意义。2016年2月以来，中共中央办公厅、国务院办公厅先后印发《关于全面推进政务公开工作的意见》等多个文件，对全国政务公开工作作出指导。2018年2月，党的十九届三中全会强调，"加快推进机构、职能、权限、程序、责任法定化……全面推行政府部门权责清单制度，规范和约束履职行为，让权力在阳光下运行"，吹响了新时代推进政务公开、建设法治政府的新号角。

为进一步推动全国政务公开工作，中国社会科学院国家法治指数研究中心、中国社会科学院法学研究所法治指数创新工程项目组（以下简称"项目组"）围绕决策公开、管理服务公开、执行和结果公开、重点领域信息公开、政策解读与回应关切、依申请公开等方面，对2018年国务院机构改革前的54家国务院部门、31家省级政府、49家较大的市政府和100家县级政府2017年度政务公开工作开展了第三方评估。本报告分析了各评估对象在政务公开工作中取得的进展和存在的问题，并提出相应的对策建议。

第一章　评估对象、指标及方法

本次评估指标体系的设计主要依据《政府信息公开条例》，中共中央办公厅、国务院办公厅《关于全面推进政务公开工作的意见》，国务院办公厅《〈关于全面推进政务公开工作的意见〉实施细则》《2017年政务公开工作要点》，以及国务院近年来发布的关于政务公开的一系列文件。

一　评估对象

本次评估的对象为54家国务院部门（本书选用2018年国家机构改革之前的机构名称）、31家省级政府、49家较大的市政府和100家县（市、区）政府（见附录一）。其中，国务院部门评估对象为具有独立行政法人资格，对外有行政管理权限，与企业、人民群众办事密切相关或社会关注度高的部门；本次选取的100家县（市、区）政府为《国务院办公厅关于印发开展基层政务公开标准化规范化试点工作方案的通知》确定的试点县（市、区）政府。

二　评估指标

针对国务院部门和地方各级政府的一级指标为决策公开、管理服务公开、执行和结果公开、重点领域信息公开、政策解读与回应关切、依申请公开（见附录二）。

决策公开指标主要考察国务院各部门、各级政府进行重大决策预公开的情况，对国务院各部门、省级政府还考察了建议提案办理结果公开情况。管理服务公开指标主要考察有相应职权的国务院部门、地方各级政府公开政务服务信息、"双随机"监管信息、行政处罚信息的情况，对各级政府还考察了其公开权力清单的情况。执行和结果公开指标主要考察各级政府公开审计结果、政府工作报告的情况，国务院各部门、各政府公开法治政府建设情况年度报告的情况，较大的市政府和县（市、区）政府公开政府信息公开工作年度报告的情况。重点领域信息公开指标主要考察国务院部门、各级政府公开规范性文件、财政预决算和地方政府债务信息的情况，还抽查了省级政府公开城市水环境质量排名、较大的市政府公开集中式生活饮用水水源水质监测信息、棚户区改造信息、县（市、区）政府公开教育信息的情况。政策解读与回应关切指标主要考察国务院部门和地方各级政府进行政策解读和回应关切的情况。依申请公开指标仅考察100家县（市、区）政府信函申请的渠道畅通性和答复规范化程度。

三 评估方法

评估坚持结果导向,基于公众视角,侧重对各评估对象实际公开效果进行评价,从外部观察评估对象是否落实公开要求、公开的内容是否方便获取。项目组通过以下方式获取评估数据:观察各评估对象门户网站公开各类信息的情况;以信函方式向政府发送信息公开申请以验证依申请公开的畅通性与规范化程度。

本次评估的总体时间为 2017 年 7 月 1 日至 12 月 31 日,其间项目组对评估数据进行了反复核查。

表 1-1 各指标的评估截止时间

指标	评估截止时间
重大决策预公开	2017 年 10 月 10 日
建议提案办理结果公开	2017 年 12 月 31 日
权力清单	2017 年 10 月 17 日
政务服务信息公开	2017 年 10 月 17 日
"双随机"监管信息公开	2017 年 11 月 6 日
行政处罚信息公开	2017 年 10 月 17 日
规范性文件公开	2017 年 12 月 31 日
财政预决算和地方政府债务信息公开	2017 年 10 月 23 日
集中式生活饮用水水源水质监测信息公开	2017 年 10 月 17 日
棚户区改造信息公开	2017 年 11 月 7 日
教育信息公开	2017 年 8 月 11 日
审计结果公开	2017 年 11 月 1 日
政府信息公开工作年度报告	2017 年 8 月 15 日
法治政府建设情况年度报告	2017 年 11 月 16 日
政府工作报告	2017 年 11 月 16 日
政策解读和网站互动	2017 年 10 月 15 日
依申请公开	2017 年 12 月 31 日

第二章 总体评估结果

2017年是全面深入推进政务公开工作的第二年。继中共中央办公厅、国务院办公厅印发《关于全面推进政务公开工作的意见》后，国务院办公厅相继出台了一系列推动政务公开的文件，所传达出的信号也越来越清晰，即各级政府和部门应全面推进决策、执行、管理、服务和结果全过程、全流程公开；发挥信息发布、政策解读、回应关切三位一体、相辅相成的作用；全面扩大公众参与，使社会大众全面深入参与到政府治理的各个环节。评估发现，2017年全国政务公开工作成效显著。

一 政务公开取得的显著成效

（一）注重加强领导与指导成效明显

政务公开工作需要相应的操作规范和标准，各级政府政务公开工作情况的好坏离不开上级政府的指导。评估发现，各地方各部门多年来通过制发相关文件、统一公开平台等方式明确了本系统本地区政务公开的标准，规范了公开平台的建设，提升了相关领域相关地区的公开水平。例如，环境保护部印发了《关于印发〈建设项目环境影响评价政府信息公开指南（试行）〉的通知》，对多项与建设项目环境影响评价相关的行政审批信息公开做了明确规定，尤其是对上述行政审批结果的内容要素进行了明确。评估发现，全部省级政府都公开了环境保护领域的行政审批结果。又如，国家食品药品监督管理总局先后印发了《食品生产经营日常监督检查管理办法》《食品安全抽样检验管理办法》《食品药品监管总局关于做好食品安全抽检及信息发布工作的意见》《关于印发药品质量监督抽验管理规定的通知》《药品质量抽查检验管理规定》等文件，对食品监督抽检信息和药品监督抽验信息的公开内容、公开时间、公开方式等做了明确规定。评估发现，国家食品药品监督管理总局、100%的省级政府食品药品监督管理部门、95.92%的较大的市政府食品药品监督管理部门、59%的县级政府食品药品监督管理部门都公开了2017年本部门的随机抽查结果，公开率较高。再如，住房和城乡建设部先后印发了《关于公开城镇保障性安居工程建设信息的通知》《关于做好 2012 年住房保障信息公开工作的通知》《住房城乡建设部关于做好 2013 年城镇保障性安居工程工作的通知》等文件，对公开主体、公开内容要素、公开时间等做了详细规定。评估发现，44.90% 的较大的市政府公开了 2017 年棚户区改造用地计划，71.43% 的较大的市政府门户网站或其住房和城乡建设部门网站公开了 2017 年棚户区改造年度建设计划，69.39% 的较大的市政府门户网站或其住房和城乡建设部门网站公开了 2017 年棚户区改造项目进展情况，公开程度相对较高。在政务服务平台建设方面，部分省级政府建设了全省统一的政务服务办事平台，集中公开从省到市再到县乡的政务服务信息，统一了政务服务事项办事指南的内容要素和编排方式，如湖南省、广东省、贵州省等，既方便管理，也方便公众和企业办事。

（二）重大决策预公开水平明显提升

第一，一些重大决策事项目录公开取得新进展。评估发现，6 家较大的市政府、2 家县（市、区）政府网站公开了 2017 年度重大决策事项目录。一些地方政府在年初拟定并公开重大决策事项目录，细化重大决策事项、承办部门、决策时间及公众参与方式，对本年度的重大决策预公开作出安排，方便群众监督，不失为一种创新。

第二，征集意见反馈情况的公开工作稳步推进。评估发现，1 家国务院部门、4 家省级政府、6 家较大的市政府、10 家县（市、区）政府门户网站或其政府法制部门网站公开了完整的意见反馈信息，包括征集意见的总体情况、采纳情况和不采纳的理由。

（三）部分执法领域信息公开程度较高

推行行政执法公示制度，是规范市场执法秩序的重要举措。评估发现，行政处罚事项清单、部分领域的行政处罚结果公开程度较高。

第一，普遍公开行政处罚事项清单。评估发现，100% 的省级政府、97.96% 的较大的市政府、100% 的县（市、区）政府在门户网站集中公开了各部门的行政处罚事项清单。

第二，环境保护领域和食品药品安全领域行政处罚结果公开情况较好。在环境保护领域，83.67% 的较大的市政府环境保护主管部门公开了 2017 年本部门作出的行政处罚。在食品药品安全领域，87.76% 的较大的市政府食品药品监督管理部门、74%的县（市、区）政府食品药品监督管理部门公开了 2017 年本部门作出的行政处罚。

（四）工作部署落实情况公开相对规范

真实准确地公开政府的重大决策部署的落实情况，有助于加强对政策落实情况的社会监督，增强政府透明度，提升政府公信力，打造法治政府、责任政府。评估发现，部分评估对象定期公开工作总结和部署情况，工作连贯性强。在工作总结方面，2 家省级政府、7 家较大的市政府、14 家县（市、区）政府门户网站分阶段地公开了 2017 年工作的落实情况。并且，部分评估对象按月度公开本月政府工作落实情况及下月工作计划。

（五）部分重点领域信息公开情况较好

第一，国务院部门预决算公开十分规范。评估发现，53 家国务院部门公开了本部门 2017 年预算说明及表格、2016 年决算说明及表格。并且，部门预决算说明中内容全面；部门预决算表格中的内容细化到位，非常规范。

第二，集中式生活饮用水水源水质监测信息公开情况尚佳。评估发现，83.67% 的较大的市政府按月公开水源水质监测信息，85.71% 的较大的市政府按季度公开供水厂出水水质监测信息，85.71% 的较大的市政府按季度公开用户水龙头水质监测信息。并且，有的评估对象公开集中式生活饮用水水源水质监测信息的频率比法定要求更高。

（六）重视发挥政策解读回应关切作用

行政机关及时通过政府网站发布政策解读信息，加强答疑解惑，主动回应个人关切，是提升政府公信力、社会凝聚力，稳定市场预期，保障公众切身利益的重要举措。评估发现，行政机关进行政策解读的总体情况较好，网站互动平台建设水平较高。

第一，主要负责人带头宣讲政策，权威性高。87.04% 的国务院部门、96.77% 的省级政府、91.84% 的较大的市政府门户网站公布了主要负责人对政策进行解读的信息。

第二，尝试将政策解读贯穿于政策制定、政策发布和政策执行落实全过程。评估发现，10 家国务院部门、3 家省级政府、3 家较大的市政府和 5 家县（市、区）政府对决策草案进行了解读或说明。部分评估对象在网站上发布了对审计报告的解读信息，如浙江省、福建省、广东省深圳市等。有的评估对象对政府工作报告的内容进行了解读，说明了本年度政府工作落实情况的几大亮点，如山东省等。

第三，普遍设置网站互动平台并回应公众意见建议。评估发现，94.44%的国务院部门、96.77%的省级政府、97.96%的较大的市政府、97%的县（市、区）政府门户网站设置了在线互动平台，如领导信箱、留言板、在线咨询等；75.93%的国务院部门、96.77%的省级政府、100%的较大的市政府、95%的县（市、区）政府门户网站都公开了反馈信息。

二 政务公开工作仍需解决的问题

2017年，政务公开工作虽然取得了上述成就，但仍有一些共性问题需要解决。

（一）政务公开标准有待进一步明确

第一，重大决策事项的范围界定不明确。中共中央办公厅、国务院办公厅《关于全面推进政务公开工作的意见》，国务院办公厅《〈关于全面推进政务公开工作的意见〉实施细则》《2016年政务公开工作要点》等文件都要求推进重大决策预公开，但对于重大决策事项的范围仅笼统表述为"涉及群众切身利益、需要社会广泛知晓的重要改革方案、重大政策措施、重点工程项目"，下级政府及部门在具体操作中无所适从，还有可能出现推卸责任的现象。

第二，随机抽查结果和查处情况的公开方式不明确。虽然《国务院办公厅关于推广随机抽查规范事中事后监管的通知》明确要求加强抽查结果运用，抽查情况及查处结果要及时向社会公布，接受社会监督，国务院办公厅将其写入了《2016年政务公开工作要点》《2017年政务公开工作要点》，但随机抽查只是行政监管或行政检查的一种方式，随机抽查结果是否需要与其他类型的检查结果区分放置，或做明确标注，并无明确要求。此外，经随机抽查发现问题后所作出的查处结果的种类多种多样，如通报、处罚等，单从通报和处罚信息的内容中无法区分哪些是针对随机抽查发现的问题对象的查处。并且，查处情况和抽查结果之间具有关联性，二者是否需要关联发布，尚无明确要求。

（二）部分基础性信息公开尚未到位

2007 年出台的《政府信息公开条例》对各级行政机关应重点公开的政府信息作出了规定，但时至今日，《政府信息公开条例》已实施 10 年之久，其中所规定的对于政府管理而言较为基础性的政府信息的公开仍不到位。

第一，规范性文件的清理、备案信息公开和有效性标注情况欠佳。《国务院关于加强法治政府建设的意见》《法治政府建设实施纲要（2015—2020 年）》等文件均要求，加强对规范性文件的备案和定期清理，探索建立规范性文件有效期制度。评估发现，45.16% 的省级政府、81.63% 的较大的市政府、92% 的县（市、区）政府门户网站或其法制部门网站未公开 2017 年规范性文件备案审查信息。31.48% 的国务院部门、32.26% 的省级政府、24.49% 的较大的市政府、43% 的县（市、区）政府门户网站或其法制部门网站未公开近三年规范性文件清理结果。75.93% 的国务院部门、48.39% 的省级政府、67.35% 的较大的市政府、77% 的县（市、区）政府未在门户网站或其法制部门网站规范性文件栏目或目录中设置效力一栏，或在具体规范性文件页面上方显示有效性，或在文件末尾规定有效期。

第二，政府预决算公开有不规范之处。财政部多次制发推进地方预决算公开的文件，对各级政府应公开的政府预决算说明与表格的内容提出了最基本的要求。评估发现，仍有 1 家省级政府、6 家县（市、区）政府门户网站或其财政部门网站只公开了各部门预决算信息，未公开本级政府预决算信息。在预算表格公开方面，19 家省级政府、25 家较大的市政府、72 家县（市、区）政府未能公开全部 6 张表格（一般公共预算收入表、一般公共预算支出表、一般公共预算本级支出表、一般公共预算本级基本支出表、一般公共预算税收返还和转移支付表、政府一般债务限额和余额情况表）。其中 7 家省级政府、4 家较大的市政府、17 家县（市、区）政府未公开任何 2017 年政府预算表格。

第三，政务服务信息公开不细致，有待改进。行政许可是政务服务的重要内容。《行政许可法》《政府信息公开条例》和国务院办公厅历年的政务公开工作要点均反复强调加强对行政许可信息的公开。评估发现，40.74%的国务院部门、58.06%的省级政府、42.86%的较大的市政府、63%的县（市、区）政府公开的部分政务服务事项的办事指南中未包括全部内容要素。92.59%的国务院部门、74.19%的省级政府、81.63%的较大的市政府、94%的县（市、区）政府的部分政务服务事项的办事指南内容不具体明确，或含有"其他""等"此类模糊表述。3.23%的省级政府、4.08%的较大的市政府、32%的县（市、区）政府多平台发布同一政务服务事项的办事指南内容不一致。

第四，行政处罚结果公开程度不理想。公开行政处罚结果，既是对行政机关行使行政处罚权的监督，也有利于发挥政府信息对市场主体的规范和服务作用。评估发现，68%的国务院部门未公开2017年本部门的行政处罚结果，当然不排除某些部门在2017年未作出过行政处罚决定；51.61%的省级政府质量技术监督部门、51.61%的省级政府的工商行政管理部门、61.29%的省级政府知识产权管理部门、63%的县（市、区）政府城市管理综合行政执法部门、71%的县（市、区）政府安全生产监督管理部门未公开2017年本部门的行政处罚结果，公开率总体不高。

（三）重点领域信息公开仍待继续完善

近年来，国务院办公厅每年都印发政务公开工作要点，对当年的政务公开工作进行安排部署，明确本年度的重点任务。评估发现，部分重点领域信息公开情况仍不理想。

第一，义务教育阶段信息公开程度较低。国务院办公厅《2017年政务公开工作要点》要求，推进义务教育招生入学政策公开，县级政府要公开义务教育招生范围、招生条件、学校情况、招生结果等信息。评估发现，49%的县（市、区）政府未公开本地区小学招生范围，57%的县（市、区）政府未公开本地区中学招生范围。其中，北京市东城区开设了义务教育招生工作系统，但该系统中的信息未向一般社会大众开放。虽然不排除有些地方可能会在实体公告栏、宣传栏、学校门口等张贴公告，告知义务教育划片结果，但这已经不能满足信息化时代人们对于随时随地查看信息的需求，所以，仍需完善公开方式，将政府信息"应上网尽上网"。在招生条件公开方面，44%的县（市、区）政府未公开幼升小或小升初普通学生招生入学条件，37%的县（市、区）政府未公开幼升小或小升初随迁子女招生入学条件。在学校情况公开方面，34%的县（市、区）政府未公开学校情况。在招生结果公开方面，仅4%的县（市、区）政府公开了2017年义务教育招生结果，其余均未公开。

第二，审计结果公开情况不佳。国务院办公厅《2017年政务公开工作要点》要求深化审计结果公开。评估发现，19.35%的省级政府、51.02%的较大的市政府、83%的县（市、区）政府的审计部门未公开2016年本级预算执行审计报告；35.48%的省级政府、61.22%的较大的市政府、79%的县（市、区）政府的审计部门未公开单独的专项审计报告。

第三，法治政府建设情况年度报告公开程度不高。根据《法治政府建设实施纲要（2015—2020年）》，县级以上地方各级政府及其部门每年第一季度要向相关单位报告上一年度法治政府建设情况，报告要通过报刊、政府网站等向社会公开。评估发现，77.78%的国务院部门网站、25.58%的省级政府、28.57%的较大的市政府、66%的县（市、区）政府门户网站或其法制部门网站未公开2016年度法治政府建设情况年度报告。

（四）部分新要求新部署需进一步落实

2016年，中共中央办公厅、国务院办公厅印发《关于全面推进政务公开工作的意见》，标志着全国政务公开工作进入了新高潮，并对全国政务公开工作提出了新的要求。评估发现，部分新的要求有待落实。

第一，决策预公开亟待加强。重大决策预公开是全面推进政务公开的新要求。重大决策预公开的制度设计不仅在于针对重大决策草案征集意见，还在于对社会大众提出的意见建议进行回应与反馈，这是构建良好政民关系的必然要求。评估发现，53.70%的国务院部门网站、41.94%的省级政府、16.33%的较大的市政府、56%的县（市、区）政府门户网站或其法制部门网站未公开2017年重大决策草案征集意见的信息；96.30%的国务院部门网站、77.42%的省级政府、73.47%的较大的市政府、87%的县（市、区）政府未在门户网站或其法制部门网站公开2017年对重大决策草案征集意见的反馈。不仅如此，部分评估对象对重大决策草案征集意见的反馈内容不详细。

第二，"双随机"监管信息公开程度低。为了规范市场执法秩序，提高政府执法透明度,《国务院办公厅关于推广随机抽查规范事中事后监管的通知》要求,制定并公开随机抽查事项清单,加强抽查结果的运用,向社会公开抽查情况和查处结果。评估发现,42.22%的国务院部门未公开本部门随机抽查事项清单,64.52%的省级政府、48.98%的较大的市政府、79%的县(市、区)政府门户网站未公开本级政府各部门随机抽查事项清单。其中,有的政府门户网站仅公开了部分部门的随机抽查事项清单。另外,国务院部门的随机抽查结果公开程度低。80%的国务院部门网站未公开2017年本部门的随机抽查结果。安全生产监督管理领域的随机抽查结果公开程度不高。87.10%的省级政府安全生产监督管理部门、77.55%的较大的市政府的安全生产监督管理部门、87%的县(市、区)政府安全生产监督管理部门未公开本部门2017年的随机抽查结果。

(五) 政策解读发布水平有待改进提升

政策解读与政策文件同步发布、关联阅读程度低。国务院办公厅《2017年政务公开工作要点》规定,各地区各部门要按照"谁起草、谁解读"的原则,做到政策性文件与解读方案、解读材料同步组织、同步审签、同步部署。国务院办公厅《〈关于全面推进政务公开工作的意见〉实施细则》规定,文件公布时,相关解读材料应与文件同步在政府网站和媒体发布。政策解读与政策文件同步发布,可以提高政策解读的时效性,政策解读与政策文件关联阅读,可极大地方便公众查找和理解政策文件。评估发现,53.70%的国务院部门、93.55%的省级政府、36.73%的较大的市政府、23%的县(市、区)政府的政策解读信息的上网时间与政策文件的上网时间间隔超过3个工作日。甚至有的评估对象先发布政策解读,数日之后才发布政策文件。59.26%的国务院部门、35.48%的省级政府、61.22%的较大的市政府、37%的县(市、区)政府门户网站没有在政策解读项下设置可导向该解读所对应政策文件的链接,甚至存在找得到政策解读却找不到对应政策文件的情形。

(六) 依申请公开仍有规范空间

依申请公开是政府信息公开制度的重要方面,评估发现,部分评估对象仍有未按期答复申请、答复不规范的现象。第一,仍有评估对象答复不及时。26%的县(市、区)政府未在法定期限内答复申请。第二,答复格式不规范。18%的县（市、区）政府出具的答复书未盖公章，或未明示作出答复的机关。其中，大多数基层政府答复依申请公开信息时所使用的邮箱为个人邮箱，而非官方办公邮箱，且一些私人邮箱的昵称不恰当。经统计，邮箱域名为".gov"的仅有上海市与北京市两个直辖市的区政府。第三，答复内容不规范。行政机关作出对申请人不利的答复时，应援引法律依据、说明理由、明示救济渠道。但在作出不利答复的16家县（市、区）政府中，2家县（市、区）政府未告知法律依据，9家县（市、区）政府未说明理由，10家县（市、区）政府未告知救济渠道。

（七）公开平台建设仍需加强规范整合

政府门户网站是政务公开第一平台，其建设的水平直接影响政务公开的效果。评估发现，仍有政府和部门的网站栏目设置不规范，多平台并存且信息不互通。

第一，政府门户网站栏目设置不规范。政府门户网站是政府信息公开最重要的展示平台，其中的栏目设置及命名应以方便社会大众获取信息和办事为出发点。评估发现，部分评估对象将政府信息按照《2017年政务公开工作要点》（以下简称《要点》）的内容体例进行分类，栏目的名称以《要点》中的标题来命名。如新疆维吾尔自治区乌鲁木齐市政府门户网站的重点信息公开栏目中设有"促稳定""稳增长""促改革""惠民生""防风险""重实效"子栏目，在上述子栏目下的栏目分类仍是以《要点》中的内容标题来命名，辨识度不高，并不能发挥信息指引的作用，失去了设置栏目应有的意义。

第二，多平台并存且不互通。目前，在部分领域，发布政府信息的平台有多个。如行政处罚信息可以发布在部门网站、政府门户网站的双公示专栏、企业信用信息网上，但多个平台上发布的同一部门的行政处罚信息，或交叉重叠，或各不相同，没有一个网站上有完整的信息，有的平台长时间不更新，群众甚至不知道这些信息平台的存在。又如，行政审批事项的办事指南既在部门网站公开，又在政府门户网站的在线办事平台公开，还在政务服务中心的网站上公开，多平台发布的行政审批事项办事指南并非来自同一信息源，且相互之间并不链接，信息的准确性很难保障。

第三章 各领域评估结果

一 重大决策预公开

重大决策预公开是政务"五公开"中决策公开的重要内容。对涉及群众切身利益、社会关注度高的重大决策事项进行预公开，广泛吸纳社会大众的意见建议，一方面，有利于提高决策的科学性、民主性和公信力，减少决策执行的摩擦力；另一方面，有利于扩大公众参与，形成良性的政民关系。因此，《关于全面推进政务公开工作的意见》要求，实行重大决策预公开制度，涉及群众切身利益、需要社会广泛知晓的重要改革方案、重大政策措施、重点工程项目，除依法应当保密的外，在决策前应向社会公布决策草案、决策依据，通过听证座谈、调查研究、咨询协商、媒体沟通等方式广泛听取公众意见，以适当方式公布意见收集和采纳情况。

重大决策预公开指标主要考察54家国务院部门、31家省级政府、49家较大的市政府、100家县（市、区）政府门户网站是否公开2017年度重大决策事项目录、是否设置决策预公开专门栏目，上述评估对象门户网站或其法制部门网站是否公开2017年重大决策征集意见及反馈信息。需要说明的是，本次评估对重大决策事项的界定较为宽泛，包括规范性文件、规划计划及其他社会关注度高、与群众切身利益密切相关的事项。

（一）评估发现的亮点

1. 主动公开重大决策事项目录

明确公众参与范围、规范公众参与方式是科学合理规范重大决策预公开的重要内容。目前虽然很多地方制定了本地重大决策行政程序规定，通过不完全列举的方式划定重大决策的范围，但是仍不能明确哪些事项是重大决策事项。而有些地方则在年初拟定并公开重大决策事项目录，细化重大决策事项、承办部门、决策时间及公众参与方式，这不失为一种可借鉴的做法。评估发现，6家较大的市政府、2家县（市、区）政府网站公开了2017年度重大决策事项目录，分别是河北省邯郸市、江苏省苏州市、山东省淄博市、湖北省武汉市、广东省广州市、广东省深圳市、广东省广州市海珠区、广东省佛山市禅城区。其中，武汉市、广州市公开的决策事项目录内容完整，包括了决策事项、承办部门、决策时间及公众参与方式（是否听证）等信息。例如，广州市在政府门户网站"法规公文—市政府办公厅文件"栏目下公开了广州市人民政府2017年度重大行政决策事项目录和听证事项目录，这有利于严格执行重大决策制定法定程序，充分发挥公众的参与和监督作用。

2. 设置专门栏目且分类公开

设置专门栏目集中公开重大决策预公开信息，并且根据预公开的状态分类放置，有利于提升公开效果，方便公众查找。

大多数评估对象设置决策预公开栏目。评估发现，39家国务院部门、30家省级政府、44家较大的市政府以及57家县（市、区）政府门户网站设置了意见征集专门栏目，如民意征集、征集调查、在线征集、网上征集等专栏，集中发布对重大行政决策草案征集公众意见的信息。

其中，部分评估对象在栏目中区分征集状态。有8家国务院部门、15家省级政府、18家较大的市政府及19家县（市、区）政府在意见征集栏目中对征集状态进行区分。有的直接在栏目目录中标注征集状态或起止日期等信息。如贵州省贞丰县政府门户网站的网上征集栏目中，抬头标注了征集主题、征集状态（正在征集或往期征集）、发布时间和结束时间，意见征集的状态一目了然。有的按不同的征集状态设置不同的栏目，如云南省设置意见征集及往期回顾两个栏目分别公开正在进行及已结束的征集，广东省广州市在其民意征集栏目下又设置当前民意征集与以往民意征集两个板块，广东省新兴县民意征集栏目又分为征集中与已征集两个子栏目。

3. 重视公开解读决策草案

将政策解读关口前移，在对重大决策草案进行意见征集的同时公开对草案的解读，一方面，有利于消除公众在参与阶段的理解障碍，提升公众参与的针对性，提高预公开的质量和效果；另一方面，有利于提升政策解读效果。评估发现，10家国务院部门、3家省级政府、3家较大的市政府及5家县（市、区）政府公开了对决策草案的解读或说明。有的评估对象将决策草案说明在民意征集栏目中与决策草案同时发布，或在专门板块中呈现，如上海市普陀区；有的以附件形式呈现并可下载，如广东省珠海市、上海市金山区。

4. 积极反馈重大决策预公开征集到的意见

在重大决策预公开阶段，不只是征求社会大众的意见建议，还要对征集到的意见进行反馈，说明征集意见的总体情况、采纳情况和不采纳的理由，这既是对社会大众的尊重，也是构建良性政民互动关系的必然要求。评估发现，个别评估对象对重大决策草案征集意见的反馈工作落实较好。有1家国务院部门、4家省级政府、6家较大的市政府、10家县（市、区）政府门户网站或其法制部门网站公开了完整的意见反馈信息，包括征集到的意见的总体情况、采纳情况和不采纳的理由。其中，江苏省、四川省、广东省广州市、广东省深圳市、上海市普陀区、安徽省灵璧县、安徽省定远县的反馈内容较为细致，详细说明了征集到意见的总体数量、主要观点、采纳哪些观点、不采纳哪些观点及理由。如四川省在门户网站征集结果反馈栏目下公开反馈情况，以文字描述的形式对上述内容作出说明；上海市普陀区制作了意见征集反馈情况表格，表格内容详细，包含了意见来源、反馈内容、采纳与否以及采纳与否的理由4项信息；通过表格形式进行反馈的还有广东省广州市。

（二）评估发现的问题

1. 重大决策预公开信息发布混乱

第一，部分评估对象有意见征集栏目但无相关内容。如国土资源部在政民互动栏目中有网上调查栏目，但该栏目发布的内容是关于调查问卷、投票评选等，没有关于重大决策草案的意见征集内容；国务院国有资产监督管理委员会的意见征集栏目中发布的是关于新版国资委网站网上调查的信息；新疆维吾尔自治区政府门户网站网上调查栏目、新疆维吾尔自治区乌鲁木齐市政府门户网站的调查征集栏目、河北省石家庄市政府门户网站的意见征集栏目是对问题的意见征集，没有重大决策草案意见征集信息；吉林省长春市政府门户网站的网上调查发布的是活动项目、地铁形象宣传语的征集，没有重大决策预公开意见的征集；吉林省吉林市政府门户网站网上调查栏目是关于问卷以及生活问题的调查，没有重大决策草案意见征集信息。

第二，部分评估对象有意见征集栏目，仍将相关信息置于栏目外。如安徽省定远县在民意征集栏目中没有重大决策草案征集意见的通知,只有意见征集整体情况的通知,而征集意见的通知发布在信息浏览栏目中。上海市虹口区意见征集反馈信息放置在规范性文件目录中,混杂在规范性文件草案中,难以查找;广东省汕头市法制局网站中的决策预公开、公告公示、工作动态3个栏目中都有征集意见信息。如此,意见征集栏目的设置便失去了应有的意义。

2. 重大决策预公开落实情况较差

多数评估对象未进行重大决策预公开。《关于全面推进政务公开工作的意见》和《2016年政务公开工作要点》明确要求,积极实行重大决策预公开,扩大公众参与,对社会关注度高的决策事项,除依法应当保密的外,在决策前应向社会公开相关信息,并及时反馈意见采纳情况。评估发现,多数评估对象未公开重大决策草案征集意见及反馈信息。29家国务院部门、13家省级政府、8家较大的市政府、56家县(市、区)政府未在门户网站或其法制部门网站公开2017年重大决策草案征集意见的信息;52家国务院部门、24家省级政府、36家较大的市政府、87家县(市、区)政府未在门户网站或其法制部门网站公开2017年对重大决策草案征集意见的反馈。

3. 重大决策预公开存在敷衍

第一,重大决策草案征集意见内容有欠缺。重大决策草案在征集意见时应提供决策草案、征集意见的时间和渠道,以便公众能够及时、有针对性地参与进去。评估发现,部分评估对象征集意见的通知未能包括上述3项要素。在2017年对重大决策草案进行了征集意见的评估对象中,1家国务院部门、2家省级政府未提供决策草案;4家省级政府、9家县(市、区)政府未公开征集意见的渠道;3家省级政府、9家县(市、区)政府未公开征集意见的期限。这令社会大众无所适从,也降低了意见征集的效率。

第二,征集渠道单一,不便于多渠道参与。重大决策草案应通过多种渠道征集意见,以适应不同群体的习惯和需求。评估发现,部分评估对象仅通过单一渠道收集意见。有的仅通过电子邮箱渠道接收意见建议,如科学技术部、国家食品药品监督管理总局、河北省、浙江省、北京市西城区、浙江省嘉善县、浙江省江山市、广东省广州市海珠区、贵州省贞丰县等；有的仅通过在线平台收集意见，如湖北省；有的仅通过信函渠道收集意见，如住房和城乡建设部、国家安全生产监督管理总局等。

第三，征集期限短，公众参与程度低。重大决策草案征集意见应给群众留有充足的参与时间，评估发现，部分评估对象提供的意见征集时间过短或不明确，如表1-2所示。

表1-2　　　　　　　　部分评估对象的征集时间

区（县）	征集时间段	征集天数（含节假日）
北京市西城区	5月19—26日	8天
北京市昌平区	6月8—14日	7天
黑龙江省东宁市	7月11—15日	5天
浙江省宁波市江北区	7月11—17日	7天
浙江省嘉善县	7月12—14日	3天
浙江省江山市	8月18—24日	7天
安徽省定远县	7月13—20日	8天
广东省博罗县	调查时间：4月20日—6月23日（通知中：意见反馈截止时间为5月20日）	征集时间不明确
广东省新兴县	2015年10月12日—无限制	征集时间不明确
贵州省六枝特区	2月8—9日12时	1.5天

注：资料收集时间截至2017年8月23日。
资料来源：各县（市、区）门户网站。

第四，征集对象受限，公众难以参与。重大决策预公开的核心在于让社会大众参与政府决策，评估发现，个别评估对象仅在政府系统内部征集意见，未面向社会大众征求意见。如河南省重大决策草案意见征集的对象限定为各省辖市、省直管县（市）人民政府法制机构、政府执法部门；贵州省六枝特区则需用办公系统反馈，征集对象限于单位内部人员；更多此类问题如表1-3所示。

表 1 - 3　　　　　　　　部分评估对象的征集对象

区（县）	征集对象
安徽省定远县	乡镇、县直各单位
安徽省灵璧县	乡镇人民政府、开发区管委会、县政府有关部门
安徽省蒙城县	县财政局、县经委、县农委、县招商局、县科技局、团县委、县供销社等9家单位
贵州省六枝特区	各乡镇党委、政府，各社区党委、服务中心，特区党委各部门，特区国家机关各部门，特区人武部，各园区党工委、管委会，各人民团体，省、市属驻区有关单位，区属企事业单位

注：资料收集时间截至 2017 年 8 月 23 日。

资料来源：各县（市、区）门户网站。

第五，对重大决策草案征集意见的反馈内容不详细。2 家省级政府、7 家较大的市政府、2 家县（市、区）政府仅公开了征集意见的总体情况，未公开意见采纳情况；其中，1 家省级政府、4 家较大的市政府甚至仅公开了征集意见的数量，未对涉及的主要观点作说明，过于简略。1 家国务院部门、1 家省级政府、1 家县（市、区）政府仅公开了征集意见的总体情况和采纳情况，未对不采纳的理由作说明，这降低了决策的说服力和公信力。

二　建议提案办理结果公开

第十二届全国人民代表大会第五次会议和政协第十二届全国委员会第五次会议已于 2017 年 3 月在北京胜利闭幕。根据《全国人民代表大会和地方各级人民代表大会代表法》，有关机关、组织应当认真研究办理代表建议、批评和意见，并自交办之日起 3 个月内答复。涉及面广、处理难度大的建议、批评和意见，应当自交办之日起 6 个月内答复。代表建议、批评和意见办理情况的报告，应当予以公开。《中国人民政治协商会议全国委员会提案工作条例》规定，承办提案的人民政府、政府部门和有关人民团体等，根据国家法律、法规、政策和有关规定办理提案，并对提案者作出书面答复。因此，《国务院办公厅关于做好全国人大代表建议和全国政协委员提案办理结果公开工作的通知》明确要求，各地区、各部门对于涉及公共利益、公众权益、社会关切及需要社会广泛知晓的建议和提案办复文，应当采用摘要形式公开办理复文的主要内容。并且，从2017年开始，各地区、各部门进一步推动建议和提案办理复文全文公开。对于涉及公共利益、公众权益、社会关切及需要社会广泛知晓的建议和提案办理复文，原则上都应全文公开。全国人大代表建议和全国政协委员提案集中了社会各界群众的关切和智慧，公开建议提案办理结果，有利于密切政府与人民群众的联系，对保障社会公众的知情权、监督权有积极意义，能有效提升政府的公信力、社会凝聚力。

本年度项目组继续对54家国务院部门、31家省级政府公开2017年全国人大代表建议和全国政协委员提案办理结果的情况进行评估。评估内容主要包括政府门户网站是否设置了建议提案办理结果专门栏目，是否公开2017年建议提案办理复文全文，是否公开2017年办理建议提案的总体情况。

（一）评估发现的亮点

1. 对全国人大建议和政协提案的答复翔实

人大代表和政协委员代表社会各界向政府机关提出意见建议，政府机关对其的回复应当充分，以体现政府机关对社会各界关切事项的重视。评估发现，政府机关对建议提案大多直面回应，对问题进行解析，以数据论理，回答工作进展与成果。

2. 对办理建议提案的总体情况介绍详尽

办理建议提案的总体情况是对本单位一年来收到建议提案、吸收采纳建议意见、开展相关工作等的总结，内容应当具体详尽。评估发现，一些评估对象公开的建议提案办理的总体情况内容详尽。如国家烟草专卖局2017年全国人大代表建议和全国政协委员提案办理工作总结包括了基本办理情况、工作开展情况和答复情况等内容。

3. 专栏分类清晰，公开效果好

如四川省设置建议提案和答复专栏，并将其区分为五个子栏目：全国人大代表建议和答复、全国政协提案和答复、省人大代表建议和答复、省政协提案和答复以及建议提案报告通报总结，分类清晰合理，便于公众查找。

(二) 评估发现的问题

1. 建议提案办理结果公开程度不高

第一，多数评估对象未公开 2017 年建议提案办理复文。评估发现，仍有 11 家国务院部门、13 家省级政府未公开 2017 年全国人大代表建议的办理复文，13 家国务院部门、18 家省级政府未公开 2017 年全国政协提案的办理复文。当然，不排除有的部门 2017 年度未收到建议提案或不是收到的建议提案的主办单位，又或者有的建议提案的办理结果因为涉密或敏感等原因不宜公开。

第二，多数评估对象未公开本单位 2017 年办理建议提案的总体情况。《国务院办公厅关于做好全国人大代表建议和全国政协委员提案办理结果公开工作的通知》要求，各地区、各部门应当适当公开本单位办理建议和提案总体情况、全国人大代表和全国政协委员意见建议吸收采纳情况、有关工作动态等内容。评估发现，仍有 41 家国务院部门、24 家省级政府未公开 2017 年度本单位办理全国人大建议的总体情况，41 家国务院部门、25 家省级政府未公开 2017 年度本单位办理全国政协提案的总体情况，公开率非常低。

2. 建议提案办理结果信息发布混乱

第一，部分评估对象未设置建议提案办理结果专门栏目。设置建议提案专门栏目可方便公众快速查阅相关信息。评估发现，仍有 4 家国务院部门、7 家省级政府未设置专栏。

第二，部分评估对象虽然设置了建议提案专门栏目，但栏目不易被发现。第一种情况是，虽然将建议提案集中发在一个栏目中，但栏目名称不具有辨识度。如国家邮政局将其发在了政府信息公开目录的"其他"栏目中。第二种情况是，栏目位置过于隐蔽。如江苏省虽然设置了专栏，但通过站内搜索建议提案，点击具体信息页面，通过页面上方的查找路径才能找到，无法通过常规的正向查找获得，与未设置专栏无异。

第三，部分评估对象未对栏目内的建议提案信息进行分类。如辽宁省政府门户网站的建议提案栏目中将全国建议提案办理结果与省级建议提案办理结果相混杂，人大建议办理复文和政协提案办理复文相混杂，未做区分。

第四，部分评估对象未将相关信息放置在栏目内。如福建省虽然设置了建议提案办理结果专栏，其全国人大建议办理复文未置于专栏内，而是置于省政府文件专栏中；又如四川省虽然设置了建议提案报告通报总结栏目，但仍将办理建议提案的总体情况放在了建议提案工作动态栏目中，未能有效发挥专门栏目的作用。

3. 建议提案办理复文的标题指向性不强

评估发现，大多数评估对象公开的建议提案办理复文的标题是由会议名称、建议提案号组成的，标题中并没有体现信息的概要内容，不便于定位到具体的信息，如果在此基础上，由会议名称、建议提案号和建议提案的简要内容组成信息标题则会更明确。

4. 建议提案办理结果公开不及时

原则上，建议提案最多应自交办之日起6个月内办结，那么，第十二届全国人民代表大会第五次会议和政协第十二届全国委员会第五次会议的建议提案最晚应于2017年9月底办结。按照《政府信息公开条例》，政府信息应当自形成之日起20个工作日内予以公开，建议提案的办理结果应于11月初上网公开。评估发现，8家国务院部门、7家省级政府公开建议提案办理复文不及时，时间上具有滞后性。有的于2017年12月底公开，有的甚至延迟到2018年才予以公开。

三 权力清单公开

梳理行政机关的权力和责任事项，编制并公开权责清单，有助于明确政府权力运行边界，加强监督，规范权力运行，是建设透明政府、法治政府的重要内容。因此，项目组继续对31家省级政府、49家较大的市政府、100家县（市、区）政府门户网站集中公开各部门权力清单的情况进行评估。

（一）评估发现的亮点

31家省级政府、49家较大的市政府、100家县（市、区）政府门户网站都公开了本级政府各部门的权力清单，公开率达到100%。

此外，部分省级政府不仅清晰展示了本级政府各部门的权力清单，还统一发布了本地区各级政府部门的权力清单。如陕西省政府门户网站设置了专门的权责清单发布平台，集中发布了从省级到市级，再到区县级政府各部门的权力清单，形成了一个统一的整体；且部门之间、上下级政府之间能够相互链接，层级分明，查询十分便利。

（二）评估发现的问题

1. 权力清单动态调整不及时

随着行政权力的取消、下放、保留，行政权力所依据的法律法规的调整，政府部门的行政权力事项应随之及时调整，以保证权力清单的准确性。2016 年颁布并实施的《慈善法》第 105 条规定了县级以上政府民政部门对将信托财产及其收益用于非慈善目的的慈善信托受托人的行政处罚权。所以，县级以上政府民政部门的权力清单中应当包括上述事项。评估发现，仅 6 家省级政府、1 家较大的市政府、6 家县（市、区）政府的民政部门的权力清单中有上述处罚事项，其他评估对象的权力清单都没有及时更新。权力清单编制滞后僵化，不及时动态更新，便失去了编制权力清单的意义。

2. 权力清单公开机制待理顺影响对外展示效果

国家在推行权力清单公开的过程中，采取的是由点到面的做法，即由行政审批事项清单公开扩展到 9 + X 项行政权力事项的公开。由于行政审批事项或者说行政许可事项包含在 9 + X 项事项中，所以在对外展示方面，应该从单独的行政审批事项清单到统一公布的权力清单，而非仍旧将行政审批事项清单独立放置。评估发现，部分评估对象的行政审批事项清单和权力清单仍分开放置。如青海省西宁市在政府门户网站的"信息公开—行政审批"栏目公开了各部门的行政审批事项清单，又在"便民服务—权力清单"栏目公开了各部门除了行政审批事项之外的权力事项清单。又如，江苏省南京市建邺区在政府门户网站的"在线办事—政府部门权责清单"栏目中集中公开了各部门的各项权力，包括行政审批；又在"政务公开—清单公开"栏目中公开了行政审批事项清单。由此可见，权力清单公开的体制机制并没有理顺，多处反复公开反而影响公开效果。

四 政务服务信息公开

国务院印发《关于加快推进"互联网 + 政务服务"工作的指导意

见》，要求加快推进政务服务能力建设，全面公开政务服务事项目录，优化公开办事指南，提升政务服务的标准化和网络化水平，最大限度地利企便民，让企业和群众少跑腿、好办事、不添堵。因此，项目组对政务服务信息公开情况进行了评估。政务服务信息公开指标主要考察54家国务院部门、31家省级政府、49家较大的市政府、100家县（市、区）政府门户网站公开政务服务事项目录、政务服务事项办事指南、行政审批结果的公开情况。

（一）评估发现的亮点

1. 地方政府政务服务事项目录的公开情况较好

《关于加快推进"互联网+政务服务"工作的指导意见》明确要求，国务院各部门、各省级政府要依据法定职能全面梳理行政机关、公共企事业单位直接面向社会公众提供的具体办事服务事项，编制并公开政务服务事项目录，对于市级政府和县级政府没有作要求。评估发现，8家省级政府、27家较大的市政府、39家县（市、区）政府门户网站公开了政务服务事项目录。显然，较大的市政府和县（市、区）政府的公开程度反而比国务院部门和省级政府更高，省级政府的公开程度比国务院部门更高。这说明，地方政府比国务院部门更加重视政务服务事项的梳理和公开。

2. 注重建设本地区统一的政务服务平台

加快建设本地区统一的政务服务平台，集中公开从省到市，再到县的政务服务信息，不仅有利于统一本地区政务服务信息的公开标准，也有利于明确政务服务事项在不同层级政府部门之间的划分，方便了群众和企业办事，提升了公开效果。评估发现，湖南省、广东省、贵州省等都建有统一的网上办事大厅，且平台下设市、区县级分厅，层级分明，分工清晰。

3. 政务服务事项办事指南公开细致

尽管《关于加快推进"互联网+政务服务"工作的指导意见》对政务服务事项办事指南的内容要素有明确规定，个别评估对象在此基础上添加了更加细致和人性化的信息。如贵州省贵阳市网上办事大厅的政务服务指南提供的申请材料信息很细致，不仅有申请材料名称和格式文本，还明确了材料来源（申请材料提供方）、申请材料的法律依据。又如，福建省和贵州省的政务服务事项指南提供的信息很人性化，不仅有明确的办事地点,而且有交通指引,方便群众和企业办事。

4. 省级环境保护领域行政审批结果公开程度较高

评估发现,31家省级政府均公开了环境保护领域的行政审批结果,占比100%。这一方面离不开省级政府及其环境保护部门对审批结果公开工作的重视;另一方面也离不开环境保护部对本系统信息公开工作的指导,如环境保护部制发了《关于印发〈建设项目环境影响评价政府信息公开指南(试行)〉的通知》,对环境影响评价文件审批、建设项目竣工环境保护验收和建设项目环境影响评价资质审批的公开作了明确规定,尤其是对上述事项的内容要素进行了明确,为系统内的环境保护部门提供了清晰的指引。

5. 行政审批结果精细化公开,方便查找

目前,行政审批结果公开的普遍做法是在政府门户网站设置双公示专栏,集中公开行政审批结果,按照政府部门对其进行分类,或者是将其公开在企业信用信息网站上。评估发现,有的评估对象在此基础上按照行政审批事项的种类、时间、申请人等对其进行了更加精细化的分类。如四川省成都市安全生产监督管理局在其门户网站的安全生产许可公示栏目下,将行政审批结果分为危险化学品经营许可、危险化学品生产许可、危险化学品安全使用许可、烟花爆竹经营(批发)许可、非煤矿山企业安全生产许可、危险化学品建设项目、建设项目职业卫生项目审批许可、隐患整改方案审查情况、非煤矿山建设项目安全设施设计审查许可、金属冶炼建设项目安全设施设计审查许可、非药品类易制毒化学品二类经营备案证明、非药品类易制毒化学品生产二类备案证明、非药品类易制毒化学品生产三类备案证明等13类,并在每一类中对其进行更加细致的分类。又如,贵州省对公开的行政审批结果进行了精细化的分类,其网上办事大厅公布的行政审批结果可以按照受理部门、时间区间、申请人等关键词进行高级筛选;国家发展和改革委员会的行政审批结果可以按照办结时间、事项类型等进行高级筛选,提高了查找和分析利用的便利度。

(二)评估发现的问题

1. 政务服务事项目录的内容未突出重点

政务服务范围广、事项多,在梳理政务服务事项、推进政务服务事项公开的过程中，应突出重点、需求导向、急用先行。行政审批事项公开是推行行政审批制度改革、简政放权、优化服务的重要内容，基本公共教育、劳动就业服务、社会保险、基本社会服务、基本医疗卫生、人口和计划生育、基本住房保障、公共文化体育、残疾人基本公共服务等基本公共服务事项公开与社会大众生产生活密切相关，而投诉举报等则是基于基本公共服务本身衍生出来的监督服务；相应地，在梳理政务服务事项清单时应按照行政审批事项—基本公共服务事项—监督服务事项的顺序来梳理。评估发现，部分评估对象编制的政务服务事项目录中缺少重要服务事项的内容，有的反而是一些边边角角的服务事项，甚至将不属于政务服务的事项纳入政务服务事项目录。如陕西省的政务服务事项目录中，省民政厅的公共服务事项仅有地名信息查询和福利彩票服务热线（负责受理社会公众的咨询、投诉等）两项，没有社会救助、社会福利等重要事项；省财政厅的公共服务事项仅有会计从业资格证书管理服务和对会计师事务所、注册会计师违法行为的公告，其中，后者并不是政务服务事项。

2. 政务服务事项办事指南的公开程度欠佳

评估发现，仍有2家国务院部门、1家省级政府、1家县（市、区）政府未公开政务服务事项的办事指南。其中，河南省洛阳市洛龙区可能找到办事指南的位置如行政许可和政务大厅栏目链接的都是其上一级政府洛阳市的行政许可和政务服务大厅，本级政府门户网站中所找到的办事指南中办事地点和办事机构显示的是洛阳市行政服务中心，并未找到本级政府的行政审批事项办事指南。另外，国家知识产权局的行政审批事项清单中显示有3项行政审批事项，而在其门户网站公布的办事指南只有1项《专利审查指南》，且该指南是需要另行下载的文件，篇幅冗长，内容复杂，同其他国务院部门公布的办事指南相比，缺乏简明性和可操作性，不利于企业和群众快速了解申请专利的步骤。

3. 政务服务事项办事指南的内容不全面

政务服务事项办事指南是群众和企业办事的说明书，内容应当具体全面。《关于加快推进"互联网+政务服务"工作的指导意见》规定，规范和完善办事指南，列明依据条件、申请材料、流程时限、收费标准、注意事项等信息。评估发现，部分评估对象提供的政务服务事项办事指南内容未能包括办理依据、申报条件、申报材料、办理地点、办理流程、办理时限、收费标准等核心要素。2家县（市、区）政府的部分政务服务事项的办事指南未包括办理依据；4家国务院部门、2家省级政府、2家较大的市政府、2家县（市、区）政府的部分政务服务事项的办事指南未包括申报条件；1家国务院部门、2家县（市、区）政府的部分政务服务事项的办事指南未包括申报材料；6家国务院部门、8家省级政府、7家较大的市政府、22家县（市、区）政府的部分政务服务事项的办事指南未包括办理地点；6家省级政府、8家较大的市政府、13家县（市、区）政府的部分政务服务事项的办事指南未包括办理流程；6家国务院部门、5家省级政府、12家县（市、区）政府的部分政务服务事项的办事指南未包括办理期限；13家国务院部门、9家省级政府、8家较大的市政府、35家县（市、区）政府的部分政务服务事项的办事指南未包括收费标准。如中国证券监督管理委员会直接将法律法规条文罗列上去作为部分政务服务事项申报条件；安徽省黄山市徽州区的办理时限写的是"办理时间周一至周五"。

4. 政务服务事项的办事指南的内容不明确

政务服务事项办事指南是群众和企业办事的说明书，内容应当明确，给予清晰的指引。评估发现，部分评估对象的政务服务事项办事指南中的办理依据、申报条件、申报材料、办理地点、收费标准等都含有模糊性表述，容易让群众和企业看不明白。

第一，部分评估对象的办理依据不明确。政务服务事项的办理依据应包括法律法规名称、条款数和条款内容。评估发现，40家国务院部门、14家省级政府、30家较大的市政府、70家县（市、区）政府的部分政务服务事项的办理依据只有法律法规名称和条款数，或者只有法律法规名称，没有具体的条款内容。如黑龙江省齐齐哈尔市的烟花爆竹批发经营许可、供热许可证变更核准等仅有法规名称，权限内社会团体的成立登记的法律依据为"暂行"。

第二，部分评估对象的申报条件不明确。《关于加快推进"互联网+政务服务"工作的指导意见》规定，除办事指南明确的条件外，不得自行增加办事要求。评估发现，35家国务院部门、12家省级政府、24家较大的市政府、67家县（市、区）政府的部分政务服务事项的申报条件中含有"其他""等"此类模糊表述。

第三，部分评估对象的申报材料不明确。申报材料的名称、格式、份数等应当明确，以便群众一次性带齐，减少跑腿的次数。评估发现，37家国务院部门、8家省级政府、11家较大的市政府、38家县（市、区）政府的部分政务服务事项的申报材料中含有"其他""等"模糊表述。

第四，部分评估对象的办理地点不明确。政务服务办理地点应当包括具体的地址、办理机构名称，如果办理地点是政务服务大厅，还应当注明受理窗口号。评估发现，10家国务院部门、9家省级政府、18家较大的市政府、36家县（市、区）政府的部分政务服务事项的办理地点不明确。

第五，部分评估对象的收费标准不明确。有的评估对象仅仅罗列政务服务事项收费依据文件名称或文号，未告知收费标准和方式。

5. 申请材料的格式文本不易网上获取

申请材料是公民或企业在申请政务服务事项中最需要提前准备的部分，而很多申请材料是有格式文本的，在办事指南中提供可复制或可下载的申请材料格式文本，可以提高当事人和办理机构双方的办理效率。《关于加快推进"互联网＋政务服务"工作的指导意见》要求，明确需提交材料的名称、依据、格式、份数、签名签章等要求，并提供规范表格、填写说明和示范文本。评估发现，12家国务院部门、18家省级政府、24家较大的市政府、69家县（市、区）政府未提供可供复制或下载的申请材料格式文本。如黑龙江省齐齐哈尔市提供的格式文本下载链接无效。有的申请材料的格式文本放置位置不规范，如山东省济南市政务服务中心的政务服务事项办事指南中没有提供申报材料的格式文本，反而将其放在各个部门网站的下载中心，甚至有的部门网站的下载中心链接无效。

6. 政务服务事项办事指南的内容不准确

政务服务事项办事指南的内容应当准确，以免误导群众。目前政务服务事项办事指南的公开平台多元，如政府门户网站的在线办事栏目、政务服务中心网站、部门网站等，很容易发生多平台间发布信息不一致的现象。评估发现，1家省级政府、2家较大的市政府、32家县（市、区）政府多平台发布的同一政务服务事项的办事指南的内容不一致，主要体现在办理依据的法律法规名称、条款数不一致、申报材料不一致、办理期限不一致、面向对象不一致等。多平台公布的内容一致的办事指南中存在一个内容详细、一个内容简略的情况。这可能是因为，办事指南的发布主体不一致，且没有统一的发布标准，不仅信息重复录入、浪费行政资源，而且使得办事企业、群众无所适从。

7. 行政审批结果公开程度有待提升

公开行政审批结果，有利于提高政府行政管理透明度和政府公信力，有利于加强信用信息资源整合，推动社会信用体系建设；有利于加强社会监督，发挥公众参与规范市场主体行为的积极性。《企业信息公示暂行条例》对此已有明确规定。评估发现，仍有部分评估对象未公开行政审批结果。10家国务院部门网站未公开2017年本部门的行政审批结果；5家较大的市政府、57家县级政府的门户网站或安全生产监督管理部门网站未公开2017年安全生产领域的行政审批结果。有的评估对象在行政审批栏目下公开的是行政审批事项的办理状态，如"办结""处理中"，而非行政审批结果。

五 "双随机"监管信息公开

为贯彻落实党中央、国务院关于深化行政体制改革，加快转变政府职能，进一步推进简政放权、放管结合、优化服务的部署和要求，切实解决当前一些领域存在的检查任性和执法扰民、执法不公、执法不严等问题，《国务院办公厅关于推广随机抽查规范事中事后监管的通知》要求，大力推广随机抽查监管，制定并公布随机抽查事项清单，法律法规规章没有规定的，一律不得擅自开展检查；建立"双随机"抽查机制，及时向社会公布抽查情况及查处结果，接受社会监督。梳理并公开随机抽查事项清单、抽查结果和查处情况，有利于规范市场执法行为，创新政府管理方式，营造公平竞争的发展环境，推动大众创业、万众创新。因此，本年度项目组对各级政府公开"双随机"信息的情况进行了评估，主要观察有随机抽查权限的45家国务院部门网站是否公开本部门随机抽查事项清单、抽查结果和查处情况；31家省级政府、49家较大的市政府、100家县（市、区）政府门户网站是否公开本级政府各部门随机抽查事项清单，其门户网站、部门网站或企业信用信息网是否公开食品药品监督管理部门、安全生产监督管理部门的抽查结果和查处情况。

（一）评估发现的亮点

1. 设置专门栏目公开"双随机"信息

部分评估对象设置专门栏目集中并分类公开"双随机"相关信息，方便公众查找。如山东省青岛市政府在政府门户网站设置"双随机—公开"栏目，栏目中分类公开了与"双随机"相关的政策文件、各部门的检查方案、各部门随机抽查事项清单和抽查结果，方便查看。

2. 食药监领域随机抽查结果公开程度相对较高

评估发现，相对于安全生产监督管理领域，多数评估对象公开了2017年食药监领域的随机抽查结果。国家食品药品监督管理总局、31家省级政府食品药品监督管理部门、47家较大的市政府食品药品监督管理部门、59家县（市、区）政府食品药品监督管理部门都公开了2017年本部门的随机抽查结果，公开率较高。这一方面得益于本部门对公开随机抽查结果的重视，另一方面也得益于上级主管部门对本系统公开工作的指导。由于食品药品监督管理部门是垂直管理部门，部分地区食品药品监督管理部门网站的栏目设置都是相似的，可见上级主管部门不仅对公开内容进行了指导，对于网站建设也给予了引导。

3. 随机抽查结果和查处情况一并展示，方便查阅

如山东省济南市食品药品监督管理局将针对某一具体行政相对人的抽查结果、行政处罚结果、原因排查及整改情况一并展示在针对该相对人的核查处置情况通报中，清楚连贯，有利于了解案件的全貌和脉络。

（二）评估发现的问题

1. 随机抽查事项清单公开程度低

梳理并公开随机抽查事项清单，有利于明确行政机关的抽查权限，法律法规章没有规定的，一律不得擅自开展检查，加强社会监督。《国务院办公厅关于推广随机抽查规范事中事后监管的通知》《国务院办公厅关于印发2017年政务公开工作要点的通知》明确要求，制定并公布随机抽查事项清单，明确抽查依据、抽查主体、抽查内容、抽查方式等。评估发现，19家国务院部门未公开本部门随机抽查事项清单，20家省级政府、

24家较大的市政府、79家县（市、区）政府门户网站未公开本级政府各部门随机抽查事项清单。其中，部分政府门户网站仅公开了部分部门的随机抽查事项清单，海淀区政府发布的随机抽查事项清单中的抽查主体只涉及部分部门。黑龙江省齐齐哈尔市龙沙区、浙江省杭州市拱墅区、安徽省黄山市徽州区、四川省新津县、四川省攀枝花市西区、贵州省遵义市播州区、贵州省兴义市、宁夏回族自治区青铜峡市等政府门户网站只公开了部分部门的随机抽查事项清单。

2. 随机抽查事项清单内容不全面

如前所述，随机抽查事项清单中应明确抽查依据、抽查主体、抽查内容、抽查方式等。评估发现，部分评估对象公开的随机抽查事项清单未包括上述全部要素。在公开了随机抽查事项清单的评估对象中，1家国务院部门、1家县级政府的随机抽查事项清单中未包括抽查依据，3家国务院部门、1家较大的市政府的随机抽查事项清单中未包括抽查主体，1家国务院部门、3家省级政府、1家较大的市政府、6家县（市、区）政府的随机抽查事项清单中未包括抽查内容，10家国务院部门、2家省级政府、7家较大的市政府、5家县（市、区）政府的随机抽查事项清单中未包括抽查方式。

3. 随机抽查结果公开程度低

《国务院办公厅关于推广随机抽查规范事中事后监管的通知》要求，要加强抽查结果的运用，向社会公开随机抽查结果和查处情况。《国务院办公厅关于印发2017年政务公开工作要点的通知》也要求，及时通过国家企业信用信息公示系统及其他平台公开抽查结果和查处情况。评估发现，第一，国务院部门的随机抽查结果公开程度低。36家国务院部门网站未公开2017年本部门的随机抽查结果。第二，安全生产监督管理领域的随机抽查结果公开程度不高。27家省级政府、38家较大的市政府、87家县（市、区）政府的安全生产监督管理部门的部门网站、政府门户网站或企业信用信息网未公开本部门2017年的随机抽查结果。

六　行政处罚信息公开

公开行政处罚信息，推行行政执法公示制度，是打造透明政府和公信政府的重要体现,是促进简政放权、实现放管结合、切实转变政府职能的有效手段,是推进国家治理体系和治理能力现代化的必然要求。做好行政处罚信息公开,有利于规范市场执法秩序,提高行政执法的透明度和公信力;有利于加强社会监督,发挥公众对规范市场主体行为的积极作用;还有利于为市场提供充分的企业信用信息,合理引导市场主体作出选择,发挥政府信息的服务作用。《企业信息公示暂行条例》,中共中央办公厅、国务院办公厅印发的《关于全面推进政务公开工作的意见》,《国家发展和改革委员会关于认真做好行政许可和行政处罚等信用信息公示工作的通知》等对行政处罚信息公开有明确要求。因此,本年度项目组继续对行政处罚信息公开进行评估。行政处罚信息公开指标主要考察31家省级政府、49家较大的市政府、100家县(市、区)政府门户网站公开各部门行政处罚事项清单的情况,以及有行政处罚权的50家国务院部门、31家省级政府、49家较大的市政府、100家县(市、区)政府门户网站、部门网站或企业信用信息网公开行政处罚结果的情况。其中,就行政处罚结果公开指标,针对31家省级政府,抽取的是31家省级政府的质量技术监督部门、工商行政管理部门和知识产权管理部门;针对49家较大的市政府,抽取的是环境保护部门和食品药品安全监管部门;针对100家县(市、区)政府,抽取的是城市综合执法部门、食品药品安全监管部门和安全生产监管部门。

(一)评估发现的亮点

1. 普遍公开行政处罚事项清单

梳理并公开行政处罚事项清单,有利于明确政府行使行政处罚权的边界,接受群众监督。评估发现,绝大多数评估对象都公开了行政处罚事项清单。31家省级政府、48家较大的市政府、100家县(市、区)政府门户网站集中公开了各部门的行政处罚事项清单。

2. 环保与食药领域行政处罚结果公开较好

在环境保护领域,41家较大的市政府环境保护部门公开了2017年本部门作出的行政处罚,占83.67%。在食品药品安全领域,43家较大的市政府食品药品监督管理部门、74家县(市、区)政府食品药品监督管理部门公开了2017年本部门作出的行政处罚,分别占比87.76%、74%。

3. 设置专栏公开行政处罚结果

部分评估对象设置专门栏目集中公开行政处罚结果。如中国人民银行、中国银行业监督管理委员会、中国证券监督管理委员会、中国保险监督管理委员会都将行政处罚公开在门户网站显著位置。其中，中国银行业监督管理委员会在其门户网站首页的政务信息栏目下设有行政处罚专栏，专栏中清楚地公布了处罚决定书编号与日期，每一条信息链接打开以后都是一个表格式的行政处罚决定书，清楚明确，内容齐全。

4. 定期发布行政处罚结果

如海南省海口市等部分城市的环境保护局和食品药品监督管理局每月都会公布行政处罚基本信息汇总表，信息完整，条理清晰，一目了然。

（二）评估发现的问题

1. 个别行政处罚事项清单发布混乱

在政府门户网站集中公开行政处罚事项清单并按照部门分类展示，有利于提升公开效果。评估发现，个别评估对象的行政处罚事项清单并没有集中分类展示。如湖南省常德市武陵区政府门户网站的权力清单栏目中混乱堆放着各种权力事项，并没有对其按照权力种类和政府部门进行分类，十分混乱，不易查找。

2. 行政处罚事项清单内容有欠缺

行政处罚事项清单中应包括行政处罚事项的法律依据。评估发现，仍有2家省级政府、7家较大的市政府、11家县（市、区）政府公开的行政处罚事项清单中未包括部分行政处罚事项的法律依据。

3. 行政处罚依据不明确

行政处罚的目的是对违法行为人进行制裁，所以必须具有明确的法律依据。评估发现，4家省级政府、14家较大的市政府、6家县（市、区）政府行政处罚事项清单中的法律依据未完整包括法律法规名称、条款数和条款内容，公开得过于简单。

4. 部分领域行政处罚结果公开程度低

公开行政处罚结果，既是对行政机关行使行政处罚权的监督，也是在发挥政府信息对市场主体的规范和服务作用。评估发现，多数评估对象未公开部分领域的行政处罚结果。34家国务院部门未公开2017年本部门的行政处罚结果，当然不排除某些部门在2017年未作出过行政处罚决定；16家省级政府质量技术监督部门、16家省级政府的工商行政管理部门、19家省级政府知识产权管理部门未公开2017年本部门的行政处罚结果；63家县（市、区）政府城市管理综合行政执法部门、26家县级政府食品药品监督管理部门、71家县（市、区）政府安全生产监督管理部门未公开2017年本部门的行政处罚结果，公开率低。同时，这也反映出，不同部门之间行政处罚结果的公开程度参差不齐。

5. 公开的行政处罚结果内容要素不完整

《国家发展和改革委员会关于认真做好行政许可和行政处罚等信用信息公示工作的通知》规定，各部门各地区应公示各项行政处罚事项的行政处罚决定书文号、执法依据、案件名称、行政相对人统一社会信用代码、处罚事由、作出处罚决定的部门、处罚结果和救济渠道等信息，以及作出行政处罚决定部门认为应当公示的相关信息，如此才能起到公开行政处罚结果应有的效果。评估发现，部分评估对象公开的行政处罚结果仍欠缺核心要素。1家县级政府城市管理综合行政执法部门公开的部分行政处罚结果中未包括行政相对人名称；2家省级政府工商行政管理部门、3家较大的市政府的环境保护部门、3家县（市、区）政府城市管理综合行政执法部门、2家县（市、区）政府食品药品监督管理部门公开的部分行政处罚结果中未包括主要违法事实；1家国务院部门、1家省级政府工商行政管理部门、2家较大的市政府的环境保护部门、1家较大的市政府的食品药品监督管理部门、5家县（市、区）政府城市管理综合行政执法部门、20家县级政府食品药品监督管理部门、2家县（市、区）政府安全生产监督管理部门公开的部分行政处罚结果中未包括处罚依据；1家省级政府质量技术监督部门、1家较大的市政府环境保护部门、3家较大的市政府食品药品监督管理部门、5家县（市、区）政府城市管理综合行政执法部门、20家县级政府食品药品监督管理部门、2家县（市、区）政府安全生产监督管理部门公开的部分行政处罚结果中未包括处罚结论。其中，有些评估对象公布的处罚依据过于简单。如山西省大同市、辽宁省大连市、四川省成都市等的行政处罚信息公示中的处罚依据仅有法律法规名称和条款数,无具体的条款内容。有些评估对象公开的处罚结果过于简单。如吉林省吉林市、湖北省武汉市、湖南省长沙市等的行政处罚信息公示中仅公开了处罚类别,即罚款、罚没等,未公开具体的罚款金额。

6. 行政处罚结果更新不及时

第一,行政处罚信息公开时间滞后。《国家发展和改革委员会关于认真做好行政许可和行政处罚等信用信息公示工作的通知》明确规定,地方各级政府工作部门要在行政许可和行政处罚作出决定之日起7个工作日内在作出行政决定部门的门户网站进行公示。评估发现,部分评估对象未能在规定时间内在门户网站上公开行政处罚结果。如上海市金山区安全生产监督管理局2016年作出的行政处罚,2017年才上网公示,这便失去了信息公开的意义。

第二,未常态化公开行政处罚结果。如交通运输部网站虽设有行政处罚专栏,但专栏中没有相关内容,只有2014年的通知文件,且近三年来没有更新过信息;河北省知识产权局公布的打击侵犯知识产权领域的行政处罚结果只更新到2015年;吉林省发布的产品质量领域行政处罚结果中也没有2017年最新的处罚结果,并且已发布的信息内容也不全;湖南省资兴市的企业信用信息网站的行政处罚公示只更新到了2016年;广东省新兴县的城市管理局和安全生产监督管理局行政处罚信息也没有公布2017年的行政处罚信息等。

7. 行政处罚结果信息发布混乱

第一,行政处罚栏目内信息混乱放置。如江苏省南京市政府门户网站的行政许可和行政处罚等信用信息公示专栏所公示的行政处罚信息中,市政府部门与各区县的行政处罚信息未区分,未按时间顺序排列,导致查询困难。

第二,多平台发布行政处罚信息混乱。目前发布行政处罚信息的平台有多个,如部门网站、政府门户网站的双公示专栏、企业信用信息网等,多个平台上发布的同一部门的行政处罚信息或交叉重叠或各不相同,没有一个网站上有完整的信息,有的平台长时间不更新,群众甚至不知道某些信息平台的存在。如江苏省南京市环境保护局网站上公开的行政处罚信息和市政府门户网站上公开的行政处罚信息有部分交叉;吉林省发布的产品质量领域行政处罚结果分散在省质量技术监督局网站、省政府门户网站、企业信用信息网。究其原因，在于多个公开平台由不同的部门分别管理，且多个平台间没有较好的协调同步机制。信用信息平台本身就有两套系统，一个是国家工商行政管理总局下的国家信用信息公示系统，另一个是工业和信息化部下的信用中国系统。除此之外，各部门按照国家发展和改革委员会的要求在门户网站设置双公示专栏公开行政处罚信息，而3家主管部门之间尚未建立良好的协调沟通和行政处罚信息的同步发布机制，既不利于公开标准的统一，也容易导致信息发布分散化，还浪费了行政资源，得不偿失。

8. 行政处罚信息公开形式不一

评估发现，行政处罚结果公开主要有3种形式，第一种是直接公布行政处罚决定书，如国家发展和改革委员会、工业和信息化部、辽宁省鞍山市、福建省厦门市等。这是最清晰完整的一种形式。第二种是以行政处罚简要信息汇总表的形式公开行政处罚信息，如福建省福州市、青海省西宁市、宁夏回族自治区银川市、宁夏回族自治区青铜峡市等。采取这种形式公开的详细程度不尽相同，大多数政府部门会在表格中列出全部关键要素，但有些政府部门会缺失违法事实、处罚依据、处罚结果中的部分信息。第三种是上传行政处罚决定书照片的形式，包括河北省唐山市和广东省珠海市等，这种形式公开出的行政处罚信息常图像模糊，致使图中信息不易辨认。比如，珠海市环境保护局公布的行政处罚结果为手写版行政处罚结果决定书照片，字迹潦草，图像模糊不清，极难辨认。

七 审计结果公开

为促进依法审计，提高审计监督的透明度，保障国家重大政策的有效落实，国务院办公厅及审计署等相继发布文件，提出各审计单位要贯彻落实《审计法》的相关规定，坚持依法审计，加大审计力度，创新审计方式，提高审计效率等要求。国务院办公厅《2016年政务公开工作要点》《2017年政务公开工作要点》和《国务院关于加强审计工作的意见》均要求，深化审计结果公开，做好党中央、国务院重大政策措施落实情况跟踪审计结果公开，尤其要加大问题典型和整改典型公开力度，促进政策落地生根。为此，项目组对 31 家省级政府、49 家较大的市政府、100 家县（市、区）政府公开本级预算执行审计报告和专项审计报告的情况进行评估。

（一）评估发现的亮点

1. 设置专门栏目集中公开审计结果信息

评估发现，部分评估对象在政府门户网站或审计机关网站上设有审计报告公开专栏，且公开内容较为详尽。如，上海市审计局网站设置了"重点审计项目计划""审计结果公告""审计工作报告"和"审计整改报告"4 个审计公开专栏；广西壮族自治区审计厅网站设置了"审计结果公告和整改情况"专栏；广东省佛山市禅城区审计局网站设置了"审计结果公告"专栏；广东省深圳市罗湖区政府门户网站设置了"审计结果"专栏，方便公众快速定位信息查找位置。

2. 审计报告内容完整、信息全面

审计是由国家审计机关对政府预算执行及其他财政收支情况的监督，审计报告的一项重要内容就是对审计发现问题的说明。评估发现，除宁夏回族自治区贺兰县外，公开了 2016 年本级预算执行审计报告的省级政府、较大的市政府、县（市、区）政府在报告中均对审计发现的问题进行了描述。不仅如此，其中，18 家省级政府、25 家较大的市政府、16 家县（市、区）政府还对审计发现问题的整改情况进行了描述，回应了审计发现的问题。

3. 及时解读审计报告、提高其可读性

审计报告专业性强，为了提高社会大众对审计报告的可理解度、可接受度，审计机关应加强对审计报告的解读。评估发现，部分评估对象在网站上发布了对审计报告的解读信息，如浙江省、福建省、广东省深圳市等。以浙江省为例，浙江省审计厅网站以问答的形式针对审计工作报告的特点、财政总体收支情况、重大政策措施贯彻落实跟踪审计情况、民生领域审计的具体情况、揭示的重大违纪违法问题的线索等作了详细的解答，提高了审计报告的亲和力。

（二）评估发现的问题

1. 审计结果公开程度有待提升

第一，部分评估对象未公开本级预算执行审计报告。评估发现，6 家省级政府、25家较大的市政府、83家县（市、区）政府的审计部门未公开2016年本级预算执行审计报告，其中，3家省级政府、11家较大的市政府、14家县（市、区）政府只公开了2015年本级预算执行审计报告，未公开2016年审计报告。部分评估对象仅转发审计署相关文件，未公开本级审计信息。山西省审计厅网站公示的预算执行跟踪情况链接至审计署的相应信息；吉林省长春市、内蒙古自治区包头市审计局网站的审计公告栏目下的文件都是转发审计署的；还有的评估对象信息公开栏目以组织人事调整任命、领导动态等其他活动信息居多，而本职审计工作内容较少。从上述数据也可以看出，随着政府层级的降低，本级预算执行审计报告的公开情况也越来越不理想，基层政府公开得最差。

第二，部分评估对象未公开单独的专项审计报告。评估发现，11家省级政府、30家较大的市政府、79家县（市、区）政府的审计部门未公开单独的专项审计报告，其中，部分评估对象在本级预算执行审计报告中对专项审计结果进行了描述，但未公开单独的专项审计报告。总体上，专项审计报告的公开率随着政府层级的降低而降低。

2. 对审计发现问题整改情况的描述不细致

评估发现，部分评估对象的审计报告中对审计发现问题的整改情况仅作一般性描述，未就问题作出详细、具体的回应。如辽宁省沈阳市政府2016年本级预算执行审计报告中仅说明："对审计发现的问题，市审计局已依法作出处理处罚，提出审计建议。各单位对存在的问题积极进行整改，有些问题已整改完毕，下一步，政府将督促有关单位继续认真进行整改。"

3. 审计信息公开方式不规范

评估发现，审计信息公开不规范，主要表现在以下两个方面。第一，审计信息公开途径不统一，有的评估对象将审计报告公开在部门动态栏目中，有的公开在审计结果公示栏目中，有的公开在公示公告栏目，甚至有的在部门要闻栏目中出现。并且，上述有的栏目名称并不能直接指向审计信息，公众查找不便。第二，有的评估对象虽然设置了审计结果专栏，专栏内审计报告标题不明确，不便查阅。比如，云南省昆明市审计局的审计结果公告仅以文件编号为标题（如《审计结果公告2017年第27号》）。

八 政府信息公开工作年度报告

政府信息公开工作年度报告是对上一年政府信息公开工作的统计汇总，依照规定应当对社会公开。《政府信息公开工作条例》和《国务院办公厅关于加强和规范政府信息公开情况统计报送工作的通知》对政府信息公开工作年度报告应包含的内容和统计数据作了明确规定。政府信息公开工作年度报告指标主要观察49家较大的市政府、100家县（市、区）政府信息公开工作年度报告的可获取性、2016年年报的新颖性和内容。

（一）评估发现的亮点

1. 年度报告形式新颖

第一，多样化展示年报，增强年报的可接受度。如湖南省长沙市以3D电子书形式展示年报，既可达到纸质书的视觉效果，又便于携带、节省空间，满足了公众对信息格式的多样化需求。又如上海市浦东新区、徐汇区、金山区、普陀区更是利用现代科技手段增加年报有声朗读功能，这在一定程度上也要归功于上海市政府对各区政府信息公开工作年度报告的有力指导。再如，四川省成都市对2016年年报的主要内容做了结构化展示，提纲挈领，有效传递整体报告信息。

第二，图文并茂，增强年报的可读性。充分利用图表图解、音频视频等形式展示年报内容，直观简明。评估发现，34家较大的市政府、61家县（市、区）政府都在年报中加入统计饼状图、柱状图、曲线图等，分别占比69.39%、61%。其中，江苏省苏州市2016年年报采用文档版与图解版相结合的方式展示，辽宁省抚顺市、江苏省无锡市也采取了同样的做法，二者互相映衬、相得益彰。

2. 引入分析年报中统计数据的新视角

行政机关一年的政府信息公开工作，形成了大量的政府数据，对这些数据进行深度挖掘分析，有利于政府信息公开工作的精细化管理。因此，年报的内容不应限于《国务院办公厅关于加强和规范政府信息公开情况统计报送工作的通知》中的统计要求。评估发现，有的年报对依申请公开来源的情况进行了分类说明。如江苏省苏州市的年报中对申请人按照党政机关、社会团体、企业、公民（律师、科研人员等）等分类进行说明，广东省广州市也采取了同样的方式。另外，有的年报在罗列2016年统计数据的基础上，还对往年的数据进行对比分析。如福建省福州市的年报中，将2008—2016年全市政府信息公开申请数量进行对比分析，统计图表直观明了地显示了申请量的变化趋势，同样采用年度数据对比方式的还有吉林省吉林市、黑龙江省齐齐哈尔市、浙江省杭州市、湖北省武汉市、四川省成都市、甘肃省兰州市、青海省西宁市、宁夏回族自治区彭阳县等。

（二）评估发现的问题

1. 县（市、区）政府2016年年报公开程度欠佳

《政府信息公开条例》明确规定，各级行政机关应当在每年3月31日前公布本行政机关的政府信息公开工作年度报告。评估发现，仍有6家县（市、区）政府未在本级政府和上级政府门户网站公开2016年年报，未能落实文件要求。

2. 政府信息公开工作年度报告发布位置混乱

在政府门户网站设置专门栏目集中发布本级政府历年年报、各政府部门年报，并按照年份、机构等分类放置，有利于提升公开效果，方便查找。评估发现，仍有部分年报发布位置不规范。

第一，未按照年份、机构分类发布。部分评估对象虽然设置了政府信息公开工作年度报告栏目，但栏目未按照年度、部门等进行必要分类，所有的年报都混杂在一起，不易查找。如山西省太原市政府年报夹杂在政府各部门年报及下属各区县年报中，查找不便。又如宁夏回族自治区平罗县政府2011年至2014年、2016年年报夹杂在其政府各部门及下属各乡镇年度报告中。

第二，发布位置不统一。部分评估对象将不同年份年报发布在政府门户网站的不同栏目。如青海省西宁市政府在"首页—信息公开—政府信息公开年报"栏目中仅公开了2009年至2016年年报，却将2008年年报发布在政府信息公开目录下的办公厅文件栏目中，未能有效发挥政府信息公开工作年度报告栏目的作用。除此之外，还有部分评估对象将不同年份的年报发布在不同层级政府门户网站。评估发现，5家较大的市政府2008年至2016年年报分别发布在本级政府网站和上级政府门户网站上，不易查找。

3. 部分年报配图制作水平低

在年报中加入图表图解、音频视频等有利于通过图文并茂的方式提高年报的公开效果，但配图不当则起不到预期效果甚至可能适得其反。评估发现，评估对象年报的配图水平参差不齐。有些年报全文没有配图，仅配有统计表，或于文字末尾直接呈现，或以可供下载的附件形式呈现；有些年报配图为照片、网站截图，没有直观呈现数据分析的折线图、饼状图或柱状图等，且文字与图片搭配视觉效果不佳，影响美观，如安徽省淮南市、海南省海口市 2016 年年报；有些年报配图制作水平低，图片模糊或不完整，影响查看效果，如宁夏回族自治区青铜峡市年报的附件"2016 年政府信息公开情况统计表"中，表格制作不完整，数据基本空白。

4. 个别年报片面追求新颖性忽视友好性

在政府门户网站上公开的政府信息公开工作年度报告应可复制或可下载，以方便群众获取与利用。评估发现，个别评估对象由于过于追求年报形式的新颖性，而忽略了其可获取性和可利用性。如湖南省长沙市 2016 年年报以 Flash 的形式展示出来，但是既不可被复制，又不能下载，在年报页面的上方指示栏中仅有打印图标，点击指示栏的帮助图标后也只有打印图标，在年报页面的下方指示栏中有一个分享图标，点击后只能分享网址而已。这直接影响了公众获取政府信息的便捷度，影响公开效果。

5. 个别年报内容有缺失

依申请公开是行政机关政府信息公开工作的重点，《政府信息公开条例》也明确规定，政府信息公开工作年度报告应当包括行政机关依申请公开政府信息的情况。评估发现，仍有个别年报中并未包含对依申请公开情况的说明，即通篇报告未提及该项内容。如辽宁省本溪市政府信息公开办公室 2016 年年报中只包括主要工作及成效、存在问题及整改情况、下一步工作打算三大部分内容，上述任一部分内容都没有关于依申请公开情况的说明。还有 5 家较大的市政府、9 家县（市、区）政府 2016 年年报没有对依申请公开收费情况进行说明，无法得知其是否收费及有无减免情况。

6. 不少年报内容不详细

加强政府信息公开工作，尤其是依申请公开工作方面的统计分析，有利于明确工作的重点和方向。《国务院办公厅关于加强和规范政府信息公开情况统计报送工作的通知》对年报中的统计内容作了明确规定，评估发现，仍有部分年报的统计数据有待细化。

在收到申请情况的统计方面，部分年报仅对申请量作笼统表述。6家较大的市政府、26家县（市、区）政府2016年年报未对申请方式的分类数据（如口头申请、当面申请、信函、电子邮件、在线申请）作详细说明。37家较大的市政府、66家县（市、区）政府2016年年报未对申请量居前的部门作说明，24家较大的市政府、41家县（市、区）政府2016年年报未对申请量居前的事项作说明。

在答复申请的统计方面，部分年报只是简单公开了依申请公开答复的总体情况。6家较大的市政府、20家县（市、区）政府2016年年报未对依申请公开答复结果（如决定公开、不公开、部分公开）进行分类说明。20家较大的市政府、11家县（市、区）政府2016年年报并没有提及不公开答复的原因，或仅笼统提及，如"主要是不属《政府信息公开条例》所指政府信息、涉及家人隐私、危及国家安全、公共安全、经济安全和社会稳定"，却没有进行具体的分类统计。

在因政府信息公开被复议或被诉讼的结果的统计方面，部分年报只是对涉公开复议诉讼总数作了笼统表述。10家较大的市政府、14家县（市、区）政府2016年年报未披露复议结果分类数据，11家较大的市政府、10家县（市、区）政府2016年年报未披露诉讼结果分类数据。

7. 个别年度报告文字表达欠妥当，数据不准确

政府信息及相应的年度报告应当真实、准确、客观。评估发现，个别年报存在文字表达欠妥、图文结构混乱、统计表格数据缺失等问题。如安徽省宁国市2016年年报中，行政复议、行政诉讼情况表述为"2016年，全市收到依申请公开行政复议案件1件，宣城市政府'零纠错'和行政诉讼'零'败诉"。这一表述有以下几点不妥之处：一是本年度报告为宁国市政府年报，但是后半句的主体却是宣城市；二是行政诉讼"零"败诉的前提是无行政诉讼，但是其并未提到有无行政诉讼，直接说明行政诉讼"零"败诉，不合逻辑；三是"零纠错"和"零"败诉在双引号使用上的区别也欠妥当，应在形式上保持一致。又如云南省绥江县2016年年

报文字部分没有提及依申请公开信息情况及依申请公开收费情况,附件的统计表中显示依申请公开信息统计数也均为空白,但却显示依申请公开信息收取费用3万元,表述前后矛盾。

九 法治政府建设情况年度报告

全面小康社会的建成不仅仅是经济发展水平和物质生产能力达到一定标准,而是具有多方面的丰富内涵。其中,贯彻依法治国基本方略、建成法治政府是一项重要内容。为促进法治政府建设,把政府工作全面纳入法治轨道,让政府用法治思维和法治方式履行职责,确保行政权在法治框架内运行,中共中央、国务院印发了《法治政府建设实施纲要(2015—2020年)》(以下简称《纲要》),并发出通知,要求各地区各部门结合实际认真贯彻执行。为此,项目组对54家国务院部门、31家省级政府、49家较大的市政府、100家县(市、区)政府门户网站公开2016年度法治政府建设情况年度报告的情况进行评估。

(一)评估发现的亮点

1. 法治政府信息公开平台建设初见成效

本次评估中,部分评估对象,如安徽省淮南市、河南省洛阳市、广东省深圳市、海南省海口市等地,均在政府门户网站或本级法制部门网站上专门设立了依法行政专栏,集中发布法治政府建设以及依法行政相关工作的具体信息,并对该项工作的文件、动态、报告及考核等相关信息进行了分类公开。

2. 市、县政府的报告公开较为及时

《纲要》要求,县级以上地方各级政府及其部门每年第一季度要向相关单位报告上一年度法治政府建设情况。评估发现,大多市、县级政府都能按时甚至提前落实文件要求。许多市、县级政府,如辽宁省鞍山市、安徽省灵璧县等,均在2017年1月就公开了本级法治政府建设或依法行政工作的报告,而其他大部分较大的市、县(市、区)政府也都做到了在2017年3月底前将报告予以公开,如海南省海口市、浙江省嘉善县等,相关信息公开的时效性在一定程度上得到了保证。值得一提的是,还有地方政府在当年年底就对相关问题进行了总结并出具报告,极大地便利了下一年度具体工作的开展。如宁夏回族自治区 2016 年年底就公开了法治政府建设情况报告，并且在报告中梳理了上一年的工作，详细总结存在的问题并对下一年工作进行了充分安排，有利于相关部门及时开展法治政府建设工作。甚至，有的评估对象每半年对本级政府法治政府建设或依法行政工作的信息予以通报，有助于公众实时了解其法治状况，如安徽省合肥市。

3. 法治政府建设情况年度报告内容的规范化程度不断提升

首先，多数报告内容涵盖法治政府建设的各个方面，均按照《纲要》的要求，集中从政府职能的履行、制度体系的完善、决策水平的提升，以及决策、执法、监督、化解矛盾、提高人员素质等几个主要方面详细列明了上一年度法治政府建设工作的情况，并且注重结合当地实践对相关问题作具体的说明；不少行政机关的年度报告还着重强调了法治政府建设中对重点领域（如广东省珠海市）、领导责任（如河北省唐山市）以及保障措施（如山东省济南市）的安排，使得报告内容更为全面。

其次，不少国务院部门在法治政府建设过程中都创新性地结合了本部门工作性质及特点，作出了非常切合实际的尝试。如交通运输部强调了加快推进交通运输立法，构建综合交通运输法规体系的工作努力；环境保护部专门提及了通过法治来强化环境治理和生态保护的工作重点；这些国务院部门从自身工作出发，将《纲要》传达的法治精神融入其中，使得法治政府建设同人们的日常生活联系得更加紧密。

另外，不少评估对象在对上一年工作情况进行总结的同时，还附带指出了本级政府在法治政府建设或依法行政工作方面存在的主要问题，并提出了详细的改进措施和明确的努力方向，"上年度工作情况 + 工作中存在的问题 + 本年度具体工作安排"的报告模式初步形成，并为许多行政机关所接受，这对《纲要》在实践中的实施也作出了有益的补充。例如，广西壮族自治区、河南省洛阳市、广东省深圳市罗湖区都对本年度工作提出了具体思路，不断推进法治政府建设。

（二）评估发现的问题

1. 法治政府建设情况年度报告公开情况不理想

根据《纲要》，县级以上地方各级政府及其部门每年第一季度要向相关单位报告上一年度法治政府建设情况，报告要通过报刊、政府网站等向社会公开。评估发现，42家国务院部门网站、7家省级政府、14家较大的市政府、66家县（市、区）政府门户网站或其法制部门网站未公开2016年度法治政府建设情况年度报告。如辽宁省抚顺市仅发布了抚顺市政府报告2016年度法治政府建设情况的新闻，无报告本身。

除此之外，部分报告发布不及时。按照《纲要》及《政府信息公开条例》关于信息形成及发布时间的要求，各级政府及其部门应在每年第一季度制作完成报告，自报告完成之日起20个工作日内予以公开。项目组在评估中预留更为宽松的时间期限，但发现，部分报告的网上公开时间晚于4月30日。仅5家国务院部门、8家省级政府、29家较大的市政府、26家县（市、区）政府的法治政府建设情况年度报告在2017年4月30日前在网上公开。甚至有的报告发布超期两个月以上，这意味着，这些报告发布时间大都在7月左右，该年度法治政府建设工作已经过半，报告的公布时间与报告的形成时间严重脱节。这无法起到及时回应群众对这一年政府法治建设的期待和关切的效果，也降低了报告对本年度工作所具有的借鉴意义。

2. 报告内容的规范化程度仍有提升空间

第一，报告的内容不完整。不少评估对象未完整发布法治政府建设情况报告的内容，如陕西省。

第二，报告中对下一年度工作的具体安排部分差强人意。一些法治政府建设情况或依法行政工作年度报告中对下一年度工作具体安排规定得过于笼统，如河北省唐山市、四川省盐亭县等。其中，唐山市在报告中这样描述："2016年，我市法治政府建设工作虽然取得了一定成绩，但仍然存在着很大差距。2017年，我市将以深入学习贯彻党的十八届四中、五中、六中全会精神为指导，以全面落实《纲要》为统领，以'全面推进依法治市、加快建设法治政府'为目标，按照全省的安排部署，进一步加快法治政府建设进程，为加快实现'三个努力建成目标'、打造国际化沿海强市营造良好的法治环境。"盐亭县则写道："……还存在工作开展不平衡、个别领域工作推进不深入、部门间协调配合不够等问题。2017年，我们将按照我县推进法治政府建设的总体安排和省、市年度工作安排，认真制定和落实各项措施，深入推进依法行政，努力加快法治政府建设进程。"对本年度工作中存在的问题一笔带过，对下一年度工作安排也仅作原则性规定，没有实质内容。甚至很多评估对象的法治政府建设情况或依法行政工作报告中对下一年度工作具体安排无规定，如山东省济南市、广东省深圳市、浙江省宁波市江北区、四川省新津县等。以上现象广泛存在于各级单位的报告之中，这从侧面反映出一些评估对象对法制工作不够重视。各级单位应当加强对相关问题的反思，凭借在本年度工作过程中总结出来的经验教训指导下一年度的制度安排。法治永远在路上而非法治永远在徘徊。

3. 报告的公开形式不规范，制约公开效果

首先，报告的标题不规范。一方面，《纲要》实施两年来，不少地方单位，尤其县级单位，普遍仍以原有的依法行政工作报告作为对当地法治政府建设工作的总结，如安徽省淮南市、广东省深圳市等，这表明各级政府部门对二者的差别还没有深入理解。另一方面，还有评估对象使用新闻语言作为报告标题。例如，国务院国有资产监督管理委员会使用《国资委2016年度法治建设取得积极进展》作为法治政府建设报告的标题。一来缺乏严肃性，二来不利于公众查阅。

其次，报告的标题与内容不对应。评估中还发现一些评估对象信息公开存在浑水摸鱼的情况。如黑龙江省哈尔滨市道里区的报告应介绍本级行政单位即道里区进行相关法治政府建设的情况，但报告的内容却是关于中央大街和旅游局的。

4. 报告的公开途径不明确，亟待规范

评估过程中遭遇的最棘手的问题就是对相关信息的查找不便，相信这也是社会大众在查找信息过程中经常遇到的。各个评估对象对报告的发布尚无统一的途径。有的在通知公告中予以发布，如人力资源和社会保障部、江苏省徐州市；有的以日常新闻形式发布，如商务部；有的报告被归类在法制建设栏目里，如环境保护部；也有以法制部门文件形式发布的，如宁夏回族自治区贺兰县；或者如四川省盐亭县的报告，在法制部门中被归在其他类里；山东省淄博市的报告则需要在信息公开目录的其他类里翻阅30余页才能找到；四川省西昌市的报告是在政策解读中公布的；还有公开在"双公示"项目中的，如宁夏回族自治区青铜峡市。从政府年度

报告到政府专题报告，从本级重大事项到上级重要任务，有的在工作汇报、工作进展条目中发布，有的在政策法规、法制监督专栏发布，此等种种，不一而足。报告公开途径的复杂直接导致了信息便民性与友好性的降低，妨碍了公众对相关信息的查询与了解，不利于法治政府建设工作的开展，人为地给各级政府部门接受群众反馈意见增设了障碍。

不仅如此，报告的公开平台也不统一。如法治政府建设情况报告除由本级政府发布外，还存在由本级政府法制部门在其网站予以发布的情形，典型的如国务院各部门。环境保护部、人力资源和社会保障部、审计署等8家单位的报告既发布在本部门网站，又发布在国务院法制办公室网站；国务院国有资产监督管理委员会报告单独发在本部门网站；而交通运输部报告则仅发布在国务院法制办公室网站。省市级政府也时有此现象发生，如陕西省。甚至存在由司法行政部门发布报告的现象，如广东省珠海市。

十　政府工作报告

政府工作报告是各级政府须在每年召开的当地人民代表大会会议和政治协商会议上向大会主席团、与会人大代表和政协委员发表的报告，其主要内容包括前一年的政府工作内容的总结回顾、当年的工作任务、政府的自身建设等与政府工作相关的内容。公开政府工作报告，真实准确地公开政府的工作任务及其落实情况，有助于加强对政府工作落实情况的社会监督，增加政府透明度，提升政府公信力，打造法治政府、责任政府。中共中央办公厅、国务院办公厅印发《关于全面推进政务公开工作的意见》也明确要求，推进结果公开，加大对党中央、国务院决策部署贯彻落实结果的公开力度。推进发展规划、政府工作报告、政府决定事项落实情况的公开，重点公开发展目标、改革任务、民生举措等方面事项。因此，本年度评估了31家省级政府、49家较大的市政府、100家县（市、区）政府是否公开2016年度政府工作报告、2017年工作任务分工及工作任务落实情况。

（一）评估发现的亮点

1. 公开形式展示清晰、方便查找

首先，多数评估对象设置了专栏。在评估的各级政府中，多数评估对象都在门户网站首页或者信息公开目录中以"政府工作报告""年度报告""工作报告"等为名设置了专门栏目,集中公开历年政府工作报告。以县级政府门户网站为例,有75家县(市、区)政府门户网站设置了相应栏目,占75%,极大地便利了公众查询相关信息,有利于公众对政府工作的监督了解,如北京市东城区、内蒙古自治区呼和浩特市新城区、安徽省合肥市庐阳区等。另外,部分评估对象设置了重点工作专栏,集中发布政府工作任务的分解情况与落实情况,如四川省成都市、安徽省合肥市、上海市虹口区。

其次,政府工作任务分解与进展关联展示。四川省成都市、广东省肇庆市高要区等在门户网站设置专门网页,公开每一项政府工作任务,并在各个任务下附上进展情况的链接,内容具体明确。

最后,政府工作报告或工作计划重点突出。部分政府工作报告对标题以及重要信息用深浅不同的字体加以区分,一目了然,便于了解政府重点工作,如内蒙古自治区包头稀土高新区等。

2. 定期公开工作总结和部署,连贯性强

第一,部分评估对象公开了2017年重点工作任务的分解。18家省级政府、27家较大的市政府、35家县(市、区)政府门户网站公开2017年政府工作任务的分解分工情况,明确了工作事项和责任部门。如天津市、辽宁省抚顺市、江苏省常州市天宁区等公开的2017年工作任务分解情况用表格表示,内容清晰。明确责任和部门,有利于下一步工作的顺利开展。

第二,部分评估对象阶段性公开了2017年任务落实情况。2家国务院部门、7家较大的市政府、14家县(市、区)政府门户网站分阶段地公开了2017年工作的落实情况。并且,部分评估对象按月度公开本月政府工作落实情况及下月工作计划,如湖南省株洲县、安徽省黄山市徽州区,这既体现了政府工作的连贯性,也便于公众及时了解相关工作进度,加强对政府工作的监督。

(二)评估发现的问题

1. 政府工作报告公开情况不理想

个别评估对象未在其政府门户网站公开2016年度、2015年度政府工作报告。评估发现，2家较大的市政府、12家县（市、区）政府门户网站未公开2016年度政府工作报告；1家省级政府、2家较大的市政府、14家县（市、区）政府门户网站未公开2015年度政府工作报告。如宁夏回族自治区2015年度政府工作报告、内蒙古自治区开鲁县2016年度和2015年度政府工作报告无法在政府门户网站内搜索到，但通过其他搜索引擎却能够搜索到。

2. 政府工作报告内容不全面

政府工作报告至少包括当年工作总结和下一年工作安排两部分。每一年各级政府都会在政府工作报告中对下一年要完成的事项作出承诺，下一年，各级政府也应在政府工作报告中对上一年承诺事项作出回应，告知承诺事项的完成情况，这是责任政府建设的重要表现。评估发现，个别评估对象2016年度政府工作报告忽略了对个别承诺事项进行回应。如山西省2016年度政府工作报告未完全回应积极稳妥推进新型城镇化事项；甚至有的评估对象2016年度政府工作报告中无当年工作总结部分，未对上一年度的工作安排作出回应，如北京市朝阳区2016年度政府工作报告中只对过去5年或4年的工作进行了回顾，而没有对2015年的具体工作进行总结回应。

3. 政府工作报告名称不统一，易造成混淆

有的名称为"2017年政府工作报告"，如北京市；有的则为"2016年政府工作报告"，如内蒙古自治区呼和浩特市新城区；有的干脆直接都称为"政府工作报告"。

4. 政府工作报告发布不规范

如北京市海淀区政府工作报告在栏目内重复发布；云南省开远市的政府工作报告混杂在政府文件栏目中，不便于寻找。

十一 规范性文件公开

规范性文件俗称"红头文件"，是指行政机关作出的对不特定多数人的权利义务产生影响的可以反复适用的文件总称，包括法律、法规、规章及其他规范性文件。规范性文件是行政机关依法行政的依据，也是社会大众依法活动的准则，与社会大众切身利益密切相关，因此，规范性文件的

制发、备案、清理等信息应当公开，供公众知晓。本次评估仅对规章以下规范性文件的公开情况进行观察。

规范性文件公开指标主要考察54家国务院部门网站，31家省级政府、49家较大的市政府、100家县（市、区）政府门户网站或其法制部门网站是否公开2017年规范性文件备案信息（国务院部门除外）、近三年规范性文件清理信息，以及是否对已公开的规范性文件标注有效性。

（一）评估发现的亮点

注重定期公开规范性文件备案信息。定期公开规范性文件备案信息，既体现了政务公开工作的常态性，也体现了规范性文件备案工作本身的常态性。评估发现，部分评估对象定期公开规范性文件备案信息。6家省级政府、1家较大的市政府及1家县（市、区）政府按月公开，如广西壮族自治区政府法制网在规范性文件备案栏目逐月公开了规范性文件备案目录。9家省级政府、1家较大的市政府及2家县（市、区）政府按季度公开。

（二）评估发现的问题

1. 规范性文件发布位置混乱

在政府门户网站设置规范性文件栏目集中公开规范性文件，并且排除栏目内不相关信息，可以提升公开效果，也方便群众查找信息。评估发现，有的评估对象的规范性文件栏目定位混乱，在栏目中发布了一些不相关信息。如广东省博罗县政府门户网"政务公开—规章文件—规范性文件"栏目中有新闻信息。有的评估对象将规范性文件发布在栏目外。如安徽省灵璧县政府门户网站有县政府规范性文件栏目、县政府办规范性文件栏目和其他文件栏目，但在其他文件栏目中仍有县政府和县政府办的规范性文件。

2. 规范性文件备案信息公开情况不佳

《国务院关于加强法治政府建设的意见》明确规定，加强备案工作信息化建设，备案监督机构要定期向社会公布通过备案审查的规章和规范性文件目录。评估发现，14家省级政府、40家较大的市政府、92家县（市、区）政府门户网站或其法制部门网站未公开2017年规范性文件备案审查信息。

3. 规范性文件清理信息公开情况不理想

《国务院关于加强法治政府建设的意见》要求，加强对行政法规、规章和规范性文件的清理。建立规章和规范性文件定期清理制度，对规章一般每隔五年、规范性文件一般每隔两年清理一次，清理结果要向社会公布。评估发现，部分评估对象未在近三年公开规范性文件清理结果。17家国务院部门、10家省级政府、12家较大的市政府、43家县（市、区）政府门户网站或其法制部门网站未公开近三年规范性文件清理结果。

4. 规范性文件缺乏有效性标注

《国务院关于加强法治政府建设的意见》要求，探索建立规范性文件有效期制度。国务院办公厅《2017年政务公开工作要点》也要求，要及时公开政策性文件的废止、失效等情况，并在政府网站已发布的原文件上作出明确标注。评估发现，多数评估对象未对已公开的规范性文件标注有效性或有效期。41家国务院部门、15家省级政府、33家较大的市政府、77家县（市、区）政府未在门户网站或其法制部门网站规范性文件栏目或目录中设置效力一栏，或在具体规范性文件页面上方显示有效性，或在文件末尾规定有效期。

十二 财政预决算

财政是庶政之母，公开财政资金的来源和使用去向，是各级政府及其部门应尽的职责，是接受群众监督、打击腐败的有效措施，是全面深化改革，推进阳光财政、透明政府和廉洁政府建设的关键举措。财政部《关于印发〈地方预决算公开操作规程〉的通知》对政府及部门预决算公开做了明确规定，尤其是明确了公开内容的标准、公开方式、公开形式等内容，是对财政系统预决算信息公开的重要指导。此次，项目组根据《关于深入推进地方预决算公开工作的通知》《关于印发〈地方预决算公开操作规程〉的通知》等文件对53家国务院部门（国家烟草专卖局的财政体制特殊，故不作为本指标的评估对象）的部门预决算和31家省级政府、49家较大的市政府、100家县（市、区）政府的政府预决算公开情况进行了评估。评估内容主要包括其财政预决算信息集中公开平台的设置情况、财政预决算说明与表格的公开情况和"三公"经费决算信息的公开情况。

（一）评估发现的亮点

1. 省市政府普遍设置财政预决算公开专栏

在政府门户网站或财政部门网站设置财政预决算专门栏目，集中展示本地区各部门的财政预决算信息，一方面，有利于政府对公开财政预决算信息进行集中管理；另一方面，有利于提高其查找的便利度，提升公开效果。评估发现，31家省级政府、49家较大的市政府、100家县（市、区）政府门户网站或财政部门网站均设置了财政预决算信息公开专栏，均占100%。除此之外，53家国务院部门也均在其门户网站设置了财政预决算专门栏目，占100%。

2. 国务院部门预决算公开情况较好

第一，普遍公开预决算说明及表格。评估发现，53家国务院部门全部公开了本部门2017年预算说明及表格、2016年决算说明及表格。

第二，预决算说明内容全面。评估发现，53家国务院部门的2017年预算说明和2016年决算说明中都包括本单位职责、机构设置情况、预决算收支增减变化、机关运行经费安排和政府采购情况等内容。

第三，预决算表格均按要求进行了细化。评估发现，53家国务院部门的2017年预算表格和2016年决算表格中的一般公共预算支出表均细化到了功能分类的项级科目，其一般公共预算基本支出表也都细化到了经济分类的款级科目，公开得非常规范。

（二）评估发现的问题

1. 财政预决算公开专栏设置仍有不规范之处

国务院办公厅《2017年政务公开工作要点》、财政部《关于印发〈地方预决算公开操作规程〉的通知》都明确要求，自2017年起，地方各级财政部门应当在本级政府或财政部门门户网站上设立预决算公开统一平台（或专栏），将政府预决算、部门预决算在平台（或专栏）上集中公开。对在统一平台公开政府预决算、部门预决算，应当编制目录，对公开内容进行分类、分级，方便公众查阅和监督。评估发现，财政预决算公开统一平台的设置仍不规范。

第一，部分评估对象多栏目发布财政预决算信息。政府网站栏目设置应具有单一性和排他性，即仅应在政府网站设置一个栏目发布财政预决算信息，并且财政预决算信息仅应发布在这个栏目内，不应再放在任何其他栏目，这既明确了政府机关发布相关信息的位置，方便了对财政预决算信息的管理，也方便了群众查找信息。评估发现，有的评估对象在多个栏目内发布财政预决算信息。如国家发展和改革委员会在预决算栏目和"其他"栏目两个栏目都发布了财政预决算信息，但在预决算栏目内仅有一条预决算信息，其他财政预决算信息均发布在"其他"栏目。审计署在门户网站中设置了预算决算栏目，同时也在"新闻频道—审计要闻"栏目中发布了预算信息，并且，2016 年决算信息同时在"公告公报—预决算"栏目、"信息公开"栏目中公开。国务院国有资产监督管理委员会将财政预算信息公布在专题栏目，决算信息却公布在"信息公开—财政监督"栏目中。如此一来，多栏目发布的财政预决算信息或交叉重叠，或仅公开部分内容，没有一个栏目中有完整的预决算信息，浪费行政资源。

第二，大多数评估对象财政预决算专门栏目未分类分级。栏目细化、精化分类有助于政府更好地管理和发布信息，公众也能更好地定位所需信息。评估发现，有的评估对象的预决算公开专栏未分类。如江西省政府门户网站虽然设置了财政预决算栏目，但栏目下无子栏目，所有的部门预算信息、省财政总收入完成情况及其他说明等都混乱堆放在这一个栏目内，查找不便。

第三，财政预决算栏目定位混乱。政府门户网站的财政预决算栏目中仅应发布预决算信息，不应再发布其他不相关信息。评估发现，有的评估对象的预决算栏目并不是只发布财政预决算信息，也发布其他财政信息、通知和文件等，这使得财政预决算信息与其他财务信息混杂在一起，比较混乱，不易查找。

2. 政府预决算公开情况欠佳

第一，部分基层政府未全部公开本级政府和各部门财政预决算信息。评估发现，有 1 家省级政府、6 家县（市、区）政府门户网站或财政部门网站只公开了各部门财政预决算信息，未公开本级预决算信息。有 4 家较大的市政府、20 家县（市、区）政府只公开了本级财政 2017 年预算信息，未公开 2016 年决算信息。有 1 家省级政府、8 家县（市、区）政府只公开了本级财政 2016 年决算信息，未公开 2017 年预算信息。

第二，公开政府预决算说明与表格，是预决算信息公开最基本的要求，但仍有政府未公开本级政府预决算说明与表格。评估发现，2 家省级政府、13 家县（市、区）政府未公开 2017 年政府预算说明；7 家省级政府、4 家较大的市政府、17 家县（市、区）政府未公开 2017 年政府预算表格；1 家省级政府、4 家较大的市政府、25 家县（市、区）政府未公开 2016 年政府决算说明；3 家省级政府、5 家较大的市政府、30 家县（市、区）政府未公开 2016 年政府决算表格。

3. 政府预决算内容有欠缺

《关于印发〈地方预决算公开操作规程〉的通知》第十六条规定，地方各级财政部门在公开政府预决算时，应当对财政转移支付安排、举借政府债务、预算绩效工作开展情况等重要事项进行解释、说明。评估发现，仍有评估对象公开的政府预决算信息未包括上述内容。在公开了 2017 年政府预决算信息的评估对象中，2 家省级政府、3 家较大的市政府、20 家县（市、区）政府未在其 2017 年政府预算信息中对财政转移支付安排作说明；6 家省级政府、7 家较大的市政府、32 家县（市、区）政府未在其 2017 年政府预算信息中对举借政府债务情况作说明；1 家较大的市政府、10 家县（市、区）政府未在其 2016 年政府决算信息中对财政转移支付安排作说明；4 家较大的市政府、12 家县（市、区）政府未在其 2016 年政府决算信息中对举借政府债务情况作说明。

4. 政府预决算表格不齐全

不同地区的财政部门对本地区的财政预决算表格数量、名称、格式等的要求各不相同，尽管如此，《关于印发〈地方预决算公开操作规程〉的通知》对各级政府应公开的政府预决算表格提出了最基本的要求。本年度评估针对地方一般公共预算的 6 张表进行观测，观察各级政府公开的 2017 年政府预算表格中是否包括一般公共预算收入表、一般公共预算支出表、一般公共预算本级支出表、一般公共预算本级基本支出表、一般公共预算税收返还和转移支付表、政府一般债务限额和余额情况表。评估发现，19 家省级政府、25 家较大的市政府、72 家县（市、区）政府未能公开上述全部 6 张表格。其中 7 家省级政府、4 家较大的市政府、

17家县（市、区）政府未公开任何2017年政府预算表格。

5. 政府预决算表格仍待细化

《关于印发〈地方预决算公开操作规程〉的通知》第十五条规定，地方一般公共预算、政府性基金预算、国有资本经营预算和社会保险基金预算报表中涉及本级支出的，应当公开到功能分类项级科目。一般公共预算基本支出应当公开到经济性质分类款级科目。本次评估抽查各级政府公开的一般公共预算支出表和一般公共预算基本支出表，观察前者是否细化到了功能分类的项级科目，后者是否细化到了经济分类的款级科目。评估发现，在公开了2017年一般公共预算支出表的评估对象中，4家省级政府、1家较大的市政府、13家县（市、区）政府未能细化到位；在公开了2017年一般公共预算基本支出表的评估对象中，2家省级政府、1家较大的市政府、14家县（市、区）政府未能细化到位；在公开了2016年一般公共预算支出决算表的评估对象中，4家省级政府、2家较大的市政府、7家县（市、区）政府未能细化到位；在公开了2016年一般公共预算基本支出决算表的评估对象中，3家省级政府、1家较大的市政府、16家县（市、区）政府未能细化到位。

6. 有的"三公"经费决算信息内容不详细

《关于深入推进地方预决算公开工作的通知》规定，"三公"经费决算公开要细化说明因公出国（境）组团数及人数，公务用车购置数及保有量，国内公务接待的批次、人数、经费总额，以及"三公"经费增减变化原因等信息。评估发现，多数评估对象公开的2016年"三公"经费决算信息中未包括上述内容。21家省级政府、35家较大的市政府、78家县（市、区）政府未公开因公出国（境）组团数；21家省级政府、35家较大的市政府、76家县（市、区）政府未公开因公出国的人数；4家国务院部门、21家省级政府、34家较大的市政府、78家县（市、区）政府未公开公务用车购置数；1家国务院部门、22家省级政府、33家较大的市政府、76家县（市、区）政府未公开公务用车保有量；3家国务院部门、22家省级政府、34家较大的市政府、74家县（市、区）政府未公开国内公务接待的批次；2家国务院部门、22家省级政府、34家较大的市政府、74家县（市、区）政府未公开国内公务接待的人数；1家国务院部门、9家省级政府、13家较大的市政府、57家县（市、区）政府未公开"三公"经费增减变化原因说明。

7. 个别网站发布的信息依然存在错别字现象

政府门户网站发布信息中出现错别字，表面上是其工作人员不认真所致，但究其本质是工作人员对公共事务的懈怠和应付，要想大力推进信息公开工作，工作人员就要改变对待公共事务的态度，从根本上杜绝此类现象的发生，提高发布信息的准确度。

评估发现，国家质量监督检验检疫总局门户网站发布的2016年部门决算说明中，并未找到2016年"三公"经费中因公出国（境）的组团数和人数，反而在其中查询到了"2015年'三公'经费因公出国（境）的组团数和人数"。

十三 地方政府债务信息

部分评估对象地方政府债务领域信息公开不够全面。对于地方政府债务领域信息公开而言，部分评估对象未完全公布地方政府债务领域信息公开要素中本地区政府债务种类、规模、结构、使用情况和偿还情况。评估发现，31家省级政府部门中，未公开以上地方政府债务领域信息要素的分别为8家、9家、9家、13家、16家；同样，49家较大的市政府中，分别有11家、14家、17家、26家、30家；100家县（市、区）政府中，分别有22家、30家、47家、72家、56家（见表1-4）。

表1-4　　　　　地方政府债务领域信息未公开要素　　　　单位：家

部门 要素	31家省级政府	49家较大的市政府	100家县（市、区）政府
种类	8	11	22
规模	9	14	30
结构	9	17	47
使用情况	13	26	72
偿还情况	16	30	56

十四　集中式生活饮用水水源水质监测信息公开

集中式生活饮用水安全是关乎人民群众身体健康的大事。为贯彻落实《环境保护法》《政府信息公开条例》和《水污染防治行动计划》，各级政府应进一步推进集中式生活饮用水水源水质监测信息公开，提高公众对水源保护工作的参与程度，加强水源水质监测与监管。本年度，项目组继续对集中式生活饮用水水源水质监测信息公开情况进行评估，评估主要观察27家省级政府是否公开本地区城市水环境质量排名，49家较大的市政府是否定期公开集中式生活饮用水水源水质监测信息、供水厂出水水质监测信息和用户水龙头水质监测信息。

（一）评估发现的亮点

1. 积极主动公开集中式生活饮用水水源水质信息

第一，部分评估对象公开集中式生活饮用水水源水质监测信息的频率比法定要求更高。国务院办公厅《2016年政务公开工作要点》要求地级以上城市应按季度公开集中式生活饮用水水源水质监测信息，《关于印发〈全国集中式生活饮用水水源水质监测信息公开方案〉的通知》要求地级以上城市应按月公开集中式生活饮用水水源水质信息。评估发现，有的地方的公开频率明显高于上述要求。例如，在集中式生活饮用水水源水质信息公开方面，浙江省宁波市环境保护局、河南省洛阳市环境保护局、广西壮族自治区南宁市环境保护局按周公开，福建省厦门市环境保护局按日公开；在供水厂出水水质信息公开方面，24家较大的市政府按月公开，江苏省无锡市自来水公司、安徽省淮南市卫生和计划生育委员会、青海省西宁市自来水公司连续按周公开，辽宁省辽东水务公司（本溪市）、江苏省苏州市自来水公司、浙江省宁波市自来水公司、福建省厦门市卫生和计划生育委员会、湖南省长沙市自来水公司按日公开；在用户水龙头水质信息公开方面，26家较大的市政府按月公开，江苏省无锡市自来水公司、湖南省长沙市自来水公司、青海省西宁市自来水公司按周公开。

第二，同2016年相比，2017年部分评估对象在集中式生活饮用水水源水质监测信息公开方面进步显著。在集中式生活饮用水水源水质信息公开方面，40家较大的市政府在公开内容和频率上保持了去年的水准或有所进步；在供水厂出水水质信息公开方面，40家较大的市政府在公开内容和频率上保持了去年的水准或有所进步；在用户水龙头水质公开方面，27家较大的市政府在公开内容和频率上保持了去年的水准或有所进步，其中，吉林省吉林市水务集团、浙江省杭州市人民政府网、贵州省贵阳市自来水公司的公开频率从按季度公开变为按月公开，江苏省徐州市卫生和计划生育委员会、安徽省淮南市卫生和计划生育委员会的公开频率从不定期公开变为连续按季度公开，另外，17家较大的市政府部门及事业单位2016年未对该项水质信息进行公开，2017年按要求进行了公开，有所突破。

2. 注重定期开展城市水环境质量排名工作

如福建省环境保护厅、甘肃省环境保护厅等按季度公开水质排名结果，天津市政府、重庆市环境保护局、宁夏回族自治区环境保护厅等按月公开水质排名结果。

（二）评估发现的问题

1. 集中式生活饮用水水源水质监测信息公开情况欠佳

第一，少数评估对象未按时公开集中式生活饮用水的相关水质监测信息。2家较大的市政府（福建省福州市、河北省唐山市）仅按季度公开水源（地）的水质监测信息，2家较大的市政府（河北省邯郸市、山东省济南市）非定期公开水源（地）的水质监测信息，1家较大的市政府（浙江省杭州市）未公开水源地水质状况报告；2家较大的市政府（山东省济南市、海南省海口市）非定期公开供水厂出水水质监测信息，5家较大的市政府未公开供水厂出水的水质监测结果；1家较大的市政府（海南省海口市）每半年公开一次水龙头水质监测信息，6家较大的市政府未公开用户水龙头（管网末梢水）水质监测结果，不符合要求。

第二，部分评估对象水质信息公开缺乏连续性。评估发现，部分评估对象饮用水水质监测信息未连续公开，其具体又分为三种类型：一是按月公开水质监测信息，但缺少某个月份的水质监测报告，如云南省昆明市水务局的城市供水厂水质月报中，缺少7月的水质报告。二是公开了2017年最初几个月的水质监测报告，在其后的月份都没有公开水质监测报告，如吉林省长春市水务集团从5月开始便不公开管网末梢水质，河北省石家庄市环境保护局地表水质公开月报仅公开至 4 月。三是仅公开近期水质监测信息，之前的水质信息没有链接或链接无效，如河南省郑州市自来水公司、广东省广州市环境保护局网站公布的出厂水水质和管网水水质仅能查看当前月份，山东省济南市环境保护局仅公开最新 3 个月份水质信息。

2. 城市水环境质量排名工作有待进一步落实

国务院办公厅《2017 年政务公开工作要点》指出，要推进环境保护信息公开，环境保护部门要牵头开展城市水环境质量排名工作，每年公布水质最好和最差的城市名单。随后，环境保护部制定了《城市地表水环境质量排名技术规定（试行）》，明确了排名方法、信息发布等具体问题。评估发现，16 家省级政府尚未公布水环境质量排名名单，占比为 59.26%。

十五　棚户区改造

保障性安居工程建设关系到人民群众，特别是困难群众的居住条件和生存发展权利，又是完善城市功能、改善城市环境的重要内容。公开保障性安居工程信息，可以监督保障性安居工程的建设和落实情况，促进社会和谐稳定。国务院办公厅《2017 年政务公开工作要点》《关于进一步加强棚户区改造工作的通知》《关于公开城镇保障性安居工程建设信息的通知》等文件明确要求公开保障性安居工程的供地计划、年度建设计划、开工项目信息、竣工项目信息等内容。本年度，项目组继续选取保障性安居工程中的棚户区改造信息公开进行评估，主要观察 49 家较大的市政府国土资源管理部门是否公开 2017 年棚户区改造用地计划，49 家较大的市政府住房和城乡建设部门是否公开 2017 年棚户区改造年度建设计划和项目进度。

（一）评估发现的亮点

1. 集中公开本地区棚户区改造信息，系统性强

集中公开本地区棚户区改造用地和建设信息，有助于加强对本地区棚户区改造工作的管理，也方便群众获取本地区相关信息。评估发现，黑龙江省齐齐哈尔市、江苏省南京市、浙江省杭州市、福建省福州市、江西省南昌市和广西壮族自治区南宁市等较大的市国土资源管理部门门户网站公

布的棚户区改造用地计划具体到各县区，且内容较为详细。辽宁省抚顺市和浙江省杭州市政府门户网站或市住房和城乡建设（住房保障）主管部门网站公布的棚户区改造年度建设计划具体到各县区。

2. 注重定期公开棚户区改造项目进度

及时、定期告知社会大众棚户区改造项目进展情况，有助于扩大公众参与，加强社会监督，促进社会稳定。评估发现，河北省邯郸市、辽宁省大连市、吉林省吉林市3家较大的市的政府门户网站按季度公开了本地区棚户区改造建设项目开工和基本建成（竣工）情况；7家较大的市的政府门户网站或市住房和城乡建设（住房保障）主管部门门户网站按月公开了本地区棚户区改造建设项目开工和基本建成（竣工）情况，如黑龙江省哈尔滨市、浙江省宁波市、安徽省淮南市、福建省福州市、山东省淄博市、广东省珠海市和贵州省贵阳市。

3. 公开的棚户区改造项目信息详细具体

如安徽省淮南市政府公开得较为详细，其棚户区改造建设项目表格公开了建设任务量、建设计划项目清单、建设任务量完成进度、已开工基本信息和分配管理政策法规，清楚明了。

4. 设置专门栏目发布棚户区改造信息，发布规范

栏目精化分类有助于政府更好地管理和发布信息，公众也能更好地定位所需信息。评估发现，18家较大的市政府在其门户网站或市管理部门网站不仅设置了专门栏目发布棚户区改造信息，而且栏目设置醒目，易于查找，占36.73%，黑龙江省哈尔滨市"惠民"栏目、辽宁省抚顺市"保障性住房"栏目、浙江省宁波市和山东省淄博市的"三拆一改"栏目，其他市均为"棚户区改造"栏目。

（二）评估发现的问题

1. 棚户区改造信息公开程度仍有提升空间

第一，多数评估对象未公开本市棚户区改造用地计划。《国务院办公厅关于进一步加强棚户区改造工作的通知》要求，市、县国土资源管理部门应及时向社会公开棚户区改造用地年度供应计划、供地时序、宗地规划条件和土地使用要求，接受社会监督。评估发现，27家较大的市政府门户网站和市国土资源管理部门网站均未公开2017年本市棚户区改造用地

计划，占 55.10%。

第二，部分评估对象未公开本地区棚户区改造建设项目信息。国务院办公厅《2017 年政务公开工作要点》《关于公开城镇保障性安居工程建设信息的通知》要求，市、县住房和城乡建设（住房保障）主管部门应及时公开年度建设计划、开工项目信息、竣工项目信息。评估发现，14 家较大的市政府未在其门户网站或市住房和城乡建设部门网站中发布 2017 年本地区棚户区改造年度建设计划，占 28.57%；15 家较大的市政府未在其门户网站或市住房和城乡建设部门网站中发布 2017 年本地区棚户区改造建设项目开工和基本建成（竣工）情况，占 30.61%。

2. 公开的棚户区改造用地计划信息过于简单

评估发现，在公开了本市棚户区改造用地计划的 22 家较大的市政府中，16 家较大的市政府门户网站或市国土资源管理部门网站只公布了本市棚户区改造用地计划的一个总数据，既无各县区的具体数据描述，也未公开本市各个棚户区改造项目用地计划的具体数据，占 72.73%。更有甚者，福建省厦门市国土资源局公开的棚户区改造用地计划表格中的棚户区改造一栏无数据，但市政府门户网站却发布了棚户区改造任务完成信息，两者自相矛盾，不知所云。

3. 少数评估对象门户网站重复发布信息

门户网站重复发布信息既浪费网站资源，降低政府在公众心目中的权威性，也可能在公众心中留下负面影响。评估发现，少数较大的市政府门户网站存在信息重复发布的现象，如江苏省无锡市、新疆维吾尔自治区乌鲁木齐市等。乌鲁木齐市政府于 2017 年 8 月 18 日在其规划计划栏目中重复发布了两条"乌鲁木齐市 2017 年度国有建设用地供应计划"信息。

十六 教育领域信息公开

义务教育是保障公民受教育权的重要方面，既关系到广大人民群众的切身利益，也关系到富民强国大业。及时全面公开义务教育信息，有助于保障适龄青少年及其家长的合法权益，也有助于对各地方落实义务教育国策的情况进行监督。为此，项目组依据国务院办公厅《2017 年政务公开工作要点》和《教育部办公厅关于全面推进政务公开工作的实施意见》

《教育部办公厅关于做好 2017 年义务教育招生入学工作的通知》《关于进一步做好小学升入初中免试就近入学工作的实施意见》等文件中有关公开义务教育招生工作信息的要求，对 100 家县（市、区）政府的义务教育信息公开情况进行了评估。

本年度的评估内容包括本县（市、区）的义务教育招生入学政策、义务教育阶段入学政策咨询电话、2017 年义务教育招生范围、2017 年义务教育招生条件、中小学学校情况、学校招生简章及 2017 年义务教育招生结果。项目组通过观测县（市、区）或上一级教育行政部门网站、县（市、区）政府门户网站、本级或上一级招生考试主管部门网站来获取相关数据。

（一）评估发现的亮点

1. 招生条件明确度较高

明确清晰的入学条件有助于社会公众充分掌握小学及初中入学资质信息，以减少信息不对称的现象。评估发现，在已公开普通学生入学条件的 56 家评估对象中，54 家公开得较为明确，比例高达 96.43%，尤其是一些区县公开小学招生要求时，不只是简单说明 6 周岁儿童可入学，还注明了具体的出生日期，以及需提交的证明材料，例如贵州省贵阳市南明区教育局；在已公开随迁子女入学条件的 63 家评估对象中，有 59 家评估对象公开得较为清晰，比例高达 93.65%，如北京市昌平区、江苏省南京市建邺区、陕西省西安市未央区。

2. 网站间互相链接，方便查询

评估发现，部分评估对象的政府门户网站或教育行政部门网站集中整合网站资源，实现了信息数据的集中管理，同时不同平台之间可以跳转。例如，内蒙古自治区开鲁县教育体育局把与教育相关的专业化资源，如通辽教育概况、教育资源平台、教育管理平台等，统一整合为"智慧教育"平台，并展示在网站首页的一级栏目"智慧教育"中。北京市海淀区集中列出中小学校，点击后可直接进入学校官方网站，便于公众查询。

3. 随迁子女教育信息公开较好

教育部《关于进一步做好小学升入初中免试就近入学工作的实施意见》要求，各地应依法合理确定随迁子女入学条件，简化随迁子女入学流程和证明要求，积极接收随迁子女就学，做好随迁子女平等接受义务教育工作。评估发现，部分县级政府在公开随迁子女就学内容上较为详尽，在公开的形式效果上一目了然。如四川省新津县教育局围绕随迁子女接受义务教育问题专门制定了《关于做好2017年进城务工人员随迁子女接受义务教育工作的指导意见》，对帮助社会公众了解当地随迁子女义务教育的政策内容发挥了重要的作用。另外，在公开形式上，还有像湖南省株洲县政府通过在"重点领域服务"栏目中设置"随迁子女服务"专栏，较为直观详尽地展示了随迁子女教育的政策性信息、办事的流程化信息、招生划片信息、咨询监督联系途径等信息。

（二）评估发现的问题

1. 部分义务教育信息公开程度较低

根据国务院办公厅《2017年政务公开工作要点》的规定，县（市、区）政府或教育行政部门应推进义务教育招生入学政策公开，并公开义务教育招生划片范围、招生计划、招生条件、学校情况、招生结果等信息。评估发现，上述信息的公开情况并不理想。

第一，部分评估对象未公开义务教育招生政策文件。义务教育招生入学政策是指导本地区义务教育阶段招生工作的重要文件，与广大适龄儿童及其家长的切身利益密切相关。评估发现，40家县（市、区）政府未公开本级政府2017年义务教育阶段入学工作的文件。

第二，近半数评估对象未公开义务教育入学政策咨询电话。公开义务教育入学政策咨询电话，方便社会大众对于不明白的事项"问个明白"。评估发现，48家县（市、区）政府未公开义务教育入学政策咨询电话。

第三，多数评估对象未公开义务教育阶段划片结果。义务教育阶段划片信息是目前适龄儿童家长最为关心的问题，这关系到自己的孩子是否具有目标学校的入学资格。评估发现，49家县（市、区）政府未公开本地区小学招生范围，57家县（市、区）政府未公开本地区中学招生范围，86家县（市、区）政府未公开本地区小学招生人数，85家县（市、区）政府未公开本地区中学招生人数。其中，北京市东城区开设了义务教育招生工作系统，但该系统中的信息未向一般社会大众开放。虽然不排除有些地方可能会在实体公告栏、宣传栏、学校门口等张贴公告，告知义务教育划片结果,但这已经不能满足信息化时代人们对于随时随地查看信息的需求,所以,仍需完善公开方式,将政府信息"应上网尽上网"。

第四,近半数评估对象未公开义务教育阶段招生入学条件。公开招生入学条件是适龄儿童申请入学的重要前提。评估发现,44家县(市、区)政府未公开幼升小或小升初普通学生招生入学条件,37家县(市、区)政府未公开幼升小或小升初随迁子女招生入学条件。

第五,部分评估对象未公开学校情况。34家县(市、区)政府未公开学校情况。11家县级政府仅公开了学校的简要信息,如联系电话和地址。9家县(市、区)政府仅公开部分学校的情况。

第六,多数评估对象未公开义务教育阶段学校招生简章。仅16家县(市、区)政府公开了公办或民办的普通中小学学生招生简章或艺术类、科技类等特长生招生简章,其中,有13家只公开了部分学校招生简章。

第七,绝大多数评估对象未公开义务教育阶段招生结果。只有浙江省义乌市、湖南省浏阳市、广东省广州市海珠区、贵州省贵阳市南明区4家公开了2017年义务教育招生结果。其中,后两个地方只公开了部分学校2017年义务教育招生结果。

2. 招生人数信息不明确

公开中小学招生计划应具体到人数,这不仅有助于招生工作的开展,监督促使招生资源合理分配,而且有助于招生部门正确掌握实际招生结果与招生计划存在的差异,从而后续采取科学的处理措施。

评估发现,一些地方只公布了拟计划招生的班级数,并未涉及班级的具体人数。例如,上海市普陀区、虹口区、金山区等只公布了招生计划的班级数,并未说明具体招生人数,而上海浦东新区的民办学校不仅公开了招生班级数,还具体到了人数,相比之下,公办学校招生人数公开情况更不理想。

3. 公开方式有待提升

义务教育信息公开属于重点领域政务公开的范畴,且与人民群众的切身利益息息相关,对其进行集中式、常态化公开十分必要。政府门户网站或主管部门网站应通过设置专栏的方式集中动态公示信息。评估发现,部分评估对象公示方式不妥,直接影响了公开效果。

第一,信息放置混乱,影响查找。评估发现,个别地方在公开类别信息时未将其放置在对应的专栏内。例如,河南省洛阳市洛龙区政府网站未将本区2017年义务教育阶段招生政策解读信息放置在"政策解读"栏目,反而放在"今日洛龙"栏目中,因该栏目信息更新较快,无疑增加了查找的难度;再如,内蒙古自治区乌海市海勃湾区教育信息网将2015年及2017年的中小学招生划片范围既公示在"政策法规—规章制度"栏目中,又公示在"政策法规—法律法规"栏目中,还公示在"招生工作"栏目中,但中小学招生划片范围信息从性质上来讲,将其放在政策法规栏目不恰当,应统一公示在"招生工作"栏目中。

第二,栏目缺乏分类。评估发现,一些评估对象有关义务教育信息公开的栏目设置特征不明显,缺乏子栏目设置。例如,安徽省定远县教育体育局网站的"政务公开—招考信息"中,不仅有义务教育招考的信息,还有招教考试的信息,两者混合放置,增加了公众筛选信息的负担。

第三,多栏目发布义务教育信息。通常栏目的设置应具有排他性和唯一性,如果确有在多个栏目内公示的必要,应保证内容为同一个链接源。评估发现,贵州省贵阳市南明区教育网将"2017年南明区小升初公布名单"既发布在"咨询—公示公告"栏目,同时又发布在"公开—招生考试"栏目,且两者不是同一个网址。

4. 信息更新不及时

评估发现,一些评估对象的网站信息滞后,没有及时公开最新的信息。例如,四川省合江县政府网站只将义务教育入学政策更新到2011年;浙江省江山市政府网站的"便民服务—教育培训—小学/中学—就读政策"栏目公布的中小学招生方案,只有2014年的通知;河南省汤阴县政府在其门户网站公开了《关于印发政府网站重点领域政府信息公开专栏规范的通知》,该文件要求县教育体育局负责牵头落实教育服务信息公开专栏的规范建设,县政府办公室督促责任单位及时公开相关信息,但"文化教育"栏目中的信息都只更新到2016年。

5. 网站建设水平欠佳

门户网站是政府信息公开的第一平台,其建设得好不好直接关系着社会公众是否能及时方便地获取政务公开的信息。评估发现,部分评估对象在县（市、区）政府门户网站或教育行政部门网站存在网站建设影响公开效果方面的问题。

第一，栏目内容有空白。评估发现，个别评估对象的网站栏目内无任何内容。例如，贵州省兴义市政府门户网站的"网上办事服务大厅—教育"栏目没有任何公示内容；云南省腾冲市教育体育局网站虽然有中小学教育专栏的设置，但没发挥该专栏应有的公开载体作用，没有放置任何信息。

第二，未标注年份信息。评估发现，个别评估对象条目信息所附的网上发布时间未显示年份，只能点开后才能作出判断，使人无法第一时间判断某项信息网上发布是否及时。例如，河南省济源市济源教育网"教育考试—中小学招生"栏目里，每项信息附后都有时间信息（月、日），但没有年份信息。

十七 政策解读

行政机关及时通过政府网站发布政策解读信息，加强答疑解惑，是减少政策执行阻力，提升政府公信力、社会凝聚力，稳定市场预期，保障社会公众知情权、参与权、监督权的重要举措。政策解读指标主要考察各评估对象在门户网站设置专门的政策解读栏目的情况，政策解读信息发布情况，解读形式，解读内容及主要负责人带头解读政策的情况。需要说明的是，本次评估中，针对政策解读信息采取从严的标准，仅限于本机关对自身政策的解读；主要负责人的界定则采取从宽的标准，不限于本单位"一把手"，只要是本机关工作人员即可。

（一）评估发现的亮点

1. 普遍在门户网站设置政策解读栏目

政府门户网站是发布政策解读信息的第一位和最权威的平台，因此有必要在门户网站设置政策解读专门栏目，集中发布政策解读信息。评估发现，绝大多数评估对象在门户网站设置政策解读专门栏目，虽有少数门户网站不是以政策解读命名，也在相关栏目中发布了政策解读信息。52家国务院部门、31家省级政府、48家较大的市政府、88家县（市、区）政府门户网站均开设了政策解读专门栏目。此外，一些评估对象还针对政策解读信息设置了高级检索功能，当政策解读信息数量越来越多时，此功能的作用便会得到充分体现。安徽省各县（市、区）政府门户网站皆区分本级政府政策解读和上级政府政策解读，便于公众查询。

2. 政策解读形式新颖，可读性强

通过图表图解、音频视频等方式，将纯文字形式的政策通俗易懂地展现出来，便于公众了解政策内容，提高政策本身的亲和力、可接受度。评估发现，多数国务院部门网站所发布的政策解读形式新颖，以图解的方式将政策文件的主旨简洁而生动地展现出来，而不是对政策原文的生搬硬套，如教育部图解《中小学校领导人员管理暂行办法》以清晰的结构和文字展现各种条件和要求，简洁明了，清晰易懂。

3. 国务院部门、省、市主要负责人解读重要政策的要求落实较好

主要负责人带头宣讲、解读政策，发出权威声音，有助于政策措施的宣传，是最具有公信力的解读方式之一。47 家国务院部门、30 家省级政府、45 家较大的市政府门户网站都公布了主要负责人对政策进行解读的情况，各个主要负责人通过参加新闻发布会、接受访谈等方式带头宣讲政策，解疑释惑，传递权威信息。

（二）评估发现的问题

1. 政策解读信息发布混乱

第一，多数政策解读信息未分类。当发布的政策解读信息越来越多时，为了防止大量信息堆积在政策解读栏目而造成查询不便，就有必要对解读信息进行分类，设置查询功能，提升查询便捷度。但仅少数评估对象对政策解读栏目进行分类。尤其是县级政府门户网站，经常引用上级政府的政策解读而无本级政策解读，本级政策解读往往很少甚至没有，且混杂在各种上级政策解读中，不易辨识。部分评估对象网页中不具备搜索功能或者搜索功能无法正常使用，即便存在搜索功能，但实用性较差，搜索体验不佳。

第二，少数政策解读栏目定位混乱。在政策解读栏目发布政策解读信息，便于公众明确政策解读栏目定位，查询相关信息。但仍有 7 家国务院部门、3 家省级政府、8 家较大的市政府、20 家县（市、区）政府门户网站在政策解读栏目发布了非政策解读信息。

2. 基层政府的政策解读发布情况有待加强

发布本级政府政策解读信息，是本级政府做政策解读的应有之义。然而部分评估对象，尤其是县（市、区）政府，只转发上级政府政策解读信息，本级政府政策解读信息较少，甚至没有。可以考虑到县（市、区）政府的实际情况，不能苛求，然而相较于其所发布的政策文件，政策解读信息却十分少。

3. 政策解读时效性不佳

部分政策解读未与政策文件同步发布。信息发布、政策解读、回应关切是做好政务公开工作的三大重要方面，三者三位一体、相辅相成，才能充分发挥释放信号、引导预期、回应重大舆情的作用。这就需要政府在发布信息的同时实施政策解读，增强政策解读的时效性。国务院办公厅《2017年政务公开工作要点》规定，各地区各部门要按照"谁起草、谁解读"的原则，做到政策性文件与解读方案、解读材料同步组织、同步审签、同步部署。评估发现，29家国务院部门、29家省级政府、18家较大的市政府、23家县（市、区）政府的政策解读信息的网上发布时间与政策文件的网上发布时间间隔超过3个工作日。甚至有的评估对象先发布政策解读，数日之后才发布政策文件，如浙江省、浙江省宁波市江北区、广东省深圳市罗湖区等。

4. 政策文件与政策解读之间关联性较弱

在政府门户网站上将政府文件与政策解读信息相关联，可以极大地方便公众查阅相关政策及解读信息，有利于公众对政策文件的理解。而32家国务院部门、11家省级政府、30家较大的市政府、37家县（市、区）政府门户网站没有在政策解读项下设置可导向该解读所对应政策文件的链接，甚至存在找得到政策解读却找不到对应政策文件的情形。公众若想查询该项政策解读所对应的政策，只能重新查阅，势必影响公民了解相关政策的积极性及对政策的理解。

5. 政策的解读水平仍待提升

政策解读的核心要义是用通俗易懂的语言和灵活多样的形式，将专业性较强甚至晦涩难懂的政策文件解说给公众，让其能够充分地了解政策的主旨。评估发现，一些评估对象的政策解读信息仍主要是对文件内容的简单重述，有的虽然采取了图文解读的方式，但也只是进行了简单的画图和配色，文字内容既不通俗也不明了，没能发挥政策解读的功能。

十八　网站互动

在政府门户网站设置政民互动栏目，回应公众个人关切，是提高政府公信力和社会凝聚力的重要手段。网站互动指标主要考察各评估对象是否在门户网站设置在线互动平台，是否对在网站互动平台上提交的问题进行回应。

（一）评估发现的亮点

1. 普遍重视网站互动平台建设

绝大多数评估对象门户网站都设置了互动平台，如领导信箱、留言板、在线咨询等。51 家国务院部门、30 家省级政府、48 家较大的市政府、97 家县（市、区）政府门户网站均设置了在线互动平台，互动平台设置已成普遍现象。

2. 注重细分互动平台的功能

部分评估对象按照问题性质或所涉部门的不同设置了不同的互动渠道，方便群众自主选择路径，有利于问题的分流受理和解决，也有利于提高行政机关解决群众问题的效率和质量。

3. 普遍公开公众提出的问题及反馈情况

公开公众所提出的问题及反馈情况，一方面便于公众监督，提高政府反馈的质量；另一方面，将相关问题及反馈展现出来可使有类似问题的公众查看反馈情况，既而减少类似问题的提出。评估发现，41 家国务院部门、30 家省级政府、49 家较大的市政府、95 家县（市、区）政府门户网站都公开了反馈信息。

（二）评估发现的问题

1. 个别网站互动平台功能混乱

个别评估对象设置的网站互动平台功能混乱，将信访渠道与回应公众关切渠道相混淆。如西藏自治区政府网上，不论从信访通道还是意见建议咨询通道进入后都是信访平台。这体现出，对信访的认识和对回应公众关切的认识较为模糊，并不能区分二者的功能定位。

2. 部分互动平台不便于群众提出咨询

部分评估对象在互动平台中设置了复杂的注册账号方式或需要公众作

出某些选择，方能提出咨询，这不利于提高公众积极提出咨询的热情。对于公众来说，需要进行注册或作出某些选择后才可以提出咨询，可能因感到烦琐或不便捷而放弃提出咨询，以至于不能发挥互动平台的功能，也不利于公众咨询解惑。

3. 集中问答式回应忽略了对个人关切事项的回复

部分评估对象以集中的"一问一答"形式来回应公众的关切，回应的问题固然具有普遍性，但遗漏了一些公众的个性问题，且互动性不强。

4. 部分回应内容空洞，并没有解决实质问题

评估发现，部分政府的回应并没有直面公众提出的问题，而是让公众去其他部门咨询。如安徽省政府办公厅关于直接从河道中挖取石料修路是否合法的咨询，回应称，"根据部门工作职责分工，就您所询问的问题，建议您向水利主管部门进行咨询"。这样的回应并没有解决实质问题。作为省级政府门户网站的运营主管部门，省政府办公厅应该是内部协调水利主管部门来回应，而不是直接告知群众向相关部门咨询。

十九　依申请公开

依申请公开是政府信息公开制度的重要内容，是主动公开的重要补充，是保障公民知情权的最后一道防线，《政府信息公开条例》对依申请公开的各个环节做了明确规定。本年度，继续对100家县（市、区）政府的依申请公开情况进行评估。项目组从2017年9月27日起，陆续通过挂号信的方式向100家县（市、区）政府申请公开"2016年1月1日至今，本地区是否为农民工和农村留守妇女儿童提供相应的公共文化服务？如果有，申请公开此项公共文化服务总体完成情况的信息"，评估其信函申请渠道畅通性和答复规范化程度。

（一）评估发现的亮点

1. 信函申请渠道普遍畅通

信函申请是依申请公开的重要渠道，信函申请渠道畅通是公民可以启动依申请公开的重要前提。评估发现，100家县（市、区）政府的信函申请渠道均畅通，中国邮政给据邮件跟踪查询系统显示，100封政府信息公开申请挂号信均被各个评估对象签收。

2. 及时与申请人电话沟通，在各个环节服务到位

虽然"文来文往"是行政机关在各个环节处理依申请公开最安全的方式，但在出具书面告知书的前后，通知申请人查收及对查收情况进行确认，不失为一种到位的服务，尤其是在发出补正通知书之前，与申请人进行电话沟通，明确申请事项和需要补正的要素，既方便了申请人，也可以避免因为需要多次补正而降低效率。评估发现，部分行政机关在依申请公开的各个环节与申请人及时进行电话沟通。例如，江苏省新沂市在寄出答复告知书的当天，电话通知项目组当天已寄出答复信函，项目组大概会在一周内收到，望注意查收。该举动十分人性化。又如，北京市东城区出具补正告知书之后，在与项目组的电话沟通中，告知项目组申请事项仍不明确，需要将文件中间的"或"删掉。

3. 建立处理依申请公开的转办机制，方便申请人

目前，在面对所申请事项非本机关职权范围时，虽然广义的一级政府也包括政府所属部门，但如果一级政府统一接收政府信息公开申请，再转发给相应部门办理，一级政府的工作量会增加，所以，大多数政府的做法仍是直接答复非本机关政府信息公开范围。评估发现，部分评估对象建立了依申请公开的转办机制，一方面，方便了申请人，另一方面，也便于一级政府对本地区依申请公开的统计和管理。有的县（市、区）政府将收到的申请转给业务主管部门，由业务主管部门直接作出答复，如江苏省南京市建邺区、河南省潢川县、湖南省衡阳县、湖南省资兴市、陕西省靖边县、陕西省紫阳县等；有的县（市、区）政府在收到申请后，协调相关主管部门进行会商或责成相关主管部门提供信息，仍由县（市、区）政府作出答复，如上海市金山区、黑龙江省密山市、江苏省常州市天宁区、安徽省定远县、安徽省蒙城县等。

4. 就咨询事项提供便民解答，充分发挥依申请公开服务功能

评估发现，部分评估对象在答复咨询类申请时，会提供便民解答，实际上就是提供了所申请信息，而不是仅仅答复所申请事项属于咨询。如上海市浦东新区、上海市普陀区、浙江省嘉善县在答复书中表示，所提申请属于咨询，但本着便民原则进行了解答；上海市虹口区在答复书中表示，项目组要求获取的信息不属于本机关公开职责权限范围，但出于便民原则

进行了提供；上海市金山区出具了补正告知书，但在补正告知的同时，本着便民原则提供了相关信息。

5. 救济渠道十分明确

在依申请公开的答复中，不仅告知申请人在对答复有异议时可以申请行政复议或行政诉讼，还明确告知行政复议机关和行政诉讼机关等，将会方便申请人行使救济权利。评估发现，部分评估对象在答复书中提供的救济渠道十分明确，包括救济渠道、行使救济权利的期限、救济机关等要素，如北京市西城区、上海市虹口区、江苏省沭阳县、浙江省杭州市拱墅区、浙江省温州市瓯海区、广东省佛山市禅城区等。

（二）评估发现的问题

1. 仍有个别评估对象对依申请公开设置限制条件

在依申请公开中设置限制条件并无必要，也不能真正起到限制申请的作用，是多此一举。但仍有个别评估对象采取此类做法。评估发现，有的评估对象在受理申请阶段设置限制条件。如浙江省杭州市拱墅区、湖南省株洲县、广东省肇庆市高要区、宁夏回族自治区平罗县仍要求提供用途证明。有的评估对象在答复申请阶段设置限制条件。如湖南省株洲县在答复材料中写明，此材料仅用于申请人课题研究。

2. 通知补正申请不及时

虽然《政府信息公开条例》并没有对补正告知的时限作出明确规定，但根据《政府信息公开条例》和《国务院办公厅政府信息与政务公开办公室关于政府信息公开期限有关问题的解释》，15个工作日是行政机关答复申请的时限，而不是行政机关可以在15个工作日内告知申请人补正申请。行政机关在收到政府信息公开申请后，若发现申请不明确，应及时告知申请人补正，而不是将其作为拖延答复的手段。评估发现，有的县级政府告知补正申请不及时。例如，项目组提出的政府信息公开申请于2017年9月30日寄达上海市虹口区政府，但虹口区政府于2017年10月19日才寄出补正告知书；广东省肇庆市高要区在收到申请后第6个工作日才寄出补正告知书；浙江省温州市瓯海区在收到申请后第10个工作日才寄出补正告知书。这不仅消磨了申请人的耐心，也降低了依申请公开的办事效率，不利于服务型政府建设。

3. 滥用撤回申请程序

部分评估对象滥用申请人撤回申请的权利，强迫申请人撤回申请。如北京市东城区、北京市朝阳区、北京市海淀区政府都建议项目组撤回申请，其中，北京市海淀区政府在电话中不厌其烦地劝导申请人撤回申请，理由仅仅是申请事项不明确、受理机关错误、办理程序烦琐。

4. 部分对象答复不及时

《政府信息公开条例》规定，行政机关收到申请时，能够当场答复的，应当当场答复；不能当场答复的，应当自收到申请之日起 15 个工作日内予以答复。评估发现，26 家县级政府未在法定期限内答复申请。其中，3 家县级政府超期答复，22 家县级政府未答复申请，1 家县级政府要求撤回申请。

5. 答复格式较随意

依申请公开答复的格式应当规范，以体现答复的权威性。评估发现，仍有部分评估对象的答复格式不规范。有的纸质答复书未盖答复机关的公章。如安徽省铜陵市义安区出具的纸质答复未盖行政机关的公章；江苏省新沂市提供的答复材料中无答复书，且答复材料上也无答复机关的公章。有的行政机关在答复时使用的邮箱名称为不恰当的昵称，如陕西省渭南市华州区政府的邮箱名是"＊^_ ^＊ ooO"；陕西省靖边县政府的邮箱名是"（9JSWL8B）活动中心"；河南省开封市祥符区政府的邮箱名是"我爱又又"；贵州省凤冈县政府的邮箱名是"老何"；浙江省江山市政府的邮箱名是"一二三四五六起"；四川省新津县政府的邮箱名是"笨笨猪__"；四川省合江县政府的邮箱名是"静静"；四川省万源市政府的邮箱名是"♂幸福？倒映♀"。有的行政机关的答复邮件的邮箱名、正文、附件等处都未明显标注答复机关名称。如贵州省凤冈县政府使用的邮箱名称是"老何"，邮件正文仅有"收到请回复"，无抬头和落款，附件的答复材料中对本机关的称呼大多表述为"我县"。

6. 答复内容不规范

根据《政府信息公开条例》，行政机关作出公开类型的答复时，应当告知获取信息的方式和途径；作出对申请人不利的答复（部分公开、不予公开、非政府信息、信息不存在、非本机关政府信息公开范围等）时，应当告知申请人法律依据、理由和救济渠道。这有利于提高答复的说服力和权威性。评估发现，仍有评估对象未达到上述要求。

第一，个别县（市、区）政府答复所申请信息属主动公开信息，但未告知明确的获取途径。例如，广东省新兴县在答复中表示所申请信息已主动公开，但提供的链接是门户网站首页的链接，并未明确指向所申请信息的准确位置，与未告知申请人所申请信息无异。

第二，部分县（市、区）政府作出了对申请人不利的答复，但未告知法律依据、理由和救济渠道。评估发现，2家县（市、区）政府未告知不公开的法律依据，9家县（市、区）政府未说明不公开的理由，9家县（市、区）政府未告知救济渠道，另外，1家县（市、区）政府告知的救济渠道过于简单，并不能为申请人提供明确的指引。其中，2家县（市、区）政府的答复完全未告知法律依据、理由和救济渠道。如上海市徐汇区的答复只有简单一句话："您的来信收悉，经审查，来信内容属于咨询。"

第三，个别答复书中仍有错别字。如浙江省杭州市拱墅区的答复书中将"身份证明"写成了"身份证名"。

7. 答复口径不一致

对同一项政府信息是否应当予以公开，在对信息属性的认定上，地方政府还存在一定的偏差或不一致之处。有的县（市、区）政府答复公开，有的答复非政府信息，有的答复非本机关政府信息公开范围，有的答复信息不存在，甚至在同一地区内各个县（市、区）政府答复的内容也不一致。例如，虽然同属于江苏省，南京市建邺区、新沂市、常州市天宁区、苏州工业园区、沭阳县政府答复公开；无锡市滨湖区政府答复本机关信息不存在，如皋市政府答复不加工汇总。

8. 答复内容不严谨

如四川省新津县政府提供的答复信息中包括一份规范性文件的草稿，该草稿上标注的公开属性是不予公开，但新津县政府却将其提供给了项目组。究其原因，一方面是该县政府的公文属性源头管理机制运行情况不佳；另一方面是该县政府在作出答复时不谨慎。

二十　政务公开平台建设

在互联网科技高度发展的今天，各级政府都利用互联网技术建设本级政府门户网站及其相关部门网站，网站是各级政府发布本级信息的平台，也是推进信息公开工作的前提，更是公众了解政府信息、维护其息息相关的权益的窗口。评估发现，部分评估对象的政府网站建设水平仍有待提升。

第一，网站整合度不高。《政府网站发展指引》要求，各级政府分类开设网站，其中，县（市、区）政府部门原则上不开设政府网站，通过县级政府门户网站开展政务公开，提供政务服务。已有的县（市、区）政府部门网站要尽快将内容整合至县（市、区）政府门户网站。评估发现，部分评估对象的部门网站无法访问或已关停，但部门网站上的信息并未迁移至政府门户网站上进行展示。如安徽省蒙城县审计局网站已关停，但审计信息尚未与政府网站衔接。

第二，部分政府网站上的信息链接无效或有错误。例如，内蒙古自治区包头市环境保护局行政处罚公开汇总表中的处罚文书链接无效。又如，内蒙古自治区镶黄旗政府网站上公开的权责清单中，内容属于行政处罚的内容，分类却显示为行政许可。

第三，"僵尸网站"仍然存在。评估发现，少数评估对象虽然设置了本级政府部门网站，却很少发布政府信息，甚者在长达2—3年的时间内未发布一条信息，这些"僵尸网站"屡见不鲜。如西藏自治区拉萨市国土资源局网站的政务公开栏目中的所有信息都是2015年5月15日发布的，之后再未更新。

第四，网站无障碍浏览功能配置不佳。加强网站无障碍建设是消除"数字鸿沟"、体现"信息平等"、方便残疾人等特殊群体获取信息、享受公共文化服务，使互联网更好地惠及民生，促进特殊群体充分参与社会生活、共享社会物质文化成果，建设包容性社会的必然要求，是社会文明进步的标志。中国残疾人联合会、国家互联网信息办公室联合印发的《关于加强网站无障碍服务能力建设的指导意见》和《国务院办公厅关于印发政府网站发展指引的通知》均提出，围绕残疾人、老年人等特殊群体获取网站信息的需求，不断提升信息无障碍水平。评估发现，近半数省市政府门户网站未配置有效的无障碍浏览功能。13家省级政府、21家较大的市政府门户网站未设置无障碍浏览功能，2家省级政府、3家较大的市政府门户网站虽设置了无障碍浏览功能，但其链接无效。除此之外，在设置了网站无障碍浏览功能的评估对象中，多数提供的语音辅助功能无效，无一家评估对象可以提供适用于全部页面的语音辅助功能。其原因可能在于省市政府对政府门户网站无障碍浏览功能的重视程度不够，也不排除有的将为特殊群体消除浏览障碍当成了网站建设的"面子工程"。

第四章　发展展望

党的十九大报告指出，转变政府职能，深化简政放权，创新监管方式，增强政府公信力和执行力，建设人民满意的服务型政府。全面深化政务公开在其中发挥着不可或缺的作用，使政府权力运行更加规范有序，令广大人民群众能参与、可监督，并真正享受到深化改革的红利。

第一，树立对政务公开的正确认识。政务公开工作人员正确的积极的公开意识是做好政务公开工作的关键。在推进政务公开过程中必须不断适应形势，明确为什么公开、为谁公开、公开什么等问题。因此，政务公开培训应常抓不懈，注重加强对政务公开形势的宣讲，让政务公开工作人员明白，政务公开不仅仅是行政机关单向性地主动公开信息和被动地依申请公开信息，更是要充分发挥信息的管理和服务作用，推动简政放权、放管结合、转变政府职能，也是让社会大众参与政府决策和社会治理过程，构建良好的政民关系，打造共建共治共享的社会治理格局。

第二，理顺公开工作机制，加强部门间的协同合作。政务公开不能仅仅依靠公开部门自身的努力，政府部门间就公开工作明确职责分工、协同合作是政务公开和谐统一的重要保障。因此，建议充分理顺工作机制，加强政务公开牵头部门间的协同合作。充分发挥政务公开领导小组的统筹协调作用，尤其是要协调各部门对同一公开事项的标准，避免因多头管理造成的对外公开不统一、不一致、不同步等现象。同时，充分发挥政府法制部门的"参谋"作用，以保证对外公开信息的质量，并防范可能存在的风险。

第三,注重总结和推广经验。根据国务院办公厅印发的《开展基层政务公开标准化规范化试点工作方案》,全国各地都在开展基层政务公开标准化规范化试点工作,试点工作将在2018年收官。应当以此为契机,全面总结政务公开工作经验,在一定领域的公开工作中形成细化且具备可操作性的工作机制和公开标准。

第四,注重处理好公开与不公开的关系。既要依法逐步扩大公开范围,满足公众知情需求,也要注意公开限度。应当汲取2017年安徽省部分政府网站泄露个人信息的教训,注重公开方式方法,避免不当公开引发对其他当事人、行政管理秩序的消极影响。

第五,以大公开理念推动政务公开工作。应当按照公开、解读、回应一体化的理念推动公开工作,公开信息应当根据社会形势、舆情状况做好舆情及社会风险评估,并应当配合解读工作等,确保公开信息的准确、全面,消除被误解误读误判的风险。对于形成的舆情及其他社会关切的,应建立快速反应机制,作出妥当的回应。

第六,加强政府网站的信息化建设。众所周知,政府网站是政府信息公开的第一平台,其建设的好坏直接影响政务公开的效果,但政府网站上信息的对外展示依托于网站和信息的后台管理,后者显得更为重要。因此,建议加强政府网站的信息化建设,建设完善的后台管理系统,依据制定好的主动公开目录设定内容要素,使行政机关履职过程中的每个环节都可以在后台管理系统中留痕,同时产生政府信息,并且该政府信息要满足内容要素的要求,该政府信息可经过内部保密审查程序后自动推送到外网。同时,加强网站栏目设置的规范化建设,提升网站使用的友好性。

Abstract: To further promote the work of open government in China, the Center for National Index of Rule of Law of the Chinese Academy of Sciences carried out third party assessment on the 2017 open government work on 54 departments under the State Council, 31 provincial level governments, 49 larger cities and 100 counties (cities, districts) governments in such fields as openness in decision making, openness in management and service, open-ness in implementation, openness in key areas, explanation of policies and response to public concerns, disclosure upon application. The assessment showed that China had made remarkable progress in the work of open government. For example, the guidance in specific fields and areas of open government achieved obvious effect; the transparency of decision making had improved consistently; the degree of disclosure of information about administrative enforcement was high; the openness in some implementation fields was normative; the disclosure of information in some key areas was good; significant progresses had been made in the work of explanation of policies and response to public concerns. Meanwhile, the assessment also revealed some problems. For example, the standard of open government still need to be further elaborated on; the disclosure of some basic government information is not enough, more efforts need to be made in the disclosure of information in some key areas; some new requirements of open government need to be meet in further; the work of explanation of policies needs to be promoted; legal risk in the application for information disclosure still remains; more efforts need to be made in the construction of platform for the disclosure of information. In light of the above problems, the project team suggested that China should recognize the importance of open government; clearly define the open government mechanism; focus on summary and promotion of experience; handle the relationship of openness and confidentiality; promote the open government work with the "Great open" idea; strengthen the construction of government website informatization.

Key Words: Open Government; Law-base Government; Government Website; Index of Rule of Law

第二编

政府信息公开工作年度报告发布情况评估报告（2018）

摘　要：《政府信息公开条例》要求行政机关每年总结分析并向社会公开政府信息公开工作年度报告。2018年，中国社会科学院法学研究所法治指数创新工程项目组对机构改革前对外拥有行政管理权限的54家国务院部门、31家省级政府、49家较大的市政府和100家试点县（市、区）政府发布2017年年报的情况进行了统计和分析。评估发现，2018年政府信息公开工作年度报告发布情况稳中有进，无论是在形式还是内容上均有了较大进步，年报的编制质量进一步提升、内容描述分析更加翔实，不断涌现出创新点与亮点。一些评估对象集中发布平台建设成效明显，对新公开要求及时作出回应，详述涉公开被复议被诉情况，借助新媒体扩大报告影响力，社会关注程度不断提升。同时年报的编制和发布仍有进步空间，需要在不断发现问题与瑕疵并不断改正的过程中突破瓶颈，达到新境界。

关键词：政务公开　年度报告　政府透明度　法治政府

导　　言

政府信息公开是政府职能转变的重要一步，近年来，在党中央和国务院的领导下，政府信息公开工作成效显著，并日益走上法治化的轨道。习近平总书记指出："只有让人民监督权力、让权力在阳光下运行，做到依法行政，才能更好把政府职能转变过来。要推进法治政府建设，坚持用制度管权管事管人，完善政务公开制度，做到有权必有责、用权受监督、违法要追究。"[①]

政府信息公开工作年度报告（以下简称"年度报告"）是行政机关对本机关上一年度政府信息公开工作的总结，是考察和评价其政府信息公开工作成效最重要的信息来源和依据。《政府信息公开条例》明确要求："各级行政机关应当在每年3月31日前公布本行政机关的政府信息公开工作年度报告。"《政府信息公开条例》同时还规定了年度报告应该涵盖的基本内容。由此可见，编制和发布年度报告是各级行政机关的法定职责，也是总结并提升本机关政府信息公开工作，接受社会监督的重要方面。自2008年《政府信息公开条例》实施10年来，政府信息公开工作取得实质进展，年度报告工作亦取得明显进步，相比起步阶段的简单与粗线条，近年来的年度报告无论是在形式还是内容上都有了较大变化，不断涌现出创新点与亮点，从极少有人问津到社会关注度持续提升既表明年度报告社会影响力的扩大，同时也从一个侧面表明政府信息公开工作公众参与度日益加强。当然，年度报告的编制工作至今仍未达到尽善尽美的最终目标，正是在不断发现问题与瑕疵并改正的情况下方可突破瓶颈，不断扩展进步的空间。

中国社会科学院法学研究所国家法治指数研究中心、中国社会科学院法治指数创新工程项目组（以下简称"项目组"）自2009年以来，持续对国务院部门及各省级政府年度报告的发布情况进行评估，本年度增加修

[①] 习近平：《在中共十八届二中全会第二次全体会议上的讲话》（2013年2月28日），2015年1月26日，中国共产党新闻网（http://theory.people.com.cn/n/2015/0126/c392503-26453095.html）。

改前《立法法》规定的49个较大的市和2017年5月国务院确定的开展基层政务公开标准化规范化试点的100个县（市、区）作为评估对象①［以下简称"100个试点县（市、区）"］，评估范围继续扩大。本次评估内容为2018年3月31日前各评估对象公开其2017年政府信息公开工作年度报告的情况。

第一章　评估对象及指标设计

一　评估对象

本次评估的对象为2018年国务院机构改革前54家对外拥有行政管理职权的国务院部门及31家省级政府，并新增49个较大的市和《国务院办公厅关于印发开展基层政务公开标准化规范化试点工作方案的通知》中规定的100个试点县（市、区）作为评估对象，共含234家行政机关的234个网站。

鉴于同属于政务公开范畴具有高度相关性，2017年年度报告评估工作实际上与政府透明度评估对象保持一致，自2009年以来，政府透明度评估所确定的评估对象包括54家国务院部门、31家省级政府、49个较大的市，并于2017年扩大至100个试点县（市、区）政府。其中，由于处在机构改革的过渡期，年度报告评估暂时延续原有的54家国务院部门；而原来年度报告评估对象没有包括较大的市与县（市、区）政府，本年度增加，年度报告的评估对象自此更加全面且层次分明。需说明的是，下载各行政机关年度报告的时间截至2018年4月1日。

二　评估内容

按照《政府信息公开条例》的要求，各级行政机关应当在每年3月31日前公布本行政机关的政府信息公开工作年度报告，且政府信息公开

---

① 参见《国务院办公厅关于印发开展基层政务公开标准化规范化试点工作方案的通知》（国办发〔2017〕42号）2017年5月22日，中央人民政府网（www.gov.cn/zhengce/content/2017－05/22/content_ 5195775.htm）。

工作年度报告应当包括下列内容：行政机关主动公开政府信息的情况；行政机关依申请公开政府信息和不予公开政府信息的情况；政府信息公开的收费及减免情况；因政府信息公开申请行政复议、提起行政诉讼的情况；政府信息公开工作存在的主要问题及改进情况；其他需要报告的事项。

基于此，本次评估的内容包括"年度报告发布情况""年度报告新颖性""年度报告内容"三项一级指标。

1."年度报告发布情况"包含"发布平台建设""2017年年度报告发布情况"和"2008—2016年年度报告发布情况"三项二级指标。其中，"2017年年度报告发布情况"包含"是否设置年度报告集中发布平台""2017年年度报告是否发布""2017年年度报告发布时间""年度报告是否可复制或下载"四项三级指标。

2."年度报告新颖性"包含"内容新颖性"和"形式新颖性"两项二级指标。其中，"内容新颖性"重点评价年度报告内容是否存在与往年或其他机关的报告相雷同的情况。"形式新颖性"包括"年报中是否配有图表图解、音频视频"和"是否有独立于年度报告正文的解读"两项三级指标，其中独立的解读是指单列的图解、文字版解读等，一般配合年度报告单独发布。

3."年度报告内容"包括"公开机制及推进情况""主动公开信息情况""依申请公开信息情况""因政府信息公开被复议被诉情况""收费情况""问题与对策"六项二级指标。其中，"公开机制及推进情况"包括"关于2017年政务公开制度建设情况的描述""关于2017年政府信息公开人员投入情况的描述""关于2017年政府信息公开经费投入情况的描述"三项三级指标；"主动公开信息情况"包括"是否说明2017年主动公开信息的情况""是否详细说明主动公开数据的公开方式""是否说明重点领域信息公开落实情况""是否详细说明全国人大代表建议和全国政协委员提案办理结果的公开情况""是否说明公共资源配置领域政府信息公开情况""是否说明重大建设项目批准和实施领域政府信息公开情况"六项三级指标，最后两项为2017年年底国务院办公厅意见中提出的应体现在年度报告中的内容，只作为观察项，不计入总体评价；"依申请公开信息情况"包括"是否说明2017年政府信息公开申请量""是否对2017

年政府信息公开数量居前的事项作说明""是否说明2017年政府信息公开答复情况"三项三级指标;"因政府信息公开被复议被诉情况"包括"2017年因政府信息公开被复议数量"和"2017年因政府信息公开被诉讼数量"两项三级指标;"收费情况"包括"2017年依申请信息公开的收费情况""费用减免情况"两项三级指标。

四类评估对象在一级指标和二级指标设计方面完全相同,三级指标方面省级政府比国务院部门多三项,即"是否制定指导本地区信息公开的文件""是否有关于2017年政府信息公开机构建设情况的描述""是否对2017年政府信息公开数量居前的部门作说明";较大的市和100个试点县(市、区)与省级政府相比增加考察一项"2017年年度报告发布位置是否规范",因第一次对这两类评估对象的年度报告工作进行评估,这一基础性指标对其工作有引导之义。

三 评估方法

项目组于2018年4月1日前完成了对所有评估对象年度报告发布情况的数据收集工作,本报告对年度报告发布时间的评估截至2018年3月31日24时,对年度报告发布形式、报告内容的评估依据2018年4月1日前各评估对象发布的年度报告,之后各评估对象在发布形式、发布内容上有改动的,本报告不予关注和统计。

评估采取监测年度报告发布形式与发布时间、核查年度报告内容及披露的数据、量化分析等方式。为了考察评估对象年度报告是否与本机关往年年度报告或者其他机关的年度报告内容上存在重复,项目组还对年度报告文字重复率进行了技术检测。技术检测重点对各评估对象历年年度报告的概述、存在问题、未来改进措施部分进行了重复率扫描。

第二章 总体评估结果

整体来看,年度报告重视程度提升、发布质量持续向好。国务院部门和省级政府作为原有评估对象,其年度报告发布情况稳中有进。评估发现,绝大多数评估对象越来越重视通过政府信息公开年度报告进行年度总结，多数年度报告的编制质量进一步提升、年度报告中的内容描述分析更加翔实。此外，以项目组的第三方评估视角来看，与上一年相比，这些评估对象的大多数评估指标的达标率得到提升。49 个较大的市和 100 个试点县（市、区）作为新增评估对象，其成绩也可圈可点，可以说站在了较高的起点之上。

但各评估对象的年度报告发布工作仍存在一些需要改进完善之处。在发布时间方面，截至 2018 年 3 月 31 日 24 时，54 家国务院部门有 2 家未按时公布年报，31 家省级政府有 1 家未按时公布年报，这两类评估对象在这一单项上的达标率均低于上一年；49 个较大的市有 2 个未按时公开年报，100 个试点县（市、区）有 6 个未按时公开年报。在发布形式方面，各评估对象以文字版、Word 版、Pdf 版或 3D 电子书版等形式对年度报告进行了公开，已经发布的报告均实现了百分百可复制或可下载。在发布内容方面，评估对象对大部分要求披露的年报要素、统计数据进行了说明，差异在于说明的详略程度各有侧重；仍有小部分要求披露的年报要素同往年一样仍未受到多数评估对象的关注，如对年报内容的解读、公开机构建设情况、人员经费投入情况等。

一 国务院部门年度报告评估结果分析

本次评估中，项目组沿用四级达标阶梯的概念划分来描述各项指标的达标率高低。在国务院部门层面，一级达标阶梯表示 54 家国务院部门全部满足要求的指标（n = 54，n 表示满足要求的国务院部门的个数），二级达标阶梯表示 2/3 以上的国务院部门满足要求的指标（36 ≤ n < 54），三级达标阶梯表示 1/3 以上又未足 2/3 的国务院部门满足要求的指标（18 ≤ n < 36），四级达标阶梯表示未足 1/3 的国务院部门满足要求的指标（0 ≤ n < 18）。

需要说明的是，在评估过程中发现，由于一些国务院部门全年未作出不同意公开答复、未因依申请公开发生行政复议和行政诉讼，故不同意公开答复的分类数据、复议结果的分类数据、诉讼结果的分类数据这三项指标的适用对象分别为 52 家、43 家、37 家，因此以上三项在计算时以实际为准，不受上述范围的限制（见图 2 - 1）。

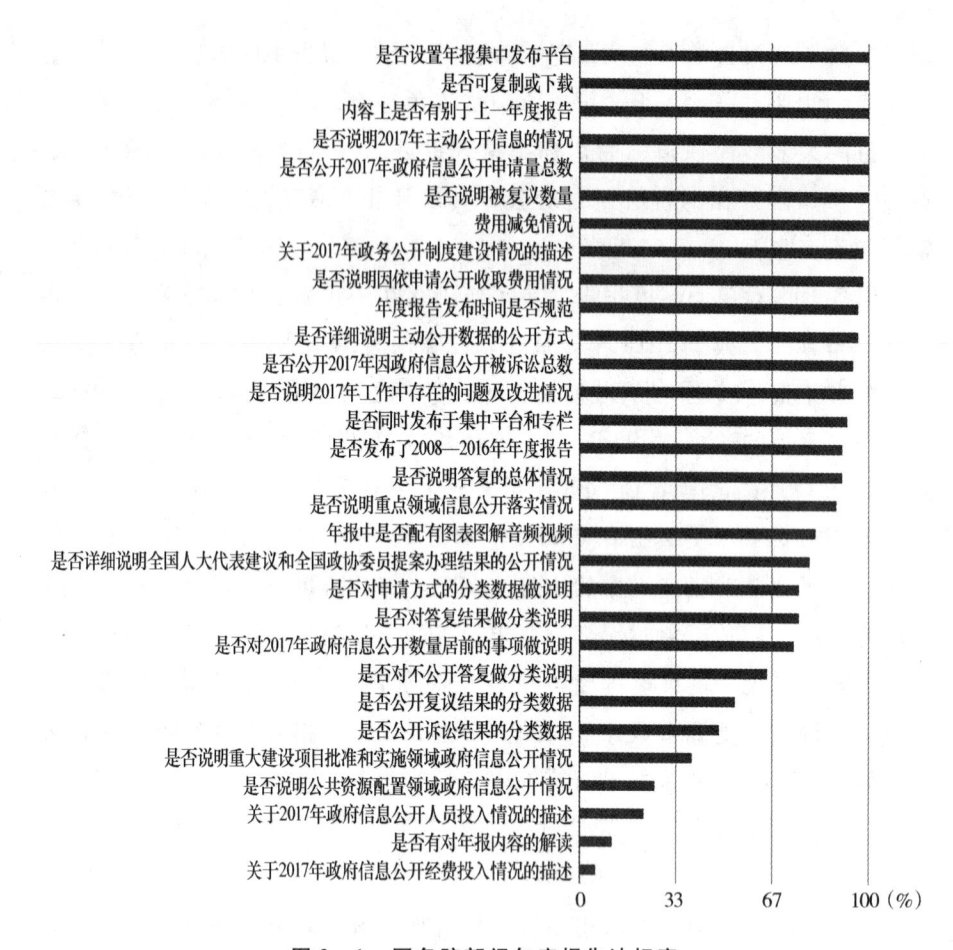

图 2-1 国务院部门年度报告达标率

位于一级达标阶梯的指标有 7 项，分别为是否设置年报集中发布平台、是否可复制或下载、内容上是否有别于上一年度报告、是否说明 2017 年主动公开信息的情况、是否公开 2017 年政府信息公开申请量总数、是否说明被复议数量、费用减免情况。其中，集中发布平台设置情况直接由四级阶梯迈入一级阶梯，可见国务院部门对于集中发布平台建设工作的重视。

位于二级达标阶梯的指标共 18 项，分别为年度报告是否同时发布于集中平台和专栏（50 家）、年度报告发布时间是否规范（52 家）、是否发布了 2008—2016 年年度报告（49 家）、年报中是否配有图表图解音频视频（44 家）、关于 2017 年政务公开制度建设情况的描述（53 家）、是否详细说明主动公开数据的公开方式（52 家）、是否说明重点领域信息公开落实情况（48 家）、是否详细说明全国人大代表建议和全国政协委员提案办理结果的公开情况（43 家）、是否对申请方式的分类数据做说明（41 家）、是否对 2017 年政府信息公开数量居前的事项做说明（40 家）、是否说明答复的总体情况（49 家）、是否对答复结果做分类说明（41 家）、是否对不公开答复做分类说明（35 家）、是否公开复议结果的分类数据（29 家）、是否公开 2017 年因政府信息公开被诉讼总数（51 家）、是否公开诉讼结果的分类数据（26 家）、是否说明因依申请公开收取费用情况（53 家）、是否说明 2017 年工作中存在的问题及改进情况（51 家）。其中多项指标由上一年的三级、四级达标阶梯迈入二级达标阶梯。

位于三级达标阶梯的指标仅 1 项，为是否说明重大建设项目批准和实施领域政府信息公开情况（21 家），但此项本年度为观察项，不做硬性要求。

位于四级达标阶梯的指标共 4 项，分别为是否有对年报内容的解读（6 家）、关于 2017 年政府信息公开人员投入情况的描述（12 家）、关于 2017 年政府信息公开经费投入情况的描述（3 家）、是否说明公共资源配置领域政府信息公开情况（14 家）。除最后一项为观察项外，其余三项在上一年也位于四级达标阶梯，改观不大甚至达标数量越发减少。

结合这 30 项指标在四个达标阶梯的分布情况，项目组总结出如下初步分析结果。

（一）机构改革过渡期，年度报告发布总体及时但仍有瑕疵

2018 年 3 月 13 日，十三届全国人大一次会议通过了新一轮国家机构改革的总体方案，改革后，除国务院办公厅外，国务院设置组成部门 26 个，本次评估的 54 家国务院部门不少都面临着迫在眉睫的变动。即使如此，仍有 52 个评估对象在 3 月 31 日之前完成了年度报告的发布工作，有些机构处于合并或撤销的紧要关头依然能够"站好最后一班岗"，足见其信息公开机制之健全，也为今后政府信息公开工作发展提供了可供借鉴的力证。唯一的不足是上一年仅有一家国务院部门未及时发布年度报告，而今年则有两家，分别为国家外国专家局和国家测绘地理信息局。

（二）报告内容要素日益完善，但对内容的解读仍不到位

综合考察 54 家国务院部门的年度报告，在信息公开工作开展初期过于简单、要素缺乏、有敷衍之嫌的报告如今已经绝迹，法律法规和相关文件要求体现在年度报告中的基础性内容要素基本被落实到这 54 份报告之中。但是，国务院部门对年度报告的解读工作多年来仍在原地踏步，独立于年度报告进行专门解读的从上一年的 4 家变为 6 家，变化不大。年度报告篇幅有限，且基于政府公文严肃性、规范性的考虑，通常提纲挈领、重点突出。但是，社会公众透过报告文本还可能产生深入了解数据或观点背后细节或背景性信息的愿望，甚至由年度报告可能引发社会关注热点，如无进一步的解释说明，即不能充分满足公众知情权，甚至可能产生舆情，致使政府信息公开工作陷入被动。

（三）多项指标达标率上升，个别指标仍未得到应有重视

本年度对国务院部门年度报告的考察指标由上一年的 26 项增至 30 项，考察标准更加严格，但是位于三级达标阶梯的仅有"是否说明重大建设项目批准和实施领域政府信息公开情况"这一观察项，位于四级达标阶梯的也由上一年的 6 项变为 4 项（含一观察项），可见国务院部门年度报告整体水平的提升。

但是，位于四级达标阶梯的是否有对年报内容的解读、关于 2017 年政府信息公开人员投入情况的描述、关于 2017 年政府信息公开经费投入情况的描述三项指标上一年也位于四级达标阶梯，其中公开政府信息公开经费投入情况的由 7 家减少为 3 家，退步明显。

即使是没有在达标率阶梯中发生变化的指标，也依然存在需要关注并予以改进的问题。如《国务院办公厅关于做好全国人大代表建议和全国政协委员提案办理结果公开工作的通知》要求在政府信息公开工作年度报告中说明上一年度建议和提案办理结果公开情况。而评估发现，仍有 10 家国务院部门未在年度报告中说明其全国人大代表建议和全国政协委员提案办理结果的公开情况。在依申请公开的基础分类数据方面，许多国务院部门公开不到位，有 11 家未对申请方式做分类统计，有 13 家未对不同答复结果类型做分类统计，有 17 家未对不同意公开答复的不同原因做分类统计。

评估发现，54 家国务院部门均公开了其因政府信息公开而被复议的总数，52 家国务院部门公开了其因政府信息公开而被诉讼的总数。但在需要说明复议、诉讼结果分类数据的 43 家、37 家国务院部门中，仍分别有 14 家、11 家未进行说明。

二 省级政府年度报告评估结果分析

在省级政府层面，对各项指标的达标率描述亦采纳四级达标阶梯划分标准。一级达标阶梯表示 31 家省级政府全部满足要求的指标（n=31，n 表示满足要求的省级政府的个数），二级达标阶梯表示 2/3 以上的省级政府满足要求的指标（21≤n<31），三级达标阶梯表示 1/3 以上又未足 2/3 的省级政府满足要求的指标（11≤n<21），四级达标阶梯表示未足 1/3 的省级政府满足要求的指标（0≤n<11）（见图 2-2）。

位于一级达标阶梯的指标共 10 项，分别为是否设置年报集中发布平台、2017 年年度报告是否发布、2017 年年度报告发布时间、是否可复制或下载、内容上是否有别于上一年度报告、是否说明 2017 年主动公开信息的情况、是否详细说明主动公开数据的公开方式、2017 年政府信息公开申请总数、是否说明答复的总体情况、是否说明被复议数量。

位于二级达标阶梯的指标共 17 项，分别为是否发布了 2008—2016 年年度报告（27 家）、年报中是否配有图表图解音频视频（24 家）、关于 2017 年政府信息公开制度建设情况的描述（30 家）、是否制定指导本地区信息公开的文件（27 家）、关于 2017 年政府信息公开人员投入情况的描述（26 家）、是否说明重点领域信息公开落实情况（30 家）、是否说明公共资源配置领域政府信息公开情况（23 家）、是否说明重大建设项目批准和实施领域政府信息公开情况（22 家）、是否对申请方式的分类数据做说明（30 家）、是否对答复结果做分类说明（30 家）、是否对不公开答复做分类说明（22 家）、是否公开复议结果的分类数据（30 家）、是否公开 2017 年因政府信息公开被诉讼总数（30 家）、是否公开诉讼结果的分类数据（30 家）、是否说明因依申请公开收取费用情况（30 家）、费用减免情况（30 家）、是否说明 2017 年工作中存在的问题及改进情况（30 家）。

位于三级达标阶梯的指标共 4 项，分别为是否有对年报内容的解读

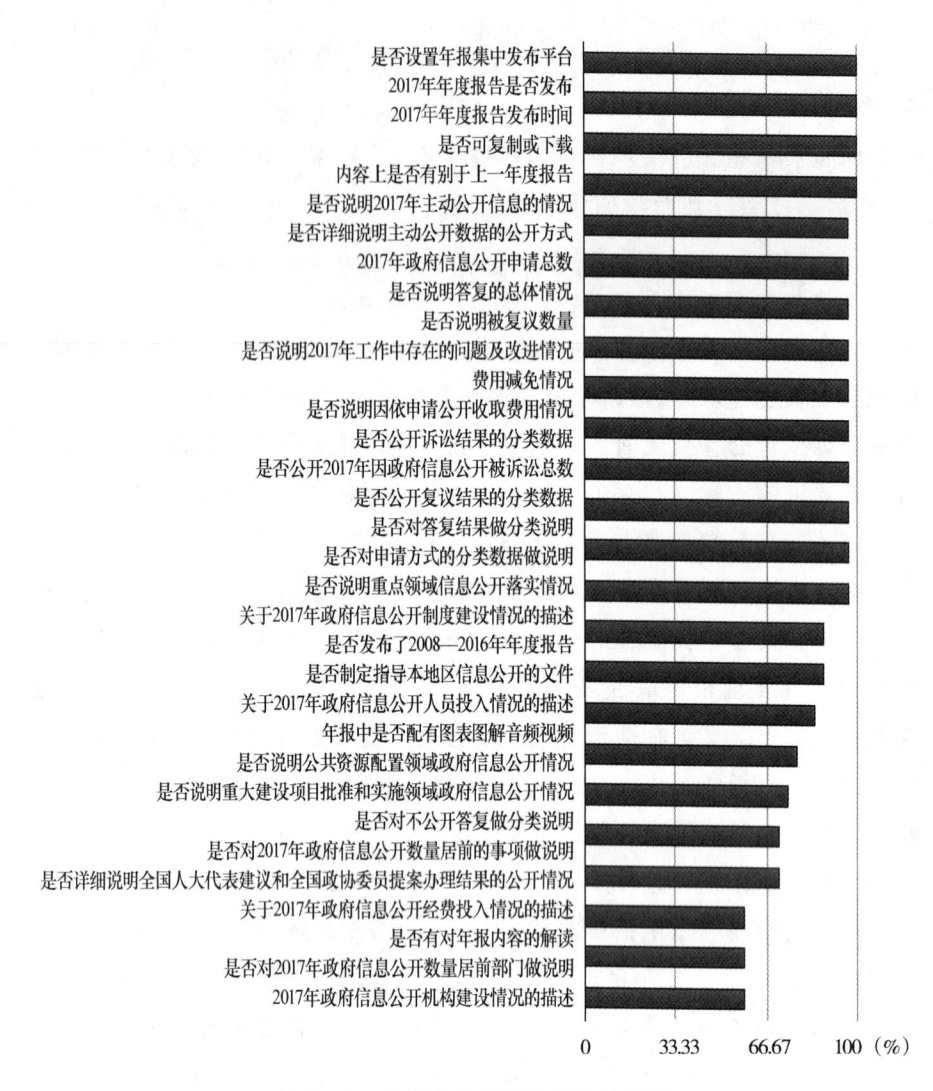

图 2-2 省级政府年度报告达标情况

（12家）、关于2017年政府信息公开经费投入情况的描述（18家）、是否详细说明全国人大代表建议和全国政协委员提案办理结果的公开情况（18家）、是否对2017年政府信息公开数量居前的事项做说明（18家）。

位于四级达标阶梯的指标仅2项，为关于2017年政府信息公开机构建设情况的描述（2家）、是否对2017年政府信息公开数量居前的部门作说明（10家）。

结合这 33 项指标在四个达标阶梯的分布情况，项目组总结出如下初步分析结果。

（一）年度报告及时集中发布，但公布以往报告的情况有所退步

评估发现，31 家省级政府均按时在 2018 年 3 月 31 日前发布了政府信息公开年度报告。在发布位置方面，31 家省级政府全部设置了集中发布平台，集约展示省（自治区、直辖市）政府办公厅、省级政府部门和下属市（地、州）政府的年度报告。2016 年完整公布以往年度报告的省级政府有 30 家，今年缩减为 26 家。省级政府在这一基础性、极易达标的指标上的退步令人费解。

（二）年报解读仍不理想，两微传播仍有待加强

2016 年，有 14 家省级政府在发布年度报告全文时，配发了独立的解读说明。解读形式大多为图解，图文并茂，内容丰富，力求使公众借此实现"一图读懂"年度报告，个别评估对象的年度报告在图解基础上，配发了解读视频、H5 动画解读，方便公众阅读，也满足了不同群体的需求，得到了公众的认可与好评。但 2018 年，对年度报告进行解读的省级政府减少为 12 家，并没有继续发扬上述优点。且微博微信成为主流社交媒体，为政府信息公开提供了全新的渠道，但是通过微博微信传播年度报告，扩大其影响力的省级政府并不多，即使利用这两种渠道，也出现了与政府门户网站刊载年度报告不同步的问题。

（三）问题对策分析到位，但改善实效未作说明

评估发现，30 家省级政府均在其年度报告中坦承了其公开工作存在的短板，分析了制约公开工作有序开展的主客观因素，并针对问题有的放矢地提出了提升公开效果的对策。但是，项目组发现有些评估对象在往年年报公开工作中存在的问题与短板，在 2017 年年度报告中再度出现。没有任何一家省级政府把 2016 年年度报告中列出问题的整改落实情况纳入 2017 年年度报告中。虽然针对 2016 年问题的整改措施和结果并非《政府信息公开条例》明确要求的项目，但年度报告甚至政府信息公开工作的最终目的皆是对公众有所交代，2017 年年度报告对 2016 年年度问题的解决情况做说明即是对公众的交代，也是政府责任感的体现。

三 49 个较大的市年度报告评估结果分析

在 49 个较大的市层面，对各项指标的达标率描述亦采纳四级达标阶梯划分标准。一级达标阶梯表示 49 个较大的市政府全部满足要求的指标（n=49，n 表示满足要求的较大的市政府的个数），二级达标阶梯表示 2/3 以上的较大的市政府满足要求的指标（33≤n<49），三级达标阶梯表示 1/3 以上又未足 2/3 的较大的市政府满足要求的指标（17≤n<33），四级达标阶梯表示未足 1/3 的较大的市政府满足要求的指标（0≤n<17）。

需要说明的是，在评估过程中发现，由于一些较大的市全年未作出不同意公开答复、未因依申请公开发生行政复议和行政诉讼，故不同意公开答复的分类数据、复议结果的分类数据、诉讼结果的分类数据这三项指标的适用对象分别为 48 家、46 家、45 家，因此以上三项在计算时以实际为准，不受上述范围的限制（见图 2-3）。

在对 49 个较大的市年度报告的评估中，没有指标位于一级达标阶梯。

位于二级达标阶梯的指标共 23 项，分别为是否设置年报集中发布平台（48 家）、2017 年年度报告发布时间（46 家）、2017 年年度报告发布位置是否规范（47 家）、是否可复制或下载（47 家）、内容上是否有别于上一年度报告（47 家）、年报中是否配有图表图解音频视频（33 家）、是否公开关于 2017 年政府信息公开制度建设情况的描述（47 家）、是否制定指导本地区信息公开的文件（45 家）、是否公开关于 2017 年政府信息公开机构建设情况的描述（45 家）、是否说明 2017 年主动公开信息的情况（46 家）、是否详细说明主动公开数据的公开方式（46 家）、是否说明重点领域信息公开落实情况（46 家）、2017 年政府信息公开申请总数（47 家）、是否对申请方式的分类数据做说明（42 家）、是否说明答复的总体情况（47 家）、是否对答复结果做分类说明（41 家）、是否说明被复议数量（46 家）、是否公开复议结果的分类数据（37 家）、是否公开 2017 年因政府信息公开被诉讼总数（46 家）、是否公开诉讼结果的分类数据（35 家）、是否说明 2017 年依申请信息公开的收费情况（39 家）、费用减免情况（38 家）、是否说明 2017 年工作中存在的问题及改进情况（47 家）。

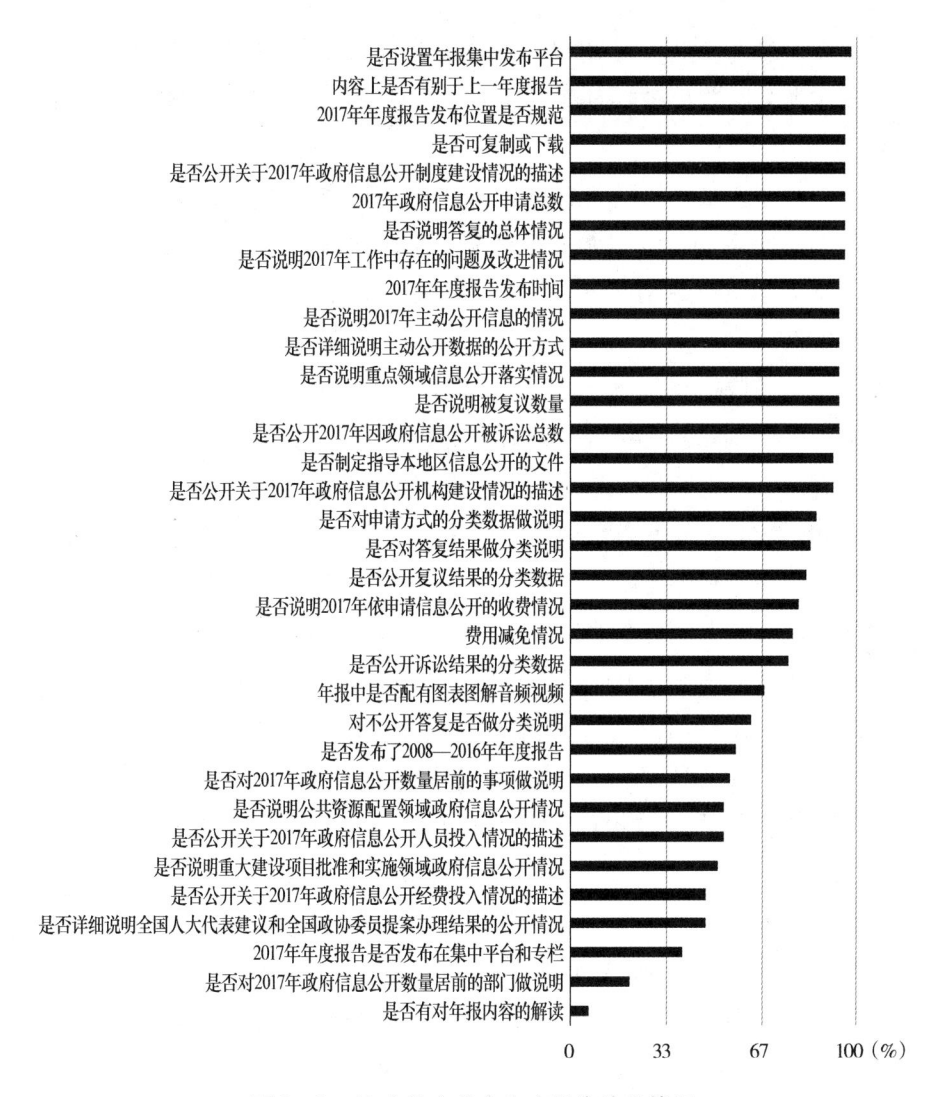

图 2-3 49 个较大的市年度报告达标情况

位于三级达标阶梯的指标共 9 项，分别为 2017 年年度报告是否发布在集中平台和专栏（19 家）、是否发布了 2008—2016 年年度报告（28 家）、是否公开关于 2017 年政府信息公开人员投入情况的描述（26 家）、是否公开关于 2017 年政府信息公开经费投入情况的描述（23 家）、是否详细说明全国人大代表建议和全国政协委员提案办理结果的公开情况（23 家）、是否说明公共资源配置领域政府信息公开情况（26 家）、是否说明重大建设项目批准和实施领域政府信息公开情况（25家）、是否对2017年政府信息公开数量居前的事项做说明（27家）、对不公开答复是否做分类说明（30家）。

位于四级达标阶梯的指标共2项，分别为是否有对年报内容的解读（3家）、是否对2017年政府信息公开数量居前的部门做说明（10家）。

结合这34项指标在四个达标阶梯的分布情况，项目组总结出如下初步分析结果。

（一）个别城市拉低整体水平，但年度报告整体较为规范

49个较大的市位于一级达标阶梯的指标为0，原因在于西藏自治区拉萨市政府网站在数据收集期间无法打开，多项指标无从判定；且内蒙古自治区呼和浩特市在数据采集期间始终未发布2017年政府信息公开工作年度报告。在智慧政府建设有序推进，责任制得以落实的前提下，政府网站无法打开情况的出现对各地各级政府的信息化建设都足以形成警示，即百密一疏的情况仍然存在，政府信息化建设全面推进还存在一定的短板。项目组注意到，首先，在49个较大的市二级达标阶梯中有7项指标的具体数字是47家，也就是除了上述两个市外其余评估对象均已达标；其次，二级达标阶梯中大于40家的指标为18项，占比78%，可见位于二级达标阶梯的各项指标的完成度处于较高水平；最后，位于二级、三级达标阶梯的指标占指标总数的94%，位于四级阶梯的指标仅占6%，可见49个较大的市年度报告相对规范，较少有极不理想的情况出现。

（二）年报集中发布平台建设得力，但集中发布水平仍有待提升

除拉萨市人民政府网站无法打开因而不能考察其是否设置年度报告集中发布平台以外，其余48家评估对象均已设置年报集中发布平台。但是，49家较大的市年度报告并未实现全部在集中发布平台和专栏同步发布，有10家仅发布在集中发布平台，有17家仅发布在网站专栏。年度报告集中发布平台汇集一级政府及其直属部门和下级政府的年度报告，公众能够较为便捷地就集中发布平台上的年度报告进行横向比较；而网站年度报告专栏则应展示本年度和往年发布的年度报告，公众能够根据需要以此进行纵向的比较。因而，年度报告应同步发布于集中发布平台和专栏，二者缺一不可。

（三）对年报内容的解读极不充分，对收到申请数量居前的部门说明不到位

对年度报告进行解读是年度报告编制部门、政府信息公开专门机构，甚至政府的职责所在，但49家较大的市中仅有3家发布了独立于年度报告的解读，可见其主观上的不重视与客观上的怠于履行职责。在依申请公开信息情况的统计数据中，对收到申请数量居前的部门数据非常具有针对性，能够反映出哪些部门工作受关注程度高，甚至可以由此判断出舆情所向，对政府及时采取针对性措施或部署下一步工作重点意义深远，忽视对这一数据的统计暴露了政府治理能力上的短板。

四 100个试点县（市、区）年度报告评估结果分析

在100个试点县（市、区）层面，对各项指标的达标率描述亦采纳四级达标阶梯划分标准。一级达标阶梯表示100个试点县（市、区）政府全部满足要求的指标 [n=100，n表示满足要求的试点县（市、区）政府的个数]，二级达标阶梯表示2/3以上的试点县（市、区）政府满足要求的指标（67≤n<100），三级达标阶梯表示1/3以上又未足2/3的试点县（市、区）政府满足要求的指标（34≤n<67），四级达标阶梯表示未足1/3的试点县（市、区）政府满足要求的指标（0≤n<34）。

需要说明的是，评估发现，由于一些试点县（市、区）政府2017年接收信息公开申请量为0，因此是否对申请方式的分类数据做说明、是否对2017年政府信息公开数量居前的部门做说明、是否对2017年政府信息公开数量居前的事项做说明、是否说明答复的总体情况、对答复结果是否做分类说明五项指标的适用对象均为94家；又因一些试点县（市、区）政府全年未作出不同意公开答复、未因依申请公开发生行政复议和行政诉讼，故不同意公开答复的分类数据、复议结果的分类数据、诉讼结果的分类数据这三项指标的适用对象分别为71家、52家、49家，因此以上八项在计算时以实际为准，不受上述范围的限制（见图2-4）。

位于一级达标阶梯的指标共2项，分别为是否可复制或下载、内容上是否有别于上一年度报告。

位于二级达标阶梯的指标共17项，分别为是否设置年报集中发布平

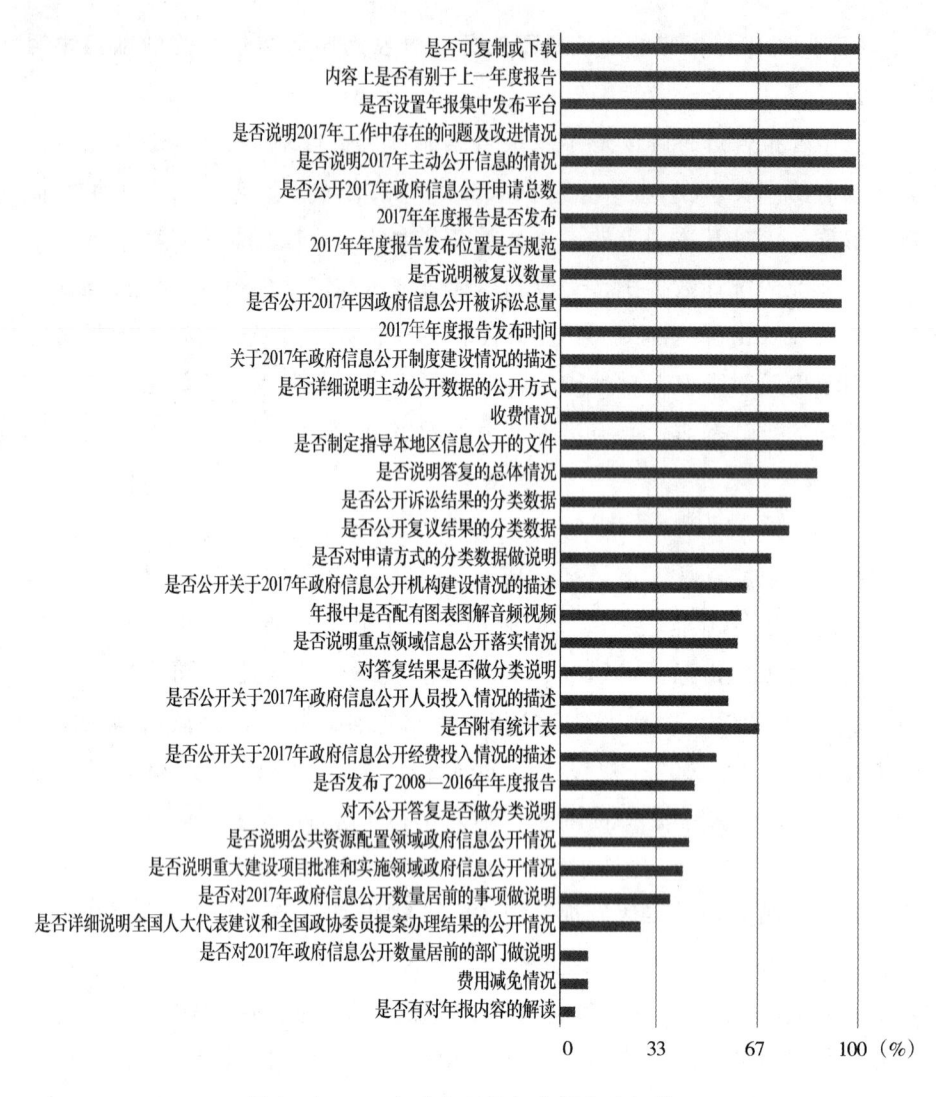

图 2-4　100 个试点区县年度报告达标情况

台（99 家）、2017 年年度报告是否发布（96 家）、2017 年年度报告发布时间（92 家）、2017 年年度报告发布位置是否规范（95 家）、关于 2017 年政府信息公开制度建设情况的描述（92 家）、是否制定指导本地区信息公开的文件（88 家）、是否说明 2017 年主动公开信息的情况（99 家）、是否详细说明主动公开数据的公开方式（90 家）、是否公开 2017 年政府信息公开申请总数（98 家）、是否对申请方式的分类数据做说明（71

家)、是否说明答复的总体情况（86家)、是否说明被复议数量（94家)、是否公开2017年因政府信息公开被诉讼总量（94家)、收费情况（90家)、是否说明2017年工作中存在的问题及改进情况（99家)、是否公开诉讼结果的分类数据（40家)、是否公开复议结果的分类数据（38家)。

位于三级达标阶梯的指标共11项，分别为是否发布了2008—2016年年度报告（46家)、年报中是否配有图表图解音频视频（61家)、是否附有统计表（55家)、是否公开关于2017年政府信息公开机构建设情况的描述（63家)、是否公开关于2017年政府信息公开人员投入情况的描述（57家)、是否公开关于2017年政府信息公开经费投入情况的描述（53家)、是否说明重点领域信息公开落实情况（60家)、是否说明公共资源配置领域政府信息公开情况（44家)、是否说明重大建设项目批准和实施领域政府信息公开情况（42家)、是否对2017年政府信息公开数量居前的事项做说明（38家)、对答复结果是否做分类说明（58家)。

位于四级达标阶梯的指标共5项，分别为是否有对年报内容的解读（5家)、是否详细说明全国人大代表建议和全国政协委员提案办理结果的公开情况（28家)、是否对2017年政府信息公开数量居前的部门做说明（9家)、对不公开答复是否做分类说明（32家)、费用减免情况（9家)。

结合这35项指标在四个达标阶梯的分布情况，项目组总结出如下初步分析结果。

（一）年度报告发布整体较好，但与上级政府部门相比仍有差距

项目组以往在《中国政府透明度指数报告》中也曾对100个试点县（市、区）的年度报告进行过评估，指标设计相对概括，指标数量较少。本年度首次对100个试点县（市、区）的年度报告进行专门评估，通过数倍于中国政府透明度指标体系中年度报告有关部分的指标，对这100家评估对象的年度报告进行更为严格的检视。评估数据表明，100个试点县（市、区）的年度报告总体上经得起严格的考验，不少试点县（市、区）的年报发布工作可圈可点。但是，与上级政府部门相比，这100家试点县（市、区）的年度报告继续进步的空间还比较大，多项数据达标率还有望晋升阶梯。

（二）年报所载数据有待验证，或可暴露公开工作中的其他问题

据评估数据显示，黑龙江省肇东市、内蒙古自治区乌海市海勃湾区、内蒙古自治区开鲁县、内蒙古自治区镶黄旗、黑龙江省汤原县、四川省攀枝花市西区依申请公开总数为 0。但是，仅就项目组掌握的情况看，上述 6 县（市、区）在 2017 年度至少收到过 1 次项目组发送的公开申请，而上述申请皆显示已被签收。因此，可以推断上述 6 县（市、区）年度报告中依申请公开总数为 0 的数据可能存在误差。进一步可以推断上述 6 县（市、区）依申请公开内部传递渠道可能存在不畅的现象。

（三）建议提案办理结果公开不足，不公开答复分类说明有待规范

在国务院的正确领导下，在各级政府的大力推动下，全国人大代表建议和全国政协委员提案办理结果的公开情况在国务院部门和 31 家省级单位的年度报告中描述越来越具体规范，49 家较大的市在这一项上面完成度也相对较好，相比之下 100 个试点县（市、区）的年度报告大多缺少这项内容，或者描述过于简单，难有实质内容。《政府信息公开条例》第二十一条要求"属于不予公开范围的，应当告知申请人并说明理由"，在年度报告中公开不予公开答复的分类事由也是《条例》的应有之义，由此能够方便公众监督、督促政府真正做到"以公开为常态，以不公开为例外"。100 家试点县（市、区）的年度报告近 1/3 没能够重视对这一信息做分类说明的重要意义，因此内容上有所欠缺。

第三章 评估发现的亮点

自 2008 年《政府信息公开条例》实施以来，政府信息公开年度报告发布工作走过整整 10 年。10 年来，各级政府和部门不忘初心，砥砺前行，于政府信息公开工作实践中不断总结经验、弥补不足，年度报告发布工作越来越规范。从 2017 年的评估结果来看，大多数评估对象对年度报告相关工作给予了充分的重视，并能够达到《政府信息公开条例》和《2017 年政务公开工作要点》的相关要求，为数不少的评估对象对 2017 年年中提出的政务公开新要求作出了及时有效的回应。绝大部分年度报告都做到了按时发布；集中发布平台建设日益完备；大多数年度报告要素齐

备、内容丰富；年度报告形式日趋多元，图文并茂；解读方式不断创新，越来越多的优秀年度报告开始关注个性化的解读以满足公众需求。

一　集中发布平台建设成效明显

在多年努力改善之下，国务院部门和省级政府的集中发布平台建设已经取得了显著成效，54家国务院部门和31家省级政府均已实现了百分之百建成年度报告集中发布平台。而49家较大的市中除拉萨市政府网站无法打开因此集中发布平台一项无法验证外，其余48家均已建成集中发布平台；100个试点县（市、区）中也只有1家没有设置集中发布平台，其余99家均设置了集中发布平台。年度报告采取集中展示的方式对外发布，有效提升了年度报告的发布效果，而且年度报告集中发布平台的设计也越来越简明、精致。上海市政府信息公开年度报告集中发布平台承袭了其政府网站整体简洁明快、一目了然的设计风格，首页只有一屏，设计为下拉菜单检索模式，显示为"上海市政府信息公开年度报告""委办局政府信息公开年度报告""区政府信息公开年度报告"三个项目，每个项目通过下拉菜单选择年份直达当年报告链接。宁夏回族自治区政府集中发布平台分别按时间和市政府、部门、乡镇政府进行了分类，便于公众基于不同的需求进行查找。

二　对新公开要求及时作出回应

年度报告能够及时对新的公开要求作出回应是各级政府和部门一直秉持的优良传统。如在2016年度的评估中，由于国务院办公厅发布的《2016年政府信息公开工作要点》强调各部门要注重重点领域信息的公开，因此项目组专门就这项任务进行了严格的考察，发现仅有1家国务院部门和1家省级政府公开的年度报告缺乏此项内容，其余评估对象在此项目上全部达标。

2017年，对各评估对象年度报告的考察更为严格。《2017年政务公开工作要点》要求：推进重大建设项目和公共资源配置信息公开。2017年12月14日下发的《国务院办公厅关于推进重大建设项目批准和实施领域政府信息公开的意见》明确要求："各有关部门每年应将本部门工作进展情况报同级政务公开主管部门,并在政府信息公开工作年度报告中公布,接受社会公众、新闻媒体的监督。"2017年12月19日下发的《国务院办公厅关于推进公共资源配置领域政府信息公开的意见》明确要求:"各有关部门每年要将本领域工作进展情况报同级政务公开主管部门,并在政府信息公开年度报告中公布,接受社会公众、新闻媒体的监督。"

虽然上述两个文件规定了公共资源配置领域政府信息、重大建设项目批准和实施领域政府信息必须在年度报告中有所体现,以作为监督检查措施,但两个文件的发布日期均为2017年年底,因此项目组只把这两项指标列为本年度的观察项,其有无并不作为评价年度报告质量的重点。但结果显示,31家省级政府中23家说明了公共资源配置领域政府信息公开情况、22家说明了重大建设项目批准和实施领域政府信息公开情况;49个较大的市中26家说明了公共资源配置领域政府信息公开情况、25家说明了重大建设项目批准和实施领域政府信息公开情况;54家国务院部门和100个试点县(市、区)中也有为数不少的年报对这两项数据有所体现。

更加可以作为亮点的是,2018年2月下发的《国务院办公厅关于推进社会公益事业建设领域政府信息公开的意见》本是2018年的新要求,且文中并未要求必须体现在年度报告中,一些政府和部门2017年年度报告对此项内容已经有所体现。

这种对上级部门政府信息公开新规定及时作出回应的做法一方面表明政府信息公开工作运行机制顺畅、组织得力,各种指令均可以最快速度被落实;另一方面则表明各级政府和部门角色定位的积极转变,就新出现的、职责范围内应当公开的、人民群众较为关心的问题有了更加清醒的认识,是各级政府和部门积极履职的表现之一。

三 详述涉公开被复议被诉情况

政府部门因信息公开工作被申请复议或被诉,是依法行政理念和信息公开制度深入人心之后出现的积极现象,"民告官"在当下已不是新鲜事,公民对涉公开行政行为提起复议或诉讼是其依法行使权利的表现,而大多数政府或部门也能够对此有客观、清醒的认识。复议和诉讼的结果(多少被维持,多少被纠正)能够从很大程度上说明该政府或部门依法行政的能力如何，缺陷在哪儿，或者提示其应当提升具体行政公信力。与以往相比，2017年年度报告对涉公开复议、被诉情况公开普遍较好，除100个试点县（市、区）是否公开复议结果的分类数据、是否公开诉讼结果的分类数据两项指标达标率位于三级阶梯外，其余因政府信息公开被复议、诉讼数量及其结果的分类数据的公开达标率均位于二级阶梯，总体状况已经有了很大的改观。

四　借力新媒体扩大报告影响力

近年来，在政府信息公开工作中越来越多地借助新媒体的作用，而新媒体也大有取代传统媒体成为主流的势头。新媒体技术的发展拓宽了公开渠道，使得政务公开工作越来越贴近百姓生活。在本年度的年度报告发布事项上，各级政府和部门继续搭载即时通信工具、网络社交媒体、移动客户端发展迅猛这一趋势，通过微博、微信公众号、微信小程序等公众日常获取资讯的主要方式，积极拓展政府信息公开渠道，探索新媒体的深度应用。除传统的门户网站发布方式外，多个地方和部门的政府信息公开年度报告都采用了微博、微信、App同步推送的方式，使人民群众对年度报告的获取、下载更为便利，观感更为立体、多元。年度报告的影响力也由此得以提升。

五　细微之处更显年报工作进展

各级政府和部门对于年度报告的重视程度通过评估的总体成绩可见全貌，而存在于细微之处的小亮点则更能彰显这项工作在一点一滴中进步的足迹。例如北京市政府、山东省政府等的年度报告均配有英文的简要说明，在"一带一路"倡议开创国家开放政策新局面的社会潮流下，这种相时而动面向国际的做法值得提倡；在具体数据统计上，山东省就省市两级收到申请的数据进行了统计并予以公示，河南省则更进一步对各县市接受申请的数量变化进行了统计，陕西省渭南市华州区详细说明了依申请公开的回复方式。这些细节的改变均非明文规定和硬性要求，而是各级政府和部门在做好信息年报工作中不断探索、主动创新的有益之举。

第四章 评估发现的问题

年度报告工作成效有目共睹，但必须警惕部分一直以来反复出现的问题至今仍不能妥善解决，如果对这些问题的忽视和怠于纠正成为习惯，将对年度报告工作水平的进一步提升设置障碍，因而必须警惕久拖不决的问题成为年报工作中的顽疾。同时，随着年报工作实践不断向前，一些新出现的问题也应尽早解决在其萌芽状态。

一 延误发布犹存，个别单位年度报告未发布

年度报告应于下一年3月31日前发布时间节点的设计为各评估对象预留了充裕的时间对自身上一年度的政府信息公开工作进行全面总结。按照以往的年度报告发布情况，不能遵守这一时间节点的仅是个别评估对象，2016年度仅有1家国务院部门未能按时发布年度报告。但是，2017年度54家国务院部门中有2家未按时公布年报，31家省级政府有1家未按时公布年报，这两类评估对象未能按时发布报告的数字均有所增长；49个较大的市中有2家未按时公布年报，100个试点县（市、区）有6个未按时公布年报，这两类评估对象对此项指标的完成度较差。更加不尽如人意的是，49个较大的市中拉萨市政府网站直至报告成稿时仍然无法打开，而汕头市的年度报告则至报告成稿时仍未发布。

二 个别年度报告发布位置不规范，难以查找

大多数评估对象都在其网站主页较为显眼的位置设置了政府信息公开专题栏目，并按照要求设置了集中发布平台，公众能够较为顺利地查询到本年度及以前的年度报告。但仍有个别评估对象的年度报告发布位置不规范，"深藏不露"的年报仍不能绝迹。如国家卫生和计划生育委员会的年度报告发布在"办公厅首页—最新信息—综合管理—动态"中；国家文物局的年度报告发布在"政务公开—通知公告"中；河南省潢川县、内蒙古自治区包头稀土高新区、四川省什邡市的年度报告发布

在本地方政府门户网站其他栏目；黑龙江省哈尔滨市道里区、广东省平远县的年度报告发布于上级政府网站；安徽省合肥市庐阳区政府门户网站的政务公开栏目直接链接到市政府网站，公开平台建设存在短板。这些不规范的发布位置给公众及时获知年度报告内容造成了障碍，有违政府信息公开工作的初衷。

三　年报解读原地踏步，大部分欠缺或不充分

年度报告由其政府公文、年度总结的性质决定，理应全面且言简意赅地公布经过统计的数据，报告中统计图、图表的存在意义也在于更加直观、简洁地展示政府部门全年信息公开工作的全景式成果。但是，简单的统计数据背后是更加丰富的内容，不同群体可能对不同数据的背景性信息产生进一步了解的需求，这些需求是个性化的，需要政府部门公开更为详细的数据和信息来满足。从某种意义上讲，对年度报告的解读类似政策解读。充分的政策解读能够为公众释疑解惑、增强信心、提升政策认可度，年度报告解读亦是如此。但是，评估数据显示，除省级政府年度报告解读指标达标率位于三级阶梯外，其余三类评估对象此项指标达标率均位于四级阶梯，100个试点县（市、区）仅有5家配备了独立于年度报告的解读。而附有专门解读文件的评估对象与上一年度相比也无显著变化，这说明大多数年度报告对公众而言缺乏后续的阐释工作，且始终没有将这一职责范围内的工作提上议事日程。

四　个别年度报告欠缺重要元素、数据有误差

年度报告应具备的要素为《政府信息公开条例》和其他文件所明确规定，不论篇幅长短，大部分年度报告能够做到涵盖大部分要素。但仍有个别年度报告过于粗略，仅作基础性要求的指标项都未能达标。如安徽省金寨县的年度报告，35项中仅有8项达标，其余要么没有公布，要么没有详细说明。形成鲜明对比的是，金寨县在2017年政府透明度评估中的排名位于100个试点区县的第14位，其在政府信息公开方面的工作走在了全国前列，却在年度报告工作上态度如此轻率，或恐使其政府信息公开整体成绩"行百里者半九十"。

年度报告应该是对上一年度工作的客观归纳与总结，相关数字和表达应力求准确无误，但个别年度报告中的数据计算有误。例如，四川省什邡市年度报告正文和统计表中数据存在不一致情况。其报告正文称"本年度全市各行政机关未收到因政府信息公开而申请的行政复议"，统计表中则显示因政府信息公开发生复议 10 件。

五　省级政府信息公开工作机构说明仍显不足

《政府信息公开条例》规定："各级人民政府及县级以上人民政府部门应当建立健全本行政机关的政府信息公开工作制度，并指定机构（以下统称政府信息公开工作机构）负责本行政机关政府信息公开的日常工作。"政府信息公开工作机构是信息公开工作的实践者也是责任主体，年度报告中是否包含该工作机构的信息及其建设情况是考察其内容完整性的首要因素。因为机构信息能够反映出该政府或部门的信息公开工作是否有专门的组织领导，从而决定其运行是否顺畅；同时，年度报告也是公众获知该部门或政府信息公开申请渠道的重要载体，有助于公众由此对政府工作形成更为有效的监督。31 家省级政府中仅有 2 家在年度报告中详细描述了公开机构信息，11 家的年度报告虽有公开机构信息但描述不详细，还有 18 家的年度报告对此只字未提。

六　公开人员及经费的投入情况披露依旧不佳

政府信息公开人员、经费投入情况能够反映出该政府或部门对信息公开工作的重视程度，人、财、物投入力度是决定公开工作水平的必要条件。省级政府、较大的市和试点区县在这两项指标上的达标率都是刚刚过半或接近半数；国务院部门年度报告载有公开人员投入情况的仅有 12 家，载有公开经费投入情况的仅有 3 家。

七　部分报告欠缺建议提案办理结果公开情况

《国务院办公厅关于做好全国人大代表建议和全国政协委员提案办理结果公开工作的通知》（以下简称《通知》）明确要求："建议和提案办理结果公开情况，要作为政府信息公开工作年度报告的内容。"《通知》将建议和提案办理结果公开工作的实施分为两个阶段。第一阶段为复文摘要公开阶段，即建议和提案办理复文摘要公开。"从 2015 年开始，各地区、各部门对于涉及公共利益、公众权益、社会关切及需要社会广泛知晓的建议和提案办理复文，应当采用摘要公开的形式，公开办理复文的主要内容，可不公开复文文号、全国人大代表和全国政协委员姓名、联系方式和抄送范围等。对内容相同或相近的建议和提案办理复文，可合并公开摘要。同时，还应当适当公开本单位办理建议和提案总体情况、全国人大代表和全国政协委员意见建议吸收采纳情况、有关工作动态等内容。有条件的地区和部门，也可从 2014 年开始开展建议和提案办理结果公开工作，并进一步扩大公开的范围和内容。"第二阶段为复文全文公开阶段，第二阶段从 2017 年开始。《通知》要求："各地区、各部门在总结第一阶段工作的基础上，进一步推动建议和提案办理复文全文公开。对于涉及公共利益、公众权益、社会关切及需要社会广泛知晓的建议和提案办理复文，原则上都应全文公开。"实际上，除了国务院部门对这项指标完成度较好外，省级政府和较大的市政府年度报告中详细说明建议提案办理结果数据的仅占半数，试点区县中只有 28 家的年度报告详细说明了建议提案办理结果相关数据。作为第二阶段的起始之年，这样的数字实难为提案建议办理结果公开工作交上满意的答卷。

八 对公开数量居前的事项部门说明达标率低

在依申请公开信息情况的统计数据中，政府信息公开数量居前的事项（四类评估对象皆适用）、部门［省级政府、较大的市、100 家试点县（市、区）适用］数据的重要性不容忽视，这两项数据能够反映出政府或部门备受公众关注的重点所在，如通过公众申请数量发现政府某些方面、某一部门的工作短板，则是通过政务公开推动政府行政能力提升的意义所在，将其作为大数据加以分析，能够指导下一年度工作任务的分配或相关政策措施的出台，查漏补缺。但是，是否对 2017 年政府信息公开数量居前的事项做说明一项指标达标率除在对 54 家国务院部门的评估结果中位于二级阶梯外，其余均位于三级阶梯；而是否对 2017 年政府信息公开数量居前的部门做说明这一指标的达标率在其适用的三类对象的评估结果中无一例外均处于四级达标阶梯。

九　仍未全面建立回应社会关切的理念和机制

公众希望能够从年报中获知的并不仅限于《政府信息公开条例》规定的必须公开的事项，且这种需求会随社会形势的变化而改变，各级政府和部门应及时注意到公众需求，并建立主动回应社会关切的理念和机制。《〈关于全面推进政务公开工作的意见〉实施细则》同时要求积极回应关切，各级政府部门要明确回应责任，在舆情收集过程中突出重点，建立健全政务舆情收集、会商、研判、回应、评估机制，健全舆情回应的快速反应和协调联动机制。现部分年度报告在提及本政府本部门信息公开工作存在的问题、改进措施、改进情况这些公众最为关心的问题时，篇幅仍然很短，或内容空洞，或避重就轻。

十　基层政府年度报告工作整体水平仍存差距

在全部四类评估对象中，100个试点县（市、区）的年度报告指标达标率位于二级阶梯的数量居末位，而位于三级、四级阶梯的则相对较多，居于首位。这一总体分布趋势可以代表政府信息公开年度报告发布工作在基层的整体水平，与上级政府和部门相比，基层的年度报告质量仍需进一步提升。位于三级、四级阶梯的指标中，一些基础性指标的存在表明其基础性工作还存在瑕疵，如：是否发布了2008—2016年年度报告（46家）、年报中是否配有图表图解音频视频（61家）、是否附有统计表（55家）、对答复结果是否做分类说明（58家）、是否公开复议结果的分类数据（40家）、是否公开诉讼结果的分类数据（38家）、对不公开答复是否做分类说明（32家）、费用减免情况（9家）。这说明一些对于其他类型评估对象均已不成为问题的基础性要求，基层政府仍然做得不到位。

十一　年度报告发布不规范现象有新的表现形式

年度报告发布不规范现象在实践中又有了新的表现形式。例如，贵州省兴义市公开了两份年度报告，标题分别是《兴义市2017年政府信息公开工作年度报告》和《兴义市 2017 年信息公开（政务公开）年度报告》，两份报告内容数据均不尽相同，公众无法判断哪个报告更加权威，数据更加准确。造成这一现象可能与政出多门和政府信息公开工作的多头管理有关，也可能是相关人员错把政务公开为主题的政府工作报告登载于年度报告栏目。

第五章　完善建议

10 年来，政府信息公开年度报告工作积累了不少经验，解决了许多问题，同时也吸取了一些教训。这些都将是年度报告工作乃至整个政务公开工作继续阔步向前的坚实基础。项目组根据相关数据和评估结果，提出如下完善建议。

一　年度报告编制工作常态化

年度报告编制工作常态化是指在日常公开工作中注重相关数据的收集和统计，避免到年底临时突击拖延发布和遗漏要素的现象出现。进一步而言，年度报告编制工作常态化可以带动日常政府信息公开工作管理，更为细致的数据归集期间内容和分类有助于更加精准地对公开的态势进行分析研判，从而推动政府信息公开工作和舆情监测工作走向更高水平。

二　继续加强公开机制的建设

良好的工作机制是应对不断变化的时势的保障，机构改革背景下的国务院部门年度报告发布工作即可充分说明这一点。新一轮国家机构改革的总体方案实施后，本次评估的 54 家国务院部门中相当一部分面临着机构人员的调整。即使如此，绝大多数评估对象的年度报告都能如期发布，总体成绩亦可圈可点，能够"站好最后一班岗"的秘诀就在于信息公开机制之健全，领导得力，制度健全，责任落实到位，监督检查严格，为政府信息公开工作各方面的有序推进都提供了绝好的范本。

三 进一步牢固公开基层基础

基层政府工作直接面对广大群众，而人民群众是党和政府的坚实基础和力量源泉。政府信息公开工作的初衷也是面向群众，满足群众的知情权，接受群众监督。因此，基层的公开工作尤为重要，有必要夯实基层基础。鉴于100个试点县（市、区）的年度报告工作相对薄弱，因此在做好省级以上工作报告的同时，建议加强各上级政府和部门对市级及以下政府和部门年度报告的指导监督，将上级政府部门之所以能够取得现有成绩的有益经验做法传达至基层。

四 注意加强对年度报告解读

年度报告文本通常具备专业化和高度概括的特点，对于普通民众来说，只有统计数据不易看懂和准确理解，这就需要在简练严肃的文字之外，辅之以额外的解读。解读的方式可以是在报告中放入表格、统计图之类，更好的做法则是在年度报告之外单独配备对年度报告的解读。对年度报告的解读可以不必受到政府公文严格的篇幅限制，并可以实现解读形式的多样性和针对性。在形式上要做到使公众"愿意看"，应积极探索运用政务微博、微信、App等新技术和新媒体等公众喜闻乐见的解读形式，扩大传播范围和受众面，还可以将文字与数据转换为视频、漫画、动画等，如北京市政府年度报告继2016年度推出"北京小阳的2016" H5动画解读之后，2017年度再度创新，在"北京小阳的2017"基础上推出了快闪解读的新形式，以紧跟时尚前沿的先锋艺术感吸引了不少年轻人的眼球，让更多的年轻人关注政府信息公开工作；在内容上要做到使公众"看得懂"则需要根据不同的受众群体有针对性地进行解读，如北京市年度报告中在相应的位置插入与该段落有关的二维码，引导就某一问题感兴趣的公众进行延伸阅读，既保留了年度报告凝练简洁的本质属性，又能满足不同群体对年报涉及问题的背景知识进行了解的愿望，真正实现了让政府信息公开工作通过年度报告入脑、入心的目的。

五　信息化手段助力年报公开

《2017年政务公开工作要点》要求加强政务公开平台建设。推进政府网站集约化，对保障不力的要关停上移，切实提高管理水平。……确保数据信息真实、准确、完整。要用好管好政务新媒体，明确开办主体责任，健全内容发布审核机制，强化互动和服务功能，切实解决更新慢、"雷人雷语"、无序发声、敷衍了事等问题。鼓励国务院各部门入驻国务院客户端。适应互联网发展要求，积极推进政府公报同步上网，加快历史公报数字化工作。经过多年建设，国务院部门、省级政府和一些较大的市政府网站都实现了扁平化、集约化，但仍有一些基层网站设计存在缺陷，年度报告集中发布平台、专栏通常与其网站风格一致，因此也有部分存在设计上烦冗复杂不便查找的缺陷；还有一些年度报告的数据陈旧、真实性缺乏验证；对新媒体技术在年报工作的运用一些地方未给予足够重视。这些2017年度未彻底完成的任务都有待于在今后的年度报告工作中继续努力完成。

六　健全对年报工作考核机制

《关于全面推进政务公开工作的意见》要求强化激励和问责，对政务公开工作落实好的，按照有关规定予以表彰；对公开工作落实不到位的，予以通报批评；对违反政务公开有关规定、不履行公开义务或公开不应当公开事项，并造成严重影响的，依法依规严肃追究责任。这一规定理应覆盖适用到年度报告工作。目前，许多省市的政府信息公开工作都纳入其绩效考核内容，其中年度报告所占比重应当得到加强，从而反向激励、推动年度报告工作更进一步。

Abstract：According to the Regulations on the Disclosure of Government Information, the administrative organs should summarize, analyze and publicize the annual report on the work of government information disclosure to the public every year. In 2018, Innovation Project Team on Rule of Law Index of CASS Law Institute made statistics and analysis on the annual reports of 2017 issued by 54

State Council departments with administrative authority before the institutional reform, 31 provincial governments, 49 major municipal governments and 100 pilot county (city and district) governments. The evaluation found that the publication of the annual report of the government information disclosure work in 2018 has made steady progress, both in form and content. The quality of annual report preparation has been further improved, content description and analysis has been more detailed, and innovative points and highlights have emerged. Some evaluation objects have achieved remarkable results in the construction of a centralized publishing platform, responding to the new public demands in a timely manner, detailing the cases of public defendants under review, expanding the influence of reports by means of new media, and increasing the degree of social concern. At the same time, there is still room for progress in the compilation and publication of annual reports. It is necessary to break through the bottleneck and reach a new level in the process of constantly finding problems and defects and constantly correcting them.

Key Words: Openness of Government Affairs; Annual Reports; Government Transparency; Law-based Government

第三编

四川省依法治省第三方评估报告（2017）

摘　要：为贯彻党的十九大和十九届二中、三中全会精神，落实《中共中央关于全面深化改革若干重大问题的决定》《中共中央关于全面推进依法治国若干重大问题的决定》《四川省依法治省纲要》等文件要求，检验《四川省依法治省2017年工作要点》完成情况，受四川省依法治省领导小组办公室委托，中国社会科学院国家法治指数研究中心、中国社会科学院法学研究所法治指数创新工程项目组对四川省21个市（州）落实依法治省工作、推动法治建设的情况进行了评估。评估从依法执政、人大建设、法治政府、司法建设、社会法治五个方面详细分析了四川省各市（州）的依法治理情况，总结了依法治理中有益的经验，指出了推进法治工作中面临的困难，并提出了今后发展的建议。评估认为，推进地方法治建设，必须重视规划部署，抓住关键少数；必须狠抓贯彻落实，稳步推进工作；必须突出问题导向，创新规范管理；必须加强宣传教育，优化法治环境。

关键词：依法治省　地方法治　治理体系　第三方评估

第一章 评估概况

一 评估背景

党的十九大报告指出:"全面依法治国是中国特色社会主义的本质要求和重要保障。"而开展法治评估,客观评价法治建设成效对于全面依法治国至关重要。党的十八届三中全会通过的《中共中央关于全面深化改革若干重大问题的决定》提出"建立科学的法治建设指标体系和考核标准"。党的十八届四中全会通过的《中共中央关于全面推进依法治国若干重大问题的决定》明确提出:"把法治建设成效作为衡量各级领导班子和领导干部工作实绩重要内容,纳入政绩评价指标体系。"《四川省依法治省纲要》强调"将依法治省工作纳入各地、各部门绩效目标考核内容,并将考核情况作为各级领导班子和领导干部考核和年度述职述廉报告的重要内容",提出建立完善党内法规、立法项目、行政决策、普法教育等系列评估制度。《四川省依法治省2017年工作要点》强调"把法治建设成效作为衡量各级领导班子和领导干部工作实绩的重要内容,纳入政绩考核指标体系,建立法治建设成效考评制度",要求构建党内法规实施效果评估、争议较大立法事项的第三方评估、行政决策风险评估、社会稳定风险评估等制度。

2018年,受四川省依法治省领导小组办公室委托,中国社会科学院国家法治指数研究中心组成项目组再次对四川省下属21个设区的市、自治州的法治建设情况进行评估。本次评估,项目组坚持全面贯彻党的十九大和十九届二中、三中全会精神,依据《四川省依法治省纲要》和《四川省全面深入推进依法治省的决定》的内容,参照《四川省依法治省评价标准》和《四川省法治建设状况评估办法》,按照省委"集中精力抓落实、抓巩固、抓深化提升"工作要求,紧扣法治思维和法治方式、治理体系和治理能力、法治意识和法治习惯三大核心主题,就当前四川法治建设的重点工作、难点问题、关键环节设立评估指标。

二 评估对象、原则及方法

(一) 评估对象

本次评估对象为四川省下辖的 1 个副省级市、17 个地级市以及 3 个自治州，共计 21 个市（州）[以下统称各市（州）]。

(二) 评估原则

1. 依法设定评估指标

法律法规是公权力机关的履职依据，评估法治发展应坚持依法设定评估指标的原则，即所有指标均有法律法规、政策文件等依据或者原则性规定，均经过深思熟虑，征求各方意见反复论证确保合法，在客观上通过评估倒逼评估对象活动更加合法。

2. 定性与定量相结合

法治评估指标的设计，应当坚持定性分析与定量分析相结合的原则，在定性分析的基础上，选取法治建设的重点、难点和关键性、节点性问题，进行定量评估，反映法治建设的整体状况。定性分析能够让地方的法治成效表现得更加客观、直观，方便把握地方法治发展的总体进程；定量分析有助于地方之间的横向比较，促进相互学习与借鉴法治建设成功经验。

3. 第三方主导评估

法治建设是一项系统工程，战线长、任务重、涉及面广、专业性强。第三方评估机构凭借专业优势，深入各部门各领域进行常态化的日常评估，有助于确保科学性、全面性和准确性。引入第三方机构开展评估还可以避免相关部门评估时因身在其中而无法客观发现问题的弊端，更可防止相关部门自说自话、公信力不足的问题。

4. 客观评价

法治评估应当慎用满意度评估，应尽可能使用或挖掘客观数据，以直观反映各地区法治发展的成效与问题。为了最大限度地避免评估人员个人主观判断、个人好恶对评估结果的影响，评估指标的设计力求客观中立，评估人员仅对评估对象进行"有"或"无"的事实判断，不对评估对象做"好"与"坏"的价值判断。

5. 常态化评估

评估立足于评价相关地区和部门的基础性、日常性工作，坚持不提前通知、不提前布置、不做动员、不告知详细评估内容，以避免运动式的评估，防止评估对象为了取得好的评估结果，提前做好各种准备应对评估，导致评估并不一定能客观反映实际工作情况。

6. 突出法治发展重点

法治建设涉及依法执政、人大建设、法治政府、司法建设与社会法治等诸多方面，无论是在内容上还是在要求上都极其复杂。因此，评估指标不可能面面俱到，而是应当选择当前依法执政、人大建设、法治政府、司法建设与社会法治等重要领域中的重点、难点、节点问题作为评估的着力点。

（三）评估方法

评估数据采集方法直接关系到评估结果是否科学有效。为确保评估结果的客观、真实、准确、严谨，评估坚持第三方主导原则，主要采取以下方法获取数据。

1. 网站查询

在高度信息化的现代社会，门户网站是国家机关展示自身工作的重要窗口，也是公众获得政务、司法等官方信息以及与国家机关沟通的重要渠道，以其可以提供"7×24"的不间断服务、效率高、成本低而受到公众的青睐。因此，评估将以市（州）有关部门的门户网站作为获取数据的主要渠道，并考察数据获取的便捷性、网站的友好性等内容。

2. 官方统计数据

评估从官方统计数据中筛选具有法治意义的数据，作为评价法治发展状况的依据。此类数据主要由相关部门公开及提供。但官方统计数据在使用前还须进行必要的验证。

3. 评估对象自报数据

部分评估数据通过各市（州）自报的方式获取，由项目组对自报数据的真实性、准确性和可靠性进行抽查验证。

4. 第三方抽查验证

项目组采用抽查验证的方式，如提出与实际工作相关的业务申请、咨询等，评估相关部门的办事规范化程度。

三 评估指标

本次评估内容设置五大板块，分别为：依法执政（20%）、人大建设（20%）、法治政府（20%）、司法建设（20%）、社会法治（20%）。[①]

（一）依法执政

依法执政要求党委总揽法治建设全局，通过依法制定大政方针、提出立法建议、推荐重要干部等执政权力的行使，使党的主张经过法定程序上升为国家意志，支持和保证人大、政府、司法机关依法履行职能，最终实现党的正确领导。党的十九大报告指出："必须把党的领导贯彻落实到依法治国全过程和各方面。"党的领导是人民当家作主和依法治国的根本保证，依法执政的主要评估内容包括：关键少数、党内法治建设、从严治党。关键少数的具体评估包括：学法、用法以及保障。党内法治建设情况主要考察依法决策和党务公开。从严治党主要考察领导干部违法违纪、依法履职保护、廉政风险防控。

（二）人大建设

人民代表大会制度是中国的根本政治制度，是人民行使国家权力的方式。人大建设板块挑选若干人大权能以及人大基本信息作为考察重点，具体包括人大概况、人大立法、人大监督、代表工作4个方面。人大概况主要考察人大的基本情况，包括人大简介和组织机构。人大立法主要考察四川省各市（州）贯彻落实《立法法》及《四川省人民代表大会及其常务委员会立法条例》的情况，设置了立法计划、立法草案、文本公开3个指标。人大监督是宪法和法律赋予各级人大及其常务委员会的一项重要权力。人大监督最大的作用和最直接的效果，就是通过行使监督权，促进"一府两院"依法行政、公正司法，推动经济社会健康快速发展，确保公平正义的实现。在人大监督板块，项目组分别从人大常委会、政府、法院、检察院4个维度对监督工作进行考察。此外，代表工作的开展是人大建设的重要工作之一，人大代表履职的意义在于充分依法行使代表权利，善于把人民的

[①] 本指标体系版权属于中国社会科学院国家法治指数研究中心，未经同意，不得擅自使用。

意志转化为国家意志，并通过法定程序把国家意志转化为全体人民的自觉行动，更多更好地体现和维护人民群众的根本利益。项目组根据《代表法》及《关于完善人大代表联系人民群众制度的实施意见》的要求，选择代表名单及介绍、代表履职、工作保障3个指标作为考察重点。

（三）法治政府

法治政府建设要求政府在行使权力履行职责过程中坚持法治原则，严格依法行政，政府的各项权力都在法治轨道上运行。《法治政府建设实施纲要（2015—2020年）》中对法治政府建设提出了具体的要求，中共中央办公厅、国务院办公厅印发的《关于全面推进政务公开工作的意见》对推进透明政府建设提出了更高更具体的要求。法治政府的评估主要包括依法行政和政务公开两个方面。法治政府建设评估主要包括"放管服"、依法决策、责任制、依法行政年度报告、行政执法、复议诉讼以及维护司法权威。政务公开主要包括主动公开和依申请公开。本次评估中，由于政务公开内容较多，独立性较强，故独列一篇。

（四）司法建设

司法是保障人民自由权利、实现社会公平正义的最后一道屏障。司法作为法治的构成要素，其基本功能是借助公共权力对各种法律争端作出最终的权威性裁决。司法功能的实现建立在司法权力正常运转的基础上，为此，《人民法院第四个五年改革纲要（2014—2018）》提出了包括深化法院人事管理改革、健全审判权力运行机制、加大人权司法保护力度等在内的一系列改革目标，保障司法改革平稳有序进行，保证司法机关依法独立行使司法权。

2017年是人民法院落实"用两到三年时间基本解决执行难"工作的攻坚之年，项目组设置若干指标重点考察四川省各市（州）在推动基本解决执行难方面的各项保障。司法公开是检验和监督司法工作的重要抓手，《中共中央关于全面推进依法治国若干重大问题的决定》提出，"构建开放、动态、透明、便民的阳光司法机制"。最高人民法院和最高人民检察院分别发布了《关于推进司法公开三大平台建设的若干意见》《最高人民法院裁判文书上网公布暂行办法》和《关于全面推进检务公开工作的意见》等一系列司法文件，为司法公开工作提供了标准和要求，同时也为司法公开评估提供了重要依据。

司法建设板块的评估主要包括以下内容：司法改革、破解执行难、司法公开、检务公开。其中司法改革和解决执行难以自报材料为主，主要评估是否建立相关的制度以及制度是否有效落实。而司法公开和检务公开则以门户网站为主要对象展开第三方评估，主要评估审务公开、审判公开、检务指南、统计数据等内容的公开情况。

（五）法治社会

法治社会主要是指整个社会对依法治国的普遍认同和坚决支持，由此养成自觉遵守法律法规，并且通过法律或司法程序解决政治、经济、社会和民事等方面纠纷的习惯和意识。《中共中央关于全面推进依法治国若干重大问题的决定》提出，增强全民法治观念，推进社会法治建设。中共中央宣传部、司法部颁布的《关于在公民中开展法治宣传教育的第七个五年规划（2016—2020年）》对未来五年的普法进行了部署安排并提出了明确要求。

法治社会的评估主要包括：治理体系和治理能力现代化、法治宣传教育与基层依法治理3个板块。其中，治理体系和治理能力现代化主要从矛盾化解、居民参与、依法办事等方面进行评估；法治宣传教育主要从法律七进、普法责任制等方面进行考察；基层依法治理主要从乡村、学校、企业3个维度进行评价。

四　总体结果

党的十九大从政治和全局的高度对深化全面依法治国实践作出了重大决策部署。本次评估增加了党的十九大以来党中央对依法治国的最新安排、国务院对法治政府的最新要求、最高人民法院和最高人民检察院对司法建设的最新标准，故指标难度总体上有所提升，即便如此，四川省各市（州）表现依然非常优异。在依法执政方面，各市（州）党委认真落实党中央、省委的各项要求，使依法执政贯穿党委的每一项工作；在人大建设方面，各市（州）人大充分行使宪法及法律赋予的权力，立法、监督、代表履职等各方面工作有序进行；在法治政府方面，各市（州）将推动依法行政作为政府工作的首要任务，将政务公开作为法治政府建设的重要抓手；在司法建设方面，各市（州）在司法改革、基本解决执行难等方面表现良好，在司法公开方面取得进步；在社会法治方面，各市（州）将维护社会稳定、创新社会治理、强化基层管理作为工作的重点。

项目组通过资料核验、实地考察、网站观察等多种方式对四川省21个市（州）的依法治理情况进行全面的评估，最终评估结果如下（详见表3-1）。

表3-1　　　　2017年四川省依法治省第三方评估结果　　　　单位：分

排名	市（州）	依法执政（20%）	人大建设（20%）	法治政府（20%）	司法建设（20%）	法治社会（20%）	总分（满分100分）
1	成都	95.10	70.18	97.13	75.54	96.00	86.79
2	乐山	94.20	75.66	84.06	64.72	92.76	82.28
3	雅安	95.50	66.66	85.80	62.94	94.36	81.05
4	遂宁	97.55	58.86	85.01	67.39	94.12	80.59
5	眉山	90.15	62.16	73.44	73.31	93.40	78.49
6	泸州	93.25	51.95	88.07	66.46	91.08	78.16
7	巴中	96.75	58.22	79.71	63.56	90.48	77.74
8	自贡	93.35	47.59	86.11	63.04	94.00	76.82
9	资阳	99.55	50.80	67.44	69.65	95.40	76.57
10	绵阳	86.15	55.24	81.65	66.29	92.84	76.43
11	宜宾	82.55	50.82	83.46	70.40	93.76	76.20
12	广安	88.15	52.42	79.54	65.13	93.72	75.79
13	德阳	94.25	51.07	77.63	62.81	92.48	75.65
14	达州	87.95	41.18	84.48	69.60	94.12	75.47
15	广元	94.90	31.48	89.12	63.61	96.48	75.12
16	南充	90.95	57.59	72.84	56.33	97.40	75.02
17	内江	76.15	55.75	79.77	63.28	96.40	74.27
18	攀枝花	86.45	36.82	81.31	70.95	95.40	74.19

续表

排名	市（州）	依法执政（20%）	人大建设（20%）	法治政府（20%）	司法建设（20%）	法治社会（20%）	总分（满分100分）
19	阿坝	90.70	37.94	63.59	51.86	97.40	68.30
20	凉山	89.55	29.02	71.82	59.03	91.12	68.11
21	甘孜	75.85	32.54	73.70	59.42	91.68	66.64

总体上，四川省依法治理情况表现出以下特点。

（一）重视规划部署，关键少数引领

党的十九大报告指出："全面依法治国是中国特色社会主义的本质要求和重要保障"，"必须把党的领导贯彻落实到依法治国全过程和各方面"。四川省委严格按照党中央的最新部署，认真将党委领导贯彻到依法治省的各个方面，既重视规划部署，又注重引领关键少数。在规划部署方面，四川从依法执政、地方立法、依法行政、公正司法、社会法治等7个方面对法治四川建设作出了总体规划。在关键少数方面，四川对关键少数履行法治建设第一责任人职责作出具体规定，把法治摆上重要日程来安排、作为重要工作来推动、列入重要目标来考核，用落地生根、抓铁有痕的实际行动展示法治建设的执行力。此外，四川将实践中形成的好经验好做法上升为制度安排，同时由党委统筹开展各类需要攻克的重大难题，坚定不移地将依法治省工作引向深入。

（二）狠抓贯彻落实，工作稳步推进

四川省各市（州）认真落实中央、省委省政府对于法治建设的要求，将法治学习纳入日常生活，将法治思维融入日常工作，将法治理念引入内部管理，将法治精神嵌入改革创新。在学法上，无论是在机关党委还是在社会公众中都形成了积极学法的良好氛围；在工作中，合不合法、有无法律法规依据已经成为党委机关决策工作应当考虑的重要因素；在管理上，科学制定各项管理规范和规则已经成为各市（州）的常态；在改革创新上，于法有据成为市（州）推动改革创新的前置条件。四川省各市（州）做实做强法治工作的专门机构，严格落实党委的有关部署，协调各部门共同推进法治工作，支持政府、司法部门依法履职。四川省各部门高度重视

法治工作的考核评价，通过法治档案将个人学法、用法、考法、述法的资料汇总管理，将法治建设情况作为考核干部的重要指标，将法治落实情况作为选拔领导的重要参考。无论是在市（州）层面还是在部门层面，各项法治工作均能够自上而下强力推进，有任务、有分工、有落实、有考核。

（三）突出需求导向，规范管理创新

四川省各市（州）注重在法治框架内因地制宜地解决现实中涌现的各种难题。如面对棘手的医患纠纷，达州市大竹县运用法治思维和法治方式，通过"医—患—政府—社会"共建共治，构建了和谐的医患关系，取得了明显成效；面对劳资纠纷，内江构建立体维权格局，有效破解了工会维权手段单一、乏力的难题，在化解劳资纠纷、发展和谐劳动关系、促进社会稳定中发挥了积极作用；面对科技创新，绵阳始终将法治思维和法治理念贯穿科技创新和军民融合产业发展各环节、各方面，在培育军民融合创新创业生态、壮大军民融合产业集群、促进军民科技协同创新、保障国防事业建设等方面取得了显著成效。上述例证表明各市（州）面对纷繁复杂的社会现实，注重用法治思维创新管理，注重扎根当地实际情况，不搞花架子，在解决实际问题、维护群众合法权益的过程中实现依法治市、依法治省的目标。

（四）宣教多管齐下，入脑入心入行

四川省各市（州）注重将法治建设内化于心、外化于行。在普法方面，各市（州）根据自身情况，不但创造性地将法律七进扩展为法律八进、十进甚至十二进等，而且将法治文化宣传融入日常生活中；有的市（州）组织法治晚会，将法治的内涵和精神通过各种小品、歌曲等形式予以展现，大大提高了公众的接受程度。在法治教育方面，各市（州）重视培养"法律明白人"，让基层群众有了身边的法律智库，不但解决了群众维权不知如何用法的问题，而且在耳濡目染间提高了群众的法治意识。在法治宣传方面，四川善于利用公共设施宣传法治，例如，自贡建设法治文化公园，将法治的精神和内容书写在法治文化公园之中，公众在休息散步的过程中便可以接受法治文化的熏陶。在法治供给上，四川省各市（州）开发互联网＋律师，无论是城镇居民还是乡村村民，都可以通过手

机 App 便捷地获取法律咨询与服务。在关键少数方面，四川重视普法与关键少数的学法考法同步推进，在潜移默化中让法治深入人心，成为关键少数执政、治理的潜意识。

第二章 依法执政

依法执政是党领导人民长期探索治国之道的历史经验，是党对执政规律认识的科学总结，是加强和改进党对政权机关领导的有效途径。四川省委贯彻习近平总书记关于全面依法治国必须抓住领导干部这个"关键少数"的重要指示，着眼"长期执政、长治久安"两个历史性课题，推动依法治省与制度治党、依规治党统筹推进、一体建设。

近年来，四川省按照中央统一部署，为四川省各市（州）依法执政工作制定了一系列制度与措施。按照中央"三统一、四善于"系统部署，四川省对党委领导和支持人大、政府、政协、法院、检察院依法依章程履职尽责作出规范，出台《关于加强党领导立法工作的实施意见》《四川省法治政府建设实施方案（2016—2020年）》《四川省领导干部干预司法活动、插手具体案件处理的记录、通报和责任追究实施办法》，对党领导立法、保证执法、支持司法、带头守法作出制度安排。四川省委办公厅围绕加强对依法治省工作的统一领导、统一部署、统筹协调，深化领导体系和推进机制建设，制定《四川省法律顾问团管理办法（试行）》，构建与经济社会发展和法律服务需求相适应的法律顾问制度体系。四川省深刻认识到紧紧抓住领导干部"关键少数"的重要性，制定《关于抓住领导干部"关键少数"全面深入推进依法治省工作落实的意见》，出台《四川省党政主要负责人履行推进法治建设第一责任人职责实施办法》，围绕中心大局推动法治创新创造，对接上级要求联系实际推动落地落实，突出为民取向推动增强群众法治获得感，推动各级党政主要负责人对法治建设重要工作亲自部署、重大问题亲自过问、重点环节亲自协调、重要任务亲自督办，将法治建设与经济社会发展同部署、同推进、同督促、同考核、同奖惩。

此外，四川省落实习近平总书记"全面净化党内政治生态"重要指示，坚持依法治省和依规治党、制度治党一体建设、统筹推进，落实到实际工作中。四川省委出台《四川省贯彻〈中国共产党问责条例〉实施办法》，细化党内问责落实措施；四川省纪委用法治思维和法治方式推进党风廉政建设，出台《关于加强纪检监察法规制度建设的实施意见》，制定《关于纪律审查中提出组织处理建议的工作办法（试行）》，实施《关于加强和改进高等学校纪检组织建设的意见》《四川省高等学校纪委工作规定（试行）》，紧紧抓住脱贫攻坚、生态文明建设、全面从严治党等重大决策，实施精准监督检查。

一 评估概况

2017年，项目组依据《关于进一步加强领导干部学法用法工作的意见》《关于完善国家工作人员学法用法制度的意见》等中央指示的精神以及上述四川省构建的一系列依法执政制度，对四川省21个市（州）的依法执政状况进行评估。评估指标分为3个板块：关键少数、党内法治建设、从严治党（具体指标见表3-2）。

表3-2　　　　　　依法执政板块指标体系

二级指标	三级指标	四级指标
关键少数（50%）	学法（40%）	学习计划（20%）
		重大决策前专题学法（20%）
		学法考勤（20%）
		学法档案（20%）
		晋职培训（20%）
	用法（30%）	是否聘用法律顾问（40%）
		是否建立重大决策责任倒查机制（30%）
		是否建立终身追究制度（30%）

续表

二级指标	三级指标	四级指标	
党内法治建设（40%）	保障（30%）	设立专门机构（30%）	
		法律考试（30%）	
		年度考核（20%）	
		述法报告（20%）	是否与往年报告重复（10%）
			是否与本部门工作相关（50%）
			是否有党政主要负责人履行推进法治建设第一责任人情况（40%）
	依法决策（40%）	是否进行合法性审查（30%）	
		是否落实专家论证制度（20%）	
		是否进行社会风险评估（30%）	
		是否就决策进行集体讨论（20%）	
	党务公开（60%）	公开目录（30%）	公开的内容（25%）
			公开的方式（25%）
			公开的范围（25%）
			公开的时限（25%）
		考核监督（40%）	年度考核中是否涉及党务公开（50%）
			党建考核中是否涉及党务公开（50%）
		归档管理（30%）	是否有党务公开档案（50%）
			党务公开内容是否齐备（50%）

续表

二级指标	三级指标	四级指标
从严治党（10%）	违法违纪（20%）	2017年是否存在违法违纪（100%）
	廉政风险防控（40%）	是否有廉政风险防控的制度建设（100%）
	依法履职保护（40%）	容错纠错机制完善和落实情况（50%）
		用法治手段保护干部积极性（50%）

关键少数板块的评估围绕领导干部的法治思维主要分为学法、用法和保障。学法、用法的目的是提高领导干部科学决策、民主决策、依法决策的知识储备，形成所需的法治思维。学法指标主要包括学习计划、重大决策前专题学法、学法考勤、学法档案、晋职培训。用法指标选取了是否聘用法律顾问、是否建立重大决策责任倒查机制、是否建立终身追究制度。2017年的用法指标着重聚焦建立重大决策责任倒查机制和建立终身追究制度方面。保障指标选择了设立专门机构、法律考试、年度考核、述法报告4项内容。述法报告是各地领导干部学法、用法的重要载体与考评依据。本年度重点考评了述法报告的内容，将其进一步细化为是否与往年报告重复、是否与本部门工作相关、是否有党政主要负责人履行推进法治建设第一责任人情况。

党内法治建设板块是本年度考评新设立的指标，其主要内容是将四川省法治建设的重点与当前依法治国的前沿领域结合在一起。该板块主要分为依法决策与党务公开两个指标。按照党委决策的相关制度，依法决策考察的是是否进行合法性审查、是否落实专家论证制度、是否进行社会风险评估、是否就决策进行集体讨论。党务公开指标考察的是公开目录、考核监督、归档管理。公开目录主要考察公开的内容、方式、范围和时限。考核监督考察的是年度考核中是否涉及党务公开、党建考核中是否涉及党务公开。归档管理考察的是是否有党务公开档案、党务公开内容是否齐备。

从严治党板块包括违法违纪、廉政风险防控、依法履职保护。违法违纪板块以一票否决的形式考察2017年各市（州）是否存在违法违纪。廉政风险防控考察是否有廉政风险防控的制度建设。依法履职保护主要考察容错纠错机制完善和落实情况，以及用法治手段保护干部积极性。

为慎重起见，评估人员在各市（州）提交的评估材料中无法找到相关文件的，都会通过网络信息搜索的方式进行复查和验证。四川省各市（州）的总分与各项分数排名如表3-3所示。

表3-3　　　　四川省各市（州）依法执政板块评估结果　　　　单位：分

排名	市（州）	关键少数（50%）	党内法治建设（40%）	从严治党（10%）	总分（满分100分）
1	资阳	99.10	100	100	99.55
2	遂宁	99.10	100	80.00	97.55
3	巴中	97.50	100	80.00	96.75
4	雅安	91.00	100	100	95.50
5	成都	94.20	100	80.00	95.10
6	广元	94.60	94.00	100	94.90
7	德阳	95.70	96.00	80.00	94.25
8	乐山	88.40	100	100	94.20
9	自贡	95.50	94.00	80.00	93.35
10	泸州	93.70	96.00	80.00	93.25
11	南充	95.50	88.00	80.00	90.95
12	阿坝州	88.60	96.00	80.00	90.70
13	眉山	84.30	100	80.00	90.15
14	凉山州	79.10	100	100	89.55
15	广安	85.10	94.00	80.00	88.15
16	达州	79.90	100	80.00	87.95
17	攀枝花	89.70	84.00	80.00	86.45
18	绵阳	95.50	76.00	80.00	86.15
19	宜宾	95.50	67.00	80.00	82.55
20	内江	91.50	51.00	100	76.15
21	甘孜	87.70	60.00	80.00	75.85

二 亮点与创新

习近平总书记在党的十九大报告中指出:"增强依法执政本领,加快形成覆盖党的领导和党的建设各方面的党内法规制度体系,加强和改善对国家政权机关的领导。"这意味着在新时代,党的依法执政工作将聚焦在党内法规制度的建设上,即中央与地方党委将继续完善党内法规制度体系。党的十九大报告强调了从严治党和依规治党的统一,将党的建设与党的执政一同放在了法治的框架中展开,这就不仅要求领导干部学法、用法、考法,还要求"关键少数"能够真正具备法治思维,以法治方式来提升依法执政的效率和效果。由此,依法执政在四川的展开主要是从两方面着手,一是围绕领导干部开展的一系列法治思维培养与考核;二是四川省各市(州)党政部门依法执政的相关重要制度配备与措施完备度。评估发现,2017年四川省依法执政的亮点有以下几方面。

(一) 学法用法全面覆盖,法律考试分门别类

与2016年的评估结果相比,2017年四川省各市(州)普遍建立起了领导干部学法、用法以及考法的相关制度机制,取得了长足的进步。在学法方面,四川省各市(州)普遍建立了会前学法制度,每次召开会议之前都会选择一部与会议相关的法律法规进行学习,有时还会邀请相关实务部门的专家、理论界的学者就法律法规进行讲解。在学习内容上,四川省各市(州)会选择若干与会议议题高度相关的内容。例如,巴中市委常委会2017年8月23日召开的四届市委常务委员会第26次会议,在研究社会治理、经济发展、环境保护等议题前,专题学习了《环境保护法》。事实上,四川省各市(州)在学法内容上也有较大进步,以往除了党章党规之外基本不学习法律法规,2017年评估中发现,四川省各市(州)除了学习中央政策、党章党规之外,对于法律法规的学习比重在逐渐增加。

2016年评估指出学法用法考法没有区分度,在2017年评估中这一现象有所改善。评估发现,部分市(州)在考法上分门别类,按照不同部门和不同职责选择法律试题。例如,成都市在推动考法制度上,按照执法部门、综合部门、审批部门等多种分类分别进行法律法规考试,考试试题

在内容选择上也有所区别。法律考试是检验学法的重要方式，也是督促领导干部认真学法的重要抓手。分门别类设置法律法规试题，使领导干部在学法过程中区分重点，学有所长。

（二）学法考勤有效实施，法治档案充分运用

为了顺应新时代的要求，领导干部带头学法尊法、守法用法是法治建设紧抓"关键少数"的题中应有之义。这就要求领导干部不仅在学法用法上辅助以措施，还应当建立相关的考评督促机制。在学法考评措施上，2017年度，四川省各市（州）全部配备了学法考勤措施。学法考勤结果不仅人人可见，而且可发挥其监督实效，长期不参加学法的领导干部还会因此受到通报批评。

在法治档案方面，四川省各市（州）纷纷建立并健全了法治档案管理制度，例如，巴中市委印发《将法治建设纳入干部管理任用工作规定》，要求建立领导干部学法用法守法档案制度，强化领导干部运用法治思维和法治方式化解矛盾、推进工作，按照"一人一档"原则建立领导干部法治档案，把科级以上干部学习法律法规、学法培训年度不少于40学时，依法决策、依法办事、依法履职、遵章守纪、任前法律考试、年度法律考试、开展法治宣讲、离任法治审计结果和遵守"八项规定"等学法、用法、守法情况记入个人档案。同时领导干部个人的法治档案成为提拔任免的重要依据之一，故学法档案制度的有效应用取得了不俗的成效，四川省各市（州）的领导干部学法热情空前高涨，从"要我学法"逐步变成了"我要学法"。例如，2017年资阳市的学法档案显示，书记带头贯彻执行中央、省委党内法规制度及市委规章制度和国家法律规定，结合市委重点工作推进和本职岗位需要，有针对性地自学了《领导干部报告个人有关事项规定》《党政主要领导干部和国有企业领导人员经济责任审计规定》等法规文件。

（三）加强党内法规建设，落实备案审查机制

为了加强党内法规建设，四川省委一方面制定相关的条例和办法，例如，四川省委办公厅贯彻《中国共产党党内法规制定条例》，制定《四川省党内法规制定办法》《四川省党内规范性文件备案办法》，印发《省委党内法规和规范性文件合法性审查办法（试行）》，起草《关于建立健全法规、规章和规范性文件备案审查衔接联动机制的实施意见》。另一方面，四川省对党内法规制度进行了有效的梳理。2017年，四川省摸底梳理现行有效的省委党内法规制度106件，编制《2017年省委党内法规和规范性文件制定计划》，2017年计划完成率达80%。此外，四川省研究拟制《省委党内法规实施评估办法（试行）》，建立健全长效机制，坚持及时报备、规范报备。2017年四川省委办公厅向中共中央办公厅上报备案省委党内法规和规范性文件75件，选择8个县继续开展直报工作，审查各地、各部门报备的党内规范性文件1302件，其中纠正19件、书面提醒17件、电话提示33件。四川省委对于党内法规的制定和梳理，为四川省各市（州）的党建工作提供了制度依据和根本遵循，各市（州）参照四川省党内法规认真履行党委职责，推动了地方党委工作的法治化进程。

切实推进依法决策不仅可以增进决策规范化和法治化，有效规范和约束行政决策权，而且还对促进依法执政和法治政府的整体执政与行政行为规范化和法治化具有非常重要的意义。评估显示，四川省各市（州）依法决策表现优异，所有市（州）均建立了依法决策的体制机制，大部分市（州）每年还会就重大决策开展合法性审查、风险评估和专家论证。例如，宜宾市提交的材料中详细列举了市委办政策法规科合法性审查综合意见。一些合法性审查意见发挥了实效，如宜宾市对《中共宜宾市委、宜宾市人民政府关于加快建设现代服务业强市的意见（送审稿）》进行了审查，发现该送审稿第五点第二十条"本意见由市商务局会同相关部门负责解释"的表述与《中国共产党党内法规解释工作规定》中"党内规范性文件应按照'谁制定谁解释'的原则确定解释权属，不宜授权工作部门进行解释"的要求不相符，建议删除该内容。

（四）狠抓全面从严治党，净化政治生态环境

在从严治党方面，四川省根据中央全面从严治党的战略部署，做出《中共四川省委关于坚持思想建党与制度治党紧密结合全面推进从严治党的决定》《严守政治纪律严明政治规矩加强领导班子思想政治建设的十项规定》和《关于进一步严肃党内政治生活巩固发展良好政治生态的若干措施》。

在此基础上，2017年四川省狠抓脱贫攻坚、生态文明建设、全面从

严治党等重大决策,实施精准监督检查,查处扶贫领域问题1428件,给予党纪政纪处分1916人,对中央环境保护督查组移交问题线索规范处置,问责1293人,给予党纪政纪处分341人。四川省严肃换届纪律,围绕选举党的十九大、省第十一次党代会代表选举严把政治关、廉洁关,四川省纪委对初步人选出具党风廉政意见733人次,"叫停"4人,积极做好省第十一次党代会会风会纪监督,向27个代表团和5个列席组派驻风气监督员,对860名党代表和10名特邀代表全覆盖开展谈心谈话,确保党代会风清气正。四川省持之以恒正风肃纪,查处违反中央八项规定和省委省政府十项规定精神问题1261件,给予党纪政纪处分1345人。重拳整治基层"微腐败",出台《关于整治群众身边的不正之风和腐败问题若干措施的通知》,集中力量开展3个月专项整治,查处群众身边的不正之风和腐败问题5488件,给予党纪政纪处分6809人。积极用好"四种形态",全省运用"四种形态"处理42970人,"四种形态"占比分别为54.2%、36.6%、4.9%、4.3%,全省谈话函询25321件次。

在治理微腐败方面,泸州市出台《泸州市整治群众身边"微腐败"十六条措施》,集中整治群众身边不正之风和腐败问题。乐山市开展监察体制改革试点。宜宾市出台《宜宾市加强党内监督十项措施》,分层分类细化制定党委主体责任、书记第一责任、班子成员分管责任、纪委专责监督责任等8类责任清单。南充市建立廉政风险防控"三三三"工作机制,开办《阳光问政》节目,加强廉政监督执纪问责,集中开展年度机关干部法纪知识考试,在全市设1039个考场,31400人参与考试,实现市、县、乡三级全覆盖,成绩纳入干部法纪档案和年度考核。

评估显示,在依法履职保障的制度建设方面,成都市建立了相关的创新制度。容错纠错机制完善和落实过程中,成都市根据"三个区分开展"要求,出台《关于建立容错纠错机制进一步保护干部干事创业积极性的实施办法(试行)》(成委办〔2017〕37号),最大限度地保护广大干部改革创新、锐意进取、敢为善成工作积极性。用法治手段保护干部积极性方面,成都市坚持层层设防、严明纪律,在严惩突破底线的干部的同时,咬耳扯袖、红脸出汗,及时提醒挽救干部。2017年,全市纪检监察机关运用"四种形态"处理6970人次,其中运用第一种形态批评教育、谈话函询 3807 人次，占 54.62%；第二种形态纪律轻处分、组织调整 2351 人次，占 33.73%；第三种形态纪律重处分、重大职务调整 396 人次，占 5.68%；第四种形态严重违纪涉嫌违法立案审查 416 人次，占 5.97%，体现了"惩前毖后、治病救人"的一贯方针。

三　发现的主要问题

评估显示，四川省各市（州）在依法执政方面的建设还存在以下问题。

（一）学法计划存在遗漏，个人述法内容薄弱

学法计划是保障市（州）党委学法顺利进行的有效措施，通过学法计划的制定，党委会清楚地知晓每段时间的学习重点，学法质量会有所提升。评估发现，部分市（州）学法计划存在遗漏，只规定了部分月份的学法内容，未能覆盖全年。例如，德阳市的学法计划仅能覆盖若干月份，并没有覆盖全年。再如，乐山市学法计划仅有 4 月、6 月、8 月、12 月有学法内容。有的市（州）学法计划发布时间过晚，并不是年前发布或者年初发布，而是等到了年中才匆匆发布全年的学法计划。例如，攀枝花市于 2017 年 8 月发布了全年的学法计划。有的市（州）学法计划所列内容过于单一，内容上除了党中央的最新文件之外，就只有宪法性法律。例如，凉山州学法计划仍然局限于过往的传统文件学习，并未真正围绕法律法规展开专题性的法治学习。

领导干部述法是对一段时间内学法用法情况的总结和汇报，通过述法能够发现在法治思维上的不足、在法学理论上的欠缺、在法律运用上的困惑。项目组设置述法报告指标意在考察述法内容的全面性。但评估发现，部分市（州）的述法报告法治内容淡薄，大谈特谈一年的工作情况以及今后的努力方向，对于学法用法情况基本是一笔带过。例如，阿坝州提供的述法报告中学法用法内容寥寥无几。

（二）法律顾问聘用断档，法律考试内容较少

法律顾问全覆盖是四川省法治建设的一个重点与亮点项目，也取得了很不错的成效。2017 年评估发现，各市（州）仍然坚持完善法律顾问制度，法律顾问为市（州）法治发展作出了积极贡献。但有的市（州）因

为常年使用固定的法律顾问团队，聘用到期并未及时续聘，出现了法律顾问断档。例如，广元市法律顾问第一届聘期为2015年10月1日至2017年9月30日。而第二届法律顾问的招聘决策中，中共广元市委办公室、广元市人民政府办公室《关于组建第二届广元市委市政府法律顾问团的通知》于2017年12月25日才印发，这期间显然存在法律顾问聘用的断档期。还有个别市（州）在法律顾问制度上并未做到程序规范、公开、透明。如雅安市从2014年开始实施法律顾问聘用制度，但是未设置顾问的轮换机制，一直到2017年的四年间，这些法律顾问并未发生较大变化。

四川省各市（州）在选拔或考核干部时，会对干部理论水平、法律水平进行测验和考试，但是从评估反馈的结果来看，部分市（州）理论水平考试法律内容较少，占比不足5%，不利于领导干部主动学法用法，更不利于领导干部依法执政、依法行政。

（三）责任倒查不够全面，终身追究未能覆盖

与往年相比，2017年的四川省各市（州）积极建设重大决策倒查机制，出台了许多的文件。例如，《泸州市重大决策责任追究办法》规定了倒查机制和终身追究制度。但是，相关的建设并未达到三个全覆盖。一是市（州）未全覆盖。在提交的材料中，仍然有一些市（州）未提供任何有关重大决策倒查的任何文件，如内江市、雅安市、阿坝、凉山。二是工作未全覆盖。一些市（州）提交的材料只是局限于在某些工作领域建立重大决策倒查机制，例如绵阳市提供的《绵阳市信访工作责任倒查实施办法》只是局限于某一特殊工作领域。三是党政未全覆盖。一些市（州）只是提供了政府部门的重大决策倒查机制。例如，甘孜州和达州市提供的制度文件仅仅涉及政府，党委作出的重大决策无法追究责任。

终身追究制度与重大决策倒查机制常常在同一文件中一同规定，但是四川省各市（州）在推进终身追究制度上并不理想。21个市（州）中只有南充市、宜宾市、泸州市等少数市（州）在重大决策制度中建立了有针对性的终身追究机制，其他市（州）或是没有建立相关的制度，或是将相关措施建立在其他制度中，如《中共遂宁市委关于健全党委（党组）领导班子内部运行机制的意见》（以下简称《遂宁意见》）。在《遂宁意见》的附件7中列上了《党委（党组）决策责任追究制度》。该制度列举了 6 种情形下追究决策者责任。少数市（州）单独建立了终身追究制度，如《绵阳市防治和查处违法建设责任追究暂行办法》。

（四）人员编制捉襟见肘，掣肘法治工作运转

本次评估对各市（州）法治建设保障机构的建立情况进行了调查。结果显示，四川 21 个市（州）建立了专门机构与行政编制，以保障依法治市工作顺利进行。但是专门机构的行政编制却远远低于工作需求。依法治市领导小组或者依法治市办的主要功能是统筹协调全市的依法治理工作，既要负责上传下达，又要负责推动各项法治工作。评估数据显示，四川 21 个市（州）依法治市编制均略显单薄，平均每个市（州）仅有 4—6 个正式编制。对此，各个市（州）结合实际情况，采取多种方式解决编制不足的问题。部分市（州）不得不长期借调司法局、法制办、公安局、法院、检察院的工作人员，借助他们的力量处理全市的依法治理推进工作。有的市（州）则采取了使用事业编制和事业工勤人员等灵活的方式来提高依法治市的工作效率，以德阳市为例，德阳依法治市办仅有 4 个编制，其中主任 1 名，副主任 1 名，2 名工作人员，德阳不得不通过借调或使用事业编制和事业工勤人员等方式补充人员至 10 人。

四 完善建议

坚持依法执政、提高依法执政水平，需要一套科学有效、系统完备的工作机制来保障。否则，依法执政很容易停留于一般号召，很容易受制于领导者个人认识和重视程度，很难真正落实到具体执政实践中。建议从以下 4 个方面着手健全依法执政的工作机制。

（一）抓好顶层设计，兼顾地方差异

中共中央 2018 年 3 月印发《深化党和国家机构改革方案》提出："全面依法治国是中国特色社会主义的本质要求和重要保障。为加强党中央对法治中国建设的集中统一领导，健全党领导全面依法治国的制度和工作机制，更好落实全面依法治国基本方略，组建中央全面依法治国委员会，负责全面依法治国的顶层设计、总体布局、统筹协调、整体推进、督促落实，作为党中央决策议事协调机构。"

对于四川省而言，应当完善党领导立法、保证执法、支持司法、带头守法的工作制度，完善依法治省工作的统筹协调。依法治省在四川已经有了丰富的实践经验，如何将目前的体制机制与新机构进行对接协调是未来四川法治的首要任务。在统筹全局的基础上，四川省的依法执政工作还应当着重强调地方差异，特别是民族地区差异、工业城市与农业城市差异等。

（二）紧抓关键少数，落实配套制度

把党的领导贯彻到依法治国全过程和各方面，是中国社会主义法治建设的一条基本经验。四川省应当加强和改善党委对政权机关的领导，支持人大、政府、政协和法院、检察院依法依章程履行职能、开展工作、发挥作用。党委除了定期听取各政法部门的工作报告之外，还应当进一步推进和完善各级党政主要负责人履行推进法治建设第一责任人的职责，使其全面负责本地区的法治建设工作。应考虑出台《省委常委会带头增强法治观念深化法治实践意见》，继续抓好依法治省工作中的"关键少数"，同时制定《党政主要负责人履行推进法治建设第一责任人职责年度述法工作方案》，建立完善年度述法工作制度。同时，各市（州）应当尽快出台针对党委重大决策的责任追究办法，将党的领导工作制度化法治化。

（三）健全党内法规，提升执政能力

党的十八大以来，以习近平同志为核心的党中央高度重视制度治党、依规治党，并将依规治党和依法治国作为依法执政的车之两轮、鸟之双翼。其中，四川省应加快形成覆盖党的领导和党的建设各方面的党内法规制度体系，制定贯彻中央党务公开条例的实施方案，深化党内法规执行后评估工作，组建四川省法律顾问团。开展法律顾问工作有助于四川省不断提升依法执政能力水平，为推进治理体系和治理能力现代化提供有力的制度保障。法律顾问工作的开展应当围绕聘请什么人、任期的长短以及工作的保密性质等方面进一步健全法律顾问机制。

（四）全面从严治党，加强思想建党

全面从严治党是党的十八大以来党中央作出的重大战略部署，是"四个全面"战略布局的重要组成部分。习近平总书记在党的十九大报告中指出，坚持全面从严治党，必须以党章为根本遵循，把党的政治建设摆在首位，思想建党和制度治党同向发力。在全面从严治党的原则下，应当把党的政治建设摆在首位，确保政治立场、政治方向、政治原则、政治道路同党中央保持高度一致。思想建党和制度治党是全面从严治党的两个方面，建立思想建党制度治党同向发力、依法治省依规治党有机统一的工作机制。学法、用法等制度建设的目标是，除了培养领导干部的法治思维外，还应当结合思想建党的主要内容，将法治与党建融合在一起，形成统一的价值观与人生观。特别是在领导干部作风、生活规范问题上，思想建党的一系列举措应当逐步细化为具体的长效机制。

第三章 人大建设

一 评估概况

党的十九大报告指出："发挥人大及其常委会在立法工作中的主导作用，健全人大组织制度和工作制度，支持和保证人大依法行使立法权、监督权、决定权、任免权，更好发挥人大代表作用，使各级人大及其常委会成为全面担负起宪法法律赋予的各项职责的工作机关，成为同人民群众保持密切联系的代表机关。"

本次评估以透明度为抓手，重点考察市（州）人大及其常委会的立法权、监督权及代表工作的贯彻落实情况，在指标设计上项目组根据《宪法》《立法法》《代表法》《监督法》等法律，以及《四川省人民代表大会及其常务委员会立法条例》《四川省各级人民代表大会常务委员会监督条例》等地方性法规设计了指标。例如，年度立法计划公开是《立法法》《四川省人民代表大会及其常务委员会立法条例》的明确要求。

人大建设板块共分为人大概况、人大立法、人大监督、人大代表4个二级指标。人大概况主要考察人大简介和组织机构情况；人大立法通过立法计划、立法草案、文本公开考察各市（州）科学立法、民主立法情况；人大监督主要通过工作报告及审议情况、执法检查、专题询问等内容了解人大对人大常委会、政府、法院、检察院等工作的监督状况；人大代表主要考察代表名单及介绍、代表履职、工作保障（具体指标见表3-4）。

表 3-4　　　　　　　　　　　人大建设板块指标体系

二级指标	三级指标	四级指标	
人大概况（10%）	人大简介（50%）	是否公开了职权范围（50%）	
		是否公开了领导的简历（50%）	
	组织机构（50%）	是否公开了所有工作人员的名单（30%）	
		是否公开了各个工作部门的工作职责（30%）	
		是否公开了各个工作部门的联系方式（40%）	
人大立法（30%）	立法计划（20%）	是否公开了立法计划（50%）	
		是否公开了立法计划实施情况（50%）	
	立法草案（40%）	是否公布了立法草案（20%）	
		是否公布了立法草案的起草说明（20%）	
		是否公布了立法草案的修改说明（20%）	
		征求意见的时间是否少于 30 日（20%）	
		是否有建议渠道或公布了建议渠道（20%）	
	文本公开（40%）	是否公开了所有的立法文本（40%）	
		所公开的文本中是否有已经失效的文本（40%）	
		所公开的文本是否是最新修改的文本（20%）	
人大监督（30%）	人大常委会（40%）	年度工作报告（40%）	是否有年度工作报告（50%）
			年度工作报告是否公开（50%）
		执法检查（40%）	执法检查计划公开（50%）
			执法检查报告公开（50%）
		专题询问（20%）	是否开展了专题询问（100%）

续表

二级指标	三级指标	四级指标
人大代表（30%）	政府（20%）	政府工作报告（50%）
		常委会审议意见（50%）
	法院（20%）	法院工作报告（50%）
		常委会审议意见（50%）
	检察院（20%）	法院工作报告（50%）
		常委会审议意见（50%）
	代表名单及介绍（20%）	有无代表名单（20%）
		有无代表基本信息介绍（性别、民族、年龄）（40%）
		有无代表工作单位介绍（40%）
	代表履职（40%）	有无公开代表议案建议（40%）
		有无代表工作动态（20%）
		有无代表建议、批评和意见办理情况的报告（40%）
	工作保障（40%）	列席常委会的代表占全体代表的比例（40%）
		代表人均活动经费（40%）
		基层联络点数量（20%）

表 3-5　　　　　人大建设板块评估结果　　　　　单位：分

排名	市（州）	人大概况（10%）	人大立法（30%）	人大监督（30%）	人大代表（30%）	总分（满分100分）
1	乐山	15.00	90.00	62.00	95.20	75.66
2	成都	85.00	48.00	80.00	77.60	70.18
3	雅安	15.00	70.00	92.00	55.20	66.66
4	眉山	30.00	50.00	100	47.20	62.16
5	遂宁	15.00	70.00	46.00	75.20	58.86

续表

排名	市（州）	人大概况（10%）	人大立法（30%）	人大监督（30%）	人大代表（30%）	总分（满分100分）
6	巴中	65.00	56.00	62.00	54.40	58.22
7	南充	27.50	60.00	62.00	60.80	57.59
8	内江	47.50	60.00	46.00	64.00	55.75
9	绵阳	40.00	70.00	48.00	52.80	55.24
10	广安	55.00	44.00	70.00	42.40	52.42
11	泸州	27.50	74.00	38.00	52.00	51.95
12	德阳	47.50	70.00	38.00	46.40	51.07
13	宜宾	15.00	90.00	8.00	66.40	50.82
14	资阳	40.00	60.00	48.00	48.00	50.80
15	自贡	47.50	40.00	62.00	40.80	47.59
16	达州	80.00	53.00	8.00	49.60	41.18
17	阿坝	65.00	60.00	0	44.80	37.94
18	攀枝花	40.00	25.00	50.00	34.40	36.82
19	甘孜	65.00	40.00	10.00	36.80	32.54
20	广元	40.00	20.00	30.00	41.60	31.48
21	凉山	25.00	40.00	10.00	38.40	29.02

从已有的评估资料及评估结果来看，四川省各市（州）人大建设基本情况如下。

第一，人大建设情况总体较好。四川省各市（州）人大及人大常委会基本遵循法律、法规的要求，充分利用人大权能，积极完成立法、监督、选举、罢免、重大事项决策及代表工作。在立法方面，四川省各市

（州）首先制定了地方立法的具体规则，保障科学立法、民主立法、依法立法；在监督方面，四川省各市（州）通过执法检查、专题询问、专项督查等多种方式督促政府依法行政、法院检察院公正司法；在选举方面，四川省各市（州）将2015年"南充贿选案"作为反面典型，坚决杜绝类似事件再次发生，保障选举的合法性和有效性；在重大事项决策方面，人大及其常委会通过审议批准工作报告及重大决策，保障决策科学合理。

第二，市（州）之间表现并不均衡。评估结果显示，本板块最高分达到75.66分，最低分仅为29.02分，平均分为51.14分，各市（州）之间的表现差距较大。由于本次评估选择的指标体系多数为《宪法》《立法法》《代表法》等法律规定的内容，市（州）之间评估差距如此之大，一方面是由于四川省各市（州）人大建设发展不均衡，有的市（州）人大工作开展较好，无论是人大立法工作，还是人大监督工作，抑或是人大代表工作都落在实处，严格按照法律法规的要求征求意见、公开执法检查报告；而有的市（州）由于工作方法有缺陷，工作经验不足，对于法律法规规定的职责完成不到位。

第三，市（州）代表工作有序开展。从各个板块的结果来看，人大代表工作平均分最高，达到了53.52分。代表工作是衡量人大及其常委会工作成绩的重要组成部分，四川省各市（州）不断探索和实践提高代表履职能力的新途径，总结代表联系群众的经验做法，建立反映代表意见、服务群众的长效机制，强化代表与人民群众之间的联系。有的市（州）充分利用基层联络点，将选民的意见汇集反馈给人大代表；有的市（州）则运用"互联网+"，实现网上提交议案建议。与此同时，各市（州）的代表工作仍然存在各式各样的问题，有的未完全公开代表名单，有的代表议案建议办理情况不理想，还有的代表活动不够透明。

第四，市（州）监督工作有待提高。从各个板块的结果来看，市（州）人大监督工作板块得分最低，平均分为46.19分。四川省各市（州）人大监督工作普遍较差，并不是因为人大监督工作没有做，而是很多监督工作开展了，但是没有对外展现。例如，有的市（州）开展了专题询问和执法检查，但是却没有将结果公开在网站上接受公众的监督。监督权作为人大权能的组成部分，是体现人民当家作主的重要体现。市

（州）在开展监督工作时，存在重视监督工作开展、轻视监督工作公开的现状，导致很多针对人大常委会、政府、法院和检察院的监督没有体现在网站中，公众亦无法得知工作的最新进展。

第五，地方立法质效有待提升。《立法法》修改之后，四川21个市（州）均有资格制定地方性法规。四川省各市（州）通过制定科学的立法规划和年度立法计划安排立法项目，通过召开听证会、论证会提高立法的民主性，通过向省内立法专家及法学学者征求意见提高立法的科学性。对于立法经验不足的市（州）而言，立法工作刚刚走向正轨，在开门立法的细节上略显不足。例如，有的市（州）并没有在人大常委会网站中公开征求法规草案意见，而是通过当地报纸、电视传媒等方式公开法规草案，这样来自市（州）外的专家、学者就无法针对法规草案提供有益的意见。

二 亮点与创新

人民代表大会制度是依法治国的根基，人大建设是全面依法治国的重要内容。四川省各市（州）在推动人大建设方面，有诸多亮点与创新，有利于推动四川甚至全国市（州）人大建设迈向新的台阶。

（一）探索互联网+人大

随着大数据、"互联网+"的广泛应用，人大建设也逐步走向数字化、信息化道路。信息化对人大建设和发展的影响是深刻且彻底的。首先，人大工作方式发生了改变。以往人大工作采取汇报、调研、走访、座谈等工作方式；在信息化时代，大数据分析、网络化管理等方式的介入，大大缩短了调研需要耗费的精力和时间，提高了工作效率。其次，交流方式发生了改变。以往人大代表联系选民需要通过座谈会、沟通会、交流会等方式，这些形式的沟通耗时耗力，受到场所和时间的限制；现如今技术的发展让直接沟通和交流变得便捷且容易，人大代表仅需在网上沟通就可以了解选民的真实想法。最后，监督方式发生了改变。对于人大常委会的监督，以往主要依靠人民代表大会表决常委会工作报告。在信息化时代，人大常委会及常委会各部门的工作情况、日常状态均能够体现在网络平台之中，监督方式也由代表监督逐步转向了全民监督。评估发现，四川在推动互联网+人大建设方面，具有如下亮点。第一，打造"互联网+"代表履职平台。在大数据、"互联网+"日渐普及的背景下，各地纷纷利用网络完善人大建设。在代表履职方面，宜宾、南充等市（州）开发了代表履职平台和代表议案交办系统，将代表工作从线下搬到了线上，方便代表网上履职、网上提交议案。第二，开辟网上互动平台。中国地域广阔，代表和选民之间存在时空成本。在信息化时代，信息传递和交流的成本逐渐降低，选民与代表的沟通方式也由面对面到非接触式沟通，四川部分市（州）人大用好用足互联网平台，群众可以直接通过互联网平台与人大代表及人大常委会委员沟通，大大地节约了信息传递的成本。例如，眉山人大开辟了网上互动交流平台，公众通过该平台直接向人大常委会及常委会各部门反映情况。

（二）推进科学民主立法

立法质量的提升有赖于科学立法和民主立法的贯彻实施。自2015年《立法法》修改之后，四川所有市（州）陆续拥有了立法权，为了保障立法质效，提高立法质量，四川省各市（州）通过科学设置立法计划，公开法规草案，加强法规清理。

第一，科学设置立法计划。立法规划、立法计划是对立法工作进行统筹安排的重要手段，同时也是保障立法科学性的重要方法。通过设置立法计划，可以明确当年的立法重点，集中精力将每一部法律法规和规章打造成为精品。为此，2015年修订后的《立法法》第52条、第66条分别规定了全国人民代表大会常务委员会和国务院的年度立法计划。《四川省人民代表大会及其常务委员会立法条例》设置专章规定立法规划和立法计划。在此方面，有以下亮点值得关注。其一，立法计划编纂及公开制度化。四川部分市（州）非常重视立法计划的作用，相继推出符合自身特色的立法计划并且每年公开。例如，四川省泸州市人大常委会每年年底公开第二年的立法计划，避免了3月制定立法计划，12月就要完成的局面，大大提升了立法计划的可执行性。其二，立法计划征求意见制度化。部分地方为保障立法计划的科学性，还向各个部门和社会公众公开征求意见。例如南充市人大常委会编制立法计划之前，由法工委会同市政府法制办联合发文，向专门委员会、法院、检察院、市政府各部门公开征集立法项目建议，同时在报纸、网站中发布公告，面向社会公开征集。

第二，标注文件有效性。相比于法律、行政法规，地方性法规具有如下特点：一是特殊性。地方性法规的影响力范围仅限于行政区划范围内，其规定的事项不具备法律、法规的一般性。二是细节性。地方性法规的内容比法律、行政法规更加详细，涉及公民生产生活的方方面面。三是直接性。地方性法规对于公民社会的影响更加直接。从上述特点不难得出地方性法规的影响力不弱于法律、行政法规。但是地方性法规的修改频率也较高，除了因外在客观情况变化发生修改外，还有上位法修改导致下位法出现"被抵触"现象需修改的情况。很多地方性法规在法律、行政法规出台后，长达 2—5 年未能启动修改程序，导致与上位法抵触的地方性法规长期生效，同时已经修改的地方性法规因未能标注有效性，导致公众不知道法规是否仍然有效。对于已经失效的法规，标注为已经失效。对于失效的法规而言，简单的删除并不合适，这是因为地方性法规即使废止之后，仍然有研究的价值，可以为学者研究地方性法规的发展和演变提供良好的素材。同时，失效的地方性法规在生效时影响了群众的各类活动，可能会有因该法规产生的纠纷或诉讼，简单的删除增加了解决纠纷或矛盾的成本，政府部门、公民、企业以及社会组织不得不花费一些精力寻找当年的依据。评估发现，成都市人大常委会对所有的地方性法规进行了有效性标注，对于已经修改的，标注已经被修改。

第三，公开自身的规范性文件。设区的市、自治州人大及其常委会除了制定地方性法规之外，还制定了大量的规范性文件，指导人大及其常委会日常工作。上述规范性文件的公开具有如下意义。其一，拉近人大与公众之间的距离。公开人大常委会制定的规范性文件有利于社会公众接近并了解人大常委会的工作机制，并对人大常委会有进一步的感性认知，从而拉近人大与公众之间的距离。其二，让人大常委会主动接受监督，公开人大常委会日常工作规范，有利于强化社会公众对人大常委会工作的监督，督促人大常委会依法依规开展工作。其三，有利于加强人大常委会自我约束。作为权力机关，人大常委会有监督权、人事任免权、立法权等多项权能，对人大常委会工作的监督只有党委、人大及社会公众，通过公开人大常委会规范性文件，能够强化人大常委会自我约束意识，提高工作的自觉性和积极性。评估发现，自贡市、遂宁市等市（州）主动公开了所有的工作规范。例如，自贡市人大常委会公开了包括执法监督、议事规则、议案处理、代表联络等方面的规范性文件。

（三）贯彻落实人大监督

四川省各市（州）重视人大监督工作，通过执法检查、专题询问等方式充分发挥人大主动监督的各项权能。同时，四川省各市（州）严格审议政府、法院、检察院的报告，对政府、法院、检察院的监督落在实处。

第一，重视执法检查，落实法律法规。2017年度评估中发现，四川省各市（州）执法检查工作具有如下特征。（1）强调重点领域。评估发现，四川省各市（州）执法检查的重点是食品安全、环境保护、弱势群体保护、精准扶贫等与社会公众息息相关的重点领域。加强重点领域的执法检查，有利于解决公众最关心、最迫切的社会问题。如多个市（州）对于《四川省农村扶贫开发条例》进行了执法检查并形成执法检查报告，一方面，公众通过执法检查详细地知晓了本市（州）精准扶贫开展的具体情况，得到了最为权威可靠的数据，保障了公众的知情权；另一方面，通过人大的执法检查可以检视精准扶贫工作存在的漏洞，为下一步扶贫攻坚工作奠定坚实的基础。（2）公开执法检查计划。公开执法检查计划有利于公众了解本年度执法检查的重点，可以在执法检查过程中提供相关的意见或者建议，甚至直接参与人大常委会的执法检查工作。同时，制定并公开执法检查计划还有助于了解历年执法检查的重点，防止重复工作或遗漏重要事项。评估发现，成都、自贡、遂宁、乐山等市（州）公开了执法检查计划。（3）公开执法检查报告。巴中、广安、眉山、成都、内江公开了执法检查报告。在报告中详细记录了政府贯彻落实法律法规的具体做法及主要成效，认真分析了执行法律法规过程中存在的主要问题，并对如何开展好今后工作提出了建议。例如，2017年6月巴中人大常委会针对《政府采购法》进行了执法检查，在肯定政府工作的同时，认为当前在政府采购过程中依法采购的意识不足、采购预算管理不够规范、采购人对采购结果不够满意等问题依然存在，今后需要通过强化政府采购关键环节监督管理、推动采购改革创新、强化采购预算管理等方式提高采购质效。

第二，注重专题询问，强化人大监督。专题询问是《监督法》赋予人大常委会的权力，通过专题询问，可以强化人大监督职能，增强人大监督工作的针对性，可以有效获得全社会对人大工作的广泛支持，可以促进政府依法行政、法院检察院公正司法。四川省各市（州）人大常委会普遍注重此项制度的落实，形成了一套行之有效的监督模式。总体而言，四川省各市（州）专题询问具有如下特点。（1）专题询问覆盖范围广。从已有的专题询问的议题来看，2017年专题询问主要集中在城市建设与管理、环境生态保护、新兴产业、校园安全环境、扶贫攻坚等方面，这些问题都是公众关注度较高、社会影响力较大的领域。相较于2016年，四川省各市（州）专题询问已经不限于省人大常委会的要求，而是纷纷结合市（州）问题展开具有针对性的询问。例如，2017年宜宾人大常委会组成人员就宜宾新兴产业选择依据、发展保障、智能终端产业发展面临的困难等11个热点问题进行了询问。（2）专题询问效果显著。专题询问是人大对政府、法院、检察院工作进行监督的重要手段。通过对特定问题进行专题询问可以更好地发现问题、解决问题。例如，2017年，资阳人大就义务教育均衡发展问题对教育主管部门进行了专题询问，并指出了义务教育均等化面临的七大难题。事后资阳教育主管部门积极整改，学校校舍不足、师资配备不均衡、教学器材不够、大班额过多等问题已经有所缓解，有力推进了全市义务教育均衡化发展。

第三，坚持问题导向，跟踪督查有力。跟踪督查是确保执法检查和专题询问得以落实的重要手段，也是体现人大监督效果的重要指标。四川省各市（州）在跟踪督查落实方面具有如下特点。（1）坚持问题导向。四川省各市（州）严格依照《监督法》的要求，坚持问题导向，详细列明执法检查和专题询问中涉及的问题，交由负责的"一府两院"及相关部门研究处理，并限时要求反馈研究处理结果。（2）纳入绩效考核。部分市（州）将人大督办落实情况纳入了部门绩效考核，以提高部门落实执法检查和专题询问的积极性。例如，巴中人大依据《巴中市人民代表大会代表建议、批评和意见办理办法》，对于人大常委会或人大代表交办的事项未予以落实，或者无方案、无办理机构和办理人员的部门，均会扣除相应的绩效分数。（3）强化事后评估。对于人大督办事项的效果，部分市（州）充分利用满意度评估的方式，如眉山人大在市政府办理结束后，会形成书面办理情况报告提交市人大常委会审议，并进行满意度评估，从而督促整改落实。

（四）科学规范代表工作

人大代表是人大工作的主体，科学引导人大代表参与人大工作是建设社会主义政治文明的重要内容，规范代表各项工作是完善人民代表大会制度的必然要求。四川省各市（州）严格按照宪法、法律、法规的规定，不断增强代表工作的生机与活力，充分发挥人大代表的作用。

第一，公开代表信息，接受公众监督。长期以来，人大代表的身份信息不被社会所熟知，导致代表责任感不强，不认真代表人民参与人大各项活动；同时由于公众不了解代表信息，故代表的各项行为也无法接受公众监督。公开人大代表信息，有利于培养人大代表的责任感，有助于培养选民的法治思维，有益于选民监督人大代表。评估发现，四川部分市（州）非常重视人大代表信息公开公示，包括泸州、绵阳、乐山、达州等在内的8个市（州）公开了人大代表信息。部分市（州）甚至公开了包括照片、性别、工作单位在内的人大代表具体信息，方便公众监督和及时联系。

第二，展现代表工作，办理代表议案。四川省各市（州）对于代表工作的展现不遗余力，有的展现了代表参与立法工作的细节，有的披露了代表调查研究的成果，有的则公开了代表提交的议案建议。评估显示，成都、遂宁、乐山公开了部分代表议案建议，让社会公众了解代表实际工作情况。公开代表议案能够体现代表的价值，增强代表履职的荣誉感，激发代表履职的积极性和主动性。对于代表提出的建议或者议案，成都、遂宁、乐山、宜宾、南充等6个市（州）公开了代表议案建议的办理情况，与代表工作形成良性互动。

第三，培训人大代表，保障活动经费。（1）培训人大代表，提高履职能力。四川省各市（州）通过定期培训、邮寄资料、集中学习等方式不断提高人大代表的履职水平。有的针对初任的人大代表及基层人大代表开展了各式各样的培训工作,提高代表的工作水平。有的则通过邀请人大代表列席常委会会议以及执法检查、专题询问、工作评议等方式给代表以直观的感受,强化其代表意识,提高其履职能力。例如,乐山人大常委会通过集中培训班的形式对初任代表和基层代表展开培训工作,提高代表的工作水平和履职能力。(2)保障代表经费。经费保障对于人大代表履职的影响不言而喻,在调查研究、执法检查、专题询问过程中,代表需要投入大量的经费,若经费欠缺则开展上述工作便会捉襟见肘。若代表调研经费完全由自己支出,则会极大地影响代表的积极性;若代表调研经费由社会团体及企业赞助,则代表履职中立性会受影响,人大代表成为某些利益集团的代言人。四川省各市(州)在把握代表活动经费上,保持了稳中有涨,与2016年经费基本保持一致,部分市(州)略有增长(见表3-6)。

表3-6 四川省各市(州)人大代表活动经费(2016—2017) 单位:元/人

市(州)	代表活动经费(2016年)	代表活动经费(2017年)	比较
成都	3600	3600	持平
自贡	1600	1600	持平
攀枝花	3600	3600	持平
泸州	2000	2000	持平
德阳	2000	2000	持平
绵阳	1800	2000	增长
广元	2000	2000	持平
遂宁	1500	1500	持平
内江	2500	2500	持平
乐山	2000	2688	增长

续表

市（州）	代表活动经费（2016 年）	代表活动经费（2017 年）	比较
南充	2000	2000	持平
宜宾	2000	2000	持平
广安	2000	2000	持平
达州	1700	1800	增长
巴中	2000	2100	增长
雅安	2000	2000	持平
眉山	2000	2000	持平
资阳	2000	3556	增长
阿坝	1600	2000	增长
甘孜	2000	2000	持平
凉山	1900	2000	增长

第四，扩大民主参与，代表列席会议。扩大公民有序的政治参与，是坚持和完善社会主义民主制度的有效途径，是建设社会主义政治文明的重要内容。四川省各市（州）人大常委会每次均会邀请部分人大代表参与或列席，一方面在扩大民主参与力度的同时拉近人大常委会与代表之间的距离，保障代表的知情权、监督权和参与权（见表 3-7）。例如，德阳人大常委会每年都会收到来自人大代表的各种议案或建议，这些议案经过长期认真的调研，针对性和可操作性较强，提高了德阳人大常委会的决策水平。另一方面，邀请人大代表列席常委会是促进代表行使职权、执行职务的最好工作方式。通过邀请人大代表列席人大常委会会议，既培养锻炼了人大代表的参政议政能力，又推动了市人大常委会权力公开透明运行和重大事项决定权的行使、监督工作的进程，更好地为维护广大人民群众的利益出谋划策，进一步发挥人大代表在推进依法治市、促进经济社会发展中的重要作用。

表 3-7　四川省各市（州）代表列席常委会比例对比（2016—2017）　　单位：%

市（州）	代表列席常委会比例（2016年）	代表列席常委会比例（2017年）	比较
成都	10.00	17.30	增长
自贡	21.60	21.00	下降
攀枝花	13.60	14.30	增长
泸州	8.87	2.90	下降
德阳	16.75	29.79	增长
绵阳	7.29	6.88	下降
广元	16.70	5.00	下降
遂宁	3.95	17.00	增长
内江	6.50	11.03	增长
乐山	10.00	6.50	下降
南充	10.00	15.40	增长
宜宾	11.50	8.74	下降
广安	10.00	14.00	增长
达州	3.00	3.00	持平
巴中	11.00	14.00	增长
雅安	30.00	10.00	下降
眉山	6.00	8.60	增长
资阳	10.00	27.80	增长
阿坝	17.00	18.00	增长
甘孜	9.00	8.84	下降
凉山	34.60	41.60	增长

三　发现的主要问题

在肯定四川省各市（州）人大工作的同时，项目组也发现各市（州）在推动人大建设过程中存在一些在全国范围内亦具有普遍性的问题，值得关注。

（一）平台建设有待提升

人大常委会官方网站是反映人大建设水平的重要载体，网站建设得好坏，一方面体现了人大工作的质量，另一方面也影响了公众获取信息的便捷性。在互联网高速发展的时代，人们获取信息的主要方式已经由报纸、电视、广播转为网络，因此人大建设一定要重视平台建设。评估发现，四川省各市（州）在平台建设方面存在以下问题。

第一，网站信息不全。人大常委会官方网站是公众了解人大、接近人大的第一平台，在网站中需要提供足够的信息让公众能够知晓人大的职权、组成、领导、主要工作等相关内容。评估发现，有11个市（州）人大常委会网站没有公开人大职权，有10个市（州）没有公开人大常委会主要领导的简历。没有公开人大职权，公众就不了解人大的具体职能，只能凭感性认为人大是所谓的"养老机构""退居二线"的安置所；没有公开主要领导的简历，就无法增强公众对人大的认知和了解。此外，官方网站作为联系公民与常委会的重要平台，应当公开具体的联系方式，方便公众就某问题进行咨询，就某建议进行讨论，就某诉求进行表达。但评估发现，四川省21个市（州）仅成都人大常委会公开了各个部门的联系方式，其余20个市（州）均未公开各人大常委会组成部门的联络方式。

第二，平台存在僵尸化现象。作为展现人大工作的具体平台，一方面要信息全面，另一方面要及时更新主要内容。评估发现，部分市（州）人大常委会设置板块不科学、不合理，板块下内容长期不更新，宛如僵尸一般。平台僵尸化对于人大建设的影响是严重的。首先，宣传效果大打折扣。人大常委会官方网站是重要的宣传平台，在此平台上可以充分展现常委会的日常工作，网站长期不更新导致人大宣传效果不尽如人意。其次，影响工作积极性。将常委会日常工作展现在网站中能够激发人大工作积极性，提高工作质效，长期不更新网站导致工作无法得到体现，工作质效因此受到影响。最后，使公众产生错误观念。网站内容长期不更新，导致公众对于人大公开的获得感大打折扣，并形成人大不作为的错误观念。

第三，平台体验不佳。平台体验是决定公众是否愿意浏览的重要因素。评估发现，部分人大常委会平台体验不佳。首先，网站无法浏览。内江市人大常委会网站长期无法正常浏览，阅读体验较差，公众无法从网站中获取有益信息。其次，搜索体验不佳。项目组对21个市（州）搜索栏目进行了检验，发现泸州市人大常委会网站搜索功能运行不佳，德阳、绵阳、达州、凉山等市（州）人大常委会网站没有设置搜索功能。最后，未能将人大常委会门户网站作为公开的第一平台。有的市（州）习惯性将重要信息在地方报纸中公开，而在网站中却没有相关内容，这就导致网站中只有重要信息的新闻，没有重要信息的内容，大大降低了浏览体验。例如，成都市人大常委会将部分重大决策在《成都日报》上公开，网站中仅留有新闻报道，未曾订阅《成都日报》的公众以及外地公众便无法获取相关信息。

（二）人大立法有待加强

评估发现，部分市（州）尚未进入立法者的角色。对于如何开展立法工作、如何进行立法调研、如何征求公众意见、如何提高立法质量等问题没有找到切入点。这主要体现在以下几个方面。

第一，立法计划未能公开。立法计划是人大常委会年度立法的工作清单，公开立法计划有助于人大常委会专注于立法工作本身，同时也为社会公众了解人大立法工作提供了契机和窗口。《四川省人民代表大会及其常务委员会立法条例》非常重视立法计划的编纂和公开工作，条例第9条第2款规定："立法规划和年度立法计划应当向社会公布"。但评估发现，在立法计划方面，16个市（州）没有公开2017年度立法计划；在立法规划方面，仅有泸州、遂宁等为数不多的市（州）制定并公开了立法规划，其余市（州）均未制定或公开立法规划。

第二，未能公开立法计划执行情况。立法计划执行情况是检验人大常委会立法工作的重要方式，中国很多地方立法工作完成度不甚理想，有的较大的市立法计划完成度不足50%。公开立法计划执行情况，有助于加强人大常委会立法管理工作，科学地制定年度立法计划，保质保量地完成本年度的立法工作。事实上，中国部分设区的市和较大的市坚持公开立法计划执行情况，取得了良好的效果。例如，深圳人大常委会每年年初公开上一年度立法计划的完成情况，不断完善立法体制机制，提高立法质效。四川大部分市（州）刚获得立法权不久，在立法计划执行情况公开方面，21个市（州）均未实现零的突破。

第三，意见征求有待加强。立法过程中广泛征求公众意见是科学立法的必然要求，是民主立法的应有之义，是依法立法的必经程序。四川省各市（州）在公开法规草案、公开征求意见方面存在以下问题。首先，未能公布法规起草说明。法规起草说明是对法规内容的总体介绍，是公众参与立法的重要条件，缺少法规起草说明，晦涩难懂的法规条文只会让征求意见大打折扣。评估发现，包括成都、自贡、攀枝花在内的 15 个市（州）没有公开地方性法规的起草说明。其次，征求意见期限少于 30 日。《立法法》第 37 条规定法律草案征求意见不得少于 30 日，《四川省人民代表大会及其常务委员会立法条例》第 42 条规定："向社会公布征求意见的时间一般不少于三十日。"尽管上述两部法律法规均未对设区的市立法征求意见的期限作出规定，但征求意见期限过短，不利于广泛地收集公众意见，不利于立法质量的提升。由于缺少统一的期限规定，四川有 10 个市（州）法规征求意见期限少于 15 天，另有 4 个市（州）法规征求意见期限少于 30 天。最后，未能公布建议渠道。四川有 11 个市（州）在公开法规草案文本的同时未能公开建议渠道，公众即使有意见、有想法也没有表达意见和想法的渠道。

（三）人大监督有待公开

四川省各市（州）人大监督工作总体情况良好，但在细节问题尤其是关键信息公开上表现不佳。第一，执法检查公开有待提升。人大执法检查是检验法律法规实施情况的重要手段，也是人大监督的重要抓手。根据《监督法》第 23、27 条之规定，人大常委会应当将年度执法检查计划、执法检查报告以及审议意见向社会公开。[①] 但评估发现，年度执法检查计划和执法检查报告公开情况并不乐观。21 个市（州）中，仅有成都、宜宾、遂宁 3 个市（州）直接公开了年度执法检查计划，自贡、乐山、南充等 7 个市（州）在年度工作报告中公开了执法检查计划，其余市（州）未能找到相关内容。在执法检查报告方面，有 8 个市（州）在其人大常委会官方网站中向公众公开了执法检查报告，有 13 个市（州）通过会议材料等渠道向职能部门公开。第二，工作报告公开不太理想。地方人民代

---

① 《监督法》第 23 条规定："常务委员会年度执法检查计划，经委员长会议或者主任会议通过，印发常务委员会组成人员并向社会公布。"《监督法》第 27 条规定："常务委员会的执法检查报告及审议意见，人民政府、人民法院或者人民检察院对其研究处理情况的报告，向本级人民代表大会代表通报并向社会公布。"

表大会作为地方最高权力机关，有权听取地方人大常委会、政府、法院、检察院的工作报告。而地方人大常委会网站作为沟通人大与公众的重要平台，应当及时将包括常委会、政府、法院、检察院在内的工作报告公开，方便公众监督。四川 21 个市（州）中，成都、乐山、南充等 8 个市（州）公开了常委会年度工作报告，自贡、绵阳、广安等 10 个市（州）在人大常委会网站中公开了政府工作报告，仅有自贡、南充、广安、雅安、眉山这 5 个市（州）在人大常委会网站中公开了法院工作报告和检察院工作报告。第三，工作报告审议公开有待加强。针对人大常委会、政府、法院、检察院工作报告进行审议是地方人民代表大会的重要权力和职责。四川 21 个市（州）中，成都、遂宁、乐山、巴中等 7 个市（州）公开了常委会审议意见；资阳、眉山、雅安等 7 个市（州）公开了法院、检察院的审议意见。

（四）代表管理有待强化

人大代表是人大工作的核心之一，选举、罢免、监督等多项人大工作都涉及人大代表，故强化人大代表管理是提高人大工作质量的重要路径。从四川省各市（州）评估结果来看，代表管理仍然有待加强。第一，代表信息有待补全。公开代表工作信息有助于社会公众与代表联系，也有利于代表自我管理、自我监督。尽管四川部分市（州）公开了代表信息，但总体来看，公开力度仍然不足。从整体来看，包括成都在内的 13 个市（州）没有公开代表详细名单；从公开质量来看，仅乐山公开了代表的工作单位，其余 6 个市（州）仅公开了代表名字和性别等信息。第二，议案公开有待完善。《代表法》第 42 条要求公开代表建议、批评和意见办理情况的报告，但评估结果显示，18 个市（州）没有公开代表议案，15 个市（州）没有公开代表建议、批评和意见的办理情况。部分市（州）人大常委会官方网站没有公开代表建议以及建议办理情况，一方面是由于有些议案、建议、意见不方便上网，另一方面则因为代表没有提供高质量的议案。代表人民履职是宪法赋予人大代表的权利，部分代表仅享受代表资格带来的各种便利和光环，并没有真正履行代表应尽的义务。公开代表活动及议案建议能够有效地监督代表，将代表纳入规范管理的框架中，但在实践中没有哪个市（州）的人大常委会能够完全公开代表议案，也没有哪个市（州）能够全部公开议案办理情况。对人大代表履职公开工作的忽视一方面不利于激发人大代表工作的积极性，另一方面也影响到选民对代表的看法。

（五）人员配备有待落实

人大常委会在人大闭会期间行使包括监督、任免、决定以及立法在内的部分职权，上述权能的实施与实现需要足够的人员保障。而评估发现，四川省各市（州）人大常委会的人力资源都相对较为薄弱。第一，人大常委会的工作人员总体数量不足。各市（州）人大常委会除了监督、任免、决定这三项权力之外，部分市（州）还增加了立法权。上述权能的行使需要配备充足的人员，但各市（州）人大常委会总共仅有30—40名工作人员，部分办事机构工作人员更加稀缺，如攀枝花市人大常委会法制委员会仅有2名工作人员。这样的人员编制数量对于上述权能的实现略显单薄，极有可能顾此失彼。第二，人大常委会专业人才不足。人大工作需要大量专业人才，执法检查需要对法律法规有着深刻的把握和认识，专题询问需要对相关领域有着大致的了解。尽管各市（州）都进行了执法检查和专题询问，但从执法检查报告和专题询问记录来看，各级人大缺少专业人才，尤其是缺少精通法律的专业人才。例如对于执法检查的建议基本都是如何增强意识、如何完善体系、如何建立机制、如何提高水平、如何加强监管，很少能够从制度层面深入分析法律法规的不足，更无法为法律法规修改提供建议。第三，人大常委会人员结构失调。从各市（州）人大常委会人员组成来看，基本是精英多，落实工作的人员少。所谓精英多，是指人大各专委会的主任、副主任多是政府、法院、检察院的领导，具有丰富的领导经验，工作能力强，工作态度认真；所谓落实工作的人员少，是指除了上述领导之外，真正能够落实工作责任的人员少之又少，很多市（州）人大人员配备不足，岗位不具有轮换性，一旦一个基层工作人员因病、因事请假，则工作无法顺利进行下去。

四 完善建议

（一）优化人大网站建设

人大网站建设水平远远落后于政府部门网站，甚至已经被部分法院、检察院超越。在国务院通报整改政务僵尸网站时，人大大量僵尸网站仍然继续存在；当法院、检察院通过网站建立公开平台、推动司法改革时，人大网站仍然缺少统一的标准。建议四川省各市（州）人大常委会从以下两个方面着手，优化人大网站建设。其一，牢固树立网站是第一公开平台的意识。在优化人大网站建设之前，应当牢固树立网站是第一公开平台的意识。相较于微信、微博等新媒体，网站信息更加完整；相较于报纸、广播等传统媒体，网站更加便捷。人大常委会网站不仅是公开平台、展示平台，而且应当是一个数据平台，无论是地方性法规汇聚，还是人大代表议案，抑或是监督实况，都应当在网站上公开，这样人大历年的工作便有了活的参照，数年下来一份地区人大工作的大数据便会逐渐形成。其二，推动网站建设精细化科学化。人大网站是反映人大工作的重要平台，网站建设应当尽量便于公众获取信息，因此网站板块应当尽量分类清晰。建议市（州）人大常委会官方网站根据人大职权分为人大概述、人大监督、代表履职、地方立法、重大决定、选举罢免以及重要新闻等。各项信息根据其内容放置在对应板块之下，方便公众查询。同时借鉴商业网站设置搜索栏目，提供健全的查询检索功能，方便公众快速便捷地查找信息。

（二）提高地方立法质效

立法是一项极为复杂的工作。对于缺少立法经验、欠缺立法人才的四川省各市（州）而言，立法工作质效的提高不可能一蹴而就。建议四川省各市（州）从以下几个方面着手提高地方立法质量。首先，科学制定立法计划、立法规划。在制定立法规划时，一方面要遵循客观规律。立法规划应当划分轻重缓解，将一些成熟度较高、内容较为完整、亟须出台的立法纳入其中。另一方面也要坚持党的领导。习近平总书记多次强调，"要把党的领导贯穿到全面依法治国各方面、各领域、各环节"，故是否纳入规划，哪些内容纳入规划应当与党中央最新的文件要求保持一致。同时，在立法起草过程中，应当处理好法治和自治、政府与市场的关系。不能陷入"立法万能论"，法律越来越多、越来越细，压制了社会自治的空间。其次，广泛征求立法建议。在全面依法治国的背景下，立法工作越民主，立法质量越高，立法征求意见覆盖面越广泛，立法实施效果越好。建议四川省各市（州）设立专门板块公开征求立法意见，同时公开立法征求意见反馈情况，激发公众参与立法的积极性和主动性。对于甘孜、阿坝、凉山等少数民族聚集区，在立法征求意见方面，建议一视同仁，印发汉语版本的同时，也要印发少数民族语言版本。鼓励少数民族参与立法活动。最后，加强立法培训。立法工作需要经验积累，需要技术培训，建议四川省各市（州）开展立法培训工作，加强市（州）人大常委会组成人员、各专工委以及其他相关部门人员参与立法的水平和能力，不断提高各市（州）人大立法工作质量，加快推进依法治州和民主法治建设进程。

（三）加强人大监督公开

监督公开是《监督法》对人大工作的基本要求之一，也是人大落实监督权能的重要手段。针对四川省各市（州）人大监督公开工作不佳的情况，建议各市（州）从以下几个方面着手，切实提高监督公开的质效。首先，建立完善的公开制度。建议四川省人大制定监督公开的规定，明确公开范围、方法以及步骤，实现从议题征集确定，到开展视察调研、组织会议审议、意见反馈、跟踪督办落实全方位公开，促进人大监督公开工作制度化、科学化、常态化。其次，要扩大公开范围。依照法律政策规定和人大制度要求，凡是人大及其常委会依法履行职权的情况，应该向社会公开的一律对外公开。不仅监督情况要公开，监督过程要公开，监督结果更要公开。要实行监督计划、监督内容、监督议题、监督结果公开，及时将人大及其常委会听取和审议"一府两院"专项工作报告的年度计划、开展立法和执法检查计划、视察调研和重点工作监督内容通过新闻媒体公之于众，使公开贯穿立法征集、监督选题、视察调查、会议审议、意见反馈、督办落实的监督全过程；对人大常委会听审重点工作，开展民主评议、专题质询询问、现场票决评估的情况，要借助舆论宣传，积极造势，逐步实现向社会全面公开，达到公开透明。最后，扩展公开渠道。除了加强在官网公开监督信息之外，还要充分利用各类媒体，通过微信、电视、媒体直播、百姓问政等现代信息平台和新闻载体对外公示。同时，要时刻关注社会舆情，聚焦热点难点，不断拓展社会影响面，力求公开直观生动，形式灵活多样，确保人大监督公开的实际效果。

（四）公开代表履职情况

针对代表管理过程中出现的各种问题，建议以公开为抓手，不断提高代表的管理水平和管理质效。其一，全面公开代表议案。《代表法》第4条第5款规定："人大代表应当与原选区选民或者原选举单位和人民群众保持密切联系，听取和反映他们的意见和要求，努力为人民服务。"代表是否听取选民的意见，是否反映选民的要求，是否努力为人民服务应当接受选民的监督。这就要求每位代表每年提交的议案、参与的各种活动以及发挥的作用均应当详细记录在案，并及时向选民公开。这样既有利于选民了解代表的工作情况，对代表的工作给予支持和理解，又有利于加强对代表的监督，督促其严格依照《代表法》履职，同时还可以增加代表活动的曝光频次，激发代表活动的积极性，促进代表履职良性循环。其二，全面公开代表信息。人民代表大会制度之所以具有强大的生命力和显著的优越性，关键就在于它深深植根于人民之中。公示人大代表的基本信息和工作信息，不仅能够加强人大代表与公众之间的及时联系和有效沟通，也有利于公众监督人大代表切实履行代表之职，发挥代表作用。需要注意的是，公开人大代表的信息并不是公开人大代表的私生活和私人信息，而是公开人大代表的基本信息和选民需要的工作信息，其中包括人大代表的姓名、住址、联系电话以及履职活动情况等，方便公众接近代表，了解代表，监督代表。

（五）充实人员编制保障

作为监督机关，人大需要有足够的能力监督政府、法院和检察院的工作，而不是"一府两院说什么，人大信什么"。这就要求人大常委会拥有足够的专业人才，对一府两院的工作进行有效的监督和提出建设性的意见；作为权力机关，人大需要保证决策符合宪法法律的规定、符合经济社会发展的需要，这就要求人大常委会配备大量懂法律、懂社会、懂经济的专业人才，组建强大的专业队伍，避免人大决策走形式、走过场。作为立法机关，人大需要储备大量的立法专家保障立法的民主性和科学性。但实践中由于人大常委会编制有限，无法满足常委会的人才需求，建议四川省各市（州）人大可以通过组建专家库的方式弥补缺少专业人才的缺陷,通过建立咨询委员会的方式填补人员编制不足的问题,通过引入中立第三方评估发现人大工作漏洞。专家库可以极大地充实人大的人员力量,四川已有部分市(州)进行了尝试,如内江成立了预算审查咨询专家库,遂宁成立了地方立法咨询专家库。咨询委员会可以为人大工作提供意见建议,全国各地已有部分城市成立咨询委员会,如青岛市于2013年成立咨询委员会,其主要职能是提高立法质量、协助常委会开展监督工作、推进科学民主决策。第三方评估可以增强人大监督的专业性,减少部门利益的干扰,发现人大工作的漏洞,弥补人大人员配备不足的缺陷。

第四章　依法行政

一　评估概况

各级政府及其部门作为国家权力机关的执行机关,负有严格贯彻落实宪法和法律的重要职责。法治政府的基本建成,是2020年全面建成小康社会的重要目标之一。建成职能科学、权责法定、执法严明、廉洁高效、守法诚信的法治政府,构成地方法治推进的重要组成部分。四川省委、省政府印发《四川省法治政府建设实施方案(2016—2020年)》,深入推进依法行政,为深入实施"三大发展战略"、奋力推进"两个跨越"和谱写中国梦四川新篇章提供有力法治保障。

依法行政板块主要考察放管服、依法决策、行政执法、责任制、年度报告、复议应诉及维护司法权威。政务公开由于其特殊性独立成篇,单独分析。在指标设计上,依法行政与政务公开共同构成法治政府,其中依法行政权重为60%,政务公开权重为40%,故本板块在打分上满分为60分。依法行政具体评估指标见表3-8。

法治政府板块的总体评估结果显示(见表3-9),绝大部分的市(州)完成了全国、省里关于法治政府建设的"必备动作";一些地方还有不少创新探索的"自选动作",亮点纷呈,值得关注和总结。

表 3-8　　　　　　　　　　依法行政板块评估指标

二级指标	三级指标	四级指标	
放管服（10%）	简政放权（20%）	行政审批"零超时"（50%）	
		建立"权力清单""责任清单"（50%）	
	放管结合（60%）	建立"一单、两库、一细则"（20%）	
		建立市场综合监管（40%）	
		建立行业准入负面清单（40%）	
	优化服务（20%）	在线办事（40%）	
		政务服务向基层延伸（30%）	
		行政审批程序简化（30%）	
依法决策（10%）	法定程序（80%）	公众参与（40%）	是否征求意见（50%）
			是否有意见反馈（50%）
		合法性审查（20%）	是否明确了合法性审查的范围（40%）
			是否明确了合法性审查的标准（40%）
			是否明确了合法性审查的程序（20%）
		风险评估（40%）	是否有社会稳定方面的风险评估（40%）
			是否有生态环境方面的风险评估（30%）
			是否有公共财政方面的风险评估（30%）
	终身问责（20%）	是否建立重大决策责任倒查机制（50%）	
		是否建立终身追究制度（50%）	

续表

二级指标	三级指标	四级指标	
行政执法（10%）	提高执法水平（30%）	执法公示（40%）	
		重大执法决定法治审核（30%）	
		执法全过程记录（30%）	
	执法辅助（40%）	明确执法辅助人员的适用岗位（20%）	
		明确执法辅助人员的职责权限（20%）	
		明确执法辅助人员的权利义务（20%）	
		明确执法辅助人员的聘用条件（20%）	
		明确执法辅助人员的程序（20%）	
	执法联动（30%）	两法衔接（50%）	涉嫌犯罪案件移送标准（50%）
			涉嫌犯罪案件移送程序（50%）
		共享通报（50%）	行政执法机关、公安机关、检察机关、审判机关是否建立了信息共享制度（50%）
			行政执法机关、公安机关、检察机关、审判机关是否建立了案情通报制度（50%）
责任制（10%）	专项督查（20%）	是否开展了专项督查（50%）	
		专项督查是否形成报告（50%）	
	定期检查（40%）	是否形成制度（50%）	
		是否开展了定期检查（50%）	
	职责清单（40%）	是否建立责任清单（50%）	
		责任清单是否在一定范围公开（50%）	
年度报告（10%）	法治政府建设报告（50%）	是否有报告（20%）	
		是否是第一季度报告（40%）	
		是否公开（40%）	
	部门法治政府建设报告（选择任意一个政府部门）（50%）	是否有报告（20%）	
		是否是第一季度报告（40%）	
		是否公开（40%）	

续表

二级指标	三级指标	四级指标
复议应诉及维护司法权威（10%）	行政复议委员会（20%）	县级政府是否建立了行政复议委员会（100%）
	司法建议（20%）	司法建议办理情况（100%）
	行政复议（20%）	行政复议建议办理情况（100%）
	依法出庭应诉（20%）	2017年开庭审理的被诉案件中负责人出庭应诉比例（100%）
	尊重并执行法院生效裁判（20%）	是否存在不主动履行法院生效裁判的情况（100%）

表3-9　　　　　　　　依法行政板块评估结果　　　　　　　单位：分

排名	市（州）	放管服（10%）	依法决策（10%）	责任制（10%）	年度报告（10%）	复议诉讼及维护司法权威（10%）	行政执法（10%）	总分（满分60分）
1	成都	100	100	100	100	96.00	100	59.60
2	自贡	71.20	96.00	100	100	100	100	56.72
3	遂宁	71.20	89.60	100	100	96.00	100	55.68
4	巴中	90.40	100	100	100	70.00	94.00	55.44
5	泸州	52.00	100	100	100	94.00	100	54.60
6	攀枝花	71.20	96.16	100	80.00	96.00	100	54.34
7	甘孜	76.00	100	90.00	100	92.00	85.00	54.30
8	绵阳	71.20	100	80.00	100	90.00	100	54.12

续表

排名	市（州）	放管服（10%）	依法决策（10%）	责任制（10%）	年度报告（10%）	复议诉讼及维护司法权威（10%）	行政执法（10%）	总分（满分60分）
9	乐山	71.20	96.00	80.00	100	98.00	92.50	53.77
10	雅安	52.00	93.6	100	100	90.00	100	53.56
11	宜宾	76.00	84.00	80.00	100	90.00	100	53.00
11	凉山州	52.00	100	90.00	100	94.00	94.00	53.00
13	广元	71.20	76.00	90.00	100	92.00	100	52.92
14	资阳	52.00	84.00	100	100	98.00	92.50	52.65
15	达州	71.20	100	100	50.00	100	94.00	51.52
16	南充	52.00	96.00	80.00	100	80.00	92.50	50.05
17	广安	52.00	100	100	60.00	94.00	92.50	49.85
18	内江	52.00	50.40	100	100	96.00	100	49.84
19	德阳	52.00	84.00	80.00	100	76.00	100	49.20
20	眉山	76.00	93.60	80.00	10.00	88.00	100	44.76
21	阿坝	52.00	80.16	60.00	80.00	84.00	89.50	44.57

二 亮点与创新

四川省各市（州）本着到2020年确保基本建成法治政府的战略目标，推进各项法治建设举措的推动落实。评估显示，法治政府建设各项工作稳步有序开展，年度目标任务基本如期完成。总体上，2017年做到了年初有计划，各阶段有部署，年中有督查，年底有考核，全年有台账，法治推进规定动作有序完成，自选动作积极探索，各市（州）依法全面履行政府职能的能力逐步提高。

(一) 权责清单编制纵深推进

四川省各市（州）努力完成清单编制工作，实现动态更新，并且在政府网站中公开公示，努力消除空白点和死角，逐步实现"清单之外无权力"。评估结果显示，21个市（州）均建立起权力清单、责任清单，覆盖率达到100%。一些地方为减少不必要的准入门槛，还积极探索行业准入负面清单，截至2018年2月已有7个市（州）进行了相应制度建设，占比33.33%。依托清单编制，许多地方根据法律法规的立改废释情况和机构职能调整情况，强化动态调整完善。比如，南充市2016年市本级行使的行政权力调整600余项，净减少151项；2017年再次进行调整，净减少行政权力事项884项，保留5453项。在商事登记改革方面，南充市加快推进"先证后照"改革，仅保留工商登记前置审批事项51项，后置审批事项152项。为促进审批办理便捷化，出台"十四证合一"登记制度改革实施方案，并于2017年9月正式实施"二十八证合一"登记。截至2017年12月底，南充已核发"二十八证合一"的营业执照4165户。重大建设项目方面，南充探索审批服务整合，将建设项目报建、合同备案、质量报监、安全报监、施工许可证办理5个建设审批服务事项整合为1个施工许可事项，施工许可审批服务由法定的35个工作日缩短为5个工作日办结。成都市在"二十一证合一、一照一码"的基础上，自2017年11月起实现"三十二证合一、一照一码"。由此，保安服务公司分公司备案、国际货运代理企业备案、经营利用重要经济价值水生野生动物水生植物审批等均被整合在内，企业到企业窗口递交相关材料后，无须再向证照被整合的部门提交任何材料。

结合权责清单的编制和动态调整，许多地方进行了行政审批事项的清理。德阳市环保局取消危险废物跨市转移审批、机动车环保标志核发，精简环境影响评价有关前置条件，取消了出具环保守法证明服务事项。泸州市则将企业登记前置审批事项从134项压缩到12项。2017年3月，将"外国人入境就业许可"和"外国专家来华工作许可"整合为"外国人来华工作许可"的试点工作完成。自2017年4月起在全市范围内实施外国人来华工作许可。攀枝花市西区还对行政事业性收费项目进行全面清理规范，现有128项公共服务事项中的112项为无偿服务。

值得一提的是，四川各地将与群众息息相关的小微权力，纳入清单制的改革射程之内。典型如雅安市雨城区推行"阳光居务"微权清单，将群众关注的社区财务管理事项、社区公开事项、救助救灾款申请和社会保障参保事项等内容，予以清单化并明确办理流程。南充市全面开展村（社区）证明事项清理工作，并主动将公安派出所证明材料纳入清理范围，最大限度地取消证明事项。通过清理，南充市本级共取消证明事项250项，仅保留证明事项14项，由此，办事群众"跑断腿"开证明的现象大幅减少。

（二）保障权力运行合法合规

四川省各市（州）通过制度规范建设，扎紧权力运行的"笼子"，确保公权力实施合法合规。

第一，健全法律顾问制度。《法治政府建设实施纲要（2015—2020年）》提出，"建立以政府法制机构人员为主体、吸收专家和律师参加的法律顾问队伍"。典型如绵阳市以政府法制机构人员为主体，吸收学者、律师参与，全面建立法律顾问队伍。发展至今，其县（市、区）政府、园区管委会、乡镇街道的法律顾问聘请率达到100%，已经实现全覆盖。再如，南充市政府法制办组建全市法律人才专家库，通过政府购买服务的方式，遴选聘用优秀退休法官，协助办理合法性审查等工作。

第二，重视政府法制队伍建设。泸州市将政府法制机构、编制建设作为法治政府推进的"牛鼻子"来抓。截至2017年12月底，泸州市32个行政执法部门全部设置"政策法规科"，增加专兼职人员共28名；市政府法制办从2015年的3个科室增加到2017年底的6个，编制也从10名增加到19名，下属区县法制部门的编制也新增加12人。泸州市古蔺县在26个部门设立"政策法规股"，在各乡镇党政办增挂"法制室"牌子。泸州市设立法治政府建设服务中心，作为市政府办公室下属公益一类事业单位，为全市法治政府建设提供服务。由此，政府法制机构的设置、人员配备与其所承担工作不相适应问题得到有效解决。

第三，完善合法性审查机制。成都市将合法性审查作为重大决策制度底线，强化刚性约束。将合法性审查作为法治政府年度工作安排和考核评议的重点内容，加强节点管理跟踪，并不定期开展督促检查。

(三) 政府立法质量不断提高

第一，市（州）政府立法能力建设稳步推进。根据2015年修改后的《立法法》，四川省各市（州）的政府启动规章制定，并着力推动其规范化。比如，阿坝州出台《阿坝藏族羌族自治州政府规章制定程序规定》。为确保立法有计划、有步骤推行，政府规章年度计划编制出台，这已成为各市（州）的规定动作。

第二，开门立法走向制度化。地方政府立法项目向各界广泛征集。阿坝州在政府门户网站、阿坝日报发布征集2017年立法项目公告，向社会公众、州直部门、各县（市）人民政府广泛征集立法项目。德阳市创新机制，通过立法协商会的机制，增强立法民主性。2017年5月，德阳市政府法制办与市政协组织就《德阳市城市管理条例（草案）》召开立法协商会，广泛听取政协委员对于地方立法的意见建议。立法协商会既是社会主义协商民主的重要内容，也是推进民主立法的重要举措，有利于地方立法质量的提升。

(四) 文件审查清理规范有效

在规范性文件事先审查方面，成都市印发《成都市"完善规范性文件合法性审查机制试点"工作实施方案》《关于在行政规范性文件事前合法性审查工作中推行标准化审查的通知》等规范性文件，推行规范性文件合法性审查的标准化。其标准化体系包括五大部分：一是制定主体的标准化，通过建立规范性文件的制定主体资格审核及公示制度，统一审核公布有权制定规范性文件的主体资格清单；二是审查范围的标准化，出台地方政府规章《成都市行政规范性文件管理规定》，把行政规范性文件的内涵、外延予以清晰界定，进而将所有规范性文件均纳入审查范围；三是审查内容的标准化，探索表格式作业，利用制式的《行政规范性文件备案审查标准化作业表》和《行政规范性文件（事前）合法性审查标准化作业表》，一一对照审查填写即可；四是审查流程的标准化，开发成都市行政规范性文件电子管理系统，审查全过程网上记录留痕；五是法律文书的标准化，编制《合法性审查意见书》《合法性审查补充材料通知书》《备案审查意见书》《备案审查建议书》等9种法律文书范本。《阿坝州行政规范性文件"三统一"和有效期实施办法（试行）》于2017年6月出台，对于行政规范性文件进行较为清晰的界定，纳入统一登记、统一编号、统一公布的管理范围，未经"三统一"的规范文件相对人有权拒绝执行。为避免行政规范性文件彼此冲突的问题，阿坝还借鉴国内一些地方的探索经验，要求行政规范性文件规定自身有效期，有效期届满后规范文件自动失效，而对于安排部署工作有明确时限要求的则工作完成后自动失效。南充市政府法制办在合法性审查时严格把关、敢于说不，2017年建议送审单位修改的有54件，不同意提交市政府常务会议审议的有16件，否定率达到14.6%。为通过合法性审查增强各部门、各级政府的法治素养，南充每月将《合法性审查意见书》汇编分送相关部门机关参考。

在规范性文件事后清理方面，泸州市人社局在已有规范性文件的全面清理基础上，按照中央、省里的新要求、新理念对近年来出台的文件进行多轮清理。其于2017年6月，清理了2013年1月1日至2017年6月30日以市政府名义制定的规范性文件26个，拟修改7个、继续有效10个、失效7个、废止2个。2017年12月对以本部门名义制定的规范性文件进行专项清理。以往规范性文件混乱、打架的现象得以有效克服。泸州市古蔺县于2017年全面清理政府文件，对1949年至2016年，以县政府或县政府办公室（行使县级政府职能的机构或其办事机构）名义制发的文件进行清理，重点清理县政府令、古府发、古府函、古府办发和古府办函等字号文件。广安市政府于2017年7月至8月，组织各部门、各县（市、区）政府，全面开展"放管服"相关的规范性文件清理工作。其清理范围为广安地区成立以来以行署和行署办、市政府和市政府办公室、市政府各部门名义制发的规范性文件和各县（市、区）人民政府（含政府办）及其所属部门制发的规范性文件。对于规范性文件主要内容与国务院、省政府"放管服"改革决策相抵触，或者与涉及的已修改的法律、行政法规不一致的，予以废止；部分内容不一致的，予以修改。市政府及其部门制定的规范性文件已按要求废止的有60件，已按要求修改的有21件，拟废止的有28件，拟修改的有23件；县级政府及其部门制定的规范性文件已按要求废止的有283件，已按要求修改的有90件，拟废止的有166件，拟修改的有54件。

雅安对于凡是以市政府名义印发的规范性文件，要求必须经过市政府法制办的合法性审查和市监察局的廉洁性审查；对于未经合法性、廉洁性审查或审查未通过的，一律不得提交市政府审议。

在各部门、市（州）制度建设基础上，2018年初《四川省行政规范性文件管理办法》出台施行，同时废止了2010年公布的《四川省行政规范性文件制定和备案规定》。该办法将"三统一"、风险评估、清理制度、合法性审查等予以具体化。

（五）事中事后监管持续发力

加强事中事后监管，是法治政府建设的重要内容。

第一，推进行政执法体制改革。构建统一权威高效的综合行政执法体制机制，是四川省各市（州）不约而同的制度探索。纵观2017年，新型综合执法有序推进。在市场综合监管方面，越来越多的市（州）进行试点，截至评估结束已有8个市（州）至少在本级或县（市、区）进行试点，占比38.10%。四川省委、省政府于2017年2月印发《关于深入推进城市执法体制改革改进城市管理工作的实施意见》，将市政管理、环境管理、交通管理、应急管理和城市规划实施管理等纳入城市管理职责范围，在成都市、德阳市、绵阳市等城市开展试点。在具体做法上，成都市设立综合行政执法局。《成都市城市管理综合行政执法条例》经省人大常委会批准出台实施，新型综合执法有了地方性法规层面的依据支撑。乐山市围绕旅游秩序改善，整合划转工商、物价、交通运输、食药监等10个涉旅部门的执法资源，组建"乐山市旅游综合执法支队"。与此同时，充分发挥景区管委会作为风景名胜区管理机构的直接管理优势，市旅游综合执法支队在景区管委会执法机构挂牌，以往景区管委会的旅游执法主体资格缺失问题得以克服，景区管委会对景区违法行为"看得到但管不到"，而传统市执法机关"管得到但看不到"的困境得以破解。鉴于综合执法普遍存在强制力不足的问题，乐山整合公安机关内的治安、交警、经侦、刑侦等支队涉及旅游的处罚强制权责，组建"市公安局旅游警察支队"，专职对旅游景区和涉旅重点地区路段进行整治管理。由此，乐山市形成了旅体委、旅游警察、旅游巡回法庭、旅游工商多元一体的综合监管模式。不仅拉客、追客、宰客等在其他地方的景区司空见惯的行为在当地得到有力打击，旅游市场秩序焕然一新，而且在体制层面化解以往旅游市场监管九龙治水的尴尬格局。由此，执法条线大幅整合，多头轮流执法、各层级反复执法扰民现象得到减少，执法重心适度下沉，执法效能显著提升。

第二，加强监管执法，有效维护社会经济秩序。在"一单、两库、一细则"的建立运行方面，21个市（州）均建章立制并予以落实，占比100%。内江市威远县将食品药品安全监管的重点置于基层。在体制上，为确保将药品安全作为一把手工程，威远县成立由县委、县政府主要领导担任主任，县委、县政府、县人大常委会、县政协相关领导为副主任，相关部门主要负责人为成员的食品药品安全管理委员会。自2017年8月起，实行由县委书记、县长共同担任主任的"双主任"制。在机构设置方面，按照"一镇一所"的标准配备乡镇食药监所，由镇领导担任所长，明确乡镇食药监所既是县局的派出机构，也是镇党委政府主抓食品药品监管的工作机构。在权责分配上，实行食品药品安全党政同责、属地管理、一岗双责，合理界分内设机构、直属单位、派出机构的事权。加强保障机制建设，确保基层所"四有"，率先完成基层所的标准化建设。在工作上，突出重点难点，将学校食堂、"坝坝宴"等监管难点作为治理重点。

第三，加强执法人员资质管理。着力推动行政执法主体资格清理，实施行政执法人员资格和持证上岗。绵阳、雅安等市（州）均禁止无执法资格的人员履行执法活动，并将清理结果上报省政府法制办。绵阳市2017年组织全市申办、换发行政执法证件的2700余名执法人员进行公共法律知识的统一考试；通过对行政执法证件进行年度审验，注销行政执法证961个、委托执法证174个。[①]

第四，落实重大行政决定法制审核。在行政决定方面，将守法作为公权运行底线。为提升重大执法决定的规范性合法性，泸州市建立"七个一工作法"。一是建立一项制度。出台《泸州市重大执法决定法制审核暂行规定》，明确审核范围、审核程序、审核内容和审核要求。二是形成一张目录清单。编制重大执法决定目录清单，明确审核名称和审核环节。三是明确一份岗位责任。部署法制审核分管领导、科室负责人、具体经办人岗

[①] 数据参见《绵阳市人民政府法制办公室2017年度工作总结》，绵阳市人民政府法制办公室门户网站，网址为：http://fazb.my.gov.cn/bmwz/943236940608569344/20180212/2215175.html，最后访问日期：2018年2月24日。

位职责。四是建立一本工作台账。分类建立审核工作台账,做到审核工作件件落实、账册相符。五是使用一枚审核印章。对审核内容予以确认,促进法制审核规范化。六是形成一套审核文书范本。规范审核意见形式,强化审核过程记载。七是建立一本审核档案。强化档案资料管理,保证审核清单、审核台账、审核文书、审核档案的完整统一。

针对"顶格处罚"被滥用问题,广元市对拟顶格处罚的执法决定坚持集体讨论机制,确保处罚结果公平公正。甘孜州则进一步明确重大行政许可、重大行政处罚、重大行政强制等重大行政执法决定的标准和范围,将法制审核、集体讨论的适用、机制和效力进行规范。巴中市借鉴法院量刑规范化的经验,研发"公安行政处罚自动裁量系统",不仅预设法律规定的151种案由,关联法定量罚基准,匹配对应的违法情节,对应生成273项处罚结果,而且将依法应当"从轻、减轻、从重、加重"处罚情形编写到软件的运算规则之中,将273个处罚结果细化为3276个处罚阶次,并形成裁量基准和软件运算体系。录入基本信息后,即可生成法定的《行政处罚告知笔录》,随后即跳转到《审批报告》制作环节,通过勾选"违法情节、处罚情形"等选项,便可自动生成处罚结果,对于推动基层执法规范化有着积极意义。另外,眉山市着力推动重大行政执法决定法制审核的制度化与标准化,其探索也值得关注。

第五,两法衔接更加顺畅。德阳市环保局与市检察院、市公安局联合印发《关于加强环境违法犯罪案件执法衔接配合工作的通知》(德环发〔2016〕152号),建立起联席联动机制,对环保违法犯罪行为的打击形成无缝对接。绵阳市政府会同市检察院建立行政执法与刑事司法衔接工作领导小组,构建"两法衔接"信息共享平台,现已有387家行政执法单位登录接入该平台。攀枝花市建立起"行政执法+公检法"的执法联动机制,依法打击环保领域违法犯罪,实现无缝衔接。

(六)政务服务水平再上台阶

第一,行政审批局改革理顺体制。相对集中行政审批是四川法治创新的一道亮丽风景线。早在2008年,成都市在武侯区就批准设立了全国首家行政审批局。成都市武侯区实施的"审管分离"近年来已在四川全省以及省外多地推开。其做法有,一是集中审批事项。到2017年年底,武侯全区 22 个职能部门的 128 项行政许可事项和 45 项其他行政权力事项集中到行政审批局办理，集中度达到 87%，无须再向各部门单独提交材料。二是集中审批资源。将原来分散全区的 13 个政务分中心全部入驻新政务中心，审批事项物理集中度达到 98%，"一个大厅管服务"。① 另外，绵阳市已经实现县级行政许可相对集中全域覆盖，江油市相对集中行政许可权试点也成效显著。

为提升政务服务水平，南充市在市政务服务中心推进集中服务，设立集中受理中心，分设企业设立、国家投资类建设项目、社会投资类建设项目 3 个集中受理窗口，由市工商局、市发展改革委、市住房和城乡建设局分别牵头受理、办理与之相对应的行政审批工作，相关部门窗口配合，形成项目审批"3＋X"审批流程格局。为适应重大项目引进、实施的需求，设置重大项目审批服务处，实行重大项目服务经理制度、联席会议制度。与之类似，雅安市着力打造"一窗一章"模式，统一受理市本级 8 个职能部门 29 个行政许可事项，12 个部门 34 大项 19 小项的省、市、县三级联网审批。广安市主动参与全省政务服务一体化平台试点，将广安市科技和知识产权局、城管执法局、规划局、人力资源和社会保障局及各县（市、区）对应单位纳入试点。

随着互联网和网上政务的推广，四川省各市（州）网上办事发展迅速，21 个市（州）均提供在线办理功能，占比达到 100%。广安市对于各部门已建立的在线业务办理系统，按照统一标准、规格进行改造，进而与全省网上政务服务平台对接，实现互联互通；而尚未建立在线系统平台的部门单位，则直接使用省统一平台，避免重复建设。攀枝花市西区建立行政权力依法规范公开运行平台和电子政务大厅，全区 31 个部门 5449 项行政权力全部实现网上同步运行。

成都市、绵阳市等地创新开展政务服务延时服务制度，在法定工作日中午和周六的全天实行延时服务。自 2017 年 12 月 1 日起，进驻市政务服务大厅的住房公积金、房屋交易与查询、不动产登记与抵押、税费申报与缴纳等公

---

① 参见《成都武侯区实现"一枚印章管审批"快速运行》，《经济日报》2017 年 12 月 13 日第 3 版。

共服务事项窗口，凡是在法定工作日有服务对象在办理未办结的事项时，窗口工作人员主动延长工作时间直至该事项办理完毕。通过电话、网络、微信、手机 App 等方式预约的办事群众、企业，可在周六 9 点到 17 点来办理事项。

第二，主动试点政务服务标准化。在四川全省对行政权力事项、公共服务事项的统一清理基础上，各地将政务服务向基层延伸，现已覆盖 21 个市（州），覆盖率达 100%。广安市按照"同一事项、同一标准、同一编码、同源发布"的原则，认领、清理和公布行政权力事项目录和公共服务事项目录，列明事项名称、设立依据、实施主体等，公布政务服务事项名称、条件、权限、材料、流程，为提供无差异、均等化政务服务奠定基础。广元市人社局全面梳理公共服务事项目录，逐项编制办事指南、格式文本、示范文本，列明办理依据、受理单位、基本流程、申请材料和常见错误示例，以及收费标准及依据、办理时间、咨询方式等内容。由此，办理环节通过梳理编制得以删繁就简；办事企业群众成竹在胸，办事少走弯路更加高效便捷。

精简规范涉企收费事项，着力为企业减负，成为许多市（州）的共识。南充市实行年度动态公示，停征、暂停和取消政府性基金、行政事业性收费 45 项。其中暂停政府性基金 2 项，取消政府性基金 2 项；停征涉企行政事业性收费 23 项，取消涉企行政事业性收费 12 项；停征涉及个人等事项的行政事业性收费 2 项，取消涉及个人等事项的行政事业性收费 4 项。

（七）打造多位一体监督体系

鉴于行政权力具有广泛性、普遍性、裁量性、扩展性等突出特征，必须加强和完善监督体系。四川省各市（州）利用行政系统的明察暗访、系统垂直的监督检查、媒体监督、通报约谈、社会监督等监督检查机制，多元化的监督体系威力初现。

第一，全面落实行政执法全过程记录制度。通过文字、录音、录像等方式对行政执法行为的全过程予以记录、归档，实现行政执法的全过程留痕和可回溯，对于确保执法过程的文明规范和公正，并减少扰乱执法、外部干预都具有重要意义。2017 年 8 月，四川省人民政府办公厅印发《四川省行政执法公示规定》《四川省行政执法全过程记录规定》《四川省重大行政执法决定法制审核办法》。评估显示，已有19个市（州）建立该制度并顺利运行，另外2个市（州）也已经出台相关文件。典型如，广安市邻水县地税局建立完善行政执法全过程记录制度。编制《行政执法全过程记录事项目录清单》，纳入调查取证、行政强制、留置送达等执法事项31项；出台《邻水县地方税务局税务执法记录仪管理办法》并开发执法记录仪管理使用平台，通过该平台实现执法记录事项查询、统计和监督，规范了执法文书和信息系统执法文书电子化档案管理，执法全过程留痕和可回溯管理已然实现。

第二，以案卷评查为抓手规范行政执法。比如，德阳市采取"集中人员、集中时间、集中地点、集中案卷"的方式开展2017年度的案卷评查。评查将裁量权的行使情况作为审查重点，对处罚决定书和集体讨论记录中关于处罚种类、幅度的必要性，减轻、从轻情节情况予以审查；为增强重大执法决定法制审查的有效性，在案件评查中对执法部门法制机构的审查情况予以考虑，包括认定事情是否清楚、证据是否确凿充分、适用法律是否准确适当、采取强制措施是否依法合理等方面的审查情况，予以重点把握。

第三，行政复议功能凸显。行政复议既是行政机关内部监督的重要方式，也是行政相对人快速、便捷、低成本获得权利救济的重要渠道。评估显示，四川21个市（州）在县级层面有行政复议委员会的改革，行政复议建议办理良好的有15个市（州），其他6个市（州）也在制度建设、专门文件出台等方面有所动作。

第四，应诉能力显著提升。一是注重学习，提升能力。比如攀枝花市坚持开展"每季度一案例"行政审判观摩庭审活动，有针对性地组织行政机关负责人和执法工作人员旁听庭审。二是出台文件，通过一系列制度机制提升应诉能力。比如，攀枝花市、绵阳市、自贡市、达州市均印发加强行政应诉工作的专门文件，明确行政应诉职责分工，加强应诉能力建设。达州市为推动首长出庭应诉，明确要求负责人确有正当事由不能出庭的，应向人民法院书面说明理由，经人民法院同意后可委托相应的工作人员出庭。在《行政诉讼法》及其司法解释对于负责人界定基础上，达州市还明确要求本机关年度第一起应诉案件、集团诉讼案件、涉外或涉港澳台案件等特定类型的案件，应由行政机关正职负责人出庭应诉。① 自贡市出台《自贡市人民政府行政应诉办法实施细则》《自贡市行政机关负责人出庭应诉工作暂行规定》等制度规范。绵阳市还出台专门的《绵阳市行政应诉案件收集、提供证据办法》。三是加强行政应诉工作监督考核。攀枝花市每月对全市行政机关应诉案件负责人出庭情况进行通报，将行政机关负责人出庭应诉率、执行人民法院生效裁判以及行政应诉能力建设情况纳入依法行政年度目标考核，达州市等地也进行了类似的制度设计。四是积极沟通，形成良性互动。四川省各市（州）行政机关克服消极、抗拒心态，与法院行政审判机构积极沟通促成案结事了。攀枝花市盐边县行政机关负责人出庭应诉率连续两年100%。自贡市还与人民法院建立行政应诉工作联络机制，既主动配合法院开展工作，又定期听取法院的建议、意见。宜宾市高县在行政执法监督检查中，将有行政诉讼、行政复议的案件和被司法建议、复议建议的单位作为工作重点。通过行政诉讼听取民意、改进工作已成为普遍现象。

第五，专门监督制度亮剑。宜宾市将重大政策措施落实情况作为审计重点，特别是"三去一降一补"任务、② 重大建设项目推进、简政放权和"放管服"改革、"营改增"等减税降费、科技创新、大众创业、万众创新等重大决策部署贯彻落实情况，成为审批工作重点。为确保审计监督权行使的独立性，宜宾市审计局全面退出与法定职责无关的各类协调机构和工作；为依法独立做好投资审计，要求审计机关不得参与政府投资项目的可研论证、项目审批、招投标、合同签订、物资采购、项目结算和决算、竣工验收等工程管理工作。由此，切实推动各项政策落实到位，各地不同程度存在的"以文对文""改革空转"等现象得到一定程度遏止。

（八）互联网+政府深入推进

成都市武侯区构建"互联网+武侯服务"B2G（政企）、R2G（政民）互联互通综合信息平台，推行OTO线上线下全程帮办。

巴中市着力打造升级了"智慧巴中政务服务平台"，打造"全天候智

---

① 参见《达州市行政机关负责人行政诉讼案件出庭应诉规定》（达市府发〔2017〕19号）第6条、第7条。

② "三去"指去产能、去库存、去杠杆；"一降"指的是降成本；"一补"指的是补短板。

慧政务大厅",所有办理事项全部网上预审,现已有18个行政许可事项实现全程网上办理,71个事项网上受理,10类权力一网运行。

广安市将网上办事服务,作为提升政务服务效能的重要举措。一方面,按照"应上尽上、全程在线"的理念,积极推动服务事项网上运行。到2017年年底,"一窗进出、一网运行、一次(集中)踏勘、一体监督"格局初步成形。为提升便民效能,广安市鼓励各区县、园区大胆探索,试点一体化政务服务平台向基层延伸。包括镇街便民服务中心、邮政服务点、村(社区)便民服务室(代办站、代办点)被纳入在内,发挥其政务服务功能。预期到2019年年底,广安市将实现市、县、乡、村四级"互联网+政务服务"的全覆盖。绵阳市政府依托政府网站、政务微博、政务微信等,建立健全行政决策的公众参与平台,畅通了参与渠道。

三 发现的主要问题

在肯定2017年四川省各市(州)法治政府推进过程中取得成效的同时,也应清醒地认识到仍存在的问题和瓶颈,应着力予以克服破解。

(一)法制队伍较为薄弱

不少地方的依法治市(州)办、政府法制办,人员配备不足,导致能力受限,合法性审查的执行力度、指导力度不足。包括绵阳市在内的一些市(州),仍有少数市级行政执法部门未设置专门法制机构,而县区政府法制机构多在本级政府办公室挂牌,一般只有3—4人。南充市营山县各乡镇、部门中从事依法治理工作的人员大多数没有法律专业学历,且90%以上身兼数职,很难把主要精力投入依法治理工作。机构设置和编制的缺失,导致客观上法治政府实施进度缓慢、效果局限。

(二)逐级衰减尚未根除

在一些边远地区,法治宣传推进相对薄弱,虽然民风较为淳朴但群众的法治观念往往相对淡薄。"遇事不找法、信访不信法、找人不找法、以闹施压争利"的现象仍不同程度存在。

法治政府建设的目标绩效权重方面,一些地方明显逐级递减。比如,四川省政府对省政府部门依法行政绩效考评权重分值为10分,绵阳市依法行政绩效考评权重是5%，绵阳市政府对县（市、区）、园区依法行政绩效考评权重为1%，而大多数县（市、区）政府、园区管委会对乡镇（街道）政府、部门依法行政考核权重甚至在1%以下。①

（三）推进存在形式主义

重大行政决策的法定程序虽然从中央到地方，都有了比较全面、系统的要求，但在贯彻上却容易流于形式，表面上完成了要求的各项程序，但领导意志主导、公众参与走过场、专家论证成点缀的现象，仍不同程度地存在。部分乡镇在法治工作推进中，往往将上级文件要求生搬硬套，照本宣科，未能结合本地实际。其结果往往是，法治政府各项要求在推进中未能发挥预期效果。一些单位依法行政的示范创建停留在应付层面，检查考核时"一阵风"密集做材料，但法治各项要求并未真正紧密嵌入工作环节之中。应用法治方式推进工作的能力，有待进一步提升。以政务公开为例，达州市人民政府法治政府建设网多个栏目空白。评估结果显示，被评估的21个市（州）均进行了行政审批程序简化的工作，但办事企业群众获得感不强，改头换面、死灰复燃的情况值得警惕。

形式主义的一个重要表现是，各项工作安排部署较晚。例如，《乐山市人民政府2017年度法治政府建设工作安排》印发时间为2017年8月30日，虽然有种种自身和其他原因，但距年终只剩4个月的时间才出台当年工作安排，其落实情况势必受到剩余时间有限的影响。《绵阳市人民政府2017年度法治政府建设工作安排》则于2017年6月14日方下发出台，这不利于工作的顺利推进，更不利于其按时完成。

（四）本土机制尚未建立

评估显示，德阳、遂宁等地尚未建立自身的重大决策终身追究、责任倒查机制。据当地反映，其原因是省里已统一建章立制，出台《四川

---

① 参见《绵阳市法治政府建设领导小组办公室关于2017年度依法行政考核情况的通报》，绵阳市人民政府法制办公室门户网站，网址为：http：//fazb.my.gov.cn/bmwz/943236940608569344/20180118/2191477.html，最后访问日期：2018年3月1日。

省重大行政决策程序规定》以及《四川省行政决策合法性审查规定》等文件，市（州）层面并无必要重复。但也需注意，各市（州）的重大决策在适用范围、流程环节、责任追究等方面，应将当地自身情况考虑在内。反观国内其他地方，在市（州）层级出台重大决策专门规范的也并不少见，四川省内的南充市、达州市、阿坝州等地已出台此类规范性文件，乐山市也在《乐山市人民政府2017年度法治政府建设工作安排》中提出要"制定行政决策合法性审查实施办法"。显然，今后各市（州）应适时建立体现本地实际情况的行政决策制度机制，增强针对性和可操作性。

（五）公众参与效果不佳

一些政府立法、重大决策的征求公众意见，虽然按照流程按部就班地进行，但公众参与热情不高，征集到的意见屈指可数，缺乏代表性，甚至压根未征集到任何意见。比如，广安等市（区）法制办公开征集2017年的立法项目建议，就未收到任何群众意见。[①] 公众参与的热情高低，与政府机关的反馈情况、采纳情况密切相关。但根据网上公开材料和现场调取的材料，评估结果显示，仍有9个市（州）未形成制度化、公开化的反馈机制及实践，占比达到29.03%。这与中央要求存在较大差距，应当尽快设法改进。

四 完善建议

今后，为建设人民满意的服务型政府，需求本位的法治型政府，一方面应全面深入贯彻学习党中央文件精神，强化制度建设，保持落实定力，强化巩固，避免在强力推进之后人走茶凉甚至停滞倒退；另一方面，还应

[①] 参见《广安市人民政府法制办公室关于公开征集2017年立法项目建议的情况反馈》，广安市人民政府门户网站，网址为：http：//www.guang-an.gov.cn/ls-integration/xxgk/info.do? id=20170901084703-803349-00-000，最后访问日期：2018年2月23日。事实上，法制办通过市政府门户网站、广安在线网站、《广安日报》等媒体对外发布了公开征集2018年立法项目建议的公告，在整整一个月的征集意见期内，同样未收到立法项目建议。参见《广安市人民政府法制办公室关于公开征集2018年立法项目建议的情况反馈》，网址为：http：//www.guang-an.gov.cn/ls-integration/xxgk/info.do? id=20171102153056-672020-00-000，最后访问日期：2018年2月23日。

积极探索创新,将法治政府建设不断推向新高潮。在理念上既要注重长远规划,也要强调急用先行。四川法治政府的建设,应当针对每年目标任务完成情况,以及考核评估、依法治理中发现的突出问题和薄弱环节,有针对性地予以研究处置,查漏补缺、整改落实,确保稳扎稳打、全面完成,狠抓落实增强获得感。

(一) 与时俱进更新观念适应新时代

在新时代背景下,法治政府的推进应当秉持新的理念。一是在信息化时代背景下,树立信用监管与信用治理的理念。二是公众权利意识勃兴的背景下,树立起程序正当和回应型政府的观念。三是在全面依法治国的背景下强化责任意识的理念,无论是乱作为还是不作为,均应承担法律责任。四是增强风险防控的观念。

在立案登记制改革深入推进和《最高人民法院关于适用〈中华人民共和国行政诉讼法〉的解释》出台实施的背景下,政府行为遭遇行政诉讼、行政复议的风险有增无减,压力日趋增大。对此,一方面,法治政府建设应当将复议应诉作为重要组成部分,理性看待积极应对,用好法律技能,避免不利后果的发生或扩大;另一方面,行政审批、行政处罚、公共服务等领域的职能行使,都应当提高依法行政水平,以严格规范、公正文明的公权力行使,将法律风险降到最低,防患于未然。

(二) 充分利用信息化打造智慧四川

充分利用政务服务集中平台和政务信息互认共享,推进信息互联互通,将跨地区远程办理、跨层级联动办理、跨部门协同办理常态化;与此同时,利用移动互联网技术的深入普及,推动网上服务向自助服务终端、手机移动终端等延伸。由此,从各部门各自现场办理到实体大厅集中办理,到足不出户电脑网上办理,再到随时随地手机终端办理的升级,为办事企业和群众带来最大的便利和最短的时间消耗。在利用信息化增强获得感的同时,还应加强网络和信息安全防护,健全安全保障体系,提升信息安全支撑保障水平和风险防范能力。

(三) 探索体制机制改革实现统一精简

应对标中央要求,在中央、其他省份改革基础上,将体制创新、机构改革推向深入。

一是在全省各级普及新型综合执法机构。在省、市（州）、县（市、区）全面推进市场监管机构改革。在具体实施上，应按照国家机构改革精神，在充分借鉴已有改革探索经验的基础上，设立职责全面、边界清晰的市场监管机构。

二是在全省普及政务服务部门。在已有行政审批局改革、政务服务中心改革基础上，设立专门的政务服务局（厅），集中为企业和群众提供实体和在线、新媒体的办事服务。其在线办事系统，更应集中统一，各地方不应重复建设在线政务服务网上平台，而应在"四川政务服务网"的基础之上，做大做强全省统一的系统平台，形成横向覆盖各类行政审批、证明、核准、备案等政务服务相关事项，纵向从省级、市（州）、县（市、区）、镇街到社区的管辖范围，予以直接、集中、统一、标准化的应用。

（四）提升公众参与实效推动多元共治

整合社会各方力量，不断提升依法治理水平。无论是地方立法、重大决策还是规范性文件制定，都对大众产生深远影响，有必要广泛听取各界意见。社会关注度较高的事件、舆情，公众意见建议更是热烈、多样。在中央立法层面，一部法律制定征求到的意见往往达到数万条，《个人所得税法》《劳动合同法》的修订，征求到的意见甚至达到数十万条。随着公众权利意识的勃兴和全社会法治氛围的形成，地方治理公众参与的热情和力度也必将空前高涨。面对日趋增加的意见建议，为避免过于偏重特定类型、照顾特定情绪而挂一漏万，应考虑充分发挥人工智能在意见收集、整理、筛选方面的应用，按照关联性、适用性、逻辑性等进行梳理，为政府治理提供脉络清晰、观点明确的参考意见。

监管的效能提升也离不开社会各界的参与。比如，为治理食品药品安全监管的老大难问题，内江市威远县委县政府注重发挥各界的主动性。企业与县食品药品监管局签订了食品药品安全承诺书；以村、居委会社区为单位，设置食品药品安全协管员 372 人；以村民小组、居委会社区小组为单位，设置食品药品安全信息员 5274 人。探索各方共同参与、共同监管的模式与格局，有助于消除监管死角，实现共治、共享的政府治理目标。

（五）强化立法推动法治政府更上一层楼

在借鉴《湖南省行政程序规定》《广州市依法行政条例》等地方探索经验的基础上，四川可考虑在省级层面出台关于行政程序、政务公开等方面的专门地方立法。这既可确保四川各级行政机关的公权力运行建立在更加扎实、可操作的法律规范之上，也将为其他省份乃至全国的行政程序立法提供借鉴。

第五章　政务公开

一　评估概况

公开透明是现代法治政府的本质要求，因此，全面深入推进政务公开工作，是新时期新形势下各级政府和部门的重要工作。本年度，项目组主要围绕规范性文件公开、行政审批信息公开、行政处罚信息公开、政府信息公开工作年度报告、政策解读、依申请公开等方面，对21家市（州）政府2017年开展政务公开的情况进行评估（具体评估指标见表3-10，评估结果见表3-11）。

规范性文件是行政机关制发的对不特定多数人的权利义务可能产生影响并可以反复适用的文件总称。因其与社会大众切身利益密切相关，应当对外公开。在规范性文件制定阶段开展预公开，体现了政府为人民服务的工作宗旨，是群众参与决策的重要途径，是实现国家管理、社会管理和自我管理的重要形式。及时让民众了解与己相关的重大行政决策、参与决策，听取来自群众的声音，有助于防止政府决策与社会相脱节，是促进政府行为更加规范、决策更利民生的重要一环。另外，行政机关及时公开规范性文件的备案信息、清理结果，有利于相关人员了解文件内容、文件效力，从而规范自己的行为，遵从文件规定，减少违法违规事件发生。因此，规范性文件公开指标主要考察21家市（州）政府是否在其门户网站或法制办网站公开重大决策草案征集意见信息及意见反馈情况、规范性文件的备案审查信息及其清理结果，是否对已公开的规范性文件标注有效性。

表 3-10　　　　　　　　　政务公开板块评估指标

四级指标	五级指标
规范性文件公开（20%）	重大决策预公开（60%）
	规范性文件公开（40%）
行政审批信息公开（20%）	政务服务事项清单（30%）
	行政审批事项的办事指南（40%）
	行政审批结果（30%）
行政处罚信息公开（20%）	行政处罚结果（40%）
	行政处罚结果内容要素（60%）
政府信息公开工作年度报告（10%）	报告可获取性（20%）
	形式新颖性（20%）
	年报内容（60%）
政策解读（15%）	栏目设置（20%）
	政策解读信息（30%）
	解读形式（20%）
	解读内容（30%）
依申请公开（15%）	渠道畅通性（20%）
	答复规范性（80%）

表 3-11　　　　　　　　　政务公开板块评估结果　　　　　　　　　单位：分

排名	市（州）	总分	规范性文件公开（20%）	行政审批信息公开（20%）	行政处罚信息公开（20%）	政府信息公开工作年度报告（10%）	政策解读（15%）	依申请公开（15%）
1	成都	93.82	88.33	100	85.00	91.50	100	100
2	广元	90.50	95.00	100	100	69.95	63.33	100
3	泸州	83.68	70.00	100	100	74.30	48.33	100

续表

排名	市（州）	总分	规范性文件公开（20%）	行政审批信息公开（20%）	行政处罚信息公开（20%）	政府信息公开工作年度报告（10%）	政策解读（15%）	依申请公开（15%）
4	达州	82.40	60.00	100	100	69.00	56.67	100
5	雅安	80.61	56.67	100	85.00	47.75	93.33	90.00
6	宜宾	76.15	85.00	70.00	100	91.50	26.67	80.00
7	乐山	75.72	93.33	70.00	100	85.50	76.67	20.00
8	内江	74.83	56.67	70.00	85.00	79.95	93.33	70.00
9	广安	74.23	86.67	100	0	83.95	100	90.00
10	自贡	73.48	66.67	100	85.00	76.50	83.33	20.00
11	遂宁	73.33	70.00	70.00	100	68.25	23.33	100
12	眉山	71.70	50.00	100	100	87.00	66.67	20.00
13	德阳	71.07	63.33	100	100	81.50	48.33	20.00
14	绵阳	68.83	56.67	100	100	75.00	46.67	20.00
15	攀枝花	67.45	70.00	70.00	100	79.45	56.67	20.00
16	巴中	60.67	45.00	100	0	66.73	76.67	90.00
17	南充	56.96	86.67	100	0	78.80	58.33	20.00
18	甘孜	48.50	50.00	70.00	0	62.45	41.67	80.00
19	阿坝	47.57	63.33	70.00	0	91.50	58.33	20.00
20	凉山	47.05	50.00	70.00	0	95.50	70.00	20.00
21	资阳	36.98	50.00	70.00	0	67.25	21.67	20.00

行政审批信息公开是加强政府简政放权、优化服务，方便群众和企业办事的重要手段。国务院办公厅印发的《2017年政务公开工作要点》要求，大力推进"互联网+政务服务"，年内完成政务服务事项目录编制工

作，通过本级政府门户网站集中全面公开；省级政府要建成一体化网上政务服务平台，优先推动企业注册登记、项目投资、创业创新以及与群众生活密切相关的服务事项上网，加快实体政务大厅与网上服务平台融合发展，让企业和群众办事更加便捷。国务院办公厅印发的《政府网站发展指引》要求，政府网站要设置统一的办事服务入口，发布本地区、本部门政务服务事项目录，集中提供在线服务；要编制网站在线服务资源清单，按主题、对象等维度，对服务事项进行科学分类、统一命名、合理展现；应标明每一服务事项网上可办理程度，能全程在线办理的要集中突出展现；对非政务服务事项要严格审核，谨慎提供，确保安全。《国务院关于加快推进"互联网＋政务服务"工作的指导意见》要求，各省（区、市）人民政府、国务院各部门要依据法定职能全面梳理行政机关、公共企事业单位直接面向社会公众提供的具体办事服务事项，编制政务服务事项目录，2017年年底前通过本级政府门户网站集中公开发布，并实时更新、动态管理。《四川省行政许可和行政处罚等信用信息公示工作实施方案》要求，统一规范公示窗口和公示方式。各市（州）、县（市、区）政府工作部门原则上要在行政许可、行政处罚作出决定之日起7个工作日内在作出行政决定部门的门户网站及本级政府门户网站进行公示，并由本级政府门户网站同步将公示内容推送至省政府门户网站。为此，行政审批信息公开指标主要考察各市（州）政府是否公开政务服务事项清单、行政审批事项办事指南和安全生产监督管理领域的行政审批结果。

行政处罚信息公开是规范市场执法行为，警示市场主体活动，发挥政府信息的管理和服务作用的重要方式。行政处罚信息公开指标主要考察各市（州）政府是否公开安全生产监督管理领域的行政处罚结果。

政府信息公开工作年度报告是政府机关对上一年度本机关政府信息公开工作的总结，按照《政府信息公开条例》（以下简称《条例》）规定，年度报告应向社会发布，接受社会的检验、监督和评议。《条例》第32条规定："政府信息公开工作年度报告应当包括下列内容：（一）行政机关主动公开政府信息的情况；（二）行政机关依申请公开政府信息和不予公开政府信息的情况；（三）政府信息公开的收费及减免情况；（四）因政府信息公开申请行政复议、提起行政诉讼的情况；（五）政府信息公开工作存在的主要问题及改进情况；（六）其他需要报告的事项。"根据《条例》的要求，各地区各部门须结合实际情况认真贯彻执行。为此，政府信息公开工作年度报告指标主要考察各市（州）政府信息公开工作年度报告的发布情况、年度报告是否具有新颖性以及报告的内容是否全面。

中共中央办公厅、国务院办公厅印发的《关于全面推进政务公开工作的意见》要求强化政策解读，加强各地区各部门政策解读工作。因此，政策解读指标主要考察政策解读栏目设置情况、政策解读信息公开情况、政策解读的形式与内容。

依申请公开信息和主动公开信息是政府信息公开的两种基本方式，前者是行政机关为满足特定公民、法人或其他组织的信息需求而提供的"点"对"点"服务，不同于后者对社会大众的"点"对"面"服务，两者之间互补且可相互转换。提高行政机关依申请公开工作水平，不仅是推进政务公开工作的重中之重，有助于提升主动公开工作水平，更是提高政府透明度的支柱力量。项目组以个人名义，于2018年2月6日，通过挂号信的方式，向四川省21家市（州）政府民政局发送了内容一致的政府信息公开申请，主要考察各个评估对象依申请公开渠道畅通性，答复时间、内容及形式的合规性。

二 亮点与创新

（一）决策预公开稳步推进

第一，普遍设置意见征集栏目。评估发现，21家市（州）政府门户网站都在首页或者"互动交流""政民互动"栏目下设置了"民意征集""网上调查""意见征集"等栏目。有17家市（州）政府有效利用了该栏目，专门用以发布重大决策草案或征集意见稿以及其他的一些意见征集和问卷调查事项，占比80.95%，如成都市、乐山市、德阳市等。

第二，部分设置了结果反馈栏目。评估发现，少数市（州）政府网站直接设置了结果反馈栏目或者在征求意见公告后设置了以"处理情况""结果反馈"为名的板块，便于群众直观地了解其他人对于决策的意见或建议，了解自己的建议是否被采纳。有14家市（州）政府网站设置了相应栏目，占比66.67%，其中，有效利用该栏目发布相关意见采纳情况和结果反馈的有 7 家，占比 33.33%，如乐山市、德阳市、达州市等。

第三，普遍进行了重大决策草案的意见征集。评估发现，21 家市（州）政府网站都公开了关于意见征集的内容。其中 20 家市（州）政府公开了其征集意见稿，占比 95.24%；有 19 家市（州）政府公开了其意见征集渠道，占比 90.48%；有 21 家市（州）政府公开了其意见征集的期限，占比 100%。

（二）规范性文件公开较好

第一，部分设置规范性文件备案栏目，方便查找。评估发现，有 12 家市（州）政府的法制办网站设置了以"规范性文件""审查备案"等为名的栏目，占比 57.14%；其中，有效利用该栏目发布了规范性文件备案审查信息的有 7 家，占比 33.33%，如成都市、攀枝花市、广元市、绵阳市等。

第二，规范性文件有效性标注情况较好。评估发现，21 家市（州）政府门户网站或其法制办网站均对其规范性文件的有效性进行了标注，有的说明其规范性文件从何时开始施行以及其有效期，有的则直接标注是否有效，一目了然。其中，只有南充市政府网站在其发布的规范性文件页面顶端介绍规范性文件分类、性质、公布日期及其有效与否。

第三，多数公布了规范性文件清理结果。评估发现，有 17 家市（州）政府门户网站或法制办网站中公布了其近三年内的规范性文件的清理结果，占比 80.95%。

（三）审批公开水平较高

第一，普遍注重公开政务服务事项清单。政务服务事项清单包括两个方面：权力清单和公共服务事项目录。评估发现，21 家市（州）政府均公开了上述清单，公开率达到 100%，这有利于公众对政府的权力和服务事项有更加直观、生动的把握和了解，更方便公众生活和办事。

第二，四川省建成了一体化网上服务平台。评估发现，四川省已经建成了一体化的网上服务平台，平台分省级、市级、县区级 3 个等级，公开了个人和法人服务事项、权责清单和公共服务清单、服务咨询和通知公告、统计数据等栏目，并设有咨询、建议、投诉等政民互动的通道。其中，公共服务清单分别按主题和部门划分，有窗口办理、原件预审、原件核验、全程网办4个多选筛选项，提升了群众寻找办事指南的效率。

第三，行政审批事项办事指南内容完整、明确。各市（州）政府普遍注重公开行政审批事项办事指南。第一，21家市（州）政府公开的行政审批事项办事指南的内容要素均较为完整，包括办理依据、申请条件、申报材料、办理流程、办理时限、办理地点、收费标准等要素，相关内容均统一公开在四川省网上服务平台。第二，全部21家市（州）政府发布的行政审批事项指南均清楚明确，无模糊表述。如此，群众在了解办事规则时会更加清楚和全面，方便其办事。

（四）处罚信息方便查找

在所有评估对象中，绵阳市的行政处罚信息公开情况最为突出。在绵阳市政府门户网站的重点领域信息专栏中，专设安全生产栏目，下设生产安全事故公开及行政处罚信息链接，其中公开的行政处罚信息不仅方便查询而且要素完整。

（五）规范发布年度报告

第一，普遍发布年度报告。《条例》第15条规定："行政机关应当将主动公开的政府信息，通过政府公报、政府网站、新闻发布会以及报刊、广播、电视等便于公众知晓的方式公开。"评估发现，21家市（州）政府全部在其门户网站首页或政务公开专栏中设置了年度报告的栏目，并且，21家市（州）政府全部发布了2016年年度报告。6家市（州）政府在本级政府网站完整发布了2008年至2015年年报，仅1家市（州）政府通过四川省政府网站发布了部分年报。

第二，注重年度报告的易获取及可读性。评估发现，21家市（州）政府2016年年报全部实现可复制可下载；11家市（州）政府通过配图表、音频视频等方式丰富了2016年年度报告内容。比如，成都市将其年度报告制作成了PDF格式，样式精美，内容完整，集创新与实用于一体。不少行政机关如绵阳市和凉山彝族自治州在年度报告中加入了详细的图表，增强了年度报告的可视性。

（六）政策解读表现优异

第一，普遍设置政策解读专栏。评估发现，21家市（州）政府普遍设置了政策解读专栏，设置率达100%，且本次评估的21家市（州）政府中，均以"政策解读"或"文件解读"等语义明显的名字命名专栏，且均设置在门户网站的主页或者政务公开栏目的明显位置。

第二，普遍发布政策解读信息。评估发现，21家市（州）政府普遍发布了本级政策解读信息，发布率为100%，且均在政策解读栏目内发布本级政策解读信息。尽管仍有少数市（州）政府发布的政策解读信息多为解读上级政策，如泸州市、资阳市等，但21家市（州）政府均或多或少地在政策解读栏目下发布了本级政策解读信息。

第三，部分评估对象注重同步发布政策文件与解读材料。评估发现，有11家市（州）政府在政策文件上网公开后的3个工作日内发布了政策解读材料，约占评估对象总数的52.38%，符合《关于全面推进政务公开工作的意见》关于"文件公布时，相关解读材料应与文件同步在政府网站和媒体发布"的要求。

第四，部分政策解读内容要素全面。评估发现，有17家市（州）政府在政策解读中对制度设计作了说明，约占评估对象总数的80.95%，有12家在政策解读中说明了政策制定的背景因素，约占评估对象总数的57.14%。

（七）依申请公开较规范

第一，申请渠道全部畅通。各评估对象门户网站公开的政府信息公开指南所列的接收政府信息公开申请的寄送信函地址或电子平台地址应准确无误，确保申请人提交申请及时有效，无退信等申请受阻碍的情形。评估发现，21家市（州）民政局信函申请渠道畅通，能够顺利签收项目组邮寄的政府信息公开申请表等材料。

第二，答复格式基本规范。政府信息公开答复告知书代表了行政机关的意志，在其出具该告知书时应做到权威、正式，如答复书形式上应至少具备落款及公章。评估发现，在作出答复的11家市（州）民政局中，除了内江市、宜宾市、广安市、雅安市民政局未加盖本单位公章外，其余如广元市、泸州市等7家市（州）民政局，均提供了纸质答复公文，既有落款单位，也包含公章。

第三，公开申请信息的答复符合要求。《政府信息公开条例》第21条规定：对申请公开的政府信息，属于公开范围的，应当告知申请人获取该政府信息的方式和途径。评估发现，成都市、泸州市、广元市、遂宁市、广安市、达州市、雅安市 7 家市（州）的民政局均作出了决定公开的答复，成都市、泸州市民政局对申请所需的信息已主动公开，按照要求向申请人提供了获取政府信息的方式和途径，其余以直接公开的方式答复申请人的 5 家市（州）的民政局皆详尽说明事实情况。

三 发现的主要问题

（一）反馈意见采纳情况并不理想

反馈意见采纳情况的公开不理想。评估发现，有 12 家市（州）政府网站未公开意见征集的整体情况，占比 57.14%；有 13 家政府网站未公开其意见采纳情况，占比 80.95%；有 14 家政府网站未公开其对意见不采纳的理由，占比 85.71%。

（二）规范性文件公开仍有待加强

第一，规范性文件备案审查信息的公开情况不理想。评估发现，有 11 家市（州）政府未公布 2017 年度的规范性文件备案审查信息，占比 52.38%。

第二，规范性文件有效性标注不统一。评估发现，21 家市（州）政府门户网站或其法制办网站虽然均已标注规范性文件的有效性，但是有部分市（州）政府并非对其所有的规范性文件都标注有效性，而是有的进行了标注，有的没有进行标注，并不统一，如成都市、乐山市、自贡市、凉山彝族自治州等。

（三）公共服务事项目录不易获取

少数市（州）政府的公共服务清单在政府门户网站上并没有相应的栏目或者链接，换言之，公众无法在其门户网站上直接找到诸如"公共服务清单""公共服务目录"等栏目或链接，需要通过门户网站的"四川政务服务"链接到四川政务服务网，才能找到相应城市"公共服务清单"栏目，如成都市、遂宁市，这样的指引并不明确，给公众查找造成不便。而大多数市（州）政府的门户网站上都有明显的诸如"权责清单""权力清单"的栏目或链接，可见少数市（州）政府在政府信息公开工作中存在不细致的现象。

（四）审批处罚公开仍有提升空间

第一，行政审批结果公开情况不佳。行政审批结果一般公示在三种平台：一是政府门户网站统一公开各部门的行政审批结果；二是各部门网站公开本部门相关行政审批结果；三是企业信用信息平台公开企业相关的所有行政审批内容。在一些省份，如广东省，各市级政府行政审批的结果都公示在"信用信息"平台，平台名称一般是"（城市名）信用网"，如广州市信用网，该平台除公示行政审批结果信息外，还对行政处罚结果信息、统一社会信用代码、守信红名单、失信黑名单等信息进行公示。评估发现，在四川省21家市（州）政府的门户网站或其安全生产监督管理局网站中，有9家未对行政审批结果进行公示。虽然已经有近半数评估对象达到了该要求，但仍有提升空间。

第二，行政处罚结果公开程度不高。评估发现，仅有14家评估对象在市（州）政府门户网站、安全生产监督管理部门网站或企业信用信息网公开2017年安全生产监督管理部门作出的行政处罚结果；而未公开的有7家，占33.33%。

第三，公开的行政处罚结果内容要素不完整。《国家发展和改革委员会关于认真做好行政许可和行政处罚等信用信息公示工作的通知》规定，各部门各地区应公示各项行政处罚事项的行政处罚决定书文号、执法依据、案件名称、行政相对人统一社会信用代码、处罚事由、作出处罚决定的部门、处罚结果和救济渠道等信息，以及作出行政处罚决定部门认为应当公示的相关信息。但评估发现，部分市（州）政府公开的行政处罚结果仍欠缺核心要素。如自贡市安全生产监督管理局门户网站上（按年度）公开的2017年行政处罚信息汇总表及内江市公开的行政处罚信息中缺乏行政处罚依据要素；雅安市公开的行政处罚信息只注明"一般安全生产违法"，未注明主要具体事实；成都市企业信用信息网信用公示专栏公开的行政处罚信息则缺少处罚相对人名称；乐山市、泸州市、德阳市、广元市、遂宁市、宜宾市、达州市、雅安市、眉山市等公布的行政处罚信息中行政处罚依据要素只列了法律法规的条目，没有详细的内容；而眉山市的行政处罚结果只公开了处罚类别，未注明罚款的具体金额，公开得过于简单。

第四，行政处罚结果更新不及时。其一，行政处罚信息公开时间滞后。《国家发展和改革委员会关于认真做好行政许可和行政处罚等信用信息公示工作的通知》明确规定，地方各级政府工作部门要在行政许可和行政处罚作出决定之日起7个工作日内在作出行政决定部门的门户网站进行公示。但评估发现，几乎所有市（州）政府未能在规定时间内在门户网站上公开行政处罚结果。其中自贡市和遂宁市公布的行政处罚信息均未按年度公布，即年初公布上年度整年的行政处罚信息汇总表。其二，未形成常态化公开行政处罚结果的模式。如乐山市和宜宾市安全生产监督管理局门户网站公布行政处罚信息不规律，且时间间隔跳跃性大；广安市政府门户网站及安全生产监督管理局门户网站只有2015年1—10月的行政处罚信息；攀枝花市则只公布了2017年1—4月的行政处罚信息。

第五，行政处罚结果信息发布位置混乱。在评估的21家市（州）政府中，普遍存在未设置行政处罚栏目或行政处罚栏目内信息混乱放置的问题。如南充市政府门户网站上的行政许可和行政处罚信用公开专栏只公开了行政许可信息，行政处罚信息缺失，其安全生产监督管理局门户网站公布的处罚信息是以新闻报道的形式公开的，缺乏必要的行政处罚信息要素。成都市企业信用信息网信用公示专栏公开的行政处罚信息未按处罚部门分类，各部门作出的行政处罚结果按时间顺序杂糅排列，不易查询。内江市政府门户网站的行政处罚结果公示专栏对市级部门和县级部门的行政处罚结果未作区分，未按部门进行分类公示，且公示结果以环保、工商、文化广电部门为主，导致查询困难。泸州市信用网站公布的行政处罚结果信息排序混乱，未按时间及部门分类公示，不易查询。眉山市政府门户网站虽然设置了双公开专栏，但其中行政处罚信息公开专栏却未公开安全生产监督管理部门的行政处罚信息。与之类似的是，自贡市政府门户网站信用平台及资阳市政府门户网站的行政处罚公开信息多以环保、交通等部门为主，没有安全生产监督管理部门的行政处罚信息。

（五）年度报告详细程度有待提升

第一，部分市（州）年报专栏设置不规范，内容混杂未分类。尽管21家市（州）政府均在其网站首页或政务公开栏目中设置了年报专栏，但年报发布方式并不统一。其中一些市（州）政府的年报专栏中本级政府与政府部门年度报告混杂在一起，如自贡市、广元市、遂宁市、资阳市、凉山州、阿坝州6家，给信息查询造成了一定不便。

第二，部分市（州）政府虽然发布了年度报告，但所发布的报告内容与标题存在不一致的现象。例如，广元市在其年报专栏中发布的"关于2013年度政府信息公开工作的情况报告"点开后发现为四川省广元市质量技术监督局的政府信息公开工作年度报告。

第三，往年年度报告的发布情况差强人意，21家市（州）政府中，仅有6家在本级政府网站完整发布了2008年至2015年年报，占比仅28.57%。其余15家市（州）政府中有14家通过本级政府网站发布了2008年至2015年的部分年报，而甘孜州在其政府网站年报专栏仅发布了2016年年报，该州往年年报只能通过四川省政府网站查询，且仅能查询到2012年至2015年的年度报告。

（六）年度报告统计数据过于简略

第一，依申请公开数据不详细。评估发现，5家市（州）政府对申请方式的分类数据未作说明；4家未能就2016年政府信息公开申请数量居前的事项作出详细说明；无一家对象对2016年政府信息公开申请数量居前的部门作说明；此外，从答复结果来看，绵阳市、达州市2家市（州）政府未能对答复的总体情况予以说明；绵阳市、内江市、广元市、遂宁市、广安市、达州市、雅安市、资阳市、攀枝花市、甘孜州10家市（州）政府未对答复结果作分类说明，占比近一半；巴中市连同以上10家还未对不公开答复作分类说明，占52.38%。

第二，因政府信息公开被诉情况的统计数据不详细。评估发现，21家市（州）政府的政府信息公开工作年度报告大多数公布了因依申请公开引起的被复议、被诉讼情况，但自贡市、遂宁市、雅安市与巴中市4家市（州）政府未阐明复议结果的分类数据，自贡市、遂宁市、眉山市、雅安市与巴中市5家市（州）政府未对不公开答复作分类说明，其中雅安市将被复议与被诉讼数据信息合并公布，未能准确予以区分。

第三，依申请公开收费情况的统计数据不详细。评估发现，21家市（州）政府中有20家能够对因依申请公开收取的费用金额以及依申请公开收费减免情况专门予以列明，但仍有1家未达到要求。

（七）政策解读形式内容有待规范

第一，多数政策解读栏目未分类。评估发现，有 17 家市（州）政府门户网站的政策解读栏目未进行分类。仅有成都市、广安市、雅安市和凉山彝族自治州 4 家市（州）政府在政策解读栏目中进行了分类，其中前 3 家按照政策解读的形式进行了分类，后 1 家按照政策制定的机关等级进行了分类。

第二，多数市（州）政府栏目定位混乱。评估发现，有 10 家政策解读栏目定位混乱，栏目中发布了非政策解读信息。如达州市政策解读专栏中有《同意建立四川省农村统计工作联席会议制度的批复》，攀枝花市文件解读专栏中有关于放假的安排，甘孜藏族羌族自治州政策解读专栏中有《城镇市容和环境卫生管理条例（征求意见稿）》，乐山市政策解读专栏中有大佛景区召开特邀监督员聘任会的新闻，眉山市政策解读专栏中有《网络预约出租汽车经营服务管理暂行办法》，绵阳市政策解读专栏中有《中华人民共和国网络安全法》《政府工作报告（文字实录）》，雅安市政策解读专栏中有《国家统计局关于印发〈企业统计信用管理办法（试行）〉的通知》，宜宾市政策解读专栏中有《"丰收杯"评选结果》。

第三，部分政策解读与政策文件未作关联发布。评估发现，有 16 家市（州）政府发布的政策解读与政策文件之间没有相互链接，仅成都市、内江市、宜宾市、广安市和雅安市这 5 家评估对象的政策解读文件中有对应的政策文件链接。

第四，部分政策解读形式单一。评估发现，有 12 家市（州）政府政策解读形式有文字解读和图解等，但这 12 家中只有广安市政策解读的形式最为多样，既有文字解读，又有图片解读和视频解读等，其他均只有文字解读和图片解读；有 9 家市（州）政府关于本级的政策解读文件均为文字解读，无其他形式。

（八）依申请公开仍存在法律风险

第一，多数机关未履行答复义务。《政府信息公开条例》第 24 条要求，行政机关收到政府信息公开申请，能够当场答复的，应当当场予以答复，不能当场答复的，应当自收到申请之日起 15 个工作日内予以答复。评估发现，自贡市、德阳市、乐山市、眉山市及资阳市民政局均在 2018

年 2 月 9 日收到申请人信函，攀枝花市、南充市、凉山彝族自治州民政局均在 2018 年 2 月 10 日签收申请人信函，阿坝藏族羌族自治州与绵阳市民政局分别于 2018 年 2 月 11 日、12 日签收申请人信函。但以上民政局没有履行政府信息依申请公开的答复职责，既未在 15 个工作日内向申请人作出相应的答复，也无延长答复期限的告知情况，比例达到 47.62%。

第二，不公开决定的答复有待完善。《政府信息公开条例》对申请公开的政府信息作了区分，明确不同情况下，行政机关的答复是有区别的。尤其是对申请内容不属于政府信息、申请的政府信息不属于本机关政府信息公开范围的，行政机关不仅要告知不公开这一事实外，还要讲明原因，正确引用作出此类答复决定的法律依据。再者，依申请公开答复行为属于行政机关作出的行政行为，行政行为本身是可复议可被诉的。从保障申请人知情权及监督行政机关依法行政的角度出发，特别是不公开答复决定的作出使得申请人无法通过依申请公开的途径获得想要的信息，可能会影响到自身利益的，行政机关应当在答复告知书中写明救济渠道。

评估发现，一些市（州）民政局不公开答复告知书内容不完整。在作出不公开答复决定的内江市、宜宾市、巴中市、甘孜藏族羌族自治州 4 家市（州）民政局中，虽都告知申请人不公开的理由，但并未告知申请人如果对答复行为不服，可以采用申请行政复议或提起行政诉讼这两大救济途径，当然也无关于救济途径的救济时间及救济受理机关的说明。另外，内江市及甘孜藏族羌族自治州民政局在作出答复决定时都没有引用相关法律依据。

（九）平台建设水平仍然有待提高

政府门户网站是政务公开的第一平台，其建设水平直接关系到政务公开的效果。评估发现，政务公开平台建设仍存在以下两方面问题。第一，部分市（州）政府法制办网站链接无效。政府法制办网站是群众了解法律、法规、规章等规范性文件的重要途径，是学习法律、了解法制的重要窗口，但眉山市和广安市 2 家市（州）政府的法制办网站无法打开，占比 9.52%。第二，部分政府门户网站的站内搜索功能无法使用。在此次评估中，成都市与遂宁市的政府门户网站站内搜索功能无法使用。

四　完善建议

党的十九大再次强调，政务公开是法治政府建设的重要手段，是简政放权、深化行政体制改革的重要方式，是保障公众切身利益的重要内容。建议从如下方面进一步拓展政务公开的广度和深度，提升公开质量和效果。

第一，树立政务公开的新理念。政务公开已不仅是行政机关单向性地主动公开信息和被动地依申请公开信息，而应当按照信息发布、政策解读、回应关切三位一体的理念推动政务公开工作，扩大公众的参与范围，使其充分参与政府治理，构建良好的政民关系。

第二，突出队伍建设。政务公开工作专业性强，专门的机构和专职人员是做好政务公开工作的重要保障。应尽可能地保证政务公开工作人员的编制和稳定性。在精简行政体制和编制的情况下，充分利用其他部门空出来的编制或职位也是方法之一。

第三，加强政务公开培训。政务公开工作人员的业务水平是提升政务公开的关键。应重视对政务公开形势的宣讲，提升全体公务人员的公开意识。通过定期组织政务公开培训、专题培训、小组化讨论式培训等方式提升专职人员的专业能力。

第四，以基层政务公开标准化试点为契机，规范公开工作。一是补充仍需完善的制度和相关工作机制，梳理政务公开事项，编制政务公开标准，从而形成细化且具有可操作性的政务公开标准；二是总结以往的工作经验和好的做法，将其加入政务公开标准化中统一推广，拓展政务公开的广度和深度，完善公开方式，提升公开质量。

第五，优化政务公开平台。政务公开平台建设水平决定着政务公开的效果。应加强政府网站信息化建设，拓展政务公开多元化渠道，因时因地选择政务公开方式，以方便获取的方式公开，提升群众满意度。

第六章　司法建设

一　评估概况

根据"四川省市（州）法治第三方评估指标体系"，司法建设板块分为司法改革、破解执行难、司法公开和检务公开四部分（具体指标见表3-12）。

表3-12　　　　　　　司法建设板块评估指标

二级指标	三级指标
司法改革（20%）	员额制改革（30%）
	司法责任改革（30%）
	依法履职保护（40%）
司法公开（30%）	审务公开（20%）
	审判公开（30%）
	数据公开（20%）
	执行公开（20%）
	司法改革（10%）
检务公开（30%）	基本信息（20%）
	检务指南（30%）
	检务活动（30%）
	统计总结（20%）
破解执行难（20%）	执行指挥中心的建设情况（30%）
	执行人员保障（30%）
	地方党委、人大、政府支持（40%）

（一）司法改革

司法改革分为3个板块，分别是员额制改革、司法责任改革和依法履职保护。员额制改革主要评估各市（州）员额制改革推进的情况，如法官、检察官入额遴选工作方案、考试方案、情况报告、分类定岗情况、司法辅助人员和司法行政人员分类管理改革工作实施情况等。司法责任改革主要评估各市（州）司法责任倒查和司法责任终身追究制度的落实情况，如是否制定过相关责任追究的办法、考评细则等。依法履职保护则主要评估司法人员依法履职保护制度的建立和完善情况，包括法官权利保障委员会的设立情况、《保护司法人员依法履行法定职责规定》的落实情况等。四川省各市（州）司法改革评估结果见表3-13。

表3-13　　司法建设板块（司法改革部分）评估结果　　单位：分

市（州）	总分	员额制改革（30%）	司法责任改革（30%）	依法履职保护（40%）
成都	100	100	100	100
自贡	100	100	100	100
攀枝花	100	100	100	100
泸州	100	100	100	100
德阳	100	100	100	100
绵阳	100	100	100	100
广元	100	100	100	100
遂宁	100	100	100	100
内江	100	100	100	100
乐山	100	100	100	100
南充	100	100	100	100
宜宾	100	100	100	100
广安	100	100	100	100
达州	100	100	100	100
巴中	100	100	100	100
雅安	100	100	100	100
眉山	100	100	100	100
资阳	100	100	100	100
阿坝	100	100	100	100
凉山	100	100	100	100
甘孜	100	100	100	100

（二）司法公开

司法公开包括审务公开、审判公开、执行公开、数据公开和司法改革5个指标。

审务公开主要是指与审判执行相关的司法行政事务的公开，包括平台建设、人员信息、规范性文件以及任职回避信息等内容。之前评估的网站健康度（包括首页不可用率、首页栏目信息是否更新、网站是否被搜索引擎收录、首页不可用链接、其他页面不可用链接、附件不可下载个数、严重错别字个数、网页内容是否可复制8项内容）各个法院已经达到基本理想的状态，因此网站健康度不再作为本次评估的内容。平台建设评估的重点是从法院门户网站的有效性和友好性两个方面进行评估；人员信息则从法院领导姓名、学习工作简历、职务及分管事项，审判人员的姓名、学历及法官等级，书记员姓名3个方面进行评估；另外，2017年度新增任职回避信息指标，旨在考察法官任职回避的落实和公开情况，便于群众监督。

审判公开板块包括诉讼指南公开、庭审公开、审判流程公开和审后公开。其中，诉讼指南公开不仅是庭前对当事人提供诉讼服务的重要工作，也是准备进行诉讼活动的当事人浏览法院网站的主要目的之一，该指标评估诉讼指南公开信息的准确性、便捷性和全面性；庭审公开除了公众旁听、庭审视频公开和庭审文字直播之外，增加了院庭长审理案件的庭审直播指标；审判流程公开是深化司法公开的重要举措，主要考察法院是否公开了重要流程节点；审后公开主要是指减刑、假释公开、裁判文书公开和司法建议的公开情况。2017年司法文书公开指标重点对裁判文书的反向公开情况加以评估，即是否公开不上网文书的数量、案号、理由等。2017年度还新增司法建议公开指标，评估法院是否公开了司法建议的对象、主要内容等。

执行公开包括执行指南的公开、终本案件信息公开、执行曝光、执行惩戒公开、执行举报等。2017年，项目组在前一年增设终本案件信息指标的基础上增加了该指标的权重。由于在司法实践中不少法院为提高结案率往往会将不应当终本的案件按照终本处理，2016年10月29日最高人民法院颁布了《关于严格规范终结本次执行程序的规定（试行）》，不仅明确了终本案件的适用条件,还要求终本裁定书在互联网上公开。政府机关、公职人员、人大代表、政协委员应当作为遵纪守法的楷模,自动履行法院判决义务,为此,项目组增加了对曝光上述特殊主体不履行生效判决情况的考察,引导法院将上述特殊主体不主动履行法院判决的情况予以公开。

数据公开指标分财务数据和司法业务数据两大类,前者包括预决算、"三公"经费和涉案款物数据的公开,后者指法院的年度工作报告、年报、白皮书或专题报告、案件统计数据等信息的公开。2017年项目组对同类预决算数据予以合并、简化,同时在司法业务数据原有指标基础上增加了三级指标破产案件公开,引导法院更加全面、细致地公开司法业务数据等指标。

2017年,司法改革各项措施在全国各级法院全面铺开、落地,司法改革信息作为司法透明度的一级指标,增加了权重和分值。司法改革信息公开共设置立案登记制、案外干预记录和领导干部办案情况3个二级指标。

四川省各市(州)司法公开评估结果见表3-14。

表3-14　　司法建设板块(司法公开部分)评估结果　　单位:分

排名	市(州)	总分	审务公开（20%）	审判公开（30%）	数据公开（20%）	执行公开（20%）	司法改革（10%）
1	成都	75.18	70.50	79.50	78.13	69.00	78.00
2	攀枝花	64.23	90.00	58.50	58.13	49.00	72.50
3	眉山	60.73	78.00	56.50	56.88	49.00	70.00
4	达州	57.43	60.50	60.00	60.63	41.00	70.00
5	泸州	55.45	52.00	52.50	41.25	69.00	72.50
6	遂宁	54.73	57.00	61.50	49.38	65.00	20.00
7	南充	54.43	70.00	55.50	36.88	51.00	62.00
8	宜宾	53.78	74.00	61.50	60.63	32.00	20.00
9	绵阳	51.58	61.00	48.00	39.38	65.00	41.00

续表

排名	市（州）	总分	审务公开（20%）	审判公开（30%）	数据公开（20%）	执行公开（20%）	司法改革（10%）
10	内江	50.95	54.00	49.50	70.00	29.00	55.00
11	资阳	49.28	73.00	45.00	46.88	49.00	20.00
12	乐山	47.25	65.50	52.50	27.50	37.00	55.00
13	自贡	46.65	48.00	52.50	37.50	45.00	48.00
14	广元	43.65	55.00	63.00	13.75	45.00	20.00
15	广安	40.50	73.00	48.00	27.50	20.00	20.00
16	阿坝	39.53	70.00	42.00	5.63	24.00	70.00
17	巴中	38.78	76.00	43.50	5.63	37.00	20.00
18	德阳	37.53	44.00	42.00	40.63	30.00	20.00
19	甘孜	33.88	47.00	43.50	5.63	24.00	55.00
20	凉山	31.73	42.00	54.00	5.63	20.00	20.00
21	雅安	31.68	62.00	40.50	5.63	20.00	20.00

（三）检务公开

检务公开设置了4个指标，分别是基本信息、检务指南、检察活动和统计总结。

基本信息下设网站设置、微平台客户端、机构设置、人员信息4个指标。对门户网站建设的评估包含了门户网站、友好性、便民性3个指标项。设有门户网站是做好检务信息公开的前提。友好性评估是对网站首页是否存在浮动窗口以及可否关闭浮动窗口的检测。浮动窗口的设置是为了便于公众在打开网页的第一时间了解到最新、最重要的信息，但是浮动窗口的存在会造成网页浏览不畅，妨碍正常的网页访问，因此浮动窗口是否设置关闭功能是门户网站设置友好与否的重要指标。便民性评估是对网站是否设置站内搜索引擎以及搜索引擎的实用性的检测。有效且分类清晰的搜索引擎能够使公众迅速获得所需查找的相关信息。将微平台客户端放在基本信息指标项下是因为近年来网络以及智能手机的发展,使微博、微信（以下简称"两微平台"）的用户使用量剧增,微博、微信发布信息成为公众获取信息的首选,而全国各级检察院也纷纷通过微博账户运营和微信公众号的建设进行信息的公开,网页提供微博、微信链接也走向普遍。内设机构主要评估检察院机构设置、职能以及联系方式等内容。人员信息主要评估领导及人员监督员的基本信息情况。

检务指南下设工作流程、诉讼须知、咨询平台、公益诉讼和新闻发布会5个指标。工作流程下主要涉及3个平台的建设情况,分别是案件查询、辩护与代理预约申请、行贿案件档案查询。诉讼须知项下包括刑事申诉须知、民事行政申诉须知、刑事不起诉须知、检索检察须知、国家赔偿须知和刑事诉讼法律援助须知,这些内容的公开可以为当事人办事提供方便,正契合了网站公开的初衷。咨询平台的设置是为拉近检察院和当事人之间的距离,更好地为当事人答疑解惑,因此,平台咨询反馈是否及时以及咨询答复内容是否公开可见便成了评估的主要指标。设置公益诉讼这一项目是因为在《行政诉讼法》和《民事诉讼法》的修订完成后,检察机关负有提起公益诉讼职责,因此评估仅对网站是否公开相关法条和指南进行评估。新闻发布会是将网站是否有新闻发布会信息纳入评估体系。

检察活动分法律文书、申诉审查、重要案件信息3个指标。法律文书评估检察院所制作的起诉书、检察建议、量刑建议、检察意见、抗诉书、刑事申诉复查决定书6项文书的公开情况；申诉审查评估审查公告发布时间、内容等的公开情况；重要案件信息评估检察院办理的重要案件查办情况向社会进行公开的情况。

统计总结包括3个主要部分：检察报告、财政信息和文书统计。检察报告评估的是检察院工作报告的公开情况,具体包括年度报告栏目设置和年度报告全文内容公开情况；财政信息评估检察院近两年财政预算、决算以及"三公"经费支出等信息的公开情况；文书统计主要评估每年公开文书的种类、数量的统计情况。

四川省各市（州）检务公开评估结果见表3-15。

表 3-15　　　司法建设板块（检务公开部分）评估结果　　　单位：分

排名	市（州）	总分	基本信息（20%）	检务指南（30%）	检务活动（30%）	统计总结（20%）
1	眉山	50.30	60.75	40.50	52.00	52.00
2	资阳	49.55	45.75	50.00	38.00	70.00
3	宜宾	47.55	78.25	29.00	38.00	59.00
4	雅安	44.80	60.75	53.50	52.00	5.00
5	成都	43.28	54.00	46.60	40.00	32.50
6	广安	43.25	57.00	37.50	32.00	55.00
7	达州	41.25	51.00	55.50	38.00	15.00
8	巴中	39.75	53.25	35.00	38.00	36.00
9	攀枝花	38.95	57.00	48.50	14.00	44.00
10	德阳	38.50	64.50	36.00	32.00	26.00
11	遂宁	36.58	54.00	31.25	32.00	34.00
12	绵阳	36.05	47.25	24.00	38.00	40.00
13	乐山	35.15	57.75	18.00	38.00	34.00
14	广元	35.05	60.75	27.00	36.00	20.00
15	泸州	32.75	57.00	12.50	32.00	40.00
16	凉山	31.70	53.25	15.50	32.00	34.00
17	甘孜	30.85	63.75	11.00	32.00	26.00
18	自贡	30.15	42.00	40.50	32.00	0
19	内江	26.65	60.75	8.00	27.00	20.00
20	南充	—	—	—	—	—
21	阿坝	—	—	—	—	—

（四）破解执行难

破解执行难主要从执行指挥中心的建设情况、执行人员保障以及是否得到地方党委、人大、政府支持 3 个方面评估执行的保障水平。例如，执行指挥中心的建设与实际应用情况，对于执行人员的保障是否切实到位，地方党政机关、人大等是否制定文件支持执行工作，是否召开解决执行难的联席会议，等等。① 四川省各市（州）解决执行难总体评估结果见表 3-16。

表 3-16　司法建设板块（破解执行难部分）评估结果　　　　单位：分

市（州）	总分	执行指挥中心的建设情况（30%）	执行人员保障（30%）	是否得到地方党委、人大、政府支持（40%）
成都	100	100	100	100
自贡	100	100	100	100
攀枝花	100	100	100	100
泸州	100	100	100	100
德阳	100	100	100	100
绵阳	100	100	100	100
广元	100	100	100	100
遂宁	100	100	100	100
内江	100	100	100	100
乐山	100	100	100	100
南充	100	100	100	100
宜宾	100	100	100	100
广安	100	100	100	100
达州	100	100	100	100
巴中	100	100	100	100
雅安	100	100	100	100

---

① 解决执行难主要是评估各市（州）是否建立了相应的机制，是否召开了相应的会议，是否下达了相关的要求。而对于机制的落实情况并不在本次评估的范围内。本次评估中执行难各市（州）均建立了相关机制，召开了相关会议，下达了相关要求，但这并不意味着四川省各市（州）已经解决了执行难题，特此说明。

续表

市（州）	总分	执行指挥中心的建设情况（30%）	执行人员保障（30%）	是否得到地方党委、人大、政府支持（40%）
眉山	100	100	100	100
资阳	100	100	100	100
阿坝	100	100	100	100
凉山	100	100	100	100
甘孜	100	100	100	100

（五）总体评估结果

根据上述评估分项结果，四川省各市（州）司法建设的整体评估结果见表 3-17。

表 3-17　　　　司法建设板块总体评估结果　　　　单位：分

排名	市（州）	司法改革（20%）	破解执行难（20%）	司法公开（30%）	检务公开（30%）	总分（满分100分）
1	成都	100	100	75.18	43.28	75.54
2	眉山	100	100	60.73	50.30	73.31
3	攀枝花	100	100	64.23	38.95	70.95
4	宜宾	100	100	53.78	47.55	70.40
5	资阳	100	100	49.28	49.55	69.65
6	达州	100	100	57.43	41.25	69.60
7	遂宁	100	100	54.73	36.58	67.39
8	泸州	100	100	55.45	32.75	66.46
9	绵阳	100	100	51.58	36.05	66.29
10	广安	100	100	40.50	43.25	65.13
11	乐山	100	100	47.25	35.15	64.72
12	广元	100	100	43.65	35.05	63.61

续表

排名	市（州）	司法改革（20%）	破解执行难（20%）	司法公开（30%）	检务公开（30%）	总分（满分100分）
13	巴中	100	100	38.78	39.75	63.56
14	内江	100	100	50.95	26.65	63.28
15	自贡	100	100	46.65	30.15	63.04
16	雅安	100	100	31.68	44.80	62.94
17	德阳	100	100	37.53	38.50	62.81
18	甘孜	100	100	33.88	30.85	59.42
19	凉山	100	100	31.73	31.70	59.03
20	南充	100	100	54.43	0	56.33
21	阿坝	100	100	39.53	0	51.86

二 亮点与创新

（一）司法改革全面落地

评估显示，四川省各市（州）在司法改革过程中，全面落实中央和四川省司法改革文件精神，司法改革稳步推进，改革任务基本完成。

第一，司法员额制改革全面落地。2017年是全面深化司法体制改革的决战之年。在《四川省司法体制改革试点工作方案》审议通过后，四川省司法体制改革工作正式启动。首先，四川在省级设立法官检察官遴选委员会，统一对法官检察官遴选进行专业把关。省委政法委组织相关部门经过层层筛选，统筹各方力量，组建了专业权威高水准的省法官检察官遴选委员会。委员会共有57名委员，分为专门委员和专家委员。专门委员来自省委政法委、省委组织部、省法院、省检察院、省人大内司委、人社厅、司法厅7个省级部门，实行职务性安排，具有丰富的组织人事、法学专业等多方面的素养。专家委员有50名，分别来自省人大代表、省政协委员、法学专家、审判业务专家、检察业务专家、其他法律实务专家、律师代表7个类别，均为资深法律实务与法学理论专家。在遴选过程中，遴选委员会对所有候选人通过初审、复审等环节，分 5 组对所有候选人逐一审查，整理异议焦点，按照 1∶1.1 差额比例遴选出员额法官检察官。

第二，遴选程序合理科学。四川省将遴选公开公正放在第一位，切实提升遴选公信力。一是坚持统一规范遴选。为所有符合基本条件的法官检察官提供同一竞争平台，确保年轻人和年长者都有充分选择权。首轮入额人员中，40 岁以下的中青年法官占比为 37%，检察官占比为 38%。二是客观反映考生能力素质表现，在考核中坚持客观量化评价为主，尽量避免人为过多干扰，影响遴选公正性。三是邀请独立第三方参与和监督。入额考试分别委托国家法官学院、国家检察官学院命题，聘请第三方监考，省委政法委、省委组织部全程监督。四是确保全程公开透明。考试、考核的程序、标准和结果全部在单位公布，以公开促公正，实现"阳光遴选"。在省委政法委、省法院、省检察院设立举报投诉电话，对收到的投诉及时进行调查处理。

第三，科学分配员额比例。按照《四川省司法体制改革试点工作方案》，全省三级法院、检察院全面推进司法体制改革。全省法院、检察院入额比例按照四川省社会体制改革专项小组审议通过的《四川省法官检察官遴选工作指导意见》，严格控制在中央政法专项编制的 35% 以内，为未能入额、有发展潜力的优秀人才进入员额和实行员额动态调剂留下空间。四川省法官检察官遴选委员会差额遴选了全省各级法院的 6551 名法官、4656 名检察官。为切实满足司法工作实际需要，四川省委政法委明确要求，省法院、省检察院对各地市级法院、检察院员额进行整体规划、统一分配、动态调剂。员额分配应当坚持"以案定额"为主，兼顾人口数量、经济发展、交通条件、审级功能差异、司法辅助人员配备等因素，防止简单平均化。各地市级法院、检察院还可以对本地法官检察官进行二次分配调剂。例如，达州市中级人民法院现有政法专项编制 175 名；按照 35% 的控制比例，应核定法官员额 61 名，经省法院党组审批确定的员额 42 名，占编制的 24%，预留 19 名法官员额用于以后的遴选工作。又如，泸州市法院方案考虑政法编制数和案件数两个因素分配员额比例。全市两级法院入额法官员额总数如下：按中央政法编制总数 872 名的 35% 计算为 305 名，以"以案定额"原则计算为 377 名。综合编制数和案件数，确定本次入额遴选法官 296 名，预留9个法官员额，由中院在两级法院内统一调配。

第四，建立遴选动态机制。四川的司法机关不仅重视法官检察官员额的遴选工作，还建立了与员额遴选相关的配套制度，先后出台了《四川省法官检察官员额管理和遴选工作指导意见》和《四川省法官检察官员额退出办法》，对员额管理、初任遴选、逐级遴选、公开选拔、员额退出等各类情形进行系统规范，对中央政法委下发的《关于严格执行法官、检察官遴选标准和程序的通知》进行细化落实。其中，在《四川省法官检察官员额退出管理办法（试行）》中，列举了12种法官检察官应当退出员额的情形，分类规定了各种情形的退出程序，设置了相应的救济程序和退出安置程序，确保实现"能上能下""能进能出"，有效促进法官检察官履职尽责。各市（州）也根据自身情况制定了相关的实施细则和意见，例如，成都市中级人民法院着眼于司法人才队伍的长远建设，为法官、检察官的补充制定了《关于从律师和法学家中公开选拔立法工作者、法官、检察官的意见》和《关于建立法官检察官逐级遴选制度的意见》。又如，广安市中级人民法院制定了《法官常态化遴选与退出工作实施办法》，对员额制法官没有在业务部门亲自办案的；员额制法官入额后在非业务部门任职的；员额制法官年办案数没有达到要求的；员额制法官配偶在本省（市、县）从事律师、司法审计、司法拍卖职业的；领导班子成员配偶、子女在本省（市、县）从事前述职业的；因工作调动，从事行政管理岗位的；因退休或者其他事项，本人提出申请退出员额的等情形之一的；经本人提出或者政治部门提出，院党组研究决定退出员额，并报省法院备案。

（二）司法责任制改革扎实推进

作为全国第三批司法改革试点地区，2017年四川省全面启动司法责任制改革。四川省在落实司法责任制过程中，明确院庭（处）长办案要求，转变院庭长审批案件模式，制定与司法责任制改革要求相适应的法官、检察官业绩考核评价机制。

第一，合理配置办理力量。四川省完善落实司法责任制的制度体系，科学合理组建专业化办案团队，创新方式，加强监督，完善绩效考核机制，有效激励司法责任制落实。改革后，全省法院、检察院85%以上的司法人力资源配置到办案一线，司法办案力量得到大大增强，优秀人才向办案一线流动趋势明显。

第二，严格落实院庭长办案制度，赋予员额法官检察官职权。2017年，四川省严格落实院庭长办案制度，要求入额的院庭长要带头办理重大、疑难、复杂案件。年初召开的全省中级人民法院院长会暨司法改革推进会强调，不办案的院庭长必须退出员额，长期达不到办案任务要求的员额法官，也要实行退出机制。在遂宁两级法院，定期对院庭长办案专项情况通报，建立了包括院庭长在内所有入额法官审判质效公示制度。为推动中基层法院院长办案常态化，遂宁中院配合司法改革进程中的员额制改革工作，制定出台了《全市法院院长办案意见（试行）》。在广安市，根据改革要求，所有的员额检察官均要办理一定数量的案件，市院建立"随机分案为主、指定分案为辅"的案件承办确定机制，要求部门负责人办案不得低于本部门检察官人均办案量的50%；明确检察长等院领导办案规定，定期通报领导办案数量、案件类型、开庭数量等。全市两级院领导带头办理重大疑难复杂案件。

第三，明确责任清单，建立司法档案。2017年，四川省各市（州）严格落实中央司法责任制的要求，在明确司法人员"权力清单"的职责权限、考核司法人员审判业绩、案件质效通报以及建立司法档案等方面提出创新举措。例如，成都市中级人民法院先后印发了《"大部制"改革背景下院庭长职责清单（试行）》《成都市法院工作人员分类管理办法（试行）》以及《审判辅助人员职责清单（试行）》，厘清了从院长到书记员等全部司法人员的职责，规范领导干部、法官和司法辅助人员的司法行为。成都市中级人民法院、南充市人民检察院等出台了详细的绩效考核实施办法、实施细则，将考核结果作为奖惩、晋升、择优遴选、调整岗位等的重要依据，压实员额法官、检察官和司法辅助人员的责任。攀枝花市中级人民法院定期对年度重点案件质量进行评查，并对相关工作情况予以通报。广安市两级检察院按照"一人一档"的要求，对175名员额检察官建立司法档案，全面记录员额检察官办案数量、质量、效率、效果、职业操守、研修成果等业绩指标。

（三）履职保护逐步加强

2017年，四川省大力推进司法人员职业保障制度改革，一是在组织、财政、人社等部门的大力支持配合下，四川省在 2017 年年初兑现了全省法院、检察院改革基本工资，2017 年 6 月底全面完成司法人员工资改革任务，成为全国率先完成工资改革任务的少数省（自治区、直辖市）之一。一些市（州）还对应落实了司法人员单独职务序列工资套改，例如，有的市（州）检察院于 2017 年 1 月就完成了对入额检察官单独职务序列转换套改并于 3 月兑现落实。二是四川省稳妥推进省以下地方法院检察院人财物统管，积极协调相关部门推进干部、编制和财物统管工作，参与制定相关意见方案。四川省委政法委会同省委机构编制委员会办公室等部门联合下发《关于省以下地方法院检察院机构编制统一管理有关事项的意见》，对试点单位的机构编制省级统管进行了安排部署，推动省委组织部开展全省法院、检察院干部统管。三是建立法官检察官保障委员会，加强司法人员履职保护。目前，四川高院院机关、19 个中级人民法院、102 个基层法院组建了法官权益保障委员会，并正式开始运行。例如，四川南充市中级人民法院成立了法官权益保障委员会，该委员会由院长担任主任，主要负责集中受理法官与依法履职保护相关的诉求和控告；组织对法官或其近亲属可能面临的侵害风险进行评估，并采取相应措施；组织对本人或其近亲属的人身、财产权益受到侵害的法官给予救助；与公安机关、新闻主管、网络监管等部门建立与法官依法履职保护相关的预警、应急和联动机制等具体的法官权益保障事宜。四是落实其他政治和福利待遇保障。四川部分市（州）还通过提供其他待遇的方式增强员额法官检察官的工作获得感和职业尊荣感。例如，成都法院对院庭长之外的员额法官进行"提级管理"，具体措施包括建立员额法官轮流列席"三会"制度，按照议事规则的要求，结合议题情况，定期轮流安排员额法官列席党组会、院长办公会、院务会，有计划、有目的地选派员额法官上挂下派学习锻炼，完善挂职锻炼制度，安排员额法官代表参与法官考评委员会等。此外，成都法院还为法官和司法辅助人员购买专项保险，加强职业保障，如为全院干警购买住院职工综合医疗互助险、交通意外险（商业险），为女性干警购买女职工特殊疾病互助险等。

（四）司法公开成效显著

第一，门户网站全面建成。门户网站是司法公开的基础，缺少门户网站，则审判信息、执行信息等司法公开的主要内容缺少展示平台；若存在两个甚至多个网站，则可能会增加公众查找信息的成本。根据评估显示，全省各市（州）法院重视司法公开，21家市（州）人民法院均建立了本法院门户网站，其中20家法院有唯一门户网站且链接有效，广元市中级人民法院建立了两个有效网站。

第二，人员信息公开更加完善。公开人员信息有助于公众了解司法、接近司法、监督司法。评估显示，有20家法院公开了领导姓名，14家法院公开了领导的分管范围，21家法院公开了审判人员的姓名，11家法院公开了审判人员的任职时间或法官级别。

第三，审判信息公开内容可圈可点。首先，诉讼指南方面，21家法院中有17家法院诉讼指南栏目内容进行了分类公开，19家法院公开了全部或者部分诉讼流程，15家公开了法律文书样本，14家公开了诉讼费用标准，16家公开了诉讼风险提示。其次，流程信息公开方面走在全国前列。四川全省建有统一的司法公开平台，当事人可凭账号密码在平台查询在四川省辖区内的案件进展情况，及时了解案件动态。最后，庭审直播情况令人瞩目。评估发现，全省21家法院在调研期间均有庭审直播记录，且有的法院还公开了庭审文字直播，如遂宁法院。

（五）检务公开进步明显

第一，网站栏目设置趋向实用。检务公开相关规定往往仅是对公开内容作出了要求，但是对具体公开形式并未给出更为明确的标准，因此各级检察院门户网站对各项公开内容的分栏标准和方式各异。在本次评估中发现有些检察院的栏目设置更加合理，趋向实用性，能够使当事人直观了解栏目设置的目的，快速找到所需要查找的内容。例如达州市检察院设置的公开规定栏目，集中公开法律法规、检察常识和各种办事须知；资阳市、眉山市、广元市等通过检务大厅集中公开检务信息。

第二，机构设置公开更加规范。公开检察院内设机构设置、机构职能和联系电话有助于方便群众办事，也有助于群众行使监督权。在本次评估中，所有设置门户网站的市检察院都在网站首页对机构设置和职能进行公开，宜宾市检察院还在公开的职能信息后提供了机构联系电话。

第三，工作流程信息公开更加到位。一是门户网站首页提供案件信息公开网链接的比率达到100%。人民检察院案件信息公开网是为规范各级检察院公开案件信息的统一平台，于2014年正式上线使用。二是重要案件信息查办情况公开率达95%。重要案件是指在所属行政区划内发生的有一定影响的案件。公开重要案件信息查办情况，有助于回应群众对有关案件的关切，方便群众进行监督，也体现了检察院秉公办事的决心，能够进一步拉近检察院和群众之间的距离。评估结果显示，能够通过案件信息公开网以及本网双渠道公开重要案件信息的共有3家检察院，占比14.29%；能够通过检察院案件信息公开网公开重要案件信息的有14家，占比66.67%。

第四，两微平台覆盖率进一步提升。互联网时代下智能手机的普及让两微平台发布备受欢迎。在本次评估中，门户网站首页提供微博、微信登陆渠道的比率均达到了95%。这说明各级法院已经对于两微平台发布信息有了高度重视。本年度，项目组还对两微平台的信息内容、信息发布及时性进行了评估，微博信息能够同步更新率达到95%。有14家检察院的官方微博公开公益诉讼相关信息，覆盖率为73.68%；在微信公众号进行相关业务咨询和办理方面，有13家检察机关已具备该功能，占比61.90%。

（六）执行力度持续加大

第一，领导高度重视解决执行难工作。2017年，四川省各级领导高度重视执行难工作，出台各项措施确保两年内基本解决执行难。四川省依法治省领导小组严格落实《关于"两年内基本解决执行难"的工作意见》要求，建立"党委领导、政府支持、政法协调、法院主办、部门配合、社会参与"的基本解决执行难工作格局，四川省委、省政府出台《关于加快推进失信被执行人信用监督、警示和惩戒机制建设的实施意见》，四川省高级人民法院与省公安厅、省工商行政管理局、省质量技术监督局、省地方税务局、省级住房公积金管理中心等会签执行协作文件，形成综合治理执行难工作态势。各市（州）以有财产可供执行案件"司法大拜年""失信大曝光""执行大会战""拒执大打击"4个专项行动为抓手，有效遏制逃避执行、抗拒执行、干预执行现象。5年来，四川全省对失信被执行人依法纳入失信名单36.33万人，司法拘留9515人，判处刑罚184人，近 10% 的失信被执行人主动履行债务 30.73 亿元；2017 年四川全省法院有财产可供执行案件 13.32 万件，执结率为 93.43%，执行到位 45.53 亿元，得到最高人民法院的肯定。

第二，执行联动机制逐步建立完善。解决执行难不能仅靠法院一家，必须动员全社会的力量。建立切实有效的联动机制，在数据对接基础上通过对被执行人涉案信息的共享，国家有关职能部门和社会公众共同对被执行人进行惩罚和制约，才有可能促进被执行人自觉履行义务，最终解决执行难。2017 年，省委宣传部、省发展改革委、省公安厅等单位，通过座谈会商、下发纪要文件等方式，切实强化执行联动。四川省各市（州）也发挥主动性，积极整合社会各界力量和资源，构建执行联合体系。各市（州）普遍建立了执行工作联席会议制度，由地方党委政府牵头，联合市纪委、市人民检察院、市政府办公室、市委组织部、市委宣传部、市发展改革委、市公安局、市财政局、市司法局、市国土资源局、市规划建设局、市国税局、市工商局、银行等部门，加大对被执行人的惩戒力度。同时，压实联席会成员单位的责任，例如，遂宁市制定并下发了《关于调整充实遂宁市执行工作联席会议成员单位和修订完善成员单位职责的通知》；德阳市要求年终考核时，法院应该根据支持、协助法院执行工作的实际情况，给各单位打分。此外，对于执行中引发严重危害社会稳定，造成重大群体性事件的单位部门有责任的领导干部及责任人，由联席会议研究后，实行一票否决。攀枝花市公安局还专门制定了《协助人民法院执行工作实施方案》。

第三，执行信息化水平有所提升。执行信息化是法院信息化的重要组成部分。就执行工作而言，无论是执行案件的集中管理、执行过程的公开透明、执行工作的统一指挥、执行财产的查询控制，还是与有关部门的执行联动、对失信被执行人的信用惩戒，都必须以信息化为基础。2017 年，四川法院的执行工作信息化水平不断提升，截至 2017 年 7 月 31 日，省法院分别与人民银行成都分行、四川省银监局，以及省公安厅、民政厅、国土资源厅、工商局、地税局、省级住房公积金管理中心、26 家银行等部门机构，达成共建查控系统的合作共识，并陆续开通"点对点""总对总"网络执行查控系统。各市（州）都已依据"平台共享、终端自建"的模式建成统一管理、统一协调、统一指挥，辐射辖区基层法院的执行指挥系统。泸州等地的中级人民法院为建成的执行指挥中心大厅配备了液晶显示屏、网络查控专用电脑、视频会议系统、监控系统、视频演示系统，具备执行远程指挥、科技法庭、安防监控、多方联合指挥和远程接访等功能，并与省法院集控中心实现级联。南充市法院与公安、车管、房管等14家单位建立点对点查控。

第四，各级各地多措并举支持推动攻克执行难工作。泸州、绵阳、攀枝花、眉山、雅安、资阳、广元苍旺、成都温江、内江市市中区、凉山德格等地通过召开联席会议，落实任务、推进工作。乐山、内江、遂宁、宜宾、成都简阳、广元朝天、达州宣汉、绵阳梓潼、南充南部等市、县483名党委、人大、政府、政协领导，352名人大代表、政协委员出席全省法院"执行大会战"统一行动仪式，见证、支持执行。南充市政协主席带领20名市政协委员视察法院执行工作，并形成向市委的专题报告，市委副书记、市长批示有关单位和部门整改问题。乐山夹江县委书记亲任县"利剑行动"专项执行活动领导小组组长，坚持每周听取情况汇报。南充蓬安县纪委书记集中约谈国家公职人员中的失信被执行人。

三 发现的主要问题

（一）员额制改革仍有困难障碍

四川省员额制改革总体上体现了公平公正、公开透明的原则，但是在具体的遴选程序设计、配套制度建设方面仍然值得探讨。一是遴选程序仍然存在可以商榷的地方。例如，四川省各市（州）入额遴选都采取考试和考核相结合的办法。但是对院领导和其他法官的入额遴选标准不统一，值得商榷。院长、副院长不仅不用考试，而且入额资格也更为宽松。例如，内江市中级人民法院要求中院和各基层法院院长以及分管业务工作、符合报名资格条件的副院长考核入额，其他法官考试+考核入额。院级领导和普通法官的入额条件也不一致，2001年新修订的《法官法》施行后，新任的法官应具备相应范围内适用的法律职业资格证书，但是对院长、副院长却无此要求。二是员额中领导干部的比例过高。由于程序设计、入额资格限制等原因，在员额制改革中，入额法官检察官中领导干部占比较高，不利于调动普通干警的积极性。例如，达州全市法院 340 名入额候选法官中，院长 8 人，副院长 21 人，审委会委员 55 人，庭长 65 人，副庭长 84 人，共计 233 人，占 68.5%，而非领导职务法官共计才 107 人，只占 31.5%。更为重要的是，由于院庭长还要承担大量行政事务，他们的办案任务数显著低于其他法官，那么员额内领导干部占比过大必然导致其他员额法官检察官承担更多更重的审判事务，加剧"案多人少"矛盾。三是员额法官检察官动态管理的操作规范还需进一步明确。按照《四川省检察机关人员分类管理改革方案》，"检察官、检察辅助人员、司法行政人员三类人员原则应在各自序列内交流，但也可根据工作需要跨序列交流"。但是缺乏具体的操作规范和细节，造成一些市（州）司法机关的人事调动工作陷入困境。例如，入额法官检察官因单位工作需要分别调整到办公室、干部处任职，是直接退出员额，还是报请省遴选工作委员会审批后退出不明确；如果本人申请重新回到业务部门，是否还需要重新参加遴选或遴选委员会重新审批确认政策不明朗；入额法官检察官调至上级法院、检察院业务部门工作，是否可直接转任员额法官检察官及转任程序不明确；等等。这些都造成实践中司法机关内部人员调动面临无法可依的困境。四是司法行政事务过多与行政人员不足的矛盾凸显。本轮司法改革中，为了突出司法业务在司法机关中的重要地位，严格将司法行政人员限制在在编人员的 15% 比例以内。当前司法行政人员承担着组织政工、思想党建、调研宣传、纪检监察、后勤保障等大量综合行政工作，人员数量与工作事务不成正比，导致司法行政工作无法充分发挥辅助司法工作的作用。以泸州市中级人民法院为例，政法专项编制 119 名，最多只能配置 18 名司法行政人员，18 名干警需要配置到办公室、政治部、机关党委、监察处、行装处 5 个部门，远远不能满足工作需要。基层检察院在编制数更少的情况下，所能配置的人员更少，情况更为严重。

（二）司法责任制仍有改善空间

四川省各市（州）法院、检察院在落实司法责任制过程中仍然存在一些问题值得关注。一是院庭长办案责任仍需进一步压实。以法院为例，有的基层法院领导办案上百件，而有的基层法院领导办案数明显不足。虽然完成了上级规定的基本任务数，但是领导带头办案表率作用发挥不充分。个别检察院的内部报告也显示，检察长、副检察长虽然办案数量和质效达到规定要求，但办理重大疑难复杂案件数相对较小。二是"审理者裁判"仍未完全落实。例如，个别检察院虽然制定规范性文件明确了员额检察官、检察辅助人员在司法办案工作中的职责权限，取消部门负责人案件审批权。但是，仍然保留了审批制，只是变"三级审批制"为"两级审批制"。三是取消案件审批后对保障案件质量提出更高要求。取消案件审批后，"同案同判"工作面临新挑战，案件质量存在隐忧。司法责任制改革后，审判权更加分散，法官的自由裁量权增加且司法责任制对法官的业务能力提出更高要求，个别员额法官的业务能力与工作要求尚有一定差距。目前，同案同判的体系化保障机制尚未完全建立。一些法官在独立承担案件审理工作后，责任心不强，制作的裁判文书中文字错误过多，甚至在个别裁判文书中出现上诉法院名称错误的现象。四是新的审判团队运行经验不足。实践中发现，审判辅助人员的业务能力需要提升，员额法官检察官、法官检察官助理、书记员等各类人员的协作配合尚在摸索磨合之中，助理的工作与法官检察官、书记员有交叉重复现象，团队整体效能发挥还需进一步提升。

（三）法官权利保障力度有待提升

四川省各市（州）虽然及时转发了《保护司法人员依法履行法定职责规定》的通知，省级机关和大部分市（州）也建立了法官权益保障委员会，但对司法人员权益保障仍然力度不足。一是保障委员会设置不全面，四川省只有部分市（州）的法院设立了法官权益保障委员会，少有检察院建立检察官权益保障委员会，更没有在全省层面设立统一的法官、检察官权益保障委员会。二是保障委员会设立主体地位不高。目前四川省各市（州）的保障委员会都是在司法机关内部设立，但是保障法官检察官不参加非司法事务、法官人身安全保障等都需要当地政府、党委以及其他部门的配合，法官检察官履职保障委员会没有政法委和党委的参与，保障力度有限。三是权利保障委员会履行职能有限。法官权利保障委员会履行职能集中在受理法官申诉、对法官实施救助、本院安全设施检查、做好庭审秩序维护、开展安全培训和心理疏导等方面，对于法官经济利益保障、履职保障以及司法实践中更为严重的侵害法官人身安全保障等保护付之阙如。

（四）司法公开尚存在提升空间

第一，网站友好性有待增强。评估发现，四川司法公开平台以及个别法院的网站出现打不开、网站链接无效情况。另外，仍有4家法院网站首页有浮动窗口，影响公众进行浏览。

第二，搜索功能有待优化提升。评估发现，四川统一司法公开平台为开庭公告提供的搜索功能有效性和友好性差，搜索案件不仅要输入验证码，而且选择审理法院名称后点击搜索按钮显示的搜索结果并不是所选法院案件的开庭公告。另外，有个别法院门户网站的搜索功能无效。

第三，栏目内容有待进一步充实、丰富。评估发现，四川司法公开平台栏目建设齐全，但是有的栏目中各法院发布的内容较少。如建有专门的司法改革栏目，但是有18家法院栏目显示"暂无数据"，栏目内容有待进一步补充；又如，有20家法院门户网站没有设置栏目将不上网裁判文书的案号、不上网的理由进行公开，裁判文书的反向公开还未受到重视。

第四，网站易用性仍需增强。评估发现，各个法院的减刑假释立案公示栏目均可以链接到全国法院减刑、假释、暂予监外执行信息网，但不能直接链接到该网的本院页面，公众需要再次选择相应法院查看信息。同样的，各个法院的裁判文书公开栏目均可链接至中国裁判文书网，但是并不是链接到该网的本院页面。

第五，执行信息的公开仍不理想。评估发现，执行常识公开方面，11家法院公开了其中一项信息或者未公开相关信息；执行曝光公开方面，21家法院未公开近3个月（2017年10月15日—2018年1月15日）有关限制出境、执行悬赏、特殊主体被执行人曝光、执行惩戒（罚款、拘留及追究刑事责任）的信息；执行举报方面，仍有14家法院未公开执行线索举报电话或邮箱。

（五）检务公开力度仍有待加强

第一，个别检察院门户网站建设缺失。互联网时代，门户网站成为信息公开的主要渠道之一。对于检察院来说，通过门户网站进行检务公开能够突破时间、空间的阻碍，使公众以更加便捷的方式了解检察院。2016年度的评估结果显示，四川省下属所有市检均设置有效的门户网站，门户网站覆盖率100%，但是在2017年度的评估中，项目组经过反复查找、核实，仍然有南充市检察院的门户网站虽找到链接，但在评估期内网页始终无法打开，阿坝藏族羌族自治州没有查找到相关网站链接。①

第二，部分检察院门户网站运行不稳定。评估过程中，项目组成员通过浏览各检察院门户网站进行信息公开的评估，但是在评估中发现网站运行不稳定的现象突出，很多网站链接存在时而有效时而无效的现象。评估组通过改变访问时间、不定期多次访问、切换浏览器访问等方式才能完成最终的评估和复查。例如在本报告撰写期间，项目组依次快速浏览了21家市检网站，仍有成都市、宜宾市、凉山州3家检察院的门户网站链接无法打开。以本次考查为准，运行不稳定网站占比15.8%，网站的不稳定会使公众使用网站查询信息受阻，无法保证信息公开的及时性和有效性。

第三，年度工作报告公开还需加强。评估显示，设置门户网站的评估对象中，设有工作报告栏目的检察院有11家，有内容无栏目的检察院有3家，仍然有5家检察院网站没有相关内容。而具体到公开报告的内容和时效性评估结果更是令人唏嘘，近两年的工作报告，能公开2016年度工作报告的仅有5家检察院，其中还有3家检察院公开的年度工作报告仅有摘要；有9家检察院公开2015年度工作报告，全部公开报告内容的仅有6家。专项报告的公开情况更是让人大失所望，仅德阳市1家检察院公开了专项报告，另外还有4家检察院仅有相关新闻报道，14家检察院没有公开任何专项报告内容。

第四，财政信息公开缺口依然很大。财政信息公开是将检察院年度经费预算、决算和"三公"经费使用情况对公众进行说明，接受群众监督。2018年的评估结果显示：有5家检察院未提供2017年度预算、2016年度决算、2016年度预算的信息；而能完整提供上述预决算信息的，仅有4家检察院；未能提供2017年度、2016年度"三公"经费使用情况的有6家检察院，提供了2017年度、2016年度"三公"经费使用情况的有5家检察院。显然，检察院预决算信息和"三公"经费使用情况的公开，可谓依然道阻且长。

第五，文书公开渠道及内容有待完善。评估显示，一些法律文书的公

---

① 需指出的是，在全书统稿之际，南充、阿坝两地检察机关的官方网站已经可以打开。考虑到已超过评估和复查的期限，故以评估期结果为准。

开情况进步显著，例如有 18 家检察院公开了起诉书，但是仍然有很多类型的文书尚未公开。特别是，评估对象均未公开量刑建议书、检察建议书、检察意见书。此外，检察院案件信息公开网上线使用后，大多数检察院通过该网站公开检察文书，但是仍然有部分检察院没有在该平台公开，而是通过自己的门户网站公开。这种做法虽没有太大问题，但是从公开工作的规范管理上来说，如果能够充分利用好统一的公开平台，对于信息使用者、信息发布者、信息公开管理者来说都更方便、更高效。

（六）基本解决执行难仍存瓶颈

虽然，四川省各市（州）近年来对解决执行难高度重视，但是执行难的解决不可能一蹴而就，在实践中也会遇到一些困难和瓶颈。

第一，执行案件"人案矛盾"突出。一是案件大幅增长。四川省法院执行案件快速增长，2015 年受理 19.9 万件，2016 年受理 26.2 万件，同比上升 31.85%，2017 年受理执行案件 35.6 万余件，同比又上升了 35.6%。执行案件分布不平衡，全省约 40% 的案件集中在成都、绵阳、德阳、南充等经济发展体量较大的地区。二是当前社会环境复杂，案件执行难度加大。执行难度大造成执行法官信访、维稳压力不断增加，对重大、疑难或涉众、涉稳案件有明显的畏难情绪，消极执行、选择性执行、乱执行等现象仍未根治。三是全省法院执行队伍总体上存在量少质弱的问题，难以适应执行工作需要。据统计，全省从事执行工作的在编干警仅 2189 人，其中执行部门员额法官仅 464 名。现有执行干警以军转干部、调入人员或未入额法官为主，法学教育经历整体偏低，人员年龄结构老化，整体素质与审判部门人员差距较大，难以适应执行规范化的要求。目前，执行部门员额法官人均结案 710.99 件，为全省员额法官人均结案 164 件的 4.3 倍，案多人少矛盾十分突出。

第二，工作大格局作用发挥还不到位。四川省虽然构建了党委领导下的综合治理执行难工作大格局，建立了执行工作联席会议制度，但实际作用发挥还不够到位。一是市、县两级执行工作联席会议制度运行实质化程度不高。多以传达学习贯彻上级联席会议精神和要求为主，没有抓住本地区实际，以问题为导向开展工作，还存在以文件落实文件、以会议落实会议的形式主义。个别执行工作联席会议成员甚至不清楚本单位、本系统在执行工作大格局中的具体定位和职能职责。二是联动机制作用发挥不够。

负有协助执行义务的行政机关协助执行随意性较大，尚未形成制度约束机制。涉及协助执行单位自身利益、增加其工作量和行政管理成本，协助执行单位往往设置内部程序障碍，增加执行工作的人力、时间成本，降低执行工作效率。三是打击拒执罪配合不到位。制裁涉执违法犯罪行为，既需要公、检、法三机关密切协作，也需要政府职能部门和社会各界对法院执行工作给予理解、尊重和支持。但个别公安、检察机关对拒执行为的打击主动性不足，三机关相互配合还不够顺畅，拒执行为定罪难度大。

第三，执行信息化建设存在进一步提升的空间。当前，执行信息化建设滞后，社会信用系统不健全，是破解执行难的技术性障碍。一是网络查控尚未实现"全覆盖"，查人找物难的问题仍然存在。在不动产、税务、有价证券、保险等方面入网工作进度缓慢；公积金查询、控制尚需全省提级处理；对被执行人车辆信息、旅馆业住宿登记信息、乘机信息及人口暂住信息的查询和反馈机制还不完善；银行网络查控系统功能仍有不足，冻结、扣划功能亟待完善，网络冻结与柜台扣划尚无法实现无缝对接，点对点、总对总在应用中出现查控信息不准确的情况，不少案件的查控仍以"登门临柜"形式为主；理财产品的查询、冻结功能需要开放。二是失信信息流转不顺畅，联合信用惩戒措施落实难。惩戒信息推送还不顺畅，大多数行政单位没有按要求将失信被执行人名单信息嵌入本单位管理、审批、工作系统，对住宿宾馆饭店、高消费旅游、子女就读高收费学校、购买具有现金价值保险等高消费限制尚需加强，对担任事业单位法定代表人、金融机构高管、社会组织负责人、律师、公证员以及招录为公务人员等任职资格限制缺乏有效控制手段；对设立金融类公司、发行债券、股票发行或挂牌转让、参与政府投资项目或主要使用财政性资金项目、参与工程建设项目的招标投标活动等特定行业和项目限制还未启动；尚未实现被执行人名单信息的自动比对、自动拦截、自动监督、自动惩戒；惩戒措施及效果情况反馈也不及时。

四　完善建议

（一）进一步深化司法体制改革

第一，理顺司法体制配套改革的体制机制。2018年是全面深化司法体制综合配套改革的开启之年。四川省司法改革在完成了员额制改革、司法职责制改革等重大事项改革后，仍然有些配套体制机制需要完善。一是尽快完善员额配套机制。四川省已经出台了员额法官检察官退出的相关文件，下一步还应继续完善员额增补、逐级遴选以及在业务部门与非业务部门之间流动等配套机制。二是健全司法辅助人员的配备和管理机制。员额制改革后，在新型办案团队组建过程中，司法辅助人员的作用更加凸显，司法辅助人员职能定位不清晰，助理与书记员的职责交叉将会严重影响案件质效，因此，亟待建立健全司法辅助人员的管理、选拔机制，明确其职责、晋升及考核等事项。三是厘清法官责任制边界。"裁判者负责"并不意味着应由法官对任何案件承担无限责任；因此，亟待厘清法官的职责边界，特别是明确法官应当豁免的事项以保障法官本身权益。四是加强案件质量保障。在现有条件下，"审批制"弱化后需要通过其他手段保障案件质量，因此有必要建立比较完善的法官（检察官）会议制度加强对疑难复杂案件的研讨，同时加强司法人员的培养和培训，提高司法人员的能力水平。

第二，抓好司法改革措施的具体落实。制度建设是司法公正的重要环节，但是制度建设重在落实，只有纸面上的制度，没有行动中的落实，再好的制度也将是一纸空文。四川省各市（州）在司法改革四项重点任务基本完成后，应当着重将司法改革的重点转移到制度落实层面。一是制度实施效果与各项规范性制度的效力层级与发布单位息息相关。四川省各市（州）虽然为司法改革出台了不少规范性文件，但是它们发布单位不一、层级不一，一定程度上影响了制度充分发挥作用。因此，加强制度落实的首要条件是提高规范性文件出台的规格，建议考虑由各市（州）政法委会同市（州）委办、政府办联合发文。二是重视领导干部办案制度的落实。领导干部能否带头办案，是否能带头办理疑难复杂案件是决定员额制改革成败的关键，除了制定文件规定干部办案数量外，还可以通过减少领导干部行政事务、公布领导办案数量及类型等方式促进领导多办案、办难案。三是落实司法人员保障制度。司法人员保障的难点在于落实，保障力度的大小取决于党委、政府、社会方方面面的重视程度，司法人员单独序列、员额编制的增补等需要党委和人事部门的配合，司法人员的薪酬待遇需要政府财政部门的支持，司法人员安全保障则有赖于公安机关的协助。

因此，司法人员保障制度落到实处需要地方党委政府的配合，需要从依法治省、依法治市的高度压实党委、政府责任。

第三，加强对司法改革实效的评估调研。司法改革不能仅仅停留在文件和纸面上，改革能否提升审判质效，能否惠及司法机关和人民群众需要通过深入实地的调研评估来确定。一是上级政法机关对下级政法机关进行检查督促力度。通过督查评估，重点评估各市（州）、各县（市、区）员额制、责任制落实过程相关举措是否落到实地，选出的员额法官检察官是否符合中央司法改革精神，不办案的法官检察官是否退出员额，法官检察官是否能够真正独立地行使审判权、检察权，各地是否还有违法干预审判权、检察权的事例，侵害司法人员履职的事件是否已经杜绝，司法改革后司法质效是否得到提升以及提升的程度，法官检察官在司法改革中的获得感如何，等等。二是加强司法改革的第三方评估，除了政法机关内部督查外，为了提升评估的公信力，积极邀请中立的第三方对司法改革成果及不足进行评估，为司法改革的深化出谋划策。

（二）全方位提升司法公开水准

第一，以需求为导向进行司法公开。司法公开应以社会公众和当事人的需求为出发点，"想群众之所想，干群众之所需"，切实做到以社会公众和当事人的需求为导向，满足公众的司法需求，为公众获取司法信息提供便利和服务，真正实现司法便民、司法为民。向公众和当事人征集意见建议，询问他们希望公开什么信息，希望以什么方式公开，重视公众和当事人的真实需求并纳入司法公开工作的考虑之中。

第二，提高司法公开的自主性。一般而言，法院的工作模式是被动式而非主动式的，但并不意味着法院的所有工作都是被动的。法院主动通过网站进行司法公开，进而实现司法便民，提升法院的权威和公信力。但当前一些法院建设网站，除了自身宣传的需要外，有不少来自于上级法院的要求、同级党委政府的推动，甚至是为了应付评估。因此，其工作在很大程度是被动应付，公开工作和相关活动往往出现重形式、轻效果，重自身便利、轻受众感受，信息发布滞后的情况。一些法院网站只管建、不管用，栏目配置不齐全，配置栏目但无信息，网站界面友好性差，信息公开不主动，重要信息难获取，应从现阶段"要我公开"逐步转变为"我要公开"。

第三，加强平台建设，理顺与门户网站的关系。四川省统一的司法公开平台栏目设置较为全面，很多栏目与门户网站的栏目设置是相同的，易导致信息公开分散发布、信息发布内容不一致现象，公众进行信息查询时会无法判断以哪个平台发布的内容为准。建议建立有效链接，实现统一平台与各法院门户网站之间互联互通，避免重复上传数据，同时应确保信息的准确性，方便公众进行信息查询。

第四，建立网站运维保障机制。网站是司法信息发布的重要载体，网站日常的运营维护尤为重要。公开的司法信息的准确性、全面性会影响司法公信力，法院每天都会产生或者更新司法信息，这需要专门的工作人员进行上传、修改或者删除过时的司法信息，维护网站的日常运行。对法院来说，不仅要有专门的网络技术人员保障网站的有效运行，还需要技术人员和熟悉法院业务的法律工作者相互配合，形成良好的运维机制，保证司法信息公开的规范性。

（三）提高检务透明度重在落实

第一，提高认识高度重视公开。阳光司法建设的关键是做好信息的公开工作，把握和理解好公开是为了检察工作更好开展，政策更好落实。各级机关应当树立端正的司法公开意识，不能对公开工作持有抵触心理，不要将公开工作视为一种负累。而在具体的工作中不仅仅要严格按照有关部门的要求进行公开，更要从便利当事人和社会公众的角度思考更好的公开方式，探索更加实用的公开方式。

第二，加大投入强化技术支撑。之所以会存在网站运行不稳定等问题，其根源是后台技术支持不到位，正确认识到公开工作的重要性就要从人、财、物等各个方面予以支持。应通过聘请外援以及内部人才培养双渠道提高专业技术水准，解决技术难题。此外，在网站的建设和维护中将网站的公开实用性考虑其中。

第三，统一标准提升可操作性。为了使公开工作更好开展，让公开成果更加惠民利民，应格外重视规范公开标准、明确公开内容。结合当下公开工作现状和实际公开中遇到的问题，制定更加明确、具体的公开标准，处理好各公开渠道的关系，避免公开信息不对称情况的发生。例如设置了统一的公开平台，就要充分利用，同时注意门户网站对公开平台的链接管理，使两者各自发挥其特有作用，以期更方便公众获取信息。

第四，加强监督确保严格落实。在制定了严格的公开制度来规范公开工作后，还应当加强后期的监督。应明确划分公开职责并固定责任人，对公开未落实到位的予以严惩。同时通过日常监管及时发现公开工作当中遇到的困难和阻碍，及时给予帮助。还应对公开工作落实到位以及创新公开方式取得良好公开效果的行为和人员进行表彰，提高工作积极性，共同推进检务公开工作向纵深发展。

（四）调动各方力量解决执行难

第一，解决执行案多人少矛盾迫在眉睫。目前，四川执行案多人少矛盾已经比较突出，这一方面是部分承办人执行工作效率尚待进一步提高造成的，但在很大程度上也与目前四川法院执行案件激增，执行力量不足，承办人员、书记员工作任务繁重有关。在案件量连年大幅增长的同时，受到法院内部的员额制改革等影响，执行人员不增反减，因此，亟待破解执行战线人案矛盾。一方面，要将查询财产、执行文书发送、案件归档等部分辅助性事务进行剥离，尽力保障执行法官专注于制定执行方案、财产处置、查找被执行人等事项；另一方面，要为执行工作配备足够的执行员、司法辅助人员，将配置必要的车辆、设备作为保障执行工作良性发展的基础性条件之一。

第二，做好沟通协调提高执行效率。执行虽然是法院的职能，但执行工作需要评估机构、拍卖机构、金融机构及相关政府部门的协调，这些部门是积极配合还是消极怠工极大地影响执行案件的效率和效果。因此，做好执行必须做好相关部门的协调沟通工作。一是畅通与政府部门、金融机构的沟通机制，缩短网络财产查询的反馈时间；二是严格限定评估、拍卖机构的处置时间。例如，对于执行过程中通常用时较长的评估环节，可以出台《评估拍卖流程管理办法》，严控节点用时，明确规定委托后多少工作日进行现场勘验、多少工作日出具评估报告等，并通过对外探索以招投标方式确定鉴定、评估机构，根据收费标准、完成工作时限等，对中介机构实行计分考评，让效率高、佣金低的中介中标。

第三，通过案件繁简分流提高执行效率。面对执行工作案多人少的格局，提高执行效率还应当从变革执行机制、体制入手，加强执行工作的集约化水平，实行案件繁简分流。一是调整执行局内设部门，增设专门机构，由其负责在执行案件立案后，统一进行集约网络查控，确保第一时间进行网上查控；二是根据网络查控情况，并综合执行案件财产查找、争议解决、拍卖处置、公告送达等环节的难易程度，对案件进行分类；三是将通过财产查控，银行存款、股票等可足额清偿债权的；被执行人愿意主动履行或者双方有和解可能的；可以简单处理的财产保全案件、追索诉讼费案件等几类简单易执、易结的简易案件，集中交由一两个执行组快速办理，提高这类执行案件的效率；四是其他普通案件则严格规范流程和时限，进行精细化办理。

第四，借助信息化手段辅助执行工作。执行信息化是法院信息化的重要组成部分。通过进一步加强执行信息化建设可以提高执行的规范化水平和执行效率。一是通过网络提升查人找物效果。对执行工作而言，查人找物是关键。应当充分利用好最高法院建立的全国网络执行查控系统和各地法院建立的"点对点"查控系统，通过网络提升查冻扣的效率和力度。二是加强与其他单位的协作联动。执行难的出现主要不是法院造成的，解决执行难也不能靠法院"单打独斗"，应当通过信息化手段加强与公安、国土、工商、社保等部门的外部联动工作，由各法院指挥中心负责与协作单位、兄弟部门共享信息资源、加强联动对接、构建执行天网。例如，通过法院执行信息系统与公安相关部门信息系统联网，充分发挥公安机关"以大数据找人"的优势，运用电子信息手段，从科技层面查找被执行人。三是充分采用技术手段提高在线办案能力。例如，可以将执行案件管理系统从办公电脑移植到手持平板电脑上，使执行法官在外出执行途中即可完成案件信息查询、流程节点录入。由此，在充分激活"时间碎片"的同时，使执行工作各环节的流程信息实现真正意义上的同步录入。

第七章　法治社会

党的十九大报告指出："加强社会治理制度建设，完善党委领导、政府负责、社会协同、公众参与、法治保障的社会治理体制，提高社会治理社会化、法治化、智能化、专业化水平。"社会治理的法治化是依法治国的基础,诚如十八届四中全会指出:"全面推进依法治国,基础在基层,工作重点在基层。"因此,基层社会治理的法治化尤为关键,对于推进全面依法治国、全面建成小康社会,实现中华民族伟大复兴的中国梦具有十分重要的意义。近年来,四川省在社会治理法治化道路上阔步前行,取得了良好的成效。本次评估在总结经验的同时,也不忘检视存在的问题,为进一步推进四川依法治省、完善基层社会治理的法治化铺平道路。本次的评估结果还可以为其他地区基层社会法治提供参照。

一 评估概况

法治社会评估指标分为3个板块:治理体系和能力现代化、法治宣传教育、基层依法治理。治理体系和能力现代化主要从居民参与、服务供给、文化引领等方面进行评估;法治宣传教育重点从法律七进、普法责任制、"七五"普法推进情况进行考核;基层依法治理则从乡村、学校、企业3个维度进行测评(详见表3-18,评估结果见表3-19)。

表3-18　　　　　　　　法治社会板块指标体系

二级指标	三级指标	四级指标
治理体系和能力现代化(30%)	居民参与(20%)	社区公开(50%)
		群众自治(50%)
	服务供给(10%)	社区公共服务(30%)
		社区互助(40%)
		社区志愿者(30%)
	文化引领(20%)	社区教育(30%)
		道德教化(40%)
		文明家庭(30%)
	依法办事(10%)	法治社区建设(100%)

续表

二级指标	三级指标	四级指标	
	矛盾化解（20%）	理性合法的利益表达（30%）	
		社区人民调解组织网络（30%）	
		社区治安防控网建设（40%）	
	信息化应用（20%）	智慧社区信息系统（100%）	
法治宣传教育（40%）	法律七进（30%）	法律七进推进情况（100%）	
	普法责任制（30%）	是否制定了普法责任清单（50%）	
		是否公开了普法责任清单（50%）	
	"七五"普法推进情况（40%）	普法人员（20%）	
		普法经费（40%）	
		普法覆盖率（40%）	
基层依法治理（30%）	乡村（20%）	村民公约（50%）	
		乡村法治建设（50%）	
	学校（40%）	依法治校推动情况（40%）	
		普法宣传情况（30%）	
		法治示范校建设（30%）	
	企业（40%）	食品安全（50%）	食品安全事故（50%）
			保障食品安全的举措（50%）
		生产安全（50%）	安全生产事故（50%）
			保障生产安全的举措（50%）

表 3-19　　　　　　　　法治社会板块评估结果分数　　　　　单位：分

排名	市（州）	治理体系和治理能力现代化（30%）	法治宣传教育（40%）	基层依法治理（30%）	总分
1	南充	100	94.40	98.80	97.40
	阿坝	100	94.40	98.80	97.40
2	广元	100	91.20	100	96.48
3	成都	100	96.00	92.00	96.00
4	攀枝花	100	96.00	90.00	95.40
	资阳	100	96.00	90.00	95.40
5	雅安	100	92.80	90.80	94.36
6	遂宁	100	92.80	90.00	94.12
	达州	100	92.80	90.00	94.12
7	自贡	100	92.80	89.60	94.00
8	宜宾	100	92.80	88.80	93.76
9	广安	100	91.20	90.80	93.72
10	内江	100	92.80	87.60	93.40
	眉山	100	92.80	87.60	93.40
11	绵阳	100	89.06	90.00	92.84
12	乐山	100	91.20	87.60	92.76
13	德阳	100	89.60	88.80	92.48
14	甘孜	80.00	96.00	97.60	91.68
15	凉山	80.00	92.80	100	91.12
16	泸州	100	91.20	82.00	91.08
17	巴中	100	91.20	80.00	90.48

二　亮点与创新

（一）治理体系和能力现代化

国家治理体系和治理能力是一个国家制度和制度执行力的集中体现，两者相辅相成，组成一个有机整体。良好的国家治理体系才能真正提高国家治理能力,提高了国家治理能力反过来又能充分发挥国家治理体系的效能。2018年2月28日,《中国共产党第十九届中央委员会第三次全体会议公报》指出:"党的十八大以来,以习近平同志为核心的党中央紧紧围绕完善和发展中国特色社会主义制度、推进国家治理体系和治理能力现代化这个总目标全面深化改革,加强党的领导,坚持问题导向,突出重点领域,深化党和国家机构改革,在一些重要领域和关键环节取得重大进展,为党和国家事业取得历史性成就、发生历史性变革提供了有力保障。"由此可见,推进国家治理体系和治理能力现代化是近些年来党中央全面深化改革工作的重中之重。四川省在社会法治建设过程中特别注重治理体系和治理能力的现代化问题,时刻响应中央号召,紧密跟随中央脚步,取得了良好的成效。

1. 居民参与

居民参与即居民以个体的身份参与社区公共事务的决策和管理,这是基层社会治理的核心与基础,是政府实现对社会有效治理的重要手段,也是公民参与国家事务和社会公共事务的直接体现。近年来,四川省委、省政府发布了多项文件,如《关于全面深化改革加强基层群众自治和创新社区治理的通知》《四川省村务公开条例》等,以保障基层村(居)务公开和群众自治的顺利进行。

落实和深化村(居)务公开、群众自治、民主管理,是党中央、国务院作出的加强基层民主政治建设的重要举措。进一步做好村(居)务公开和群众自治管理等工作,是维护城乡基层群众根本利益的具体体现;是全面推进村(居)民自治,发展社会主义民主的重要内容;是落实协商于民、协商为民,健全基层治理机制的重要手段;是落实村(居)民知情权,保障村(居)民决策权和监督权的重要保证;是促进城乡社区党风廉政建设,密切党群干群关系,促进基层政治稳定的重要保证。

四川省各市(州)认真贯彻落实《四川省村务公开条例》有关规定,明确村(居)务公开的意义,扩大村(居)民的民主参与,丰富村(居)务公开的形式,加强村(居)务公开的督查。各市(州)对《四川省村务公开条例》中明确规定的公开事项、其他法律法规政策明确要求公开的事项、城乡社区发展中需要公开的相关事项均进行认真梳理,各自建立完善本地区统一规范的村（居）务公开指导目录，确保基层按程序、按规定做到全面、真实、及时进行公开。攀枝花市创新四项举措加强村（居）务公开：一是突出公开重点，重点公开惠民政策落实、征地拆迁、土地流转、财务收支等与群众息息相关的事项；二是丰富公开形式，在村（社区）设立了固定的公开栏，并通过广播、电视、网络、村（居）民会议等载体加强村（居）务公开；三是规范公开程序，严格按照议题提出、内容审查、会议决定、实施公开、询问监督、备案存档的流程开展工作；四是健全公开机制，村（社区）一般事项至少每季度公开一次，涉及群众切身利益的重大问题及群众关心的事项及时公开。德阳市首创集体"三资"信息化监管平台系统，将农村集体"三资"管理工作平台、监管平台和公示平台的功能整合，全市农村实行了村组财务委托乡镇集体"三资"管理服务中心统一代理，对村组资金使用、资源处置、项目建设等全面公开、全面监管，在各乡镇政务中心设置触摸屏查询平台，在市级建立"德阳阳光惠农网"，市、县两级政府主要门户网站设置集体"三资"查询端口，供广大群众查询使用。广元市构建"1+N"政务村务公开微信矩阵，利用"一键到村"直通各村村务平台，实行财务收支、惠民政策、项目工程等"全裸"公开，把村级权力晒在阳光下，有效倾听、回应民意，拓宽群众有序参与渠道，从源头上遏制"微腐败"。

四川省各市（州）加快健全和完善村（居）民自治机制，切实保障基层群众对村级事务的参与权。近年来，成都市为积极适应基层生产方式和社会结构的深刻变化，针对"村民大会难召集、村民代表大会难议决、村级事务群众难参与、村'两委'难监督"等问题，坚持还权赋能、村民自治，按照"三分离、两完善、一加强"（决策权与执行权分离、社会职能与经济职能分离、政府职能与自治职能分离，完善农村公共服务体系，完善集体经济组织运行机制，加强党组织领导）的思路，创新村民议事会制度，先后出台《关于构建新型村级治理机制的指导意见》《完善城市社区居民自治试点方案》《关于深化完善村级治理机制的意见》《关于深化完善城市社区治理机制的意见》等文件，构建完善了"党组织领导、村（居）民（代表）会议或村（居）民议事会决策、村（居）委会执行、其他经济社会组织广泛参与"的"一核多元、合作共治"的基层治理机制，实现了从实践创新到制度创新的跨越，夯实了基层依法治理基层，加快推进了基层治理体系和治理能力现代化。广安市健全居民自治"十项制度"，即健全居民议事制度，论证、听证制度，勤廉双诺双述双评制度，民情恳谈制度，小区自治制度，述职述廉制度，问责制度，民主监督制度，村（居）务监督委员会审议村（居）务公开制度，村（居）务公开和村（居）务监督工作档案管理制度，实现村（居）民自治制度化、体系化。达州市宣汉县通过在下八镇鼓寨村、芭蕉镇竹海社区试点试验，实践探索出"四会管村、五步议事、三项监督"村（社区）依法治理模式，创建村（居）务监督制度、"五步议事"规则、村级会计委托代理服务等，注重健全基层"一核多元，合作共治"组织体系，增强村（居）民自我管理、自我服务、自治能力，突出改善基层党群干群关系，着力提升村（社区）依法治理水平，推进农村基层组织共建共治共享，努力实现村（社区）法治、自治相互促进。甘孜州建立社区听证会、评议会、协调会的"三会制度"，继续深入开展社区成员代表会议，进一步增强居民的民主法治意识，使社区居民最大限度地参与社区生活，共同建设幸福社区。

加强村（居）务公开，加强群众自治建设，是进一步完善群众参与，依法推进社会主义民主政治建设，加快全面建成小康社会进程，维护社会大局和谐稳定的必然要求，是强化农村基层党风廉政建设，规范基层干部工作行为，促进基层干部廉洁务实，保证党的各项方针、政策落地落实，实现好、维护好、发展好广大人民群众根本利益的重要途径。

2. 服务供给

2017年，四川省民政厅发布《关于开展引导社会组织社会工作者参与基层民政公共服务试点工作的通知》等文件，为社区各项工作提供了指导。四川省在加强社区综合服务设施建设、加强社区工作者队伍建设、扩充社区互助活动种类形式等方面均作出了努力，取得了成效。各市（州）加强政策创制，进一步优化了社区服务体系建设的制度环境，以完善社区治理体系。贯彻落实中央和省的各种文件精神，以居民需求为导向，完善城乡社区治理体系，加快形成具有本地特色的城乡社区治理模式。积极探索社区、社工、社会组织"三社联动"工作新路径，通过完善以社区为平台、以社会组织为载体、社工专业人才为支撑的"三社联动"机制，加强社区治理体系建设，发挥社会组织作用，实现政府治理和社会调节、居民自治良性互动。

四川省部分市（州）利用互联网相继建立社区公共服务综合信息网络平台。泸州市龙马潭区社区成立软件开发专家团队，深入区政务中心、12个街镇和部分社区进行实地调研，充分了解区、街镇、社区三级行政服务硬软件运行情况，多方面研究论证"新平台"软件开发，并对拟纳入"新平台"服务事项进行梳理，加快对社区公共服务综合信息化平台建设试点进行资金预算，组织召开部门协调会，制定了信息平台建设方案和实施方案。德阳市旌阳区旌阳街道办事处以旌阳区"互联社区"网络平台为基础，以政策宣传、社区服务信息、社区管理等为主要内容，采取微信公众号、互联网平台同步推进，开发PC端软件和手机App，实现居民对本社区事务"第一时间"知晓，创新公共服务途径方式，极大地提高了公共服务的时效性，真正实现居民办事"少跑腿、不跑腿"。

在社区互助、社区文化和社区志愿者方面，成都市研究制定《成都市深化社区志愿服务的实施方案》，明确将志愿服务情况纳入社会信用体系，实施百千万党员志愿服务行动，着力构建志愿服务积分兑换、时间银行等志愿服务激励回馈机制。攀枝花市制发《社会组织志愿服务实施方案》，落实社会组织及志愿者参与志愿服务的工作流程和活动项目，根据志愿服务分类，积极督促社会组织开展志愿服务活动，加强对公益慈善类、城乡社区服务类社会组织积极参与社会服务工作的管理与监督。内江市建立"法律援助四级网络"，在全市121个乡镇建立了法律援助工作站，在1955个村（社区）建立法律援助联系点，逐步形成"横向到边、纵向到底、依托基层、多方参与"的四级法律援助网络，成为党和政府为弱势群体办实事的"连心桥"。甘孜州以"幸福甘孜"为主题，营造充满活力的社区文化氛围。充分利用社区学校、社区广场以及社区单位的各类文化设施，在各街道、各社区开展"幸福甘孜"系列活动，用丰富多彩、健康有益、喜闻乐见的文化、体育、科普、教育、娱乐等活动，丰富居民的精神文化生活，陶冶情操、提升素质。

3. 文化引领

四川省委宣传部印发《四川省社会主义核心价值观工作评估体系（试行）》，让核心价值观工作评估有了可操作可实施的指南，四川省各市（州）认真落实该评估体系，深化社会主义核心价值观宣传教育和道德教化。成都市金牛区九里堤街道九里堤北路社区每两个月组织一次社区"道德教育"讲堂活动，围绕敬业奉献、助人为乐、孝亲敬老、爱心志愿者等主题进行讲座和交流，获得了群众的广泛好评。自贡市开设"道德讲堂"，以"践行社会主义核心价值观，培塑自贡城市时代精神"为主题，组织各方面专家、模范引领开讲，起到文明劝导作用。巴中市以创建第五届全国文明城市为契机，把道德教化、法治教育融入文明城市创建工作，组织文艺志愿者，把法律知识、创文知识、文明礼仪等相关知识用文艺的形式，送进巴州区、恩阳区、巴中经开区 30 多个社区。同时融入宣传资料现场发放、举行法律知识有奖知识问答、专题片等形式，对市民进行宣讲，提高了市民的知晓率和参与度。阿坝藏族自治州以践行"富强、民主、文明、和谐，自由、平等、公正、法治，爱国、敬业、诚信、友善"社会主义核心价值观为目的，以"立德树人"为宗旨，以思想道德建设为重点，大力开展"孝为先、善为上、和为贵、俭为美"道德传扬活动，弘扬中华传统美德。

为进一步提高基层群众的法律意识和学法用法水平，各市（州）纷纷开展"法律明白人"相关工作。南充市以司法局为主导，搭建市、县、乡、村四级培训平台，举办培训 4300 余场次，为 5257 个行政村新培养"农村法律明白人" 17300 余人。农村"法律明白人"在打赢脱贫攻坚战、加快新农村建设中的作用日益凸显。宜宾市继续采用"五步递进"工作法，强化保障、融合载体、创新方式，在农村积极培养"法律明白人"，为基层提供法律服务，让群众真正学法、用法、守法，使其依法办事、解决问题的能力和水平得到较大提升。巴中市将"法律明白人"培训作为农村普法的重要载体和手段，通过多项举措狠抓"法律明白人"培训工作，开展"法律明白人"培训 6000 余场次，培训"法律明白人" 20 余万人次，培养"法律明白人" 3000 余名，制作发放法治扶贫联系卡 10 万余张，为"法律明白人"发放法治宣传资料 10 万余份。绵阳市高新区运用"互联网+政务"思维建立"法律明白人"联系群45个,各乡镇均建立了"法律明白人"流动花名册。

家庭是城乡基层的组成单元,是社会的细胞,家风是中国传统文化传承的重要形式,蕴含着丰富的道德素质教育和价值观培育的内容。各市(州)纷纷开展城乡社区优良家风传承活动,践行习近平总书记关于家风建设提出的"推动全社会更加注重家庭、注重家教、注重家风"的重要精神。南充市大力开展"传家风、立家规、树新风"宣教活动,以"传承好家训、建设好家风"为目标,制定下发《"传家风、立家规、树新风"宣教活动方案》,并将"传家风、立家规、树新风"与文明家庭、星级农户等创评有机结合,融入精神文明建设工作,从自己做起、从家庭做起,讲道德、守规矩、重家风,有效地将社会主义核心价值观融入日常生活,提升公民文明素质和社会文明程度。自贡市以创建全国文明城市为契机,以"寻找最美家庭·传承家训家风"家庭文明创建活动为主线,以需求为导向,以项目为支撑,扎实开展"幸福家庭行动",全面普及优良的家风家教。

4. 依法办事

为贯彻落实党中央依法治市建设方案,进一步加强社区依法治理工作,各市(州)纷纷开展法治社区创建活动,围绕建立健全居民自治机制、深入开展普法教育和法律服务、依法行使社区管理、完善村规民约、社区治理和服务创新等方面进行全面建设。成都市探索推进高新区、天府新区法治示范区建设。高新区坚持用法治思维和法治手段固化制度创新成果,以深化商事制度改革助推市场主体发展,依法授予示范区部分市级管理权限,建立先照后证综合管理系统,实施三证合一登记和小额经营社区备案制度改革,推行虚拟产业园登记,着力法治引领体制机制创新,激发市场活力,打造全国自主创新示范区的法治样板;天府新区紧扣一城一区一带三园核心区建设,着力在法治建设重点难点节点领域创新突破,重点突出公安改革,扎实抓好"四项建设",推出社会稳定先期评估、预判、预防措施,促进社会稳定工作重心前移,为推进新区一城一区一带三园核心区建设提供有力法治保障。雅安市深入开展法治示范社区创建活动,持续推进普法"六个一"工程,即设立一个法治辅导站,建立一个法律援助工作站，组建一支法治宣传队伍，设立一个法治宣传栏，每户发放一张便民法律服务联系卡，培养一名"法律明白人"。

各市（州）在积极做好法治示范社区建设工作的同时，也纷纷力争国家级、省级、市级法治示范村（社区），个别市（州）取得了良好的成绩，如获得了全国民主法治示范村（社区）等荣誉。各市（州）以示范创建活动为抓手，引领推动依法治村（社区）工作在四川省各村（社区）全面展开，实现全覆盖。

5. 矛盾化解

各市（州）认真贯彻落实中共中央办公厅、国务院办公厅《关于完善矛盾纠纷多元化解机制的意见》和省委办公厅、省政府办公厅《关于完善矛盾纠纷多元化解机制的实施意见》精神，制定相关实施细则，细化分解落实了多元化解单位法定职责，为矛盾纠纷"大调解"向多元化解升级发展提供了重要遵循，并基本做到各级矛盾纠纷排查调处制度健全、台账规范，加强完善了矛盾纠纷源头发现和预测预警预防机制。

在社会矛盾纠纷日积月累，法院面临案多人少矛盾的大形势下，成都市蒲江法院通过多次调研，提出了"五老"调解模式，即组建以老党员、老干部、老代表、老军人、老教师等新型乡贤为主体的民间调解队伍，充分发挥他们的优势，将矛盾纠纷化解在萌芽阶段。雅安市雨城区在全区依托派出所建立了治安纠纷调委会，以运用人民调解、治安调解、法律援助、司法援助与案管中心"3+2+X"为辅的多元化解工作模式，有效整合资源，提高了矛盾纠纷调解成功率。巴中市恩阳区首创"群众评议众口调解法"入选第二届中国美丽乡村论坛暨第五届村政论坛"2017年度农村基层治理十大创新案例"，在四川省得到了广泛的推广。资阳市坚持"调解优先、以调为主、调判结合"的原则，全市两级法院均实现了调解组织入驻法院诉讼服务中心，加强先行调解工作。广元市创新涉旅矛盾纠纷调解机制，青川县围绕全县"生态旅游目的地"建设，建立全覆盖的组织体系、高效率的工作体系、全方位的支撑体系、网格化的宣教体系，有效提升行业协会自我服务、自我管理能力，及时将旅游矛盾纠纷化解在萌芽状态，推动旅游市场健康有序发展。为进一步完善矛盾纠纷多元化解机制，阿坝藏族自治州积极推行"公调对接"机制，全州建成10个驻公安派出所调解室。凉山州也大力推进"公调对接"工作。由公安机关牵头，建立"110"接处警联动机制，全州公安机关在17个县（市）21个城区派出所建立了"民警+人民调解员"的矛盾纠纷联动调解机制。绵阳市游仙区建立的"两所一中心"协调矛盾纠纷联动化解机制、江油市"派出所（110接处警平台）"矛盾纠纷甄别分流联动化解机制工作经验均在四川省进行推广。

四川省各市（州）紧密围绕中央、省的决策部署，始终坚持问题导向，以建立理性合法利益表达渠道为抓手，大力推进信访法治化建设，各市（州）信访形势总体平稳可控并持续向好，初步形成了群众依法逐级理性反映诉求的良好局面。信访工作必须坚持以人民为中心，切实增强工作的前瞻性、系统性、针对性，以推动依法及时就地解决群众合理诉求为核心，突出理念提升、问题化解、机制创新、制度完善、源头预防、科技引领，持续推进阳光信访、责任信访、法治信访、开放信访、和谐信访，了解民情、集中民智、维护民利、凝聚民心，不断提高群众和信访工作专业化、法治化、信息化水平，更好地维护群众合法权益、维护社会公平正义、维护社会和谐稳定。泸州市积极探索"互联网+信访"模式。升级改版互联网门户网站，建立市长热线门户网站，开通市长热线微信公众号、微博以及手机App应用服务等，网上信访已成为群众信访反映主渠道，形成了"网站对外服务，系统内部运转，无缝立体对接"的运行模式。资阳市完善视频接访、领导接访下访、部门联合接访、网上信访等做法，拓宽畅通"信、访、网、电"四位一体的社情民意表达渠道。

各市（州）构建党委领导，政府主导，政法综治机关组织协调，齐抓共管，发挥社会各方面力量积极参与社会治安防控体系建设，健全社会治安防控网，提升社会治安防控工作社会化、法治化、信息化水平。自贡市积极构建"五张防控网"，即构建社会面治安防控网，构筑农村社区村组防控网，构筑内部单位防控网，构筑治安重点行业场所防控网，构筑"平安小区"防控网。泸州市社区治安防控网建设按照"专群结合、软硬兼顾、强化协作"的要求开展相关工作。以社区综治中心为工作平台，强化硬件建设保障；以网格化服务管理工作为工作底座，在城市社区和人口密集的乡镇所在地全面落实专职网格员。广元市创新推进智慧社区建设，将公共视频监控资源整合到智慧社区信息系统，同步传输到居民家中，居民在家通过电视或通过手机 App 就可随时关注小区、楼栋的治安状况，发现异常情况可以随时向社区干部报告，发现违法犯罪活动可以"一键报警"，大大提升了社区治安防控水平。眉山市大力实施城乡社区警务战略，积极推进社区民警专职化，加强公安民警能力建设，主动融入社区治理。在全市大型社区试点建设智能门禁系统，推进智慧街道、智慧社区建设，强化街道社区的治安防控能力。

6. 信息化应用

信息化技术是推进国家治理体系和治理能力现代化的重要手段，也是推进智慧社区建设的必要基础。各市（州）大力推广互联网、大数据，把网络科技创新成果运用到社区建设及治安防控和预防、排查和化解矛盾纠纷的工作中，不断提升社区治理的科技化、智能化水平。个别市（州）强化"智慧+""智能+"的思维和理念，率先迈出防控智能化的新步伐，依托科技支撑建立起了新型智慧社区技防体系。成都市锦江区以提升社会治理系统化、精细化、智慧化水平为目标，积极运用"互联网+社会治理"理念和现代技术，深入推进智慧社区建设，进一步深化社会治理创新，为建设高品质和谐家居生活社区打牢基石。成都市成华区于 2017 年在 14 个街道选取 28 个商业楼盘小区和一个老旧院落，开展"平安智慧（小区）院落"试点打造，逐步实现小区（院落）"智慧治理"，不断提升城市治理体系和治理能力现代化水平。攀枝花市西区通过开发"无忧家"手机 App、建立数字化网格管理系统等方式，加快智慧社区信息系统建设，将各种信息和资源融合一体，实现数字化、规范化、信息化社会治理新模式，以数字化、信息化的手段加快电子政务向社区延伸，有力地推动了基层社会治理由"管理服务"向"服务管理"转变。德阳市创建"智慧小区"理念，为居民提供各种各样的智能化服务，围绕智慧管理、智慧民生、智慧物业、智慧家庭四个方面来打造，使居民之间可以形成良性互动。遂宁市船山区探索建设集便民服务、政务服务和电子商务于一体，高度资源整合及数据共享，服务于社区居民的社区公共服务综合信息平台。如建成了主要针对老人、小孩等特定人群的"一键通"呼叫服务平台，实施"一键通"智能表设备与使用人的绑定。管理人员能够通过

"一键通"智能表及时了解和掌控报警设备使用人的精准定位,提供及时的救助。雅安市着力打造"雅安互联网+人社"品牌,建成市级数据中心、人社公共服务信息平台、人社视频会议系统,优化升级"多险合一"核心系统,全面推行医疗保险智能监控和智能审核、引智专技信息系统,集成银社互联交易平台、网上办事大厅、门户网站、微信、手机 App、自助终端等线上应用渠道,实现信息查询、社保缴费、业务申报、参保证明打印等多项业务"网上直办、全市通办",形成线上线下融合的"互联网+人社"新格局,为人社工作插上智慧"翅膀"。

(二) 法治宣传教育

党的十九大报告强调"提高全民族法治素养和道德素质""加大全民普法力度,建设社会主义法治文化,树立宪法法律至上、法律面前人人平等的法治理念"。这一精神为全民法治宣传教育和普法工作指明了方向,提供了基本准则。

普法工作必须与法治实践相结合,将法治宣传教育融入法治实践的全过程,渗透到立法、执法、司法的各环节,通过法治宣传促进法治实践,通过法治实践加强法治宣传,不断提高国家机关法治宣传工作的实际效果。普法工作还要坚持系统内普法与社会普法并重。国家机关在履行好系统内普法责任的基础上,要积极面向服务管理对象和社会公众开展普法工作,努力提高国家工作人员的法律素养,不断增强社会公众的法治意识。普法工作还要坚持条块结合、密切协作,实行部门管理与属地管理相结合,加强部门与地方的衔接配合,坚持市、县、乡三级联动普法,强化地方党委政府对部门普法的督导考核,完善分工负责、共同参与的普法工作机制,形成普法工作合力。最后,普法工作必须实事求是,坚持从实际出发、注重实效,结合国家机关职能职责、工作任务和工作特点,创新普法理念,健全工作机制,丰富普法方式,积极推动各项普法责任的落实,切实增强普法的针对性和实效性。

1. 法律七进

四川省委宣传部、省司法厅、省依法治省办联合下发《2017 年四川省"法律七进"工作要点》,要求继续深入推进"法律七进"工作,做好四川省"七五"普法规划贯彻落实;全面推进民族地区社会依法常态化治理；深入开展"1+10"法治宣传教育主题活动；持续推进多层次多领域依法治理；加强法治文化建设，积极推进法治文化繁荣发展。各市（州）继续推进"法律七进"工作，深入推动法治宣传教育工作，全民法治意识有较明显的提升，四川省形成了普法教育与社会治理协调发展的良好态势。

成都市对"法律七进"各项任务实行"模块化"管理，确保"每一进"责任明确、任务清晰、标准统一、实施到位。结合实际完善"每一进"的具体工作内容和要求，指导基层开展送法进机关、学校、社区、村、企业、单位、宗教场所，结合受众的不同年龄层次、岗位职业等进行分类普法。推进"法律七进"示范点建设，认真总结推广基层普法工作经验。实施"精准普法项目"，瞄准辖区内法治建设薄弱的区域和环节，重点确立一批对口帮扶联系点（人），点对点制定法治宣传教育工作措施，促进法治宣传教育均衡化发展。德阳市集中开展"法律七进"专项督查调研，开展省市级"法律七进"示范点创建活动，推动"法律七进"品牌化、标准化，其"法律七进"示范点创建工作受到省司法厅调研组的高度肯定。达州市在开展"法律七进"工作过程中，重内涵、拓外延、树立"法律七进+品牌"新思路；抓节点、固重点，形成"法律七进+活动"新局面；搭平台、全覆盖，形成"法律七进+媒体"新常态；建机制、强示范，构建"法律七进+创建"新格局。资阳市根据省、市"法律七进"相关文件，逐步形成了"1+7+1+N"的工作机制，即"1"指在市委、市政府的领导下，在"法律七进"牵头部门的指导下；"7"指"法律七进"各明确一个市级牵头单位；"1"指在依法治市办，市委、市政府目标督导和牵头部门进行监督检查；"N"指"法律七进"工作各项工作下有N个小组，开展N个活动。通过以上的工作夯实"法律七进"工作各项基础。此外，泸州市在七进的基础之上增加"法律进军营"，开创"法律八进"创新模式。宜宾市则持续推行"法律七+五进"工作模式，各部门各司其职，使得"法律十二进"工作在基层得到了全面落实。凉山州根据少数民族特色，创造性地提出分"三大片区"，依托"差异化"普法策略推进"法律七进"工作。"差异化"普法针对凉山州境内大凉山彝区、安宁河谷地区和木里藏区三种经济发展形态并存的实际作出的制度安排和工作创新。依托"差异化"普法策略，凉山州各地各部门积极探索以促进大凉山彝区民生、推动安宁河谷地区发展和维护木里藏区稳定为重点的差异化普法方式，在一定程度上提高了"法律七进"的针对性和实效性。

2. 普法责任制

各市（州）以《四川省依法治省纲要》《关于进一步完善"谁执法、谁普法"工作机制的实施意见》为指导，在本年度继续深入开展普法教育，强化部门普法工作责任，健全完善"谁执法、谁普法"工作机制，均依照上述文件制定了详细明确的普法责任清单，并予以公开。各市（州）坚持"把'谁执法谁普法'的责任和要求落实到具体部门和单位"为基本工作原则，强化部门普法工作责任，充分发挥各领域、各行业的专业优势，依托强有力的法治宣传和法治实践，进一步增强全社会法治观念，培养全体公民自觉尊法学法守法用法意识，逐步建立全社会办事依法、遇事找法、解决问题用法、化解矛盾靠法的法治良序。

成都市作为四川省省会，在普法责任制上，厘清基层普法主体责任，全面贯彻落实国家机关"谁执法谁普法"责任制和"谁主管谁负责"的要求。各依法治县（市、区）领导小组办公室负责将法治宣传教育与依法治县（市、区）工作同研究、同部署、同检查、同考核，按照"定性定量、可考可查"的原则，指导督促各级分类分层建立普法任务清单，细化任务项目、时间节点，推进基层普法责任落实，变"被动普法"为"主动普法"，取得了良好的成效。

3. "七五"普法推进情况

四川省立足全国一流，高标准高起点推进实施"七五"普法整体规划，各市（州）结合国家、省的基本指导精神，确立总体目标和阶段性目标，细化推进"七五"普法各项工作。在2017年度，各市（州）大力培养普法人员，增加普法经费，使得普法覆盖率有较大的提升。攀枝花市认真落实"七五"普法经费保障，积极沟通协调市级财政安排预算专门经费保障"七五"普法工作的顺利推进，并督促各县（区）将当年的普法经费纳入财政预算，切实予以保障并建立动态调整机制。通过各级财政保障，扎实有序推进全市普法工作的顺利开展。通过"七五"普法动态跟踪，切实保障普法工作全域覆盖。采取定期和不定期走访、督查、调研等形式深入市级重点部门，各县（区）、乡镇（街道）和村（社区）了解普法工作动态和存在的问题和薄弱环节，有针对性地协调有关部门研究解决一些人民群众反映强烈的矛盾焦点问题，通过全市上下联动，使全市的普法覆盖率大幅提高，据不完全统计，目前全市普法工作覆盖率达到100%，人民群众的法治思维和法治意识不断增强，办事依法、遇事找法、解决问题用法、化解矛盾靠法的意识深入人心，全社会崇尚法治的良好氛围进一步增强。本年度，泸州市大幅度提高普法经费的投入，相比前几年有较大提升，2017年度全市普法经费共计587万元，人均超过1元每年，普法覆盖率达到95%以上。巴中市、阿坝州普法覆盖率也均达到95%以上。

2017年度，四川省以"七五"普法工作为契机，以人民群众法律需求为导向，以"法律七进"为载体，全面推进"法律七进"各项工作落实，认真落实普法责任制，开展全方位法治宣传，抓好法治示范创建，推进法治文化建设，取得了良好的效果。

（三）基层依法治理

1. 乡村依法治理

依法治国是基本治国方略，依法治村是依法治国的重要组成部分。依法治村就是要大力加强农村法治宣传教育，增强农村干部群众的法治观念和依法办事能力，把农村的各项事务纳入依法管理的轨道，不断提高农村的法治化管理水平。

村规民约是村民会议根据国家法律、法规和政策，结合村实际讨论制定、由村民共同遵守的行为规范。村规民约是实现村民自我管理、自我教育、自我服务和自我监督的重要形式，是实施依法治理、加强基层普法教育的重要途径，是推行村民自治、依法治村的有效载体。对维护村风民俗和社会公共道德，提高社会治理水平，促进经济发展和民生改善具有重要意义。

2017年，各市（州）继续以《中华人民共和国村民委员会组织法》为指导，以提高村民思想道德素质、科学文化素质和民主法治意识为根本，紧紧围绕公共事务管理基本规则和村民道德建设基本要求，牢牢抓住基层治理的重要事务和热点问题，大力实施依法治村战略，尊重和激发村民自治主体地位，充分发挥自治组织在基层社会治理中的重要作用。在制定和完善村规民约的过程中，各市（州）采取多种方式，广泛征求基层群众意见，积极回应群众的诉求，协调各方关系与利益。在组织、完善和实施村规民约时，坚持以村民自治及法律法规为依据，并结合四川省"中江经验"的成功做法，使本地区的村规民约保持内容的合法性、民主性和针对性，村规民约的实际运行趋于规范化和实效化。

依法治国基础在基层，工作重点、难点也在基层，乡村直接面对群众，更是其中的关键。2017年，各市（州）继续通过依法治国战略的深入实施，各基层乡村在普法宣传教育、社会治理体系、法治示范创建等方面取得了显著成效。攀枝花市米易县一直以来高度重视农村依法治理，以"四务"（即党务、村务、财务、事务）清理为抓手，摸清基层现状，规范基层治理，为米易农村依法治理探索出一条新路子，实现了农村和谐稳定，推动了法治米易建设再上新台阶。德阳市强化基层法治示范单位的带动作用。统一思想、严格标准，积极推进省、市级法治示范村创建工作，对已创成的市级法治示范村开展"回头看"活动，对照标准，查漏补缺，落实整改，树立标杆，强化法治示范单位的带动和模范作用。遂宁市探索创新"六手印记"村务管理模式。射洪县太和镇白马庙村在聘请1名法律顾问的基础上，将普通党员、村民小组长和退职老干部、贫困户、非贫困户不重叠登记造册，形成"四分类成员库"，凡涉及村内"三重"事项和脱贫攻坚"六个精准""五个一批"事宜，均在村党支部组织领导下，采取"一事一抽签、一事一组队、一事一审查"的办法，随机抽取4名代表与法律顾问、"两代表一委员一机构"成员形成法治监督组，无干扰开展过程监督、合法审查和绩效评估，当5位代表都同意此项事情后，驻村法律顾问最后对整个流程和内容进行合法性审查，如果没有违法情况，则6个人每人按下一个拇指印，即"六手印记"，开启了乡村法治监督的新模式。

只有始终坚持把依法治村工作作为常态工作来抓，大事小事依法依规、合法运行，始终把村规民约作为发扬社会民主、推进依法治理的具体抓手，才能提高乡村依法治理的水平、加快乡村法治建设的步伐。

2. 学校依法治理

依据《关于深入推进"法律进学校"的实施意见》和《四川省"法律进学校"工作评估体系》等重要文件，各地、各校进一步明确了"法律进学校"工作目标、任务与路径，为有效开展相关工作打下了坚实基础。各市（州）紧紧围绕"依法治校""普法教育"等方面，结合实际情况，采取有力措施，不断创新学生法治教育的内容和形式，深入推进依法治校、法治示范校的创建活动，大力宣传推广创建活动中的先进经验，树立典型，发挥引领示范作用。

2017年，各市（州）全面推进依法治校各项工作，在健全中小学校长负责制，建立并发挥法治副校长专业特长作用，完善中小学决策机构，健全教职工代表大会，健全家长委员会，建立教育教学管理制度，完善师生权益保护机制，规范教师聘用和专业发展管理，全面推进校务财务公开，构建学校安全风险防控体系，建立学校法律顾问和救济机制，完善责任督学社会联系机制，探索构建学校与社会沟通协调机制，深入开展"法律进学校"活动，加强学校普法宣传教育，开展省级、市级法治示范校创建等方面作出了不懈努力，取得了良好的成效。

在学校普法宣传教育方面，绵阳市教育联合体育局通过"创建法治校园文化""创新法治宣传载体""创设法治建设网络"，持续深入开展"法律进学校"工作，提高法治教育的针对性和实效性，不断丰富青少年学生法治教育的内容和形式。遂宁市教育局与市检察院联合开展了以预防和减少校园欺凌、校园暴力、未成年人性侵案件宣传教育为主题的"检校共建法治校园"活动，增强了青少年法治意识，保护了未成年人合法权益。同时，邀请各界守法护法模范人物来校作"以案说法"报告，制作"以案说法"专题节目在遂宁电视台巡回播出，大力推行"警校共育"，增强了普法教育的实效性和真实性。内江市大力推进"互联网+法治宣传"行动。用好校园网、家校通等资源，搭建官方微博、微信、手机报以及教师、班主任或辅导员个人社交平台，开展法治宣传，增强网络法治教育的吸引力，引导学生正确理解法律规范，理性思考和正确认识法治事件、现实案例。根据全国青少年普法教育活动办公室"关爱明天、普法先行"的要求，攀枝花市着力开展"零犯罪学校"创建活动，市属三所学校被中国关心下一代工作委员会、司法部、中央社会治安综合治理委员会办公室评为全国"零犯罪学校"。南充市在全县中小学校大力开展"关爱明天，普法先行"青少年普法教育活动，并积极创建"全国青少年普法教育示范区"。

3. 企业依法治理

2017年，四川省在食品安全和生产安全领域，基本没有发生重大事故。各市（州）大力完善安全体制机制，加大安全监管力度，深入开展各种安全检查，深化隐患排查治理，加大安全生产执法力度，不断夯实安全基层基础，安全保障能力得到了进一步提高。

成都市在往年的基础上继续探索"互联网＋"智慧食安模式，形成了"一个中心（成都市食品安全监测预警数据中心）、三大平台（监管平台、检测平台、追溯平台）、七项功能（态势感知、过程监控、危害识别、风险预警、应急响应、趋势预判、循数决策）、四类应用（政府管理、产业发展、公共服务、社会治理）"的系统构架，全面创新了食品药品监管模式。绵阳市以"互联网＋安全生产"信息技术为支撑，创设"绵阳市安全生产综合监管信息平台项目"，该平台是实现创新安全监管监察方式，进一步提高安全监管工作科学化、效能化、标准化和信息化水平的重点建设项目。遂宁市将安全生产信息化建设纳入智慧城市建设总体规划，以"互联网＋安全综合监管"为导向，整合海事、交通、交警等部门和企业信息平台及数据资源，上联省局，下联乡镇、村、生产经营单位，五级用户数据共享，实现了"安全生产综合监管功能、企业履行主体责任功能、中介服务机构监管功能、应急救援救护管理功能、实时数据分析管理功能、远程监控指挥管理功能"六大功能。资阳大力探索食药网格化监管新路径，在四川省率先开展"互联网＋"食品药品网格化监管试点工作，实现市、县、乡、村全面覆盖。达州市持续开展"七大攻坚行动"，即农产品源头治理攻坚行动、食品生产"两超一非"（即超范围、超限量使用食品添加剂和食品中非法添加非食用物质）制假售假整治攻坚行动、食品商标广告及不正当竞争行为整治攻坚行动、学校食品安全整治攻坚行动、"三小"（小作坊、小摊贩、小经营店）食品整治攻坚行动、农村食品市场整治攻坚行动、药品生产流通整治攻坚行动，以保障食品药品安全。

安全生产，责任重于泰山。有效的措施和严厉的监督监管，减少各类安全生产事故的发生，为老百姓提供一个安全可靠的生活环境，是保障社会和谐的基础。民以食为天，食品安全大于天，吃上健康安全的食品是人民群众关心的头等大事，也是对各级政府执政能力的重大考验。

三 发现的主要问题

2017年，四川省法治社会整体情况较好，各方面工作相比上一年度，均有明显改进和提高，但是在本次评估中仍然显现出一些值得关注、有待进一步完善的问题。

（一）技术应用有待提高

网络以其快速传播性、广泛覆盖性、极具时效性等特点，在近些年来，迅速成为人们日常生活中必不可少的信息接收媒介，也成为政府开展各类工作的全新载体。在本次评估中，以成都市为代表的部分市（州）在基层依法治理、法治宣传教育等方面创新引入"互联网+""智慧+""智能+"等新思维、新理念，为提高治理体系和治理能力现代化提供了技术支撑，取得了良好的成效。有些市（州）还将互联网运用推广成为其普法工作的亮点进行宣传，但是，这些亮点市（州）的优秀经验在四川省并没有被有效广泛地推广。"互联网+"新技术在运用于实践的过程中尚存在一些问题，如理念构想、设计很完美，但缺乏具体可操作的措施；因为自身硬件系统的落后，导致无法迅速实际推广运用；相关工作人员对新技术的操作和掌握还不够熟练，对有些系统的操作仅停留在了解层面。

针对以上问题，四川省各市（州）应在大力推广倡导网络新技术运用于社会法治的同时，仔细制定可具体落实的措施或制度，将信息化、互联网技术实际落实到基层治理的具体方面。

（二）市（州）之间存在差距

本次评估中，在二级指标治理体系和能力现代化这一项，除甘孜州和凉山州得80分以外，其余市（州）均为满分100分，拉开了较大的分值差距。甘孜州和凉山州均属于少数民族地区，相比其他地区，其基础硬件设施、基层治理模式相对落后，也就出现了与其他市（州）分值差距的状况。如甘孜州在三级指标信息化应用领域没有开展任何工作和措施，这在国家大力推广"互联网+""大数据""智慧"等新技术新思路的背景下，各市（州）争先开展网络技术运用于社会基层治理的现状下，显得较为消极，相关部门应该加快步伐进行硬件建设和制度设计。

在二级指标法治宣传教育的普法经费上，2017年成都市在普法投入上，仍然占据最高的名次，仅2017年上半年，成都市就投入普法经费1726万元，人均每年2.2元，相比2016年有较大提升。遂宁市人均每年投入1.6元普法经费，自贡市人均每年投入1.21元，泸州市在政府财政大力支持后，普法经费达到人均1元每年。但是，在本年度，仍然有部分市（州）在普法经费上的投入较少，如达州市人均仅每年0.33元，有些市（州）还要更少。在符合财政支付能力的前提下，各市（州）投入普法上的经费多寡，与当地有关部门对普法工作的重视程度有密切关系，也直接影响普法工作的效果。

面对上述种种差异，四川省相关部门应该在各个层面予以统一谋划，合理布局，加强顶层设计，增强各项工作在具体落实过程中的科学性，逐渐减少区域发展不平衡现象的出现。

（三）公共参与仍然不足

广大群众是基层法治工作的土壤和根基。四川省依法治省、依法治市工作在近些年取得了一定的成绩，但仍然存在群众参与不足、群众参与积极性不高等问题，只有依靠广大人民群众的参与和支持，才能把基层法治工作做好。因此，群众参与是任何工作都不可或缺的基础，是事关法治工作整体建设水平的要素。比如，在本次评估中基层法治宣传工作方面，仍然存在普法内容僵化教条，群众兴趣度不高、参与性不强，无法形成良好互动等问题。一些市（州）在基层普法的工作中，以法学专家或专业领域的律师下基层开讲座的模式进行普法宣传，由于听众是缺少法律基础的老百姓，所以这类讲座往往起不到太好的普法效果，反而会因为太具专业性而使得老百姓难以真正领悟。此外，部分市（州）开展的一些法治宣传文艺类节目的制作水平也参差不齐，质量有待进一步提高。

(四) 普法工作浅尝辄止

自 1986 年起开展的全国性普法工作以五年为一个阶段，如今已进入第七个五年规划，广撒网、无特定目标的普法方式也应由粗放转向精细化，针对不同人群的不同法律知识需求和法治诉求而进行需求导向的精准普法，提升普法工作质效。此外，对于普法工作的投入与硬件建设虽然必要，但单纯的物质投入不能成为衡量一地普法工作水平的标准，个别地方的法治公园虽投入不菲，设施布景称得上豪华，但介绍法治内容时单纯摆出法条或难脱生硬的说教之嫌，群众于其间游玩时并不能（或不愿）获取法律知识，甚至表现出对这种表面功夫的排斥，这种浪费有限公共资源还不能达至普法效果的现象需特别予以警惕。

四　完善建议

党的十九大报告再次强调全面推进依法治国的重要性，要坚持依法治国、依法执政、依法行政共同推进，坚持法治国家、法治政府、社会法治一体化建设。人民群众依旧是依法治国的主体和基础，也是依法治国的直接受益者。因此，全面推进依法治国，要坚持厉行法治，推进科学立法、严格执法、公正司法、全民守法，这些工作一定要落实到基层，扎根基层，才能真正实现其效果。基层法治社会中每一个小问题都是依法治国建设大局之必不可少的基础。

四川省依法治省工作将各项任务切实落到实处，将精兵强将下沉到基层，其基层基础可谓扎实，但也并非尽善尽美。在普法方面，今后普法工作应注意向精细化发展。中国社会的主要矛盾已经转化为人民日益增长的美好生活需要和不平衡不充分的发展之间的矛盾，在各个方面皆是如此。

通过本年度评估结果，虽然有个别市（州）在基层社会法治的某些领域做得还不是很好，但从整体上来看，四川省依法治省之行动基本上深入基层社会的方方面面，总体情况较上一年度有明显提升。但是，对于评估中出现的一些小问题，应该及时反思，并予以补救和处理。四川省各市（州）应该发扬优点改正缺点，才能切实提高治理能力，提升依法治国的水平。

第八章　结语

　　总体来看，四川省委坚定贯彻党中央依法治国重大战略部署，善于用习近平新时代中国特色社会主义思想统揽依法治省的各项工作，坚持"治蜀兴川重在厉行法治"，坚持依法执政、科学立法、严格执法、公正司法、全民守法，扎实推进社会治理，抓好关键少数，一以贯之抓法治落实，持续强力推进，扎实推动全面依法治国基本方略在四川落地生根。

　　在依法执政方面，四川省委贯彻习近平总书记全面依法治国必须抓住领导干部这个关键少数的重要指示，着眼"长期执政、长治久安"两个历史性课题，推动依法治省与制度治党、依规治党统筹推进、一体建设。四川省各市（州）通过会前学法、学法考勤、法律考试等举措提高关键少数的学法质效；通过合法性审查、专家论证、集体讨论等措施保障决策的科学性、民主性和合法性；通过依法履职保护、责任倒查、终身追究等制度保障责任体系的完整性。总之，四川省委及各市（州）通过一系列举措增强了关键少数的法治意识和法治观念，提高了依法执政水平和能力。

　　在人大建设方面，一方面，四川省各市（州）科学制定立法计划和立法规划，严格按照立法计划和立法规划开展立法工作，充分利用网络、报纸、公报等多种载体宣传法规，征求多方意见，提高立法质效，逐步迈开了科学立法、民主立法和依法立法的脚步。另一方面，四川省各市（州）线上线下齐发力，在线下，各市（州）人大利用执法检查、专项督查等监督方式推动精准扶贫、环境保护、教育公平等工作的落地；在线上，各市（州）利用"互联网+"，开发网上监督、网上代表议案办理平台，提高监督质量，强化代表管理。

　　在法治政府方面，四川省各市（州）在省委、省政府的领导下，紧紧围绕法治政府、廉洁政府、服务型政府的建设目标，稳步推进放管服改革，贯彻落实依法行政，坚持法定职责必须为、法无授权不可为。各市（州）用好用足"权力清单、责任清单、负面清单"，梳理政府、市场和社会的权责边界，统筹抓好履职尽责、依法决策、严格执法、政务公开、行政监督五件大事，构建系统完备、科学规范、运行有效的依法行政制度体系，加快建设职能科学、权责法定、执法严明、公开公正、廉洁高效、守法诚信的法治政府，为经济社会持续健康发展营造良好的法治环境。

在司法建设方面，四川省各市（州）严格执行中央深化司法改革的各项要求，将司法责任制作为司法改革的重要抓手，通过完善司法责任制的制度体系，科学合理组建专业化办案团队，明确法官检察官办案权限，严格执行入额院领导办案数量要求，创新方式加强监督，完善绩效考核机制，有效激励司法责任制落实。在基本解决执行难方面，四川省各市（州）建立"党委领导、政府支持、政法协调、法院主办、部门配合、社会参与"的解决执行难工作格局，将网格化管理运用到基本解决执行难当中，为解决查人找物难题提供了新的思路。此外，四川以提升执法司法公信力为最终目标，全面推进"阳光司法"和法院、检察院信息化、智能化建设，以智能化手段推动管理科学化，以信息化手段促进审判现代化，以公开化手段推进司法规范化。

在社会法治建设方面，四川省及各市（州）贯彻中央关于推进依法治国的基础在基层、重点在基层的指示精神，切实推动法治工作重心下移、力量下沉，探索基层治理体系和治理能力现代化建设方法和路径，坚持全面建设社会治安防控、矛盾纠纷多元化解、网格化服务管理3个体系，推动社会在深刻变革中既生机勃勃又井然有序。

"国无常强，无常弱。奉法者强则国强，奉法者弱则国弱。"依法治国是国强民富的必然选择和最佳道路，然而法治建设需要遵循客观规律，不可能仅靠若干年的推动和发展就毕其功于一役。无论是国家层面的顶层设计，还是地方层面的贯彻落实，都需要在前进中反思，在反思中进步。以四川为代表的地方，在推动法治建设过程中，需要在宪法法律的框架内，大胆尝试，努力创新，总结经验，勠力同心，克服前行中的各种艰难险阻，以国情事实为依据，以习近平新时代中国特色社会主义思想为指导，推动法治建设的各个方面向纵深迈进，并最终为中华民族的伟大复兴提供法治保障。

Abstract: In order to carry out the spirit of the 19th National Congress of the CPC and the 2nd and 3rd Plenary Sessions of the 19th Central Committee of the CPC, implement the requirements of documents such as the Decision of the CPC Central Committee on Several Major Issues Concerning the Comprehensive Deepening of Reform, the Decision of the CPC Central Committee on Several Major Issues Concerning the Comprehensive Promotion of Ruling the Country by Law, and the Outline of Ruling the Province by Law of Sichuan, the Office of the Leading Group of the Ruling the Province by Law commissioned the Center for National Index of Rule of Law of the Chinese Academy of Social Sciences to evaluate the implementation of the rule of law in 21 cities (prefectures) of Sichuan Province and to promote the construction of the rule of law. The evaluation analyzed the situation of ruling the province by law in Sichuan Province from five aspects: governing by law, people's congress system, law-based government, judicial construction and law-based society. This report summarized the beneficial experience of governing by law, pointed out the difficulties faced in promoting the work of governing by law, and put forward some suggestions for future development. According to the assessment, in order to promote the construction of local rule of law, we must attach importance to planning and deployment, seize the key minorities, carry out the implementation and steadily advance the work, highlight the problem orientation, innovate and standardize management, and strengthen publicity and education, and optimize the environment of rule of law.

Key Words: Ruling the Province by Paw; Local Practice of Rule of Law; Governance System; Third-party Assessment

第四编

社会治理：珠海平安社会建设

摘 要：平安建设是当前中国社会治理中的一项基础性工作。加强和创新社会治理，是建设平安中国的基本途径。社会治理和平安建设的重点和难点在基层，活力和动力也在基层。加强和创新社会治理，建设平安中国，有赖于中央统筹顶层设计和整体制度安排，也必须发挥地方和基层的积极性。近年来，珠海市按照党中央、国务院和中央有关部门关于加强和创新社会治理、建设平安中国的部署，坚持社会治理和平安建设社会化、法治化、智能化、专业化的要求，着力完善平安建设体制机制，推动平安建设精细化管理，扩大平安建设社会参与，筑牢平安建设基层基础工作，加强立体化社会治安防控体系建设，在做好社会治理和平安建设常规工作的同时，开展了具有珠海特色的积极探索和创新，取得了积极成绩。珠海平安社会建设实践表明，守住法治底线是社会治理和平安建设的前提，推动体制创新是社会治理和平安建设的关键，激发基层活力是社会治理和平安建设的基础。

关键词：平安建设 社会治理 共建共治共享 法治保障

第一章　珠海市平安社会建设的背景

改革开放以来，随着社会财富的迅速积累和人民生活水平的提升，新旧社会矛盾日益积累并有急剧爆发的趋势，经济社会发展和变迁给社会治理带来新的问题和挑战，中国开始步入社会风险高发阶段，面临加强和创新社会治理的艰巨任务。[①] 平安建设是当前中国社会治理中的一项基础性工作。建设平安中国，加强和创新社会治理，是党的十九大明确提出的重要目标和任务，是"十三五"规划纲要的重要内容，是维护社会和谐稳定，确保国家长治久安、人民安居乐业的重要工程，是实现国家治理体系和治理能力现代化，不断提升人民群众获得感、幸福感和安全感的必然要求。

社会治理和平安建设的重点和难点在基层，活力和动力也在基层，推动平安中国建设既有赖于中央的顶层设计和统筹协调，也离不开地方的探索实践。应当在总结地方实践经验的基础上，着力打造共建共治共享的社会治理格局，积极推进基层社会治理创新，坚持专项治理与系统治理、综合治理、依法治理、源头治理相结合，全面提升平安建设的社会化、法治化、智能化、专业化水平。

一　社会治理与平安建设目标的提出

（一）社会管理的提出

2004年9月，党的十六届四中全会通过《中共中央关于加强党的执政能力建设的决定》，提出"加强社会建设和管理，推进社会管理体制创新"。2006年10月，党的十六届六中全会通过《中共中央关于构建社会主义和谐社会若干重大问题的决定》，强调"完善社会管理，保持社会安定有序"，提出加强社会管理，维护社会稳定，是构建社会主义和谐社会的必然要求，必须创新社会管理体制，整合社会管理资源，提高社会管理水平，健全党委领导、政府负责、社会协同、公众参与的社会管理格局，

[①] 参见薛澜《国家治理框架下的社会治理——问题、挑战与机遇》，《社会治理》2015年第2期。

在服务中实施管理，在管理中体现服务。2007年10月，党的十七大报告提出要"建立健全党委领导、政府负责、社会协同、公众参与的社会管理格局"。社会管理被纳入更完备的体系性框架之中，社会管理创新也就成为2007年年底全国政法工作电视电话会议所强调的"社会矛盾化解、社会管理创新、公正廉洁执法"三项重点工作的组成部分之一，是指导中国精神文明建设的重要纲领。2012年11月，党的十八大提出，社会管理体制要突出党委领导、政府负责、社会协同、公众参与、法治保障五个方面，把法治保障加入了社会管理体制。"社会管理"概念的提出和深化，在中国社会建设历史中具有重要意义。

（二）社会治理的深化

党的十八大以来，中央根据经济社会发展的新形势、新要求，提出加强和创新社会治理的目标和任务，并在实践中不断予以深化。

2013年11月，党的十八届三中全会作出"创新社会治理体制"的重大部署，提出"全面推进平安中国建设"的目标。2015年10月，党的十八届五中全会明确了"加强和创新社会治理"的任务，提出完善党委领导、政府主导、社会协同、公众参与、法治保障的社会治理体制，推进社会治理精细化，构建全民共建共享的社会治理格局。2017年10月，党的十九大围绕"打造共建共治共享的社会治理格局"的目标，进一步深化了社会治理部署，提出"提高社会治理社会化、法治化、智能化、专业化水平"的要求。"打造共建共治共享的社会治理格局"，是对以往"完善党委领导、政府负责、社会协同、公众参与、法治保障的社会治理体制"认识拓展和理念的进一步升华。简洁而凝练的"共建""共治""共享"三词，凝聚了党的十八大以来党和全国人民社会治理探索的集体智慧，既是对过去5年社会治理实践探索的总结，也是给未来社会治理的发展和创新提出的新目标和新要求，从根本上体现了以人民为中心的主体定位，内含着对全体人民意志的遵从，对全体人民参与权利的肯定，对全体人民利益的敬畏。①

---

① 参见马庆钰、单苗苗《准确理解共建共治共享的内涵》，《学习时报》2017年11月8日第2版。

加强和创新社会治理,是中国社会主义社会发展规律的客观要求,是人民安居乐业、社会安定有序、国家长治久安的重要保障。[1] 从单一的"社会管理"到综合的"社会治理",反映了中国共产党执政理念的新提升,昭示着中国治理模式正在发生深刻变化,对推进国家治理体系和治理能力现代化具有重要意义。[2]

(三)平安建设的目标

平安建设是当前中国社会治理中的一项基础性工作。加强和创新社会治理,是建设平安中国的基本途径。2013年5月,习近平总书记就建设平安中国作出重要指示,强调把人民群众对平安中国建设的要求作为努力方向,坚持源头治理、系统治理、综合治理、依法治理,努力解决深层次问题,着力建设平安中国,确保人民安居乐业、社会安定有序、国家长治久安。[3] 2016年10月,习近平总书记就加强和创新社会治理作出重要指示,强调要继续加强和创新社会治理,完善中国特色社会主义社会治理体系,努力建设更高水平的平安中国,进一步增强人民群众的安全感。[4] 社会治理和平安建设日益融为一个密不可分的整体。全面深化平安建设,必须将其放在加强和创新社会治理全局中去谋划和实施。

党的十八大以来,中央有关部门提出"在更高起点上全面推进平安中国建设"的新目标、新任务。2013年5月、2014年11月,中央政法委、中央综治委先后在江苏苏州、湖北武汉召开深化平安中国建设工作会议和深化平安中国建设会议,强调要积极适应全面建成小康社会新要求和人民群众新期待,继承优良传统,积极改革创新,着力把握规律,下大气力解决影响社会和谐稳定的突出问题,加强源头性基础性工作,在更高起点上

---

[1] 参见孟建柱《加强和创新社会治理》,《人民日报》2015年11月17日第6版。
[2] 参见邵光学、刘娟《从"社会管理"到"社会治理"——浅谈中国共产党执政理念的新变化》,《学术论坛》2014年第2期。
[3] 参见《习近平就建设平安中国作出重要指示强调:把人民群众对平安中国建设的要求作为努力方向 确保人民安居乐业社会安定有序国家长治久安》,《人民日报》2013年6月1日第1版。
[4] 参见《习近平就加强和创新社会治理作出重要指示强调:完善中国特色社会主义社会治理体系 努力建设更高水平的平安中国》,《人民日报》2016年10月13日第1版。

全面推进平安中国建设,努力建设领域更广、人民群众更满意、实效性更强的平安中国,为全面建成小康社会、夺取中国特色社会主义新胜利作出新贡献。[1] 提出坚持问题导向、法治思维、改革创新,发挥法治的引领和保障作用,进一步加强基础建设,完善立体化社会治安防控体系,提高平安中国建设能力和水平,有效防范化解管控影响社会安定的问题,进一步提升人民群众安全感和满意度。[2]

"平安"是一个比"治安"宏大得多的范畴,是指社会矛盾能得以化解、社会冲突能得以调适、社会富裕能得以保障、社会正义能得以伸张、社会公平能得以实现、社会和谐能得以实现:"平安中国"就是要在中国打造出经济建设欣欣向荣、人民群众安居乐业、国际交往合作共赢的局面。[3] 在协调推进"四个全面"战略布局、坚持"五大发展理念"的今天,"平安"被赋予特殊的意义和价值,平安是民生得以保障的标志,是经济可持续发展的前提,是全面小康得以实现的根本。

二　社会治理与平安建设面临的挑战

党的十八大以来,中国统筹推进"五位一体"总体布局,协调推进"四个全面"战略布局,不断加强和创新社会治理,推进社会建设,平安建设取得了突出成效。当前,中国发展处于可以大有作为的重要战略机遇期,也面临诸多矛盾叠加、风险隐患增多的严峻挑战,平安建设任重而道远。[4]

(一) 社会结构的深刻变化

中国社会结构在深刻变化。在传统的治理格局下,人被分割在不同单位(城镇)与集体(农村)之中,社会结构几乎处在长期固化状态,单位(或集体)治理就是社会治理的同义语。伴随改革开放而来的一个直

---

[1] 参见孟建柱《在更高起点上全面推进平安中国建设》,《求是》2013年第12期。
[2] 参见《孟建柱在深化平安中国建设会议上强调:认真学习贯彻党的十八届四中全会精神 以法治为引领深入推进平安中国建设》,《法制日报》2014年11月4日第1版。
[3] 参见《平安社会:美好社会的根基——〈非传统安全与平安中国丛书〉总序》,载中国绍兴市委党校、绍兴市"枫桥经验"研究会编《"枫桥经验"与新城镇社会管理创新研究》,中国社会科学出版社2013年版。
[4] 参见谈志林《社会治理创新的成效、挑战与推进路径》,《社会治理》2016年第4期。

接结果,就是中国人已从过去的"单位(或集体)人"变成了"社会人",整个社会结构也由原来简单的工农联盟变成了日益分化的不同阶层。而老年型社会的到来与不断深化,呈现出来的是家庭规模小型化与少子高龄化现象,代际关系也不再像过去那样紧密。社会结构的深刻变化,要求社会治理和平安建设的与时俱进。

然而,目前中国社会治理和平安建设体制机制仍显落后,难以适应新时代社会发展的内在要求。一方面,社会治理和平安建设法律体系不健全。在过去的一个时期,中国偏重经济领域立法,社会领域立法相对不足。当前平安建设创新尚处于探索阶段,最突出的问题是缺乏社会治理和平安建设的有效法律保障,一些涉及保障改善民生、推动社会建设、解决社会矛盾纠纷和完善社会风险防范的法律缺位,[1] 制度供给严重不足。另一方面,社会治理和平安建设观念相对滞后。当今中国经济社会发展和法治的进步,要求政府职能逐步实现从以社会管理控制为主到社会管理与服务并重且以公共服务为主的转变,然而一些地方和部门在推进社会治理和平安建设中,重权力轻权利、重管理轻服务、重效率轻公平的现象仍然存在,反映了治理理念的滞后。同时,社会治理和平安建设方式仍比较单一。在计划经济时代,政府管理经济社会事务的手段以行政命令为主,形式比较单一,随着社会主义市场经济体制的确立,社会治理手段也应走向多样化,并开始以经济手段、法律手段为主,但从社会治理和平安建设的实践来看,行政手段仍然是一些地区采取的主要手段,难以适应新形势下社会治理和平安建设的现实需要。

(二)利益格局的深刻调整

中国利益格局在深刻调整。面对多年形成的利益失衡格局,新时期深化改革的核心任务,就是要打破利益失衡与利益固化的樊篱,通过增量改革与存量结构调整来实现全民合理分享国家发展成果,同时畅通不同社会阶层向上流动的通道,形成利益相对均衡的新常态,这必然触及一些人的既得利益,由此导致的社会问题可能更加复杂,需要通过社会治理解决的

---

[1] 参见刘洪岩《社会管理创新的法制化途径》,载中国社会科学院法学研究所等编《法治与社会管理创新》,中国社会科学出版社2012年版,第4页。

问题也会更加复杂。

尤其是近年来,中国经济发展进入新常态,这既对加强和创新社会治理提出了迫切要求,也给平安建设带来新的挑战。[①] 近年来,中国经济发展进入新常态,一方面,经济增速放缓,一些地区经济面临较大的下行压力,市场主体生产经营困难,地方财政收入受限,政府提供公共服务和民生保障的能力被削弱,劳动、社保、环保等领域矛盾数量激增,一些群众缺乏收入来源生活困难,社会风险点增多,如果处理不当,有可能造成个人极端事件或者群体性事件。另一方面,政府着力深化改革,调整优化经济结构,处置"僵尸企业",化解过剩产能,难免会带来改革的"阵痛",深刻改变既有的权利结构和社会利益格局,容易催生一些新的社会矛盾和问题。经济新常态不是孤立现象,它必然会影响社会领域,带来社会治理的新态势,这就对社会治理和平安建设提出了新的更高的要求。

(三) 民生诉求的全面升级

中国民生诉求在全面升级。共同贫穷的时代早已成为历史,新时期的民生诉求已不再满足于吃饭、穿衣问题,而是普遍要求公平正义与全面提升生活质量,包括对教育、就业、分配、社会保障、安全、环境、健康等的诉求都在持续升级。人们的维权意识与维权方式也在发生重大变化,从个体维权到集体维权,从底线维权到发展维权,正在成为一种新常态。

人民群众日益增长的美好生活需要,给加强和创新社会治理、促进平安建设带来更大压力。中国特色社会主义进入新时代,中国社会主要矛盾已转化为人民日益增长的美好生活需要和不平衡不充分的发展之间的矛盾。当然,中国仍处于社会转型期,历史上长期积累起来的深层次问题凸显的同时,一些新的社会问题和不确定因素也随之出现,社会结构、利益结构不断调整,社会阶层重新分化,利益诉求多样化,社会矛盾和社会风险累积,社会问题更加复杂,社会治理和平安建设的难度越来越大。同时,随着全面依法治国的深入推进,人民群众的法治意识不断增强,权利意识被唤醒,[②] 越来越多的群众选择拿起法律武器维护自身权益,一些群

[①] 参见郁建兴《走向社会治理的新常态》,《探索与争鸣》2015年第12期。

[②] 参见马怀德《法治政府建设:挑战与任务》,《国家行政学院学报》2014年第5期。

众甚至选择非常规手段维权,给社会治理和平安建设带来新的压力,一些地方面临"维稳"和"维权"的两难选择。

(四) 社会生态的日益复杂

中国社会生态日益复杂化。人们的价值取向已经多元化,舆论生态亦已经多元化,传统的与现代的、境内的与境外的、"左"的与右的观念并存,而发达的互联网则成了放大器。全国现有7.7亿网民、14.2亿手机用户、5亿微博用户、9亿微信用户,社交端口同时在线人数突破了2亿,互联网正在全方位地改变人们生活的方方面面,揭示了新时期的社会治理不可能再简单地延续过去的方式方法了。

经过近40年的发展,中国城市化和信息化的深入推进使社会问题更加凸显,社会治理和平安建设的难度不断增加。城市化和信息化的深入推进是近年来中国发展的突出特色和亮点,在给经济社会发展和人民生产生活带来便利的同时,也给社会治理和平安建设带来新的问题。实践证明,处于城市化加速期的国家,法治发展都面临众多社会矛盾,法治状况也往往处于非理想状态。[①] 城市是人类问题的聚集区,也是社会问题的聚集区,城市化带来了社会问题的集中,而信息化则凭借其便捷性有可能带来社会问题影响力的扩大,城市化、信息化带来的社会问题"集中"和"扩大"使得社会问题的复杂性、风险性和危害性都更加凸显。受国际形势的影响,中国各类传统安全问题和新型安全问题交织,面临的恐怖袭击等风险上升;同时,网络安全、环境安全等新型安全问题不断涌现,且有扩大、蔓延的态势。如何创新城市安全治理、网络安全治理,确保城市公共安全和网络安全,是加强和创新社会治理、推进平安建设必须完成的艰巨任务。

三 珠海市推动平安社会建设的背景

郡县治,天下安。加强和创新社会治理,推动平安建设,必须发挥地方和基层的积极性。为客观反映中国社会治理和平安建设的现状,总结中

[①] 参见蒋立山《中国法治"两步走战略":一个与大国成长进程相结合的远景构想》,《法制与社会发展》2015年第6期。

国社会治理和平安建设的经验与不足，为加强和创新社会治理、推动平安中国建设提供借鉴，中国社会科学院国家法治指数研究中心、中国社会科学院法学研究所法治指数创新工程项目组对一些地区平安社会建设实践进行了调研，并选择广东省珠海市为样本进行了分析和总结。

广东省地处中国改革开放最前沿，起步较早的经济体制改革为这片土地的经济释放了活力，积累起丰富的物质财富，开放的市场机制则为这片土地上生活的人们带来思想意识上的革新。珠海市位于广东省南部，珠江入海口西岸，背靠大陆，面向南海，是中国最早的四个经济特区城市之一，与澳门特别行政区毗邻，与香港特别行政区隔海相望。地缘因素为珠海创新社会治理、推动平安社会建设和完善法治实践，营造了良好氛围。

珠海市地处中国经济最为发达的地区之一，经济发展和城市建设具有东部沿海发达城市的一般特征，同时又呈现出鲜明的地方特色，其中最突出的就是经济社会的协调发展。改革开放以来特别是党的十八大以来，珠海市站在协调推进"五位一体"总体布局的高度，将社会建设摆在经济社会发展大局中更加突出的位置，坚持在充分发挥经济体制改革"试验田"作用的同时，在社会建设领域也积极先行先试，不断完善体制机制，着力保障改善民生，大力培育发展和规范管理社会组织，探索建立与社会主义市场经济相适应的社会治理模式，社会大局和谐稳定，社会建设初见成效，"宜居""幸福"逐渐成为珠海的城市名片。

同时，珠海市作为改革开放前沿和广东省社会管理体制改革先行先试地区，先期遇到了经济社会主体多元、利益诉求多样、社会矛盾增多、管理难度加大等种种挑战和压力，遇到了社会建设滞后于市场经济发展、社会治理短板制约市场经济转型升级等普遍性问题。随着中国经济发展进入新常态，珠海市面临转型升级的历史任务。"一带一路"倡议和粤港澳大湾区建设，对珠海市建设法治化、国际化营商环境提出了新的更高要求，地处国际交流和港澳合作前线则为珠海市社会治理和平安建设带来新的特殊问题。

2013年1月，珠海市委、市政府印发《关于全面创建平安珠海的意见》，对加强和创新社会治理、深化平安建设作出战略部署。2014年，珠海市委、市政府作出"创建社会建设示范市"的部署，把创建社会建设示范市作为建设"生态文明新特区、科学发展示范市"的重要内容加以谋划，强调"着力完善社会管理机制，建设平安珠海"。2016年6月，珠海市委、市政府印发《关于社会领域制度建设规划（2016—2020年）的意见》，进一步明确深入推进社会治安综合治理机制建设，对珠海市平安社会建设作出全面部署。强调完善平安珠海创建工作责任体系，建立科学合理的社会治安综合治理考评体系，实行以平安指数为核心的治安情况通报机制。推动制定珠海市公共安全技术防范管理条例，规范公共安全技术防范系统的建设、管理和应用，以社会化、信息化、网络化为重点，扎实推进社会治安防控体系建设，建立社会运行监测机制，建立多层次、立体化、全覆盖的社会形势监测体系，加强对社会治安的评估分析，深入开展重点地区和突出问题的治安整治。制定《珠海经济特区公安机关警务辅助人员管理办法》，明确警务辅助力量的定位、职责、任务、保障及考核等，落实"人防"制度建设。完善珠海市老旧小区综合整治管理制度，提升老旧小区安全防范水平。制定《珠海经济特区社区矫正工作办法》，完善社区矫正和安置帮教工作机制，切实保障社区矫正工作机构的建立以及资金和人力投入，规范社区矫正程序，改善社区矫正方式，促进社区矫正人员回归社会。健全各级应急管理机构，完善各类突发事件应急预案体系，推动应急服务综合平台建设，提升应急联动和应急管理区域合作水平。建立统一指挥、分级负责、部门协作、反应迅速、协调有序、运转高效、保障有力的突发事件应急处置机制，健全突发事件新闻发布机制、心理干预机制和公众情绪评估预警机制，妥善处置突发事件，及时疏导社会情绪。健全反恐工作机制，有效防范处置各类暴力恐怖事件。

2016年12月，珠海市第八次党代会贯彻创新、协调、绿色、开放、共享的新发展理念，提出"在转变政府职能、完善市场体系、优化营商环境、创新社会治理等方面率先探索、走在前列"的目标，吹响了新时期珠海市创新社会治理、深化平安社会建设的号角。会议强调创新社会治理，必须着眼于维护人民群众的根本利益，最大限度增加和谐因素，增强社会发展活力，确保人民安居乐业、社会安定有序。要健全党委领导、政府主导、社会协同、公众参与、法治保障的机制，广泛深入开展城乡社区协商，构建全民共建共享的社会治理格局。完善基层政府功能，推动重心下移、资源下沉，切实发挥好区、镇（街）、村（居）的社会管理职能。以网格化管理、社会化服务为方向，健全基层综合服务管理平台，及时反映和协调人民群众各方面利益诉求。加强对社会组织的培育和监管，完善政府购买服务机制，支持社会组织参与提供公共服务，引导社会组织健康发展。支持各类社会主体自我约束、自我管理，发挥市民公约、乡规民约、行业规章等社会规范的作用。积极推进常住人口市民化，统筹抓好户籍制度改革和基本公共服务均等化，稳步推进城镇基本公共服务向常住人口全覆盖。

近年来，珠海市按照党中央、国务院和中央有关部门关于加强和创新社会治理、建设平安中国的部署，坚持社会治理和平安建设社会化、法治化、智能化、专业化的要求，着力完善平安建设体制机制，推动平安建设精细化管理，扩大平安建设社会参与，筑牢平安建设基层基础工作，加强立体化社会治安防控体系建设，在做好社会治理和平安建设常规工作的同时，开展了具有珠海特色的积极探索和创新，取得了积极成绩，为全国范围内加强和创新社会治理、推进平安中国建设提供了借鉴。

第二章　以社会治理法治化推动平安建设规范化

一　社会治理法治化概述

法治是规则之治。只有将法治作为国家治理体系和治理能力现代化的核心内容，才能保证国家和社会治理的规范性、科学性、稳定性。这就要求社会治理必须走法治化的道路，因为法治不仅是社会治理的合法性来源，也是增强社会治理的权威性和公信力的根本保障。法治作为社会治理创新的最优模式，应该回应社会发展过程中面临的种种问题，善于运用法治思维构建社会行为有预期、管理过程公开、责任界定明晰的社会治理体系，善于运用法治方式把社会治理难题转化为执法司法问题加以解决。没有法治，社会治理只会是"空中楼阁"。只有及时把社会治理中的成熟经验、做法上升为立法或制度规范，才能巩固平安创建成果，夯实长治久安的制度根基。必须针对发展变化的新形势，加快社会治理的立法进程，将社会治理工作纳入法治化轨道，确保社会治理真正有法可依。由此，加强和创新基层治理，推进平安中国建设必须完成平安社会治理的法治化转化。

推进社会治理法治化的最终目的，是更好地实现好、维护好、发展好最广大人民群众的根本利益，使广大人民群众共享法治红利。推进社会治理法治化必须以人民参与为基础、以人民满意为检验标准。建立健全代表反映人民群众意见和诉求的处理反馈机制，拓宽和畅通社情民意表达和反映渠道，发挥人大代表桥梁纽带作用，强化立法和政策的民意基础。完善行政复议、仲裁、诉讼等法定诉求表达机制，发挥人大代表、政协委员、人民团体、社会组织等的诉求表达功能。全面推进覆盖城乡居民的布局均衡、配置合理、组合科学的基本公共法律服务体系建设，积极培育公共法律服务志愿者，增强公共法律服务供给能力，努力让人民群众在法律实践中感受到公平正义。

平安社会建设一直是广东省法治建设的重点项目。为认真贯彻落实《中共广东省委、广东省人民政府关于全面创建平安广东的意见》，广东省制定了《创建平安广东行动计划（2012—2022年）》。计划提出，通过广泛深入地开展创建平安广东工作，着力解决影响社会和谐稳定的基础性问题，实现"一强二升三降"（群众安全感不断增强；破案率、起诉率、审结率、执结率、调解率上升，人民群众对政法工作的满意度上升；重大刑事案件数下降，重大群体性事件数下降，重大安全事故数下降）的目标。经过5—10年的努力，把广东省建设成为全国社会管理创新的排头兵、社会和谐稳定的示范区、人民群众安居乐业的法治省。"十二五"时期，广东全省司法行政机关全面贯彻落实党的十八大和十八届三中、四中、五中全会精神，深入学习贯彻习近平总书记系列重要讲话精神和对司法行政工作重要指示，贯彻落实十一届广东省委历次全会决策部署，紧紧围绕"四个全面"战略布局，围绕广东实现"三个定位、两个率先"目标，锐意进取，忠诚履职，各项工作取得了明显成效，为平安广东、法治广东建设作出了积极贡献。

"十三五"时期是全面建成小康社会决胜阶段。综观国内外形势，随着经济发展进入新常态，中国发展仍处于可以大有作为的重要战略机遇期，同时也面临矛盾纠纷叠加、风险隐患增多的严峻挑战。广东地处改革开放前沿，在经济社会持续中高速发展的同时，也面临不少问题和挑战，地区发展不平衡，民生社会事业发展相对落后等矛盾依然突出，利益格局深刻调整，社会矛盾多样多发，社会治安形势比较严峻。随着全面依法治国进程不断推进，经济社会和人民群众对法律服务的需求日益增长，对法治保障的要求越来越高，广东省司法行政机关服务经济社会发展、服务法治平安广东建设、维护社会公平正义和维护社会和谐稳定的任务更加繁重。作为维护国家安全和社会稳定的重要力量，广东省各级政法综治部门保持清醒的头脑，强化政治意识、大局意识、责任意识和忧患意识，忠诚履行职责，进一步增强工作的预见性、主动性，开拓新思路，打造新高地，发扬广东人敢为人先的精神，发挥司法行政各项职能作用，提高服务广东省率先发展的能力和水平。

2017年，广东省委、政法委发布《关于深入推进"平安细胞"建设工作的通知》，要求以习近平总书记系列重要讲话精神为指导，深入贯彻落实中央关于深化平安中国建设的决策部署，动员组织社会各方力量，以村（居）、社区、单位、家庭等"社会细胞"为基本元素，深入推进平安镇（街）、平安村（居）、平安行业、平安家庭等平安细胞创建活动，实现"平安细胞"创建全覆盖。

正是在广东全省深入推进社会治理创新和"平安广东"创建过程中，珠海市从立法、执法（专项整治）、多元纠纷解决、法律服务四个方面展开了社会治理法治化道路。

二　科学立法，加强基层治理制度保障

立法体系是国家制定并以国家强制力保证实施的规范性文件的系统，如宪法、法律、行政法规、地方性法规等组成的系统。自2008年以来，珠海在社会建设领域积极实践和大胆探索，先后在基本公共服务、社会治理创新等领域制定和出台一系列地方性法规、规章和规范性文件，初步形成了具有珠海特色社会建设模式。但随着经济发展，社会建设领域出现新情况新问题，亟待通过制定相关制度文件做好社会领域制度的顶层设计，指导未来珠海社会领域的制度建设。

为深入贯彻落实党的十八大精神，全面落实党中央、国务院和广东省委、省政府关于加强和创新社会管理、深化平安建设的战略部署，2013年珠海市发布《中共珠海市委　珠海市人民政府关于全面创建平安珠海的意见》，就全面创建平安珠海提出一系列的措施。珠海市提出平安建设的法治保障。把法治建设贯穿始终，推进依法行政，严格规范公正文明执法，确保审判机关、检察机关依法独立公正行使审判权、检察权，树立法律权威，营造良好法治环境，使法治成为平安珠海的核心与灵魂。就立法方面而言，珠海市提出积极推进社会管理立法。用好用足珠海经济特区立法权和较大的市立法权，借鉴欧美等发达国家和地区以及中国港澳地区等的经验和做法，加强社会领域立法，加快推进保障公民权利、发展社会事业、健全社会保障、规范社会组织、加强社会管理等方面的立法，建立健全社会管理法制体系，依靠法律来规范公民、法人和其他社会组织的行为，协调和理顺社会关系。

2016年珠海市发布的《中共珠海市委　珠海市人民政府关于社会领域制度建设规划（2016—2020年）的意见》（以下简称《意见》）就提出深入推进社会治安综合治理机制建设。《意见》明确提出了未来五年珠海社会领域制度建设的总体思路和主要目标，并将社会领域制度建设分为基本公共服务领域、基层社会治理领域、社会组织领域和社会治理机制四个部分。《意见》还提出需要制定或修订的社会领域的主要制度共47项，其中，基本公共服务领域28项、基层社会治理领域4项、社会组织领域4项、社会治理机制领域11项。《意见》提出，完善平安珠海创建工作责任体系，建立科学合理的社会治安综合治理考评体系，实行以平安指数为核心的治安情况通报机制。推动制定珠海市公共安全技术防范管理条例，规范公共安全技术防范系统的建设、管理和应用，以社会化、信息化、网络化为重点，扎实推进社会治安防控体系建设，建立社会运行监测机制，建立多层次、立体化、全覆盖的社会形势监测体系，加强对社会治安的评估分析，深入开展重点地区和突出问题的治安整治。

在《关于全面创建平安珠海的意见》和《社会领域制度建设规划（2016—2020年）》实施期间，珠海市积极行使地方立法权，形成了一批围绕平安社会的地方法规与规章。如2013年10月30日珠海市第八届人民代表大会常务委员会第十四次会议通过的《珠海经济特区社会建设条例》（以下简称《条例》）。《条例》作为珠海市第一部综合性社会建设方面的地方性法规立法项目，有其特定的立法背景和意义。目前珠海市社会、经济等各方面已步入转型期，怎样创新社会管理、实现社会的优化建设，是目前摆在珠海面前的一道难题。制定《条例》旨在通过对社会建设的各个方面进行立法规范和引导，为珠海社会建设提供有力的法律支撑，实现社会管理与经济、文化等各方面建设的协调发展，从而有效地推动珠海社会建设事业的顺利进行。《条例》在基本公共服务、社区建设、社会组织发展以及社会管理创新等方面作出了科学、合理的制度安排，亮点突出表现在以下几个方面：实现基本公共服务均等化，作为建设幸福广东的一项主题工程，是平安珠海建设的必然要求。《条例》通过探索创新在教育公平、就业促进、医疗保障、住房保障、非户籍人口管理、异地务工人员基本公共服务等多方面的新型管理模式，深入推进珠海市基本公共服务均等化进程。社区是现代社会一个基本的存在单元，幸福社区的建设与老百姓的幸福生活息息相关。《条例》通过对社区资源、社区管理、社区自治等多方面予以规范，为珠海幸福社区的创建提供一个良好的法律制度保障。《条例》通过对社会组织在入口控制、过程管理以及政府职能承接等方面的创新性规定，在优化社会组织管理模式的同时，让政府不断向社会组织释放、转移和委托更多的资源和职能，更好地发挥社会组织在参与社会公共事务管理中的作用，进而推动法治政府、廉洁政府以及服务型政府的建设。《条例》通过在法定机构改革、网络政务建设以及公众参与机制等多方面的创新性规定，优化社会管理模式，增强社会建设决策透明度和公众参与度，以在全市营造健康、和谐、民主的社会管理氛围。社会建设立法不仅是一项涉及老百姓切身利益的系统性工程，也是落实法制建设工程，创建平安珠海的重要工作。通过制定《条例》，在珠海市构建起与市场经济相适应的社会治理模式，为珠海市社会建设提供良好的法制保障，从而有效地推动社会和谐、人民安居乐业的平安珠海建设。

此外，珠海市为了健全平安法制体系，推动出台了《珠海经济特区见义勇为人员奖励和保障条例》《珠海经济特区公共安全技术防范管理条例》《珠海经济特区养犬管理条例》等地方性法规，修订完善《珠海经济特区物业管理条例》等，进一步强化了平安建设的法制保障。到 2017 年，

《珠海经济特区见义勇为人员奖励和保障条例》《珠海经济特区见义勇为人员奖励和保障条例实施办法》颁布实施3年，带来的最大变化是，让见义勇为这个原本属于道德范畴的概念迈进法治化、制度化、高效化运作轨道，从制度上对见义勇为人员进行全方位保障，成为珠海依法治市的重大成果。这两份文件的出台意味着珠海对见义勇为不再局限于以精神鼓励为主的架构，而是有了一套完整的机制保障，让见义勇为者不再有后顾之忧，同时对其他人也能起到巨大的鼓舞作用。《珠海经济特区见义勇为人员奖励和保障条例》的出台在广东省都是先行先试，有着很强的示范效应，既为珠海市的精神文明建设发挥了重要作用，也已经成为珠海城市文明的一张亮丽名片。

针对当前技防行业管理仍强调事前审批管理、重许可轻监管的现状，《珠海经济特区公共安全技术防范管理条例》（以下简称《条例》）明确了政府和部门的"权与责"，规定珠海市公共安全技术防范重点公共区域和重点单位应安装技防系统。城市主要出入口，主要道路、桥梁、隧道等被列为技防重点公共区域，新闻单位、交通枢纽、大型群众性活动场所、新建居民住宅小区和已建成并有安装条件的居民小区出入口和周界等被列为技防重点单位。《条例》还规定，公共安全技术防范重点公共区域和重点单位技防系统采获的视音频、出入记录等信息存储时间不得少于30日，重点反恐目标采集的视频图像信息保存期不得少于90日。同时禁止在旅馆客房等涉及他人隐私的场所和部位安装、使用具有视音频采集功能的技防系统，在具有视音频采集功能技防系统的覆盖区域设置具有明显提示功能的标识。

珠海市还加强社会领域立法，出台《珠海经济特区志愿服务条例》《珠海市社会工作促进办法》等一批在全国具有创新性、示范性的法规规章。成立"社会创新专家咨询委员会""社会管理民情观察员队伍""社会创新研究基地"三大平台，举办系列高端专家论证会，发挥决策咨询作用，该做法获评"2014年广东省政府治理能力现代化优秀案例"。

平安社会治理的主要部门是公安，因此，公安的依法行政建设有助于人民群众的满意。珠海公安围绕依法治国的总体要求，制订出台《珠海市公安局关于推进法治公安建设的意见》，将传统意义的法制工作提升至

"法治公安"建设高度。珠海把案审改革作为全市公安工作改革的破局之举,明确了"刑侦延续、法制提前"的办案模式,初步形成了集质量把关、讯问攻坚、深挖扩线、执法监督、打防调研等职能于一体的珠海刑事案件审查模式。同时,为实现对执法办案和行政管理工作事前、事中、事后全方位监督,珠海还构建了"大监督"体系,全面整合法制、督察、案审、审计、信访部门的监督职责,推动公安内部执法监督权的科学配置和高效运行。珠海公安还在全国率先制订出台《珠海经济特区行政执法与刑事司法衔接工作条例》;在市公安局、各公安分局治安部门增设专门机构,推动警察权向环境保护、食品安全管理、城市管理等社会管理领域的合法适度延伸;首创人民调解与行政调解无缝对接的"珠海模式";率先创立律师无障碍会见机制;创新推出了案件办理信息公开平台,率先在全省实现了刑事和行政案件办理信息网上公开,在国内外引起较大反响。

三 严格执法,破解平安建设难点问题

根据《广东省依法行政领导小组办公室关于就〈法治政府建设实施纲要(2015—2020年)〉和〈广东省法治政府建设实施纲要(2016—2020年)〉贯彻落实情况进行督查的通知》的要求,广东省政府办公厅印发《广东省创建珠三角法治政府示范区工作方案》(以下简称《示范区方案》),推动广东省法治政府建设工作走在全国前列,并要求到2018年,珠三角地区基本建成"职能科学、权责法定、执法严明、公开公正、廉洁高效、守法诚信"的法治政府。珠海市及时按照《示范区方案》要求,结合珠海实际,于2016年8月13日制定了《珠海市率先基本建成法治政府实施方案(2016—2018年)》,对《示范区方案》中的工作任务进行了细化分解,明确了责任单位,并明确了各项工作的完成进度和时间节点。

在《广东省法治政府建设实施纲要(2016—2020年)》与《示范区方案》的指引下,珠海市深化行政执法体制改革,坚持严格规范公正文明执法。一方面,珠海市推进综合执法,加大整合力度,深化横琴新区综合行政执法体制改革试点。探索市场监管体制改革,在区一级整合工商、质监、食药监、知识产权、物价检查等职能,组建综合市场监督管理部门,构建决策科学、执行高效、监督有力的大市场监管格局,营造良好市场环境。推动执法重心下移，完成农业、劳动监察综合行政执法体制改革，理顺市、区执法职责，加强人员配备，提高执法能力和水平。

另一方面，珠海市开展依法行政考评工作，规范行政执法行为。根据《广东省人民政府办公厅关于印发〈广东省2016年度依法行政考评方案〉的通知》的部署，2017年4月中旬，广东省政府依法行政考评组赴珠海市开展2016年度依法行政考评实地考评，并抽查了市司法局、市人力资源和社会保障局、香洲区政府和香洲区人力资源和社会保障局。根据《珠海市行政执法案卷评查办法》的规定，2017年珠海市共组织对全市20多个行政执法主体2016年制作的90多宗行政处罚、行政许可案卷进行了评查，审查行政执法案件的合法性和合理性，逐一通报，提高办案质量和执法能力，促进执法人员依法行政。

在保证依法行政、建设法治政府、保证人民群众合法权益的基础上，珠海市坚持严格执法，通过强化专项治理，着力破解了一系列长期困扰珠海平安社会建设的社会治安难点问题。

一是依法打击各类违法犯罪活动。2017年以来，珠海市继续坚持打击不换频道、不减力度，以打促防、打防结合，纵深推进"飓风2017"等各大专项打击行动，全面依法打击和惩治黄赌毒黑拐骗等违法犯罪活动，全面加强命案防控工作，效果显著。截至2017年11月底，全市违法犯罪总警情数87211宗，比2016年同期下降4.14%。其中，全市共发命案18宗，破18宗，破案率100%，命案发案率与2016年同期相比下降43.8%，严重影响群众安全感的寻衅滋事案件发案率下降64.44%，故意伤害案件发案率下降13.79%，抢劫案件发案率下降8.57%，抢夺案件发案率下降27.53%，盗窃案件发案率下降22.28%，诈骗案件发案率下降11.16%。

二是认真做好重点地区挂牌整治工作。珠海市大力推进斗门区命案问题挂牌整治工作，经过整治，斗门区命案防控工作和严重精神障碍患者救治救助工作均有了质的飞跃。截至2017年11月底，斗门区2017年命案发5宗，破5宗，破案率100%；现行命案发案数与2017年同期的9宗相比下降了44.4%，顺利通过广东省有关部门的检查验收，成功摘帽。同时，珠海市认真开展对前山街道、白蕉镇和拱北口岸地区的挂牌整治工作,促使当地治安情况不断好转。

三是强化特殊人群服务管理。珠海市持续加强对吸毒人员管理,全面推行戒毒人员网格化管理,基本构建"以三级网络为依托,以党组织书记、社区民警、网格员为主体,以服务管理为内容,各级政府统一领导,禁毒部门组织协调,相关部门密切配合,社会力量全面参与"的吸毒人员网格化服务管理工作体系。严格落实刑满释放、社区矫正等人员帮教衔接机制,做好服刑人员信息核查、刑满释放人员衔接和重点帮教对象"必接必送"工作,加大刑满释放人员安置帮教基地建设,落实刑满释放人员安置帮教政策。自2017年以来,珠海市为困难刑释人员提供经济救助达12.39万元,帮助未成年子女解决就学问题2人,提供就业服务、就业信息234条,政府、社会、家庭三位一体的关怀帮扶体系得到进一步完善。健全艾滋病防治领导机制,定期召开协调会议,落实专项经费和救助政策,健全完善职能部门沟通机制,加强对艾滋病危险人群救治救助工作体系建设,连续数年未发生重大群体性事件。

四是加强严重精神障碍患者救治救助工作。珠海市严格按照广东省综治办〔2016〕1号文要求,狠抓"八应八尽"任务落实。珠海市领导多次召集会议研究珠海市严重精神障碍患者救治救助工作,珠海市综治办制定《珠海市严重精神障碍患者救治救助工作项目进展一览表》和《关于进一步落实严重精神障碍患者救治救助工作专题会议任务分解表》,细化分解各项任务。2017年10月10日,珠海市第三人民医院住院部正式挂牌运营,临时住院部正式投入使用。珠海市公立精神专科医院项目正有条不紊地推进,市精神疾病司法鉴定中心已获广东省司法厅等部门正式批准。珠海市公安局加强市强制医疗场所建设,推动建立严重精神障碍患者强制医疗制度。积极落实"以奖代补"政策,大力推进严重精神障碍患者监护人责任险制度,全市大部分地区为严重精神障碍患者监护人购买责任险。金湾区不仅投保了在册人数,还附加了非在册人员。斗门区研发的严重精神障碍患者救治救助工作信息平台,实现了底数清、情况明的工作目标,提高了工作效率,获得省综治办的高度肯定。截至2017年11月底,珠海市通过"国家严重精神障碍信息系统"登记严重精神障碍患者在册人数为6194人,检出率为3.79‰,管理率为84.95%,规范管理率为80.77%，服药率为66.06%，规律服药率为41.46%。危险性评估3级及以上患者有125人，全部列管并录入系统，其中99人住院治疗，剩余26人居家看管。

五是做好预防青少年违法犯罪工作。共青团珠海市委切实履行市预防青少年违法犯罪专项组牵头单位职责，围绕闲散青少年、有不良行为青少年、流浪乞讨青少年、服刑在教人员未成年子女、农村留守儿童等重点青少年群体，牵头与21家成员单位共同开发"12355""青春护航""亲青家园"等品牌社会服务项目，构建了以项目输送服务、以项目聚集资源、以项目促进管理的预防青少年违法犯罪工作体系。自2017年以来，珠海市共输送法制教育、困难救助等服务超过8.2万人次，建立重点青少年档案1950宗，帮助异地务工青年追回劳资、工伤赔款13余万元，投入资金500余万元购买青少年社会服务，救助困难青少年5000余人次。

六是扎实开展易制爆危险化学品和寄递物流专项整治行动。珠海市严格落实危爆物品、危险化学品生产经营领域的生产经营许可、实名登记、流向备案等安全管理制度。严格落实寄递物流物品开箱验视、实名登记、X光机安检"三个100%"制度，建立全程信息化管理机制。珠海市公安局与市综治办、市邮政管理局等部门联合制定印发集中开展易制爆危险化学品和寄递物流专项整治行动工作方案，多次组织开展集中整治行动，对全市各大寄递品牌的营业网点开展明察暗访，查处一批未按要求落实的寄递企业，为全市发展特别是党的十九大胜利召开营造了安全稳定的社会环境。

七是加强铁路护路联防工作。珠海市铁路共计约55.4千米，覆盖4个区、8个镇（街）。自2017年以来，珠海市综治办充分发挥护路护线联防专项组牵头职能，统筹协调各区各相关部门，采取"动中备勤""一分钟快速处置圈"等举措，健全综治、铁路和相关部门联络机制，完善高铁反恐治安联防联控、实战指挥和火车站地区联勤联动等机制，做好铁路护路联防工作，有效保障了列车运行的安全有序畅顺。香洲区投入超亿元财政资金，强化高铁沿线整治及美化绿化，创新多警种联勤联动机制，以珠海站为管控重心，突出"安、畅、恒、美"四字，构建"安全圈、护路网、防控体、风景线"四体系，效果显著。2017年8月，广东省有关部门在珠海督导高铁护路工作时，对珠海铁路护路工作给予了充分肯定。

八是开展重点社会组织清理整顿。根据广东省委政法委关于开展重点社会组织治理工作的部署和要求，珠海市综治办从 2016 年开始，组织各综治成员单位对全市社会组织进行了排查摸底，建立了重点社会组织工作台账，对重点社会组织实行分类管理，并择机开展专项整治行动。2017 年 5 月 21 日，珠海市综治办组织香洲区和市公安、民族宗教、教育等部门，依法取缔一社会组织私设聚会点和非法办学点，教育劝散参与非法社会活动的人员 140 余名，对 6 名主要责任人及骨干进行处理和教育，有效维护国家政治安全。

四 多元纠纷解决，有效化解社会矛盾

所谓多元化纠纷解决机制，是指在社会中诉讼与非诉讼纠纷解决方式各以其特定的功能和特点，结成一种互补的、满足社会主体多样需求的程序体系和动态的运作调整系统。《中共珠海市委　珠海市人民政府关于全面创建平安珠海的意见》提出，增强创建平安珠海的系统性，统筹协调长远目标和近期目标、全局利益和局部利益、城市和农村等的关系，坚持区为主体、基层是基础，完善城乡社区多元化治理机制，提升基层政法综治组织战斗力，全面开展"平安细胞"工程建设，夯实创建平安珠海的基层基础，实现"协同善治"。

在多元化纠纷解决机制建设方面，珠海深耕多年，"三大调解"机制衔接等工作走在广东省前列，三大调解、社会调解、行业调解衔接联运运行机制逐步完善。三大调解指的是建立党委政府主导下的人民调解、司法调解、行政调解三调联动，以人民调解为基础，以司法调解为指导，以行政调解全力支持的大调解机制，三大调解相互配合、有效衔接、协调联动，强力化解各类矛盾，促进社会稳定。

珠海法治建设在多元化纠纷调解上积累了丰富的经验。此前，珠海市印发了《珠海市建立人民调解、行政调解、司法调解衔接机制工作方案》《关于建立和完善以三大调解为重点的社会矛盾纠纷调解工作体系的意见》，确立了三大调解衔接机制的总体框架。为推动衔接机制的实施与完善，珠海市司法局与市公安局总结前期试点工作经验，联合制定了《关于公安派出所与驻所人民调解工作室建立案件（纠纷）委托调解制度的若干意见》。珠海市司法局与市中级人民法院会签印发了《关于加强人民调解与司法调解衔接工作的实施意见》，同时，推进衔接网络向其他矛盾纠纷比较集中的工作领域拓展，与市人民检察院会签印发了《关于建立民事控告与人民调解衔接机制的意见》，与市住房和城乡规划建设局会签印发了《关于充分发挥人民调解组织作用化解物业管理纠纷的通知》，与市妇女联合会会签印发了《关于通过人民调解组织维护妇女儿童合法权益的意见》。为保证人民调解和行政调解、司法调解在程序上的对接，及时有效地疏导、分流、化解各类社会矛盾纠纷，珠海市司法局与相关职能部门积极协作，制定衔接实施细则，细化衔接工作流程，确保了各个衔接各环节有章可循，有力地促进了三大调解的有机衔接。如，在人民调解与行政调解衔接方面，公安派出所与驻所调解室规范了案件（纠纷）委托调解的受理、移送、审查、履行等程序。同时进一步强化效力衔接，提高衔接工作实效。通过人民调解协议的司法确认，经过人民法院审查直接交付执行，明确了调解协议的法律效力。积极推进人民调解工作平台前置，使司法行政机关与各政府职能部门的行政调解实现了优势互补，协调互动，最大限度地发挥了资源合力。随着三大调解衔接工作的制度化、规范化发展，开辟了司法行政参与综治维稳工作的新途径，搭建了化解、预防社会矛盾纠纷新平台。

近年来，在珠海市委、市政府大力支持下，珠海市人民调解工作取得了长足的进步：在广东省率先开展人民调解、行政调解、司法调解有机衔接工作试点，公、检、法、司密切配合，建立和完善了三大调解衔接工作机制和配套工作制度；建立了223人的专职人民调解员队伍及2183人的兼职人民调解员队伍，建立了386个人民调解委员会，并涌现出党的十八大代表邱影、全国模范人民调解委员会——珠海市医调委等一批优秀的人民调解员和人民调解组织；与检察机关建立了轻微刑事案件委托人民调解等工作机制，进一步畅通了社会矛盾纠纷预防、疏导、分流、化解的渠道；全市每个村（居）委会均成立了人民调解委员会，每个镇（街）综治信访维稳中心、基层法院（法庭）、公安派出所均派驻专职人民调解员为群众答疑解惑。人民调解有效地化解了民间纠纷，防止了矛盾激化，缓解了政府的压力，节约了司法资源，充分发挥了人民调解预防和化解矛盾纠纷"第一道防线"的作用，成为构建和谐社会的一支重要力量。2017 年珠海市共建立人民调解委员会 388 个，建立行业性专业性调委会 46 个，全市各级人民调解组织共受理各类矛盾纠纷 9495 件，调解成功 9407 件，同比调解成功率 99.1%。

在基层，一些区政府积极探索多元化的纠纷解决方案。香洲区人民法院与区总工会探索"法院＋工会"化解劳动争议纠纷模式。劳动争议调解工作室接受区法院委派、委托或受邀协助法院在诉前、诉中阶段对劳动争议案件进行调解，在诉后为涉案职工做好解释和安抚工作，并做好诉调对接与案件涉诉信访矛盾化解等工作。工作室人员主要由区法院劳动争议调解员委员会成员和区总工会派驻的调解员（包括工会法律工作者和特约律师）共同组成，工作人员于每周二、周四上午在工作室轮值，给当事人提供相关法律服务。劳动争议诉调对接工作室整合法院和工会各自在劳动争议方面的优势，既可以发挥法官的专业性、权威性，又能够发挥调解员在群众工作方面的特长，有利于促进当事人化解矛盾、维护社会和谐稳定。以后，法院与工会将进一步深化劳动争议案件的诉前联调、诉中委托调解等机制建设，联手共建"共同顺畅、联动及时、配合默契"的多元化纠纷解决机制，积极探索"法院＋工会"化解劳动争议纠纷的新思路、新模式，切实保障劳资双方的合法权益。

党的十九大报告指出："要支持香港、澳门融入国家发展大局，以粤港澳大湾区建设、粤港澳合作、泛珠三角区域合作等为重点，全面推进内地同香港、澳门互利合作。"法律服务和多元化纠纷解决应当成为粤港澳三地法律合作的重要突破口。2018 年，珠海市首家专业商事调解机构"横琴新区国仲民商事调解中心"在横琴正式揭牌成立，为完善珠海市市场法治环境建设，快速解决经济纠纷提供了新路径。商事纠纷调解作为诉讼外争议解决的重要方式之一，具有省时、高效、专业、费用低廉等优势，是与市场经济相配套的服务机制，在国外市场体制国家和国际经贸活动中已被广泛采用。中国建立社会主义市场经济体制的历史还不长，与之配套的商事调解机制的发展还不充分。近年来，随着中国市场法治环境的日益完善，商事调解在国内开始兴起，步入建设发展轨道。横琴新区国仲民商事调解中心是珠海市首家以民办非企业法人登记形式设立的商事调解中心，性质为从事非营利性社会服务活动的社会组织。该中心的设立填补了珠海市商事调解无专业机构的空白。

该中心由珠海国际仲裁院、横琴新区金融行业协会、横琴新区消费者协会共同发起成立。目前，该中心调解范围包括当事人在贸易、投资、金融、证券、知识产权、技术转让、房地产、工程承包、运输、保险等领域的各类合同纠纷。考虑到服务对象的多样性，该中心也承担民事纠纷的调解。发展商事调解是贯彻落实党中央、广东省委和珠海市委关于法治建设的决策部署，加快法治之城建设的重要举措，也是横琴自贸区建设法治化、市场化、国际化营商环境的重要举措。横琴新区国仲民商事调解中心有关人士表示，该中心成立后，将围绕服务市场主体的目标，抓住有利时机，利用中心体制机制上的优势，为经济纠纷的快速解决提供新路径。

五　遇事找法，完善基层公共法律服务

完善基层法律服务，是引导人民群众"遇事找法"的重要前提。珠海市早在2006年就开始着手建立公共法律服务体系，积累了大量的基层法律服务经验。在中央就公共法律服务提出的新战略基础上，珠海市进一步提出诸多创新措施，为基层公共法律服务体系的建立探索多元化的可行路径，有效解决长期以来基层法律服务供给存在的问题。按照广东省司法厅的具体要求，珠海市将法治宣传育民服务、法律服务便民服务、人民调解和民服务、法律援助惠民服务和安帮矫正安民服务这五项统一纳入法律服务平台。平台的硬件载体完成全覆盖的公共法律服务中心。法律服务中心在职能上进行全口径整合，打破了部门界限，整合各部门职能，将司法行政的法律服务范围统一归口。

珠海市2013年就实现了全市318个村（居）法律顾问全覆盖，到2015年年底市区、镇（街）、村（居）三级公共法律服务实体平台建设全部完成。新建法律服务中心，已基本实现"一站式"服务，区级公共法律服务项目全部做到前台办理。公共法律服务平台向基层末梢的深入，有效解决了服务群众"最后一公里"问题。医疗纠纷调解、律师参与信访工作联动、法律援助审批权下放等创新举措，有力促进了在法治框架下解决基层矛盾纠纷。

在地域上，法律服务中心将服务的"网络"终端延伸到基层的每个组织系统中。珠海市政府出台的《珠海市构建覆盖城乡的公共法律服务体系工作方案》提出用三年的时间基本完成公共法律服务体系建设，确保贯彻落实党的十八届四中全会决定构建覆盖城乡居民公共法律服务体系。根据《方案》建设原则和目标，珠海市在金湾、香洲、斗门三个行政区和横琴新区、珠海国家高新技术开发区、珠海港经济技术开发区、万山海洋开发试验区搭建"三纵［即区、镇（街）、村（居）］三横（即政府、市场、社会）"实体平台，实现"三个层次"（即无偿、公益、有偿）公共法律服务。

珠海市还建立了广东省首个规范化区级公共法律服务中心，打造高标准示范中心。该中心以平台方式进驻了金湾区法律援助处、公证处、公职律师事务所、人民调解指导委员会、社区矫正管理教育服务中心等机构、组织，并采取"窗口化"和"综合性"相结合的设置方式，为群众提供公证、法律援助、社区矫正、安置帮教、人民调解等各方面法律服务。中心就像一个提供法律服务的超市，办事群众可在"法律超市"自行挑选公共法律服务需求产品。以"育民、便民、和民、惠民、安民"为工作原则，实行"一窗式受理、一站式办理、一条龙服务"的工作流程，为人民群众提供公益性法律服务，满足村（居）内组织和群众的法律服务需求。

珠海市通过引入法律顾问，以"一村一顾问"的政府购买服务的模式来界定政府与市场之间的边界。珠海市先后制定《珠海市村居法律顾问工作管理办法》《珠海市法律顾问进村居项目评估暂行办法》等13个规范性制度，编印《珠海市村（居）法律顾问工作手册》《宣传教育读本》等，保证工作机制的有效运行。司法局统一制定《村居法律顾问服务协议》范本，适用于各村（居）的法律顾问聘用，在源头上实现标准化、规范化。发挥顾问律师主动服务法治社会建设的作用，不仅意味着律师自身能够主动将专业的法律服务带进基层社会治理，化解基层矛盾纠纷，还意味着政府能够主动购买法律服务，为律师搭建下基层的渠道与平台。政府积极购买法律服务，搭建律师下乡平台主要体现在律师在基层的专项法律服务上。专项法律服务指的是根据重大矛盾纠纷类型和特点，采用政府购买服务的形式，委托市律师协会组建村（居）"两委"选举、征地拆迁、林地宅基地转让、建设工程、股份制改造、企业改制、劳资纠纷、业委会选举、权益保障、股份合作公司经营10个专业律师法律服务团队。珠海市近年来积极探索专项法律服务的创新举措，让顾问律师在司法行政部门和律师协会的组织下履行职责。

2017年，珠海市深入推进公共法律服务体系建设，不断形成并完善具备法律咨询、法治宣传、法律援助、人民调解、社区矫正、公证，律师、司法考试、司法鉴定指引服务，安置帮教、镇（街）法制工作等功能的"公共法律服务网"，有效解决了服务群众"最后一公里"问题。在全省率先成立双拥法律服务团，在作战部队设立法律援助工作站，在市、区两级法院实行律师值班制度，共办理法律援助案件2458件，2840名困难群众得到及时优质的法律援助。

第三章　以社会治理社会化推动平安建设协同化

一　社会治理社会化概述

党的十九大报告指出，要"坚持以人民为中心"，"打造共建共治共享的社会治理格局。加强社会治理制度建设，完善党委领导、政府负责、社会协同、公众参与、法治保障的社会治理体制，提高社会治理社会化、法治化、智能化、专业化水平"。[1] 在社会治理的新"四化"当中，第一位的就是社会化。社会治理既要依靠党委和政府，又要坚持社会化的发展方向，有效整合社会各方面资源，动员社会各方面力量参与。从基层实践看，充分发挥社区居民、社会组织在社会服务、社会治理中的参与、协同作用，社会治理就会具有更广泛的社会基础。

提高社会治理和平安建设的社会化水平，就必须实现社会治理注重治理主体多元化，改变以往社会管理中政府"包办"的做法，强调

---

[1] 习近平：《决胜小康社会　夺取新时代中国特色社会主义伟大胜利——在中国共产党第十九次全国代表大会上的报告》（2017年10月18日），人民出版社2017年版，第21、49页。

在发挥政府主导作用的同时,通过政府治理和社会自我调节、居民自治良性互动,实现全社会共同参与社会治理,共同分享发展成果。当前,在推进社会治理社会化方面还面临不少问题。一是基层群众自治组织行政化色彩比较浓厚,职能部门和镇(街)把自己的职责通过层层下压转移到村(居),导致村(居)委会忙于填写各种报表、应付各种检查,偏离了法律规定的自治轨道;二是社会组织参与社会治理不足,总量不足与参与程度有限的问题并存;三是社会治理和平安建设动员能力较弱,社会参与不足,基层群众的参与权和获得感无法保障。

提升社会治理的社会化水平必须以人民为根本基础,以社会动员为实现路径,以社会参与为实践方法,以多元共治为根本目标。

首先,坚持以人民为中心的路线,是提升社会治理社会化水平的根本立场。以人民为中心,着重强调人民在社会治理中的价值性与共享性,着力调动人民在治理实践中的主体精神与主观能动性,人民不仅是社会治理的"受益者",更是"创造者"与"共享者"。[①] 这种观念转变,是对马克思主义与毛泽东思想的继承和发展,也是建设新时代中国特色社会主义的社会治理格局的重要举措,为全球范围的社会治理提供了"中国经验"与"中国模式"。人民不仅与社会治理的阶段环环相扣,也与中国战略布局的成果息息相关,人民不仅是"五位一体"总体布局中社会建设的主体性力量,也是"四个全面"战略布局中的核心推动力。以民生为本,着力贯彻"体现人民意志、保障人民权益、激发人民创造活力,用制度体系保证人民当家作主"的民主领导观,这是党在新时期对"从群众中来,到群众中去"唯物主义群众观的继承与发展。社会化水平不仅关系到社会治理的有效性,还关系到良好社会秩序的共享共建。人民是社会治理的"初心所在",也是社会治理的"主体创造者",治理并不是单向的、僵化的过程,而是有来有往的过程和循序渐进的阶段,最终构建积极的、双向的、互动的良性循环。

其次,强化以中国共产党为领导核心的社会动员,是增强社会治理社

[①] 参见李建华《坚持以人民为中心的社会治理》,《学习时报》2017年11月15日第2版。

会化能力的重要动力。[①] 历史实践与事实表明，社会动员的主体与路径深刻地影响着社会发展水平与潜力。新时期社会实践表明，"基础不牢，地动山摇"，社会动员的广度与深度全方位地影响着社会治理的效率与效果。在新阶段，创新社会治理的"社会化"是具有全局性、战略性、前瞻性的行动纲领，推进"社会化"改革是一个全面的、渐进的、现代化的阶段历程，党作为总揽全局的领导核心，肩负着动员社会治理主体的历史使命。全面性是动员质量的保障，强调在经济建设、政治建设、文化建设、社会建设和生态文明建设等多领域深入贯彻动员精神，同时着力在教育、劳动、就业、医疗、住房、救助等具体领域切实进行动员实践。渐进性是动员科学性的基础，提倡科学思想引导、系统方法支持、协同统筹推进，应深刻体悟到社会动员不是"一蹴而就"的，也不是"顽固不化"的，社会治理社会化推进过程中的未解社会难题与新问题都应当被视为社会治理的重要资源，同时应被纳入政府系统规划之中，用辩证、唯物的思维来看待问题，用科学、系统的方法来解决问题。现代化是动员方向的指引，推进社会治理现代化应着力增强社会治理体系与能力的现代化，一方面，应与中国特色的现代化社会治理格局相呼应，坚持党委领导、政府负责、协会协同、公众参与和法治保障的动员路径；另一方面，应逐步厘清社会化动员和法治化、智能化、专业化相互联系、渗透、补充的关系，深入推进社会治理主体多元形象的塑造与多重能力的提升，同时重视能力互补与资源共享。同时，应将动员成果落到社会问题改善的"实处"，也落到人民自信心、自豪感、幸福感的"虚处"，使群众"有所感、有所得"。

再次，落实"内外兼修，多重参与"的理念，是改善社会治理社会化格局的基本方略。党的十八大以来，中国社会治理的公众参与度稳步提升，如已成功实践的政府购买社会服务、枢纽型社会组织构建与网格化社会治理等。但区域成功经验仍需全国性的实践，社会治理参与度仍存在地区不均衡、内容不全面、能力不匹配等问题。在中国特色社会主义进入新时代的背景下，如何继续提升社会参与水平不仅是社会治理的重要命题，

[①] 参见刘丽敏、王依娜《关于新时代提升社会治理社会化水平的思考》，《共产党员（河北）》2017年第24期。

也是解决社会发展中不平衡、不充分问题的时代命题。从实践经验来看，提升社会参与度需具备"内外兼修"的统筹规划思路。一方面，应考虑到公众与区域主体的价值取向、参与意识、实践能力的差异性对于参与广度、深度以及效果的影响；另一方面，应着力完善政府支持体系、社会保障机制与配套公共政策，全面拓宽社会参与的主体、渠道、方法与内容，统筹推进政府、市场、社会等主体的多方力量。从创新形式来看，提升社会参与度要树立"多重参与"的多元主体观念。相较于"多元参与"，"多重参与"不仅强调参与主体与内容的多样化，还强调在此基础上进行统一性整合与社会性改造，将分散的、无序的、分割化的社会参与进行制度化、系统化、规范化整合，同时将社会参与的实效进行利民化、亲民化改造，与民共享社会实践的成果。

最后，打造"共建、共治、共享的社会治理"格局是社会治理社会化建设的最终目标。党的十八大以来的五年，中国社会治理体系不断完善，社会大局保持稳定，这不仅归功于十八大以来中国共产党不断的尝试、摸索、实践与进步，也归功于人民的广泛支持与社会力量的广泛参与。五年来，中国社会治理创新达到"新境界"：更加科学化与特色化的社会治理理念、更加共享性与开放性的社会治理思想、更加多元性与互动性的社会治理实践。这不仅有效助推了全面建成小康社会的进程，还在实践中对下一个五年的社会治理提出新要求。一方面，更加完善社会治理的"多元性"，应支持各类主体所呈现的各种形式的、方式的、内容的自我约束和自我管理，发挥各类合法的正式或非正式治理力量，如市民公约、乡规民约、行业规章、领域规则、团体章程等，同时应着力推进各类主体的相互融通机制，让多元知识与优秀智慧在不同主体间实现交流、互动、共享。另一方面，更加强调社会治理的"共治性"，首先应创造更加包容性的社会环境与更加开放性的社会机制，让人民了解管理、参与管理；其次要出台相关的配套管理措施与规范机制，让人民合法管理、规范管理；同时要将社会治理与人民切实利益相互结合，让人民融入管理、享受管理；最重要的是要在共建、共享、共治的制度基础上砥砺前行，完善社会治理的体制、机制，增强各主体社会治理的能力、水平，提升各领域社会治理的效率、效果，达成"多元共治"的新格局。

2013年1月,珠海市委、市政府《关于全面创建平安珠海的意见》明确了"以人为本,民生优先""统筹兼顾,基层优先"和"广泛动员,共建共享"的基本原则,奠定了珠海市平安社会建设的总基调。多年来,珠海市坚持社会治理社会化的大方向,一方面不断开展平安建设宣传动员,扩大全面参与;另一方面通过"平安细胞"创建和平安建设力量下沉,不断完善基层治理体制,同时探索新形势下社会组织参与社会治理和平安建设的有效途径,以社会治理社会化推动平安建设协同化成效显著。

二 坚持党的领导核心作用,筑牢治理根基

党的领导是中国特色社会主义最本质的特征,是人民当家作主和依法治国的根本保证。习近平总书记强调指出:"法治建设绝不是要削弱党的领导,而是要从理念上更好地强化党的意识、执政意识、政权意识,从制度上、法律上保证党的执政地位。"推进基层社会治理和平安建设就是要进一步健全各级党组织的领导制度和工作机制,紧紧抓住领导干部这个"关键少数",建立健全党委研究重要法规、规章草案制度,深入推进政府职能转变和行政执法体制改革,扎实推进司法体制改革。各级党委特别是党政"一把手"要把基层社会治理和平安建设作为自身的基本职责,定期听取工作汇报,研究部署重要工作,统筹抓好责任分解、督促指导、绩效考核等各项工作。

珠海市委、市政府《关于社会领域制度建设规划(2016—2020年)的意见》(以下简称《意见》)就提出深入推进社会治安综合治理机制建设。《意见》提出,完善平安珠海创建工作责任体系,建立科学合理的社会治安综合治理考评体系,实行以平安指数为核心的治安情况通报机制。推动制定珠海市公共安全技术防范管理条例,规范公共安全技术防范系统的建设、管理和应用,以社会化、信息化、网络化为重点,扎实推进社会治安防控体系建设,建立社会运行监测机制,建立多层次、立体化、全覆盖的社会形势监测体系,加强对社会治安的评估分析,深入开展重点地区和突出问题的治安整治。制定《珠海经济特区公安机关警务辅助人员管理办法》,明确警务辅助力量的定位、职责、任务、保障及考核等,落实"人防"制度建设。完善珠海市老旧小区综合整治管理制度,提升老旧小

区安全防范水平。制定《珠海经济特区社区矫正工作办法》，完善社区矫正和安置帮教工作机制，切实保障社区矫正工作机构的建立以及资金和人力投入，规范社区矫正程序，改善社区矫正方式，促进社区矫正人员回归社会。健全各级应急管理机构，完善各类突发事件应急预案体系，推动应急服务综合平台建设，提升应急联动和应急管理区域合作水平。建立统一指挥、分级负责、部门协作、反应迅速、协调有序、运转高效、保障有力的突发事件应急处置机制，健全突发事件新闻发布机制、心理干预机制和公众情绪评估预警机制，妥善处置突发事件，及时疏导社会情绪。健全反恐工作机制，有效防范处置各类暴力恐怖事件。

《意见》是珠海市委、市政府建设平安珠海的纲领性文件，是珠海市推进基层社会治理和平安社会建设的顶层设计。在《意见》指导下，为深入推进全市平安创建工作，夯实综治基层基础，珠海市结合本市实际，按照精简、明晰、高效的原则，将市综治委成员单位与市平安创建小组成员单位合二为一，并调整部分成员单位，共形成成员单位60个，奠定了珠海市社会治理和平安建设的体制机制基础。珠海市创建平安珠海工作领导小组办公室设立后，各辖区镇也纷纷建立相应组织，例如，创建平安金湾工作领导小组办公室设在金湾区维护稳定及社会治安综合治理委员会办公室，成员包括了金湾区各委（办、局）。

三 尊重人民群众主体地位，坚持为民治理

推进基层社会治理创新和平安建设的最终目的，是更好地实现好、维护好、发展好最广大人民群众的根本利益，使广大人民群众共享法治红利。推进社会治理创新和平安建设必须贯彻党的群众路线，以人民参与为基础，以人民满意为检验标准。

（一）坚持服务群众，追求群众满意

长期以来，珠海市始终坚持社会治理和平安建设的"为民"导向，把服务人民群众贯彻到社会治理和平安建设的全过程中。平安社会治理的主要部门是公安，因此，公安的依法行政建设有助于人民群众的满意。珠海公安围绕依法治国的总体要求，制订出台《珠海市公安局关于推进法治公安建设的意见》，将传统意义的法制工作提升至"法治公安"建设高

度。珠海把案审改革作为全市公安工作改革的破局之举，明确了"刑侦延续、法制提前"的办案模式，初步形成了集质量把关、讯问攻坚、深挖扩线、执法监督、打防调研等职能于一体的珠海刑事案件审查模式。同时，为实现对执法办案和行政管理工作事前、事中、事后全方位监督，珠海还构建了"大监督"体系，全面整合法制、督察、案审、审计、信访部门的监督职责，推动公安内部执法监督权的科学配置和高效运行。珠海公安还在全国率先制订出台《珠海经济特区行政执法与刑事司法衔接工作条例》；在市公安局、各公安分局治安部门增设专门机构，推动警察权向环境保护、食品安全管理、城市管理等社会管理领域的合法适度延伸；首创人民调解与行政调解无缝对接的"珠海模式"；率先创立律师无障碍会见机制；创新推出了案件办理信息公开平台，率先在全省实现了刑事和行政案件办理信息网上公开，在国内外引起较大反响。

2013年，珠海在全国首创出入境"一证办"便民措施。在一般情况下，珠海户籍居民只需携带身份证到出入境办证大厅，即可办理除定居类证件以外的各类出入境证件，极大地方便办事群众，此举在全国范围内尚属首创。2014年，珠海再次首创推出自助办证一体机，治安、交警等窗口部门也相继推出了户籍业务"容缺办理"、车管业务"即来即办"等多项惠民举措，较好地解决了服务群众"最后一公里"问题。

为增加社会面见警率，有效震慑犯罪，珠海将推进"大巡控"工作列为市公安局"1号工程"，建立健全市局局长、分局局长、巡警支队长、巡警大队长、派出所所长"五长"带班巡逻执勤、社区民警常态化巡逻等巡控工作机制，在广东省率先启动公安与武警联勤以及动中备勤巡逻。

同时，珠海依托科技创新，提高警务实战能力。他们创新研发了"4S系列"情报信息系统（即SIS"珠海刑警超级情报系统"、VIS"可视化采集分析系统"、MIS"情报服务超市系统"和DIS"数据巡检系统"），大力推进指挥中心、情报信息中心一体化运作。其中，SIS系统加盟城市或单位达到了197个，覆盖全国25个省（自治区、直辖市）。他们还全面启动"432"技术强警工程，即在刑侦、网侦、图侦等4个警种，用3年时间，投入2亿元资金推进技术强警。

(二) 不断动员群众，扩大群众参与

"共建""共治""共享"三者是密不可分的整体，社会治理和平安建设离不开广大人民群众的广泛参与。在长期推动社会治理创新和平安珠海创建的过程中，珠海市不断探索平安创建宣传、动员机制，营造平安建设的良好社会氛围，巩固平安建设的社会基础。

珠海市委、市政府《关于全面创建平安珠海的意见》作出"深入开展平安文化创建活动"和"广泛开展平安创建宣传发动"的部署。提出将平安文化建设与创建全国文明城市有机结合起来，增强平安文化的影响力和辐射力。鼓励各方力量开展平安家园、平安讲堂、和谐共建等专题社区文化活动，以文化安民创稳。重点加强对青少年群体的警示、预防和自我保护教育，提升全社会安全防范意识和能力。创新平安文化传播方式，鼓励平安公益广告、微博、动漫、文艺演出等创作和宣传活动。大力弘扬见义勇为精神，完善见义勇为奖励和保障机制，大力宣传见义勇为事迹，弘扬社会正气。加强平安创建宣传工作，组织开展有声势、有深度、有吸引力的宣传报道，广泛发动社会各界人士参与创建平安珠海活动。坚持正确的舆论导向，加强对创建平安珠海总体部署、目标任务、工作措施和工作成效的宣传，提高广大干部群众对创建工作的知晓率、支持率和满意率，营造共建共享的良好社会氛围。

珠海市不断深化平安创建宣传活动，营造平安建设的良好社会氛围。2016年，珠海市以深化平安创建为主题，以提高人民群众安全防范意识和能力为重点，充分发挥传统媒体优势，有效利用新兴媒体，进一步加大经费投入，详细制定宣传工作方案，明确宣传工作目标、工作重点和措施方法，在全市范围内大力开展"创建平安珠海+"系列宣传活动。同时，加大对法治、治安、禁毒、防范邪教、食品药品监管、消防、交通、安全生产等领域的宣传教育，有效预防各种违法犯罪活动的发生，不断增强人民群众的安全感和幸福感。截至当年12月底，全市发放宣传单119万多份、宣传册70多万份、宣传品50多万件、张贴海报11万多份，组织开展平安宣传活动7166场、平安志愿活动1300场，营造了浓厚的平安宣传氛围，有力推动了珠海市平安创建工作的深入开展。

2017年，珠海市平安宣传工作突出重点，百花齐放，取得显著成效。

珠海市综治办、市禁毒办、市教育局、珠海广播电视台联合举办"平安天使"选拔、"平安送到家"等平安校园系列宣传活动，共有23万名学生通过"珠海特区教育"微信公众号竞答各类安全知识，有效增强学生自我保护意识和安全防范能力。珠海市综治办联合珠海市海川青少年综合服务中心开展"平安务工"宣传活动，有效增强外来务工人员平安意识。充分利用公交专线车身广告开展平安宣传，形成亮丽的流动宣传点。充分发挥广播电视优势，建立"平安珠海"电视专栏，有效扩大受众面和参与度。结合相关节假日和纪念日，开展群众喜闻乐见、内容丰富多彩的文体活动和竞赛游戏，进一步提高"平安珠海"建设知晓率和参与率。充分利用电视、报刊、网络、微信等媒体，深入挖掘典型事例，扩大社会影响，年内推出了《以父之名》《我是网格员》《天眼哨兵》《横琴管家》等一系列微电影和宣传视频，其中《以父之名》获评全国第二届平安中国微电影比赛"优秀微电影"，为珠海市综治平安工作营造了良好社会氛围。

珠海市着力强化社会动员机制建设，巩固平安建设的社会基础。2014年5月，珠海市八届人大常委会第十九次会议审议通过《珠海经济特区见义勇为人员奖励和保障条例》，并于当年9月起施行。近年来，珠海市不断加大《珠海经济特区见义勇为人员奖励和保障条例》宣传力度，积极发挥见义勇为协会等"两新"组织作用，引导、激励更多群众参与社会治安工作。推动见义勇为实体化运作，与镇（街）司法所、社区警务室紧密配合，探索以微博、微信等现代技术与专项奖励、系统管理相结合的办法，开展分类宣传发动和治安信息收集，深化新形势下的群防群治工作，提升群众知晓率和参与度。仅2015年1月至10月，珠海市即评定见义勇为人员62人，全年评定人数同比增长100%以上，有效激发了群众参与社会治安综合治理的主动性。金湾区积极开展人防大巡控体系建设，建立综治指挥中心，依托"区综治视联网平台"，整合各部门、镇（街）、村（居）、企业的公共视频监控资源，与GPS定位对讲系统结合，对全区综治巡防队伍进行指挥调度、视频督查、远程培训，全面提升了动态化、信息化条件下综治维稳应急指挥处置能力。

2017年，珠海市结合平安珠海建设和法治宣传教育活动，进一步动员社会各界力量积极参与命案的群防群治工作，着力加强基层法治宣传教育，努力提高群众法治意识，减少命案发生。加强与社会各单位、社会组织的协调互动，广泛动员社会力量参与平安创建。积极发挥见义勇为协会等社会组织作用，不断扩大平安志愿者队伍，引导、激励更多群众参与社会治安工作，营造"全民创安、共建共享"的社会氛围。

珠海市探索强化平安指数"五进"宣传动员等新机制，强化平安建设的社会效果。2015年，珠海市制定下发《"平安指数"宣传月工作方案》，制作《平安指数故事片》《平安指数宣传片》及《平安指数MV》，[1] 充分运用传统媒体和新型媒体，有组织、有计划地做好平安指数宣传进村入户、进企事业单位、进学校、进流动人口聚居区域和进繁华商业区"五进"工作，掀起了新一轮创平安及"平安指数"宣传发动高潮。全市共举办宣传文艺晚会3场，开展宣传咨询30多场次，制作悬挂宣传横幅标语1000多条，运用政府各类电子公告屏、电影院、书店、码头、酒店、娱乐场所、电梯等区域电子公告屏等播出平安指数公益宣传片和标语口号近20万次，设立宣传栏300多个，制作户外墙体广告150多幅，粘贴平安指数海报10万多张，在500多台公交车上发布宣传标语，发送手机宣传短信100多万条，有效引导了平安创建工作正能量，提升了市民的获得感，强化了"全民创安、共建共享"的社会效果。

四　创新社区服务管理，增强基层活力

珠海市委、市政府《关于全面创建平安珠海的意见》强调夯实社会管理基层基础。规划以完善基层群众自治机制为着力点，深入推进城乡社区民主自治，建设服务完善、平安和谐的社会生活共同体。充分考虑公共资源的配置和人口规模、管理幅度等要素，对部分镇（街）和村（居）进行科学调整划分，实现全市镇（街）和村（居）边界清晰、规模适度、资源配置合理。着力加强村（居）组织建设，选好配强村（居）"两委"班子。创新社区公共服务体系，增强城乡社区服务功能，实现社区政务服务全覆盖。推广网格化服务管理模式，科学划分基础网格，配强"网格"

---

[1] 详见本编第五章。

管理力量，实现城乡社区的全方位、精细化服务管理。

（一）完善基层治理规范

珠海市委、市政府《关于社会领域制度建设规划（2016—2020年）的意见》提出加强和创新社区服务管理，筑牢基层社会服务管理的根基，构建以基层党组织为核心、村（居）委会为主体、社会组织大力协同、人民群众广泛参与的城乡基层社会治理格局，实现政府治理和社会自我调节、居民自治良性互动。加强社区建设，建立新型社区管理和服务体制，推进社区自治，建设管理有序、服务完善、环境优美、文明祥和的社区。

一方面，完善社区自治制度，推进基层自治建设。珠海市完善社区居民自治体系，健全社区居民（代表）会议制度，规范社区民主决策程序，落实居民群众的知情权、决策权、参与权和监督权。贯彻落实《珠海市社区行政事务准入管理办法（试行）》，逐步完善社区行政管理事务准入制度，保障基层群众性自治组织的法律地位，推动落实社区居委会适度"去行政化"，规范社区承担的行政管理事务。建立非本市户籍人口参与社区事务管理和服务的机制，保障非本市户籍人口平等参与社区自治和管理。制定《珠海经济特区物业管理条例》，创新物业管理体制机制，加快形成推进老旧小区改造的机制。规范商业开发项目公共服务设施建设及移交管理。探索物业管理与社区居民自治相结合的模式，推行居民代表与业主代表、居民委员会成员与业主委员会成员交叉任职，推动社区居委会、业主委员会、物业管理公司三方合作机制建设。建立高校与社区常态化合作机制，充分引入珠海高校法律领域智力资源，充分发挥社区法律顾问作用，推动社区依法制定符合社区实际、具有特色的乡规民约和社区自治章程。

另一方面，规范社区公共服务，提高社区服务效能。珠海市着力加强社区服务体系建设，整合社区服务资源，规范和完善社区公共服务站、社会服务站，实现社区服务标准化和规范化。探索建立社区购买公共服务制度，充分利用社区购买服务培育和发展社区社会组织，规范各类社会组织、社会工作者、志愿者参与社区治理和服务，拓展社区服务内容，提高社区服务水平。探索建立社会组织统筹协调管理机制，引进成熟的社会组织搭建统筹平台，有效衔接企业、社会组织与居民需求，提升社区服务社会化水平。

同时，深化农村治理机制改革，推进社区建设均衡化发展。根据珠海农村的特点，珠海市探索制定珠海市新农村建设促进办法，统筹城乡发展，全面提升农村建设水平。探索农村公共服务供给方式改革，大力发展农村专业性社会组织，开展城乡结对帮扶活动，引导城市社区服务资源向农村延伸。推进农村公共服务设施规范化建设。

此外，规范镇（街）职权，推进镇（街）职能转型。珠海市制定相关制度，本着"能放则放、该放必放"和"权责利相一致"的原则，下放涉及人民群众生产生活的行政管理权限，扩大镇（街）行政事务管理和处置权限，实现管理重心下移。根据现场执法的要求，探索建立区级政府部门部分行政执法权委托镇（街）行使机制。进一步理顺镇（街）与社区自治组织关系，完善镇（街）政务服务中心和社会服务中心制度。

（二）创新基层治理手段

近年来，珠海市借鉴国内网格化管理经验，并探索建立"数字"网格化综合服务管理新模式。珠海市大力推进老旧小区技防改造，铺就推进"数字"网格化的技术基础。2015年，珠海市在农村重点开展"治安视频+村联防队"建设，在城市重点开展"住宅单元智能门禁+视频"工程建设，发挥考核指挥棒作用，要求每个镇（街）按《关于做好2015年社会治安立体化防控体系建设财政预算的通知》要求和《珠海市视频门禁系统建设指导意见》精神，每年投入30万—40万元，至少完成1个300—500户中低档小区的"住宅单元智能门禁+视频"建设，从治安最乱的小区做起，逐年累积，逐年优化。2015年1—11月，珠海市共完成"住宅单元智能门禁+视频"系统6000多套，珠海市平安办与香洲区综治办在香洲海霞新村、海虹新村开展的平安小区技防改造试点工作完成后，既实现了压缩入室盗窃，自动动态管理实有人口信息的目的，又受到了老百姓普遍欢迎。拱北新市花园小区安装"住宅单元智能门禁+视频"系统后，警情数由上年1300多宗下降为500多宗，10月甚至出现了"0"发案的良好效果。全市"技防村（居）"和"三联村（居）"建设覆盖率分别达到79.7%和76.0%。

在此基础上，珠海市建立"数字"网格化综合服务管理新模式。为扎实推进"网格化"社会治理工作，2015年，珠海市投入2000多万元，在高新区整合现有的应急救援指挥中心、"数字城管"指挥中心和综治信访维稳中心等机构，成立"数字高新"指挥中心，组建网格化社会治理队伍，建立基础数据信息库，实现了信息共享；利用辖区519个一类、二类视频监控点和部分社区的视频监控点，以及2架无人机，实现了辖区实时监控、实时上报、实时处理、实施监督、实时指挥；把全区16个社区划分为17张"网"142个"格"，村（居）以每个自然村为1个格，物业小区以300—500户、1000—1500人为1个格，实现了辖区139平方千米"精细化"管理；整合各社区社工、合同聘用人员（含计生指导员、社区综治队员、劳动协管员、安监员、森林防火员）为网格服务员，"一格多员、一员多能"，用数据进行绩效考评，促进了事项的及时处理，充实了基层社会服务管理力量。

2016年，珠海市继续推进综治网格化管理试点工作。按照广东省的工作要求，珠海市对香洲区梅华街道和斗门区斗门镇两个试点的综治网格员进行了岗前培训，大大提高了综治网格员的实际操作能力。2015年8月至2016年年底，金湾区委托珠海保安集团培训中心对全区近300名综治网格员进行了轮训，并在第十一届国际航空航天博览会期间通过实战考验交出了满意答卷。珠海市组织各区镇（街）分管领导和业务骨干到杭州、佛山进行综治业务、网格化建设学习，制定方案，加大投入，落实定人、定格、定责，完成两个试点的网格划分，初步形成以综治中心为依托，以综治信息为支撑，以综治网格为基本单元，以综治力量为主导的"中心+网格化+信息化"管理架构。

（三）配强基层治理队伍

按照"社会治理网格化"要求，珠海市进一步厘清并界定各类群防群治队伍的地位性质、权利义务、保障奖励等，进一步整合各类群防群治队伍，推进制度化、规范化建设。不断加大综治队员、巡防队员、禁毒社工、交通协管员、户管员、保安员等专职群防群治队伍的建设，落实经费保障，广泛动员党员团员、民兵、青年志愿者、离退休人员等参与治保、调解、帮教、禁毒、防范邪教、普法等平安建设工作，充实社会治安群防群治的辅助力量。2016年，珠海市香洲区在拱北、前山等重点辖区以政府购买服务的方式增加治安巡防队员60多人，不断夯实基层"人防"基础。金湾区根据区内治安巡防实际,强化治安巡防大队建设,队员已达183人。斗门区努力开展各村(居)治保组织和巡逻队的组建,2016年已在127个村(居)全部建立治保组织,治保会工作人员有339人,其中40个村(居)已建成巡逻队,巡逻人员共有294人。

2017年,珠海市进一步整合群防群治力量,配齐配强村(居)治保主任,注重加强村(居)警官、村(居)法律顾问、驻村"两委"干部和村(居)治保主任间的信息共享、协调联动,建立"四位一体"的联防联动工作模式和机制。珠海市不断加强全市综治干部特别是基层综治队伍的教育培训工作,采取以会代训、参观学习、专题讲座、集中授课、短期培训等多种形式,积极开展业务培训。2017年,珠海市综治办组织各区和各综治成员单位业务负责同志,先后到一些国内著名高校开展了为期一周的社会治安综合治理创新能力培训;组织综治信息系统16个基础数据录入单位的负责同志和全市各级综治信息管理员、各级综治视联网管理员进行专门培训。各区综治部门和各成员单位举办各类培训近百场,受训人员累计3万多人次,有效提高珠海市综治干部队伍的理论水平和工作能力。同时,珠海市组织各级综治干部到国内、省内其他兄弟城市学习优秀做法和先进经验,拓宽工作思路、改进工作方法,不断增强全市综治队伍的整体业务素质。

五 开展"平安细胞"创建,带动全面提升

2013年年初,珠海市委、市政府《关于全面创建平安珠海的意见》明确提出"全面开展'平安细胞'工程建设,夯实创建平安珠海的基层基础""加快实现基层平安创建活动全覆盖"的目标。五年来,珠海市全面推进平安区域〔平安镇(街)、平安村(居)、平安边界、平安山林〕、平安场所(平安市场、平安工矿、平安景区、平安文化娱乐场所、平安宗教场所)、平安单位(平安校园、平安医院、平安企业)、平安行业(平安交通、平安金融、平安餐饮、平安"电网")和平安家庭五大类17项基层平安创建活动,与本地区经济社会发展同规划、同部署、同推进,拓宽创建范围,充实创建内容,提升创建层次和水平。

2015年,珠海市按照"谁主管谁负责"和"属地管理"原则,压实

"平安细胞"创建各级各牵头部门的主体责任，条块结合、分层落实，全面推进"平安细胞"创建工作。加大统筹协调力度，加强督导验收，重点抓好平安村（居）、平安医院、平安校园等17个平安细胞创建，确保2015年年底"平安细胞"创建覆盖率达到95%以上，2017年努力实现全覆盖。到2015年年底，珠海全市各行政区和90%以上的镇（街）、村（居）、单位、企业、校园、医院、家庭达到平安创建标准。

2016年，珠海市深化"平安细胞"建设。深入推进平安校园、平安企业、平安家庭、平安文化市场、平安医院等"平安细胞"工程建设，广泛动员社会各界力量齐创共建，形成推进平安建设的整体合力。香洲区年内"平安校园"建设投入450万元，效果显著；"平安家庭"建设深入民心，开展"德行香洲"等活动共计逾600场次，华发社区荣获省"平安家庭"创建示范社区；"平安文化市场"建设进一步净化了未成年人成长环境。金湾区着力打造"平安细胞"公共安全视联网建设，一期建设投入经费793.82万元，建立覆盖全区两镇21个村（居）、12所学校、2家医院共771个视频摄像头，以及公安专网468个摄像头、600多户智能门禁系统视频的综治视联网平台。斗门区狠抓"平安交通"建设，针对无牌无证、异地号牌摩托车、电动车存在的严重交通安全隐患问题，精心组织，周密部署，多策并举，不断加大"双禁"整治力度，效果显著。

2017年，珠海市提前制定印发了《珠海市2017年"平安细胞"创建工作方案》和《珠海市"平安细胞"创建考核验收工作方案》，充分发挥各综治成员单位职能作用，结合市综治委成员单位联系点工作，强力推进全市"平安细胞"建设。以香洲区翠香街道兴业社区为试点，狠抓"平安细胞示范点"建设，重点开展平安校园、平安医院、平安交通、平安家庭、平安企业创建，实现"平安细胞"建设全覆盖。

六 培育发展社会组织，寻求多元治理

社会治理模式的创新是政府与民间逐渐走向良性互动的双赢选择。作为多元社会治理的重要力量支撑，社会组织通过权利诉求彰显主体性精神，并因审批登记的部分放开而实现数量增长和公益性提升。在内在机理上，社会组织的成长植根于权力的结构性转移和多元化流动，受益于权力

和权利的相互转化、社会民生的内在诉求和国家向社会回归总体趋势的驱动。社会组织的发展与壮大在一定程度上形成了新型权力制约机制，促进了法律主体从个人向组织的发展，推进了从社会组织自治到社会自治的进程，并最终发展了从国家主导到多元治理的治理模式。[①]

2013年1月，珠海市委、市政府《关于全面创建平安珠海的意见》作出"大力培育发展社会组织"的部署。提出加快政府职能转移，处理好政府放权与社会组织接力的关系，加快培育发展社会组织，加快形成政社分开、权责明确、依法自治的现代社会组织体制。进一步降低社会组织注册登记门槛，简化登记程序与手续，修订完善社会组织改革的相关配套法律法规和政策。明确各区社会组织登记管理机关并配备专门人员。出台社会组织财政扶持和税收优惠政策，加快建立社会组织孵化基地。进一步发挥工青妇等人民团体枢纽型组织作用，探索人民团体引领相关社会组织发展的新模式。充分发挥"两新"组织的服务管理作用，扩大党组织和工作覆盖面。落实非公有制经济组织对员工管理服务的社会责任，构建和谐劳动关系。健全政府监管，强化行业自律，引导社会组织健康有序发展。

2016年6月，珠海市委、市政府《关于社会领域制度建设规划（2016—2020年）的意见》提出"完善社会组织领域的规范，充分发挥社会组织在社会建设中的积极作用"，并对发挥社会组织在社会建设中的作用作出了全面安排。

一是深化社会组织管理体制改革。规定除法律法规规定需要前置审批的以外，社会组织的业务主管单位均变更为业务指导单位，各业务指导单位要切实履行起业务指导职责。建立统一登记、各司其职、协调配合、分级负责、依法监管的社会组织管理体制，加快政府职能转变，形成政社分开、权责明确、依法自治的现代社会组织体制，引导和推动社会组织自主、自律发展，支持、引导社会组织参与社会治理和公共服务，建立健全社会组织参与社会治理的机制和制度化渠道。支持行业协会商会类社会组织发挥行业自律和专业服务功能。加强对在珠海市的境外非政府组织管

---

① 参见马金芳《社会组织多元社会治理中的自治与法治》，《法学》2014年第11期。

理，引导和监督其依法开展活动。

二是完善社会组织培育制度。创新工青妇等人民团体的活动方式和组织形式，强化服务功能，加快构建枢纽型社会组织。充分发挥社会组织培育发展平台作用，加强社会组织能力建设。加大财政扶持社会组织发展力度，推动建立公共财政对社会组织资助和激励机制。重点培育和优先发展行业协会商会类、科技类、公益慈善类、城乡社区服务类社会组织，建立结构合理、专业化程度高的社会组织体系，形成基层政府、基层自治组织与社会组织密切合作的现代治理机制。

三是完善政府购买服务制度。推进政府向社会组织购买服务，设立购买服务项目库，各个目录实现有效衔接、动态管理。建立公开、透明的公共服务购买流程，规范政府购买社会组织服务工作，给予资质优良、社会信誉好的社会组织承接公共服务优先权。购买服务单位健全绩效评价指标体系，构建绩效评估多元主体参与机制，探索委托第三方机构实施评估，做到对社会组织在承接服务前有资质审查，在服务过程中有跟踪审查，在服务完成后有绩效评估，形成公开、公平、公正的竞争激励机制。

四是建立社会组织联合监管机制。出台有关建立社会组织联合监管工作机制的制度，梳理登记管理机关、业务主管（指导）单位、各职能部门职责，完善相关工作机制，形成对社会组织的有效管理，促进社会组织规范发展。指导社会组织完善内部管理结构，健全社会组织信息披露平台，提高社会组织自律能力和社会公信力。依法查处社会组织的违法行为。

五是完善社会工作和志愿服务制度。建立健全社会工作教育培训体系，完善社会工作者继续教育实施办法，进一步加强与高校和专业社工机构的交流合作，充分发挥社会工作专家库的作用，加强继续教育和考前教育培训，着力培养一批素质优良的社会工作专业人才。完善社会工作者评价和激励保障制度，充分调动社会工作者的工作积极性。建立社会工作督导人才培养机制，培养本土督导人才。贯彻落实《珠海经济特区志愿服务条例》，完善志愿服务机制，推行社会工作者与志愿者联动模式，促进志愿服务事业发展常态化、制度化。拓展社会工作服务领域，进一步满足人民群众的服务需求。

2016年，珠海市深入开展社会组织专项治理工作，为发挥社会组织在社会治理和平安建设中的作用扫清了障碍。根据广东省工作部署，珠海市综治部门牵头，制定工作方案，成立重点社会组织专项治理工作小组，落实工作职责，全面对珠海市社会组织开展排查摸底工作，针对排查的不同对象进行分类处理、专项整治，尤其对有危害和列入重点监管的社会组织实行教育引导、规范管理和依法取缔并举，净化社会组织发展环境，专项治理工作取得了初步成效。截至2016年12月底，珠海市登记在册社会组织2104个，备案类401个，未登记（备案）类1111个，其中有现实危害或潜在危险的社会组织43个，列为需加强监管和规范管理的重点社会组织17个。

2017年，珠海市充分发挥社会组织作用，社会组织在社会治理和平安建设中的作用进一步显现。一方面，积极发挥见义勇为协会等社会组织作用，不断扩大平安志愿者队伍，引导、激励更多群众参与社会治安工作，营造"全民创安、共建共享"的社会氛围。另一方面，加强对社会组织规范管理的政策研究，推进社会组织明确权责、依法自治，充分发挥其在参与社会事务、维护公共利益、救助困难群众、化解矛盾纠纷等社会治理中的重要作用。同时，强化与珠海市南方社会建设研究院等机构的交流合作，建立专家智库，充分发挥其在社会治安综合治理方面的"智囊"作用。各级各部门要"走出去、请进来"，主动与工青妇等群团组织、各高校和传媒单位建立战略合作伙伴关系，加强在人员沟通交流、信息资源共享、重点工作推进等方面合作，实现优势互补、互利共赢。

第四章　以社会治理专业化推动平安建设现代化

一　社会治理专业化概述

习近平总书记在党的十九大报告中强调要提高社会治理专业化水平，对于打造共建共治共享的社会治理格局具有重要的指导意义。随着社会进入信息时代，人类面临的问题越来越复杂、越来越专业，必须通过专业化分工，让专门人才解决专业问题。分工产生效能，专业化是社会分工的产物，是社会进步的标志，是提高社会治理水平的必然要求。

社会治理的专业化和社会化是事物的一体两面，二者相辅相成、密不可分。推动社会治理创新和平安社会建设，必须实现专业化治理与社会化治理的结合。社会治理专业化要求社会治理必须由具备专业理念、知识、方法及服务技能的专业人员遵循社会治理的客观规律，按照专业化管理标准，综合运用各种手段进行社会治理、开展社会服务，并在此过程中体现实事求是的科学精神，具体体现在社会治理组织机构、职能配置和工作流程的合理化，政策制定、政策执行和政策反馈的科学化，管理过程、具体制度、效果评价的标准化，管理手段、公共服务、互动过程的信息化。不断提高专业化水平，才能更好地促进社会治理整体水平迈向现代化。在提高社会治理专业化水平的基础上，要不断推进社会治理的社会化进程。随着社会主体日益多元化，市场机制及社会机制的作用日益重要，社会治理社会化和公共服务市场化已成为一种发展趋势。社会治理社会化要求公民个人和社会组织要积极参与社会治理，充分发挥协同作用。政府要从过去对社会治理事务大包大揽逐步发展到做好裁判工作和制定行动规则，通过购买服务和服务外包等方式将可以由市场和社会承担的事务交给企业部门和社会组织承担，通过社会治理社会化实现社会成长壮大和政府瘦身减负的双重效果。社会治理的专业化和社会化是相辅相成的，二者共同指向实现有效社会治理、促进社会和谐的目标。

提高社会治理专业化水平，首先要加强专业化人才队伍建设，建设高素质专业化干部队伍和社会治理各类人才队伍，夯实社会治理基础。应当不断推进分类治理，以科学的态度打造专业的社会治理队伍，增强社会治理的专业化水平。当今中国社会日渐出现多元化的发展趋势，社会治理也日趋复杂化，通过专业人才来从事专业性的社会治理工作，也显得日益紧迫。一方面，要努力建设更加科学合理的主体资质、职能配置和工作流程。要根据社会治理不同领域的特点，分别采取不同的治理模式，选择不同的社会治理主体和治理方法。如冤假错案导致的上访问题，就需要由司法机关来处置，而不能以维稳为由进行其他处置。另一方面，应建立更为完善的信息反馈、自我完善和纠错机制。建立良好的社会治理效果测评体系，精准掌握社会治理政策成效，推动社会治理体系的自我完善。完善社会治理体系的纠错机制，保障社会治理的公平性。其次，要提高综合运用专业化工作方法能力，熟练运用预测预警、风险防控、事件应急、教育感化、心理疏导、矛盾调处、利益协调、政策引导、规范执法、责任追究等机制，借助信息化手段，德法并举，实现社会治理目标。最后，坚持专业化工作精神与态度，不忘初心，以人民为中心，深刻认识和把握人民日益增长的美好生活需要和不平衡不充分的发展之间的矛盾，更加自觉地维护人民利益，坚决反对一切损害人民利益、脱离群众的行为。

二 组建"志愿警察"队伍，加强专业队伍

（一）珠海市平安队伍建设概况

打造一支政治过硬、业务过硬、责任过硬、纪律过硬、作风过硬的专业队伍，是推进社会治理创新和平安社会建设的前提和保障。长期以来，珠海市努力在法律和政策允许的框架内，大力推动体制机制创新，不断加强社会治理专业队伍建设。

一方面，大力加强政法队伍建设。2013年1月，珠海市委、市政府《关于全面创建平安珠海的意见》强调，加强和改进党对政法工作的领导，加强政法队伍建设，切实肩负起中国特色社会主义事业建设者、捍卫者的职责使命。提出抓好思想建设，深入开展"忠诚、为民、公正、廉洁"政法干警核心价值观教育。抓好组织建设，坚持以党建带队建、抓班子带队伍，建立完善有利于优秀人才脱颖而出的制度机制，充分发挥政法机关党组织和党员干警在执法办案中的战斗堡垒、先锋模范作用。提升基层政法综治组织战斗力，加强公安派出所、司法所、人民法庭建设，推进区、镇（街）与政法工作的职能衔接，充分发挥基层政法单位在平安珠海创建中的骨干作用。抓好能力建设，全面提高政法干警运用法治思维和法治方式深化改革、推动发展、化解矛盾、维护稳定的能力。抓好纪律作风建设，严格规范权力行使，切实转变工作作风，着力解决人民群众反映强烈的突出问题。

另一方面，探索加强社会工作人才队伍建设。珠海市委、市政府《关于全面创建平安珠海的意见》提出加快《珠海市社会工作促进办法》立

法工作，积极探索通过立法的形式加快推动志愿服务发展。重点加强覆盖社区的社会福利、社会救助、慈善事业、就业服务、青少年服务、社区矫正、禁毒戒毒、心理疏导、人民调解等领域的岗位开发设置，建立社会工作者职业水平评价与奖励制度，完善有关社工人才使用、评价、激励、晋升、薪酬保障等政策措施，出台社会工作人员薪酬管理指导意见等政策措施。加强社会工作人才培训，提高全市社工人才的能力和水平。探索推进"社工＋义工"联动服务队伍建设，建立市、区、镇（街）、村（居）四级志愿者服务网络和"社工引领义工，义工协助社工"的联动机制，健全社会志愿者队伍激励机制，吸引和留住更多的志愿者参与社会公益事业。

近年来，珠海市在总结综合治理、治安联防等工作经验的基础上，积极创新，平安建设队伍不断加强。一方面，强化治安巡控力量投入，通过合理调整警力配置，深入推动机关警力下基层、基层警力下社区工作，2017年珠海市派出所警力占分局警力的55.15%，社区警力占派出所警力的40.50%，民警与辅警比例达到1：1，基层警力得到有力保障。另一方面，推进基层群防群治队伍建设，进一步规范群防群治相关制度规范，整合各类群防群治队伍，加大综治队员、巡防队员、禁毒社工、交通协管员、户管员、保安员等专职群防群治队伍建设，落实经费保障，广泛动员党团员、民兵、青年志愿者、离退休人员等参与治保、调解、帮教、禁毒、防范邪教、普法等平安建设工作。2016年，珠海市组织群防群治队伍16800人次参加治安巡逻，现场协助调解纠纷550起。

为探索新形势、新常态下的社会治安治理新模式，珠海市公安局香洲分局在充分吸收和借鉴国外先进经验的基础上，于2015年4月组建起国内第一支"志愿警察大队"，协助公安机关开展接处警、安保巡逻、纠纷调处、防范宣传和服务群众等基层基础性警务工作。目前，志愿警察大队共有队员215名，全体队员秉承"因为梦想，所以追求"的价值理念，以"志愿奉献、护民维安"为宗旨，不计得失、无私奉献，自成立以来，累计参与纠纷调处、安保巡逻、服务群众等各类勤务1万余人次，工作6万余小时，为维护辖区治安稳定，建设"平安珠海"作出了积极贡献。

(二) 珠海市志愿警察组建背景

"志愿警察"指兼职志愿警察，拥有自己的全职工作，业余时间义务参与基础警务工作，着专门制服，领取适量补助金。在一些国家和地区，如新加坡、英国和中国香港，"志愿警察"一直是公民参与社会管理和推进警察公共关系建设的重要桥梁和警力资源的有力补充。珠海市作为中国最早对外开放的经济特区之一，经过30多年的创新发展，已具备了志愿警察组织培植生根的条件和土壤。

一是政策导向支持。党的十八大提出了创新社会治理，要求我们改进社会治理方式，充分发挥社会力量参与社会管理的基础作用，鼓励和支持更多的社会组织参与社会管理服务工作；在公安系统，广东省公安厅也下发了《关于规范全省警务辅助人员管理使用的指导意见》，动员和鼓励社会志愿者、公益事业热心人士，在公安机关及其人民警察的组织、带领下，志愿开展警务辅助工作。党委政府和上级公安机关的整体设计，为志愿警察队伍的落地开花提供了政策基础。

二是社会发展所需。目前珠海市是全国最具安全感、幸福感和宜居城市之一，经济总量快速增长，居民可支配收入较高，社会志愿服务组织蓬勃发展，市民更乐于在志愿服务中实现自我价值，一大批社会工作者和志愿服务者正在成为社会建设的骨干力量，为志愿警察组织建设提供了肥沃的土壤。

三是个人价值所求。随着经济的发展和社会物质生活的不断丰富，具有一定社会地位、经济能力较强、个人自由度较高的社会精英阶层，逐渐从物质生活需求转化为追求精神生活的满足和个人自我价值的实现。志愿警察组织为珠海一大批怀揣"警察梦"的有志市民提供了圆梦之地和展示自我价值的平台，也起到了开放警队、展示警队正面形象的良好作用。

(三) 珠海市志愿警察工作机制

一是强化制度建设。珠海市公安局香洲分局将志愿警察队伍创建工作列为亮点工程，专门成立了"志愿警察"活动领导小组，研究出台了《香洲分局志愿警察活动工作方案》，并配套了《志愿警察章程》《志愿警察队伍管理暂行规定》等一系列工作制度，规定了志愿警察队伍的职责和纪律、机构和管理、加入和退出、保障、培训和激励等一系列建设事项，通过建章立制确保志愿警察队伍能够规范化和制度化地长远发展。

二是广泛动员遴选。珠海市采用网络、报纸、电视等媒体发布和社会动员相结合的方式开展志愿警察招募宣传活动，两年多来的3次招募先后有800余人报名参加，大专以上学历的占68%。再遴选出具有一定社会地位、经济基础和社会影响力，综合素质较高的社会精英人士加入，确保志愿警察队伍的稳定性和高端性。同时，结合辖区实际和群体需求，支持企业人员和政府机关领导参与到志愿警察服务活动中来，专门成立了志愿警察格力电器中队和区府公职中队，进一步扩大志愿警察的社会影响力。

三是完善组织架构。香洲区志愿警察大队下设9个中队，其中7个派出所中队分别对应陆地7个公安派出所，另在格力电器公司设立格力中队，在区政府机关设立区府公职中队，大队领导和中队领导都在志愿警察内部选举产生。7个派出所中队主要招募和遴选退役官兵、高级工程师、公司高管、教师、律师、记者、企业主等社会各界精英加入。格力中队由格力电器员工组成，区府公职中队由区委、区政府、区政协、区人大和区机关单位领导组成。

四是优化运作模式。香洲区志愿警察大队实行内部事务自治管理，由大队长、副大队长和中队长组成的大队队务会集体研究决定。志愿警察招募后按照就近原则编入附近派出所中队，利用自己空闲时间无偿参加志愿警察活动，提前向所属派出所报备上岗服务时间，由派出所统一安排出勤活动；派出所也可根据工作需要召集志愿警察上岗出勤。志愿警察大队接受区公安分局治安管理大队的业务指导，人员招募和组织建设接受区公安分局统筹管理，服装和装备由分局统一提供保障。

五是健全组织保障。珠海市公安局香洲分局积极争取香洲区委、区政府和区志愿者协会的大力支持，争取积分入学、积分入户等奖励和保障规定同样对志愿警察开放。分局专门调配两间办公用房作为志愿警察大队队部办公室，供志愿警察大队开展人员招募面试、制发文件、召开会议、宣传展示等日常管理事务使用；志愿警察工作经费和服装由香洲分局承担，分局还为每名正式队员统一购买人身意外保险；有重大突出表现的，依法申报见义勇为奖励。参加志愿服务时间满两年的，颁发"志愿警察"证书，并视情申报不同等次奖励。

六是注重内部管理。一方面，珠海市公安局香洲分局统一形象标示，专门研究制定了志愿警察大队的队徽、标志以及队训和誓词等，规范了志愿警察的帽徽、肩章、臂章，有效提升志愿警察的归属感和荣誉感。另一方面，珠海市公安局香洲分局开展专业培训，定期安排分局专业教官对志愿警察队员开展队列、盘查、巡逻、安保等专业培训，提升专业服务技能。此外，珠海市公安局香洲分局建立兴趣小组，结合每名志愿警察的职业和特长，志愿警察大队内部成立法律、外语、调解、摄像（无人机操作）、社区、消防、护校安园、网络安全等多个兴趣小组，为基层公安机关对特殊专业知识的需求提供有益补充。

七是媒体宣传引导。志愿警察大队成立以来，珠海市公安局香洲分局积极联系《人民公安报》、《南方日报》、《珠江晚报》、珠海广播电视台、央广网、新浪网等主流媒体进行宣传报道，社会各界反响积极。中央电视台、《人民公安报》、《南方法制报》、《广州日报》、《羊城晚报》、央广网、新浪网等众多中央、省、市媒体先后报道了珠海志愿警察工作。2015年12月，"志愿警察"项目获得"珠海市香洲区志愿服务优秀项目"荣誉称号，并参选人民网组织的全国"创新社会治理典型案例"征集活动。

（四）珠海市志愿警察实践成效

一是有效弥补警力不足，形成基层警务工作的有力补充。目前，志愿警察大队已经参与到巡逻安保、值班备勤、接出警、审讯抓捕、宣传、业务培训等各项警务工作当中。据统计，截至2017年8月，珠海市公安局香洲分局志愿警察大队已累计出勤9492人次，共56085.6小时，人均出勤206个小时，按每日8小时工作量计算人均服务26天。共协助盘查5772人次，协助抓获犯罪嫌疑人582人，协助查获违禁物品316次，做好人好事165次，参加各类大型活动安保105次，成为分局和派出所警务工作的好帮手和好助手。

二是提供群众展示舞台，实现个人理想和社会价值双赢。社会志愿者们在志愿警察这个舞台实现了光荣"警察梦想"，同时也丰富了志愿服务的精神内涵。志愿警察大队运作以来，涌现出一批出勤标兵，出勤超过4000小时的有1人，超过3000小时的有8人，超过2000小时的有20人，超过1000小时的有50人。在具体警务工作中也涌现出一批综合素质高、业务能力强的志愿警察专业人才。例如，一位退休的老教授加入志愿警察队伍后参与派出所大小调解工作上百起，百战百胜，被基层民警誉为"金牌调解员"，2016年荣获"全市110十大先锋人物"。志愿警察大队里面唯一一名女中队长，以柔弱之躯孤身一人深入毒窝与毒贩机智周旋，协助派出所成功抓获毒贩，英勇事迹被中央电视台拍摄成志愿警察纪实故事。

三是搭建沟通互动平台，促进警民关系和谐发展。志愿警察协助民警开展工作，同时也是志愿警察与民警、与人民群众一个沟通互动的过程。珠海市公安局香洲分局在安排志愿警察工作时，从群众关注的焦点、百姓生活的难点中寻找切入点，通过做好校园安保、联合执法行动和社区安全防范宣传等与辖区群众密切相关的社会基础事务，赢得广大市民点赞，进一步和谐警民关系，人民群众安全感和社会调查满意度不断提升。

四是打开警队开放窗口，持续传播公安机关正面形象。志愿警察大队成立后，打开了一扇公安机关自我开放、让群众了解公安机关的窗口。志愿警察既是普通市民，同时作为志愿者密切参与警务工作，能够亲身体会公安工作的苦累、辛酸、荣耀和困境，能够不断在社会上传播公安机关的正面形象和正能量。如一位志愿警察就提到："我深深地体会到当一名人民警察是多么不容易，上班时间长、下班不定时、吃饭不准时。为跟进办理案件，经常要通宵工作，严重地透支体力和精力。"另一位志愿警察也表示："派出所的工作很繁杂，压力也很大，当警察须有博大的胸怀和一个强大的心脏。"

（五）珠海市志愿警察完善方向

2017年，在香洲区试点的基础上，"志愿警察"队伍逐渐在珠海全市铺开。2017年3月18日，珠海市公安局拱北口岸分局正式成立志愿警察大队，大队下设5个中队，共有队员66名，经过近4个月的运作，拱北志愿警察在辅助警务、治安巡控、安保任务、纠纷调解以及服务群众等各项工作中发挥着重要的作用，赢得了广大群众的一致好评，成为拱北口岸分局辖区的一道亮丽风景线。2017年7月，为充分利用社会各界参与社会服务的热情，拱北口岸公安分局决定继续招募志愿警察。2017年，经珠海市公安局横琴分局审核、筛选、面试及政治审查，确定40位报名人员作为志愿警察正式成为横琴警方的一分子，并于当年9月1日举行志愿警察大队成立大会，开展志愿服务与警务培训，正式出台《横琴新区志愿警察管理办法》。2017年9月27日，珠海高新区高校志愿警察队伍上岗及启动仪式在北京师范大学珠海分校举行，该校大二以上年级学生及教师20人成为珠海市公安局高新分局志愿警察大队首批队员。

任何一项警务创新都不可能一蹴而就，初创阶段的志愿警察工作也不可避免地存在一些困难和问题：在法律定位方面，目前关于志愿警察工作依据的立法仍是空白地带，法律主体地位边界模糊，虽然广东省公安厅出台了《关于规范全省警务辅助人员管理使用的指导意见》，为志愿警察工作开展提供了一定的依据，但该指导意见仅是政策性文件，未能形成志愿警察的制度支撑；在保障工作方面，由于没有专项经费，公安机关只能挤占有限的公安业务经费，执勤服装和装备配备往往滞后于队伍建设发展的需要；在日常管理方面，志愿警察选择上岗时间存在一定的随机性，受制于队员的主职工作和家庭生活安排，部分志愿警务活动的计划性受到制约；在教育培训方面，香洲区志愿警察队伍日益发展壮大，但由于队伍成立时间不长，专业化、系统化培训有所欠缺，同国外志愿警察培训工作还存在较大差距；等等。发展中的问题需要通过发展来解决，做好志愿警察工作，只能通过改革创新来实现，必须坚持推进社会治理和平安建设队伍专业化的方向，在法治的轨道上推进具有先进水平和本地特色的生动实践。

三 运行"平安指数"机制，实现专业管理

（一）珠海市平安指数创建背景

如何实现专业管理，长期困扰着中国社会治理创新和平安创建工作。一段时间以来，一些地区和部门在探索建立考核、评价等管理机制方面做了积极探索。但总体而言，这些探索仍主要集中在对党政部门和公职人员的激励上，如何把考核、激励和动员有机结合起来，建立社会治理和平安建设的综合性、现代化管理机制，是一项亟待破解的任务。

2016年11月，全国社会治安综合治理创新工作会议指出，现代社会，单打独斗已不适应人们对公共服务需求多样化、社会问题复杂化的新形势，中国在社会治理过程中将平等对待各类社会主体，形成多样化治理模式，努力实现社会共治。在此之前，珠海市公安局和创建平安珠海工作

领导小组办公室（以下简称"市平安办"）主动肩担社会治理防控主力军角色，成立专业研发团队，按照市委、市政府提出的"建立平安指数，向社会公布，更加科学地评价和引导全市平安建设"的工作思路，以期通过构建"平安指数"这一社会治理创新手段，将社会治理与平安建设完美融合起来，一举解决过去平安建设中一直存在的"缺少具体评价指标来直观反映、衡量地区平安建设的成果"和"缺少地方党委政府和公安机关等部门协同作战的平台"这两个老大难问题。

项目研发过程中，珠海市公安局和市平安办研发团队一方面立足于近年来公安机关在社会治理方面积累的丰富经验和珠海社会实际情况，明确了平安指数的攻关方向和整体架构；另一方面积极寻求外部支持，与广东省内外一些高校达成合作协议，共同开展课题合作，深入全市各镇（街）调查研究，广泛吸收社会各界意见和建议。最终，经过一年多的努力，从更加科学简便、易于操作，更容易被人民群众理解和接受，更有利于调动基层平安创建工作积极性等目标出发，通过大数据、相关性分析、模型实证等手段，综合分析测算和反复筛选，最终选取了违法犯罪警情、消防安全、交通安全三项与群众生活感受最密切、影响最直接的指标，并以此为基础建立了平安指数，对镇（街）平安状况进行量化发布。

2014年11月1日，珠海市平安办正式通过《珠海特区报》《珠江晚报》对外发布平安指数，珠海成为全国首个每日发布镇（街）平安状况量化指数的城市。为进一步提高平安指数平台的便捷性，2014年12月1日，平安指数微信客户端正式启用，市民能够像通过PM 2.5数值直接了解空气污染程度一样，通过平安指数实时、简单、直观地了解到珠海市各区、镇（街）的平安状况，从而使得生活、出行安全感得以大幅度提升。

（二）珠海市平安指数具体构成

实际生活中，影响平安状况的因素成百上千，珠海市公安局、市平安办最终遴选出违法犯罪警情、消防安全、交通安全三项科学量化指标，构建了平安指数模型。之所以选取这三项指标主要有三个方面考虑：一是契合中心任务。这三项指标与当前中国"四个全面"战略布局中的全面建成小康社会体系里"社会安全指数"指标高度契合，是公安机关积极开展平安创建、服务小康社会建设的具体实践，可谓是师出有名。二是符合民意需求。这三项指标涵盖了治安安全、居家安全、出行安全等信息,是最贴近老百姓生活安全需求的项目,也是群众问卷调查评分最高的指标,可谓是很接地气。三是符合科学规律。珠海市公安局联合有关高校和科研机构经过问卷调查、数据分析、模型构建等一系列科学研究方法,最终从上百条指标中遴选出这三项指标合成平安指数,可谓是符合规律。

三项量化指标选好后,珠海市公安局、市平安办主要根据镇(街)实有人口的万人事件数作为测算标准。具体测算方式是:以镇(街)当天该类指数的实际情况与上一年全市该类指数的万人日平均数进行比较,比值小于0.8的镇(街)为优,比值在0.8—1.2范围内为良,比值高于1.2的为差,出现因违法犯罪或火灾、交通事故造成人员死亡的为极差。测算出等级后,珠海市公安局、市平安办依照权重,对照评定等次进行分项赋分,各项得分之和即为该镇(街)当天的平安指数。平安指数生成后,为增强指数的直观性,珠海市公安局、市平安办再按照"蓝""黄""橙""红"4种颜色对应表明"优秀""良好""平稳""较差"4种平安状况,与平安指数挂钩向社会预警,并对红色预警的地区作出相应平安提示。可以说,通过平安指数这张体检表,一个地方是否平安将一目了然。

(三)珠海市平安指数应用方式

珠海市重点围绕如何强化平安指数的应用效果,将平安指数与广东省平安办、珠海市平安办重点推进的创建"平安镇(街)"项目有机结合,借助市平安办平台,在全市范围内建立了以各区、镇(街)党委政府为主体,各相关职能部门积极参与,集动员、研判、预警、督办、问责"五位一体"的平安指数应用机制,全面强化行政区和公安分局、镇(街)和派出所的捆绑作战作用,从而促使指数偏低地区的党委政府、公安机关及相关部门协同开展整改工作。

在研判环节,珠海市各级各部门根据区域平安指数情况定期开展研判工作,查找存在问题,制定针对性防范、打击、整治措施和下一步工作计划。具体来说,各派出所、交警中队和消防中队每日一研判,镇(街)每周一研判,各公安分局和各区平安办每月一研判,市公安局和市平安办每季度一研判,市委常委会每半年专门听取一次汇报。

在预警环节,珠海市公安局、市平安办对于红色预警超标的地区下发

《预警通知书》进行专门通报，从而使其积极落实相关整改措施。

在督办环节，对预警后整改成效不明显的镇（街），珠海市将会由市公安局、市平安办牵头，进行专项督导和挂牌整治。

在问责环节，珠海市将平安指数纳入了社会治安综合治理考核，指数反映的问题有没有认真研判，有没有采取针对性措施，措施是否得力，成效是否明显，各个工作环节的情况都将通过社会治安综合治理考核体现，根据考核结果对相关部门和单位予以奖惩。一是诫勉约谈落实问责。对红色预警且整改成效不明显的镇（街）、派出所等，珠海市平安办将会对其主要领导进行专项督导和诫勉约谈。二是组织措施落实问责。根据不同情形，珠海市对相关责任领导给予调整岗位、一票否决和党纪政纪处分等。例如，对平安指数挂牌整治验收不合格的地区，实行一票否决，相关责任领导不得提拔晋升。通过强有力的问责机制，珠海市倒逼各职能部门领导干部必须主动作为、积极研究提升平安指数的有效措施，从而确保整改成效。

"平安指数"发布以来，珠海市各级地方党委政府高度重视，平安指数成了各区、各镇（街）党政一把手每天必看的工作数据，对出现红色或橙色预警的地区，各区、镇（街）定期召开指数分析研判例会，根据公安机关的分析研判报告，有针对性地采取治理措施。平安指数及其工作机制成为党委政府统筹协调、整体推动立体化社会治安防控体系建设的平台。比如，在平安指数推动下，珠海市香洲区 2015 年划拨 2000 多万元用于辖区老旧小区视频门禁系统建设，同时为全区各派出所增聘近 300 名治安辅助力量用于巡逻防控，提请市政府在 105 国道兴建了 4 座人行天桥，有效缓解了道路交通安全压力；斗门区投资 800 余万元在治安热点地区安装高清监控探头，下属的白藤街道办为派出所增加了 14 名治安辅助力量用于巡逻防控，并根据派出所的研判建议，在湖心路交通人流比较复杂的路段安装 2 个红绿灯，辖区警情和交通状况得到良好改善；金湾区开展机制创新，将"平安指数"用于对全区各村（居）的治安监督和考核，下属的红旗镇根据消防部门提出的建议，在辖区内组建了 13 个村（居）义务消防队，并进行多次实战演练，切实提高防控火警的力度；等等。

(四) 珠海市平安指数运行成效

珠海市平安指数的发布，一方面，使人民群众能够及时了解各地区平安状况、获得平安提示，知情权、监督权得到了很好体现。同时，使平安创建工作更加深入人心，更好地调动了群众参与平安创建工作的积极性，促进了全民创安工作格局的形成。另一方面，公安机关尤其是辖区分局和派出所，可以借助平安指数分析发现影响辖区平安的原因，主动向区、镇（街）党委政府汇报建言，积极争取地方党政部门更有力的支持，通过地方党委政府统筹协调、整体推动，实现社会治安齐抓共管的工作目标，从根本上改变过去依靠公安机关"单打独斗"的工作局面，从而借助镇（街）乃至全市的力量，综合发力、形成合力。

以平安指数的试点地区——珠海市香洲区前山街道为例，平安指数发布的第一个月该地区红色预警天数高达14天，经过当地派出所每天对平安指数反映的问题进行研判分析，街道办事处领导每周召集相关部门召开研讨会议，形成了定期形势研判、问题排摆、整改跟进机制，出台了一系列整改措施。通过在当地盗窃发案较多的明珠商业广场地段强化技防物防设施，在警情多发的城乡接合部开展"亮灯工程"添置路灯，政府出资聘请20名治安辅助人员、添置100辆警用自行车参与派出所日常治安巡控等多重举措，逐步推动当地社会环境的改善，整个前山地区违法犯罪警情数大幅度下降，该地区的红色预警天数随之逐月下降为5天、2天、1天，到2015年6月，红色预警天数更是降到了0，目前仍然保持在较少天数，群众安全感相比过去提升了20%以上，平安指数提升镇（街）平安状况效果显著。

珠海市平安指数发布以来，不仅在前山试点地区取得成功，在珠海全市都取得了明显的成效，目前全市已基本消除红色预警镇（街）。据统计，2015年，珠海全市110接报违法犯罪警情同比下降17.2%，其中，伤害、抢劫、抢夺、盗窃等严重影响群众安全感的主要警情同比分别下降13.4%、26.9%、33.5%、37.4%，全市火灾起数、死亡人数同比分别下降16.9%和50.0%，全市道路交通事故宗数、死亡人数和受伤人数同比分别下降1.9%、11.4%和10.4%。2017年以来，全市违法犯罪警情在2016年大幅下降的基础上，再次同比下降26.1%，为近10年之最。

珠海市平安指数及其工作机制得到了中央和广东省有关部门及理论研究界的高度肯定。中央政法委、中央综治办领导对珠海市平安指数给予高度肯定，要求进一步完善并在全国推广。广东省公安厅主要领导要求总结珠海做法，积极探索在广东省内其他地方推广。广东省综治委来文肯定"珠海实施平安指数工作体系，既增强了区、镇和职能部门的责任意识，也增强了群众的自我防范意识，促进了全民创安"。在广东省公安厅举办的粤警创新大赛中，"平安指数发布及应用机制"项目荣获金牌。新华社、中央电视台、人民日报社等中央媒体分别对珠海市平安指数进行专题采访报道，将其誉为"珠海社区'安危录'""指向政务公开的标尺""影响珠海市民幸福感的重要因素"。

目前，广东省和全国其他省区多个地市来珠海市专程学习交流平安指数发布应用体系建设经验，广东省深圳市、广东省惠州市、山东省潍坊市、河南省南阳市等市已于2017年开始发布当地的"平安指数"。

（五）珠海市平安指数完善方向

为确保"平安指数"数据的准确性、真实性和时效性，进一步将指数工作机制落到实处，最大限度地发挥平安指数对全市平安创建工作的引领作用，珠海市于2015年年初开始研发"平安指数发布应用系统"，于2017年年中正式投入试运行，并于2017年年底在全市全面铺开。

平安指数发布应用系统实现了平安指数发布数据自动抽取、实时查询、在线统计等功能，极大地规范了指数的发布、查询、统计等操作。同时，系统还增加了模拟运算、数据分析、平安预测等模块，运用大数据分析方法实现了"平安指数"的高效化采集、科学化统计和信息化管理。目前，平安指数发布应用系统能够每天自动生成全市、各区、各镇（街）、各派出所的平安趋势、警情类比、人员分布等各类情报信息图表，为各级领导开展平安研判、决策整改方案提供科学有效的数据支撑。

平安指数发布应用系统还对各个镇（街）、派出所设定子用户，子用户除了可以使用查询、统计、分析等功能外，还可向上一级用户进行文件反馈。因此，各镇（街）每次研判例会分析报告、照片等文件即可通过系统进行向上反馈审核。同时，系统还会根据平安指数"红色预警""趋势预警"等机制要求，自动通过短信推送等方式对达到预警程度的镇

（街）子用户发出预警信息，并对后续督办、整改等内容通过按时反馈的形式实现全程跟踪，最大限度地促进指数工作机制与基层单位有效捆绑，切实督促整改工作落到实处。

此外，珠海市还推出了与系统相配套的"平安指数 App"移动客户端。一方面，各镇（街）、派出所子用户可以每天通过手机操作即实现平安指数的查询、统计、分析等功能操作，还可以在开展研判、整改工作时，实时向上级部门反馈相关图片、视频等文件；另一方面，市民也可以安装该 App 随时查询全市各地区平安状况，了解有针对性的平安防范资讯，同时对于在日常生活中发现的平安问题，也可通过该 App 直接向镇（街）、派出所反映情况，全程监督问题整改工作进程，提升群众参与平安共建工作的积极性。

第五章　以社会治理智能化推动平安建设迅捷化

一　社会治理智能化概述

"智能"，已成为社会治理的关键词。人类社会正从信息时代走向数据时代，大数据、智能治理和治理能力现代化紧密镶嵌。智能治理的内容包括智慧政府、智慧决策、智慧管理和智慧协调合作机制等。

党的十九大报告将"智能化"作为社会治理发展的重要面向，以打造共建共治共享的社会治理格局。以信息技术提高社会管理的服务水平和运行效率，可谓不二法门。通过智能化为平安建设提供技术支撑，提升效能，让治理"聪明"起来，是许多地方不约而同的选择。《广东省国民经济和社会发展第十三个五年规划纲要》中有 21 处提及"智慧"，61 处提及"智能"，明确要"大力提升交通、能源、市政、应急指挥等的信息化和智能化"水平。

信息化和大数据应用是当今社会的大趋势，互联网、物联网等技术正在深刻改变我们的生活、工作。信息化与大数据的发展，给平安建设提供了空前丰富的手段工具，通过大数据融合技术、大数据处理技术、大数据分析和挖掘技术等，采取机器学习、统计分析、可视数据分析、时空轨迹分析、社交网络分析、智能图像/视频分析、情感与舆情分析等多种举措，为平安建设插上了信息的翅膀。为此，社会治理和平安建设要把握国家大数据战略和"互联网+"战略发展机遇，顺应社会治理和平安建设对象多元化、环境复杂化、内容多样化的趋势，应用各类现代科技手段，不断提升社会治理和平安建设的精准性、预见性、高效性。

（一）社会治理智能化的紧迫性与可行性

智能化的紧迫性日益严峻。一方面，传统治理碎片化问题凸显，效能与当下形势不匹配。传统治理体系下条块分割，既有九龙治水的低效，也有各管一段的分割，存在着人少事多、能力不足、机制僵化等诸多不适应。另一方面，信息技术的迅猛发展和快速普及，给社会治理带来空前挑战。这使得传统上一些看起来小微、个别的事件，通过大规模的转发、评论而迅速发酵为重大舆情事件，引发一系列连锁反应，近年来屡见不鲜的网络重大舆情事件对相关组织、有关政府部门产生巨大压力。公众监督压力之大、传导之快均属空前。

在此背景下，美国政府于2012年启动"大数据发展研究计划"并上升为国家战略，2013年被信息产业界称为中国的大数据元年。如何利用大数据推动经济社会发展，满足公众需求，提升政府治理效能，已成为摆在政府决策者、管理者面前需要认真思考的重大课题。比如，在2009年H1N1流感爆发数周之前，谷歌公司即通过大量互联网信息的汇总对比，提前得出流感来源与传统态势的判断，并与后来的官方结论基本一致。中国从2012年启动智慧城市的建设。中共中央办公厅、国务院办公厅印发《关于加强社会治安防控体系建设的意见》，提出将"社会治安防控信息化纳入智慧城市建设总体规划"，充分运用新一代互联网、物联网、大数据、云计算和智能传感、遥感、卫星定位、地理信息系统等技术，创新社会治安防控手段，提升公共安全管理数字化、网络化、智能化水平。中央综治办、中央网信办、科技部、公安部印发《关于推进社会治安综合治理信息化建设的若干意见》，中央综治办、原国家质检总局、国家标准委制定《社会治安综合治理基础数据规范》等文件标准。2015年7月，国务院发布《关于积极推进"互联网+"行动的指导意见》，从中央层面明确了推进"互联网+"的重要意义。这些中央规划、文件和标准的出台，为智能社会治理和高效平安建设提供了方向指引。显然，依托现代科技与大数据引入整体性治理，实施综合性改良，对于社会治理至关重要。

2015年中共中央、国务院印发的《关于深入推进城市执法体制　改革改进城市管理工作的指导意见》提出要综合应用各类监测监控手段，强化视频监控、环境监测、交通运行、供水供气供电、防洪防涝、生命线保障等城市运行数据的综合采集和管理分析，形成综合性城市管理数据库。

目前，已有北京、上海、深圳、无锡等多个城市正式提出建设智慧城市的规划设想。其中，《上海市推进智慧城市建设"十三五"规划》于2016年6月正式发布，提出了"泛在化、融合化、智敏化"的新特征。沈阳智慧城市建设的社会治理运营机制采取统一化的模式。一是成立智慧城市建设领导小组统一归口管理，市长领衔，成员为相关职能部门负责人；二是大数据运营有限公司统一运营，公司由市政府控股，通过政府购买方式提供服务；三是统一平台，实现数据汇总，为社会治理的智能化提供保障；四是统一标准体系。海南提出平安建设关键系统"视频基础平台＋智能实战平台＋网管运维平台"的综合业务平台。

作为基石的基础信息数据库建设，乡镇街道服务管理的数字化，以及基层治理系统的对接、整合，都蔚为大观。推动街道公共服务信息系统的纵向贯通、横向集成、共享共用、标准统一，也已经有所作为。《关于深入推进城市执法体制改革　改进城市管理工作的指导意见》在多处提到平台的整合，倡导"形成综合性城市管理数据库"。

《关于深入推进城市执法体制改革　改进城市管理工作的指导意见》提出要基于城市公共信息平台，综合运用物联网、云计算、大数据等现代信息技术，整合人口、交通、能源、建设等公共设施信息和公共基础服务，实现感知、分析、服务、智慧、监察的"五位一体"。在具体举措上，利用视频一体化技术，建设环保系统对重大排污源实施即时监控，构建重大活动的临时可布置监控等。

总体上，中国各地区、各部门在智慧政务建设方面取得了积极成效，但在信息化深度运用和大数据处理等相关方面还存在明显不足。

（二）社会治理智能化面临的挑战

传统政府体制与智能化存在不匹配之处，制度结构上方枘圆凿。科学发现或技术发明在先，滞后的往往是社会组织形式和治理形态。这在当下的社会治理和平安建设领导体制中有诸多表现。

一是数据鸿沟、信息壁垒的问题广泛存在。控制数据来源的部门没有分析能力，有分析能力的部门没有数据来源；数据与需求脱节。比如，出生人口信息对于教育部门判断幼儿园、小学建设至关重要，但教育部门却基本不掌握、不能分析，导致入园难、入校难问题与撤点并校问题摇摆出现。

二是信息化建设力度存在不均衡。比如，部分区的区、镇（街）综治中心没有完全进驻公安、司法、信访、法院、人社、民政部门，实体化运作水平不高。村（居）综治中心网格员的作用也有待进一步发挥。此外，个别区（县）与上级综治信息系统还需加强对接，公共安全视频监控联网应用需要持续深化。

三是建设推进的成本效益失衡。一方面，智能化建设与大数据应用为信息的全面掌握、加工、整理提供可能，并大幅提升了政府机关的认知、判断和处置能力，以以往根本不可能、根本无法想象的方式作出决策、实施监管，实现政民互动。但也应看到，其信息采集、加工的成本也日趋高昂。互联网、物联网、云计算等技术每时每刻都在产生纷繁复杂、类型多样的海量信息，其价值密度不高，鱼龙混杂。比如，大量的高清监控录像中可能仅有几秒钟对查处违法犯罪具有价值，常人能力和常规技术已无法处理，这需要不断配备更高级的硬件设备和升级软件系统进行筛选、梳理和提取。为此，智能化的建设，也需要进行成本效益分析，适时总结评估提升财政资金使用效率。

四是数据安全风险累积。大数据和信息化在社会治理的深度应用，本身是一把"双刃剑"。智能平安的快速推进，使得大量数据资源集中汇总，一旦发生泄露等安全问题，则将导致大规模不可逆的伤害。数据安全既有传统的物理安全、设备安全、网络安全、主机安全、系统安全等问题，也涉及新型的安全问题，如数据分散庞杂带来的数据收集安全，数据种类和业务类型多样带来的数据整合和存储安全，海量数据集中带来的数据管理安全，外部需求和用户隐私带来的共享问题等。显然，在谋划智能社会治理的同时，必须将数据安全保障及时跟进，"两手都要抓，两手都要硬"。

二　珠海市推进智能平安社会建设的实践

珠海市通过技防系统、物防系统、人防系统等相互配合形成合力，共同打造而收效显著。珠海成立智慧城市建设领导小组，统筹、协调智慧城市的建设工作，推进智慧交通、智慧城管、智慧政务、智慧社会服务等项目建设。近年来，珠海市年度性综治（平安建设）重点工作专门文件，均注重智慧城市与平安建设的密切关联。2016年珠海市提出"将综治信息化纳入智慧城市建设"。2017年，《珠海市智慧城市行动计划》通过，其总体目标是实现政府治理、公众服务、文化体育、医疗卫生的信息化水平显著提升，以及城市运行实时可视、政府治理数据支撑、便民信息触手可及、信息经济本地引领等。

（一）强力推进信息基础设施建设构建四梁八柱

珠海智慧城市基层设施的四梁八柱体系构建成形。经过多年实践，珠海市的信息基础设施建设迅猛发展，大部分指标达到广东省领先。2016年，珠海市还将加强综治信息化整体规划作为全市综治重点工作任务。近年来，珠海市督促各运营商加大投资力度，加快基站建设项目审批手续进度，推动政府管理的物业、公共场所对通信基础设施建设开放，在车站、机场、码头、医院、政务办事大厅、公共文化体育场馆、公园等公共场所，现已做到了光纤网络全面进入家庭、4G高速移动网络覆盖全城。

一方面，智慧综治成为珠海市平安社会建设的重要突破口和工作抓手。2013年，珠海市将打造立体化社会治安防控体系"六张网"①作为核心任务，其中技术视频防控网、虚拟社会防控网等均与智慧平安建设密切相关。以公安部门为例，珠海市现已建成智能实战勤务智慧系统、大型活动安保合成作战指挥平台等100多个服务实战系统。

另一方面，珠海市综治视联网发展顺畅。珠海采取分级投资的方式，完成了综治各级视联网建设的任务。2017年9月，珠海市综治办与珠海广电网络公司签署协议，合作建设综治视联网系统。到2018年年初，珠

---

① 即街面巡逻防控网、社区村庄防控网、单位行业场所防控网、区域警务协作网、技术视频防控网、虚拟社会防控网。

海市已成为广东省首个将综治视联网系统延伸至村（居）的地市，从中央贯通至村（居）的六级综治视联网系统加快形成，并为全国社会治安综合治理"雪亮工程"①的延伸运用创造了条件。公安机关牵头建设的"天网工程"，接入各单位1000多个视频监控摄像头，在应用于社会治安打防管控基础上，为市委、市政府多个部门共享使用。应用图侦平台"神眼"系统建设，做到了珠海全市200万像素的实时卡口图像结构化分析，自动提取人、车、物品特征，生成基于视频的运行轨迹。推进智能感知采集网建设。已建成社会治安视频（一类点）共4789路，在全市78个卡口平台安装Wi-Fi热点，叠加安装997套感知设备。

同时，珠海市可视化综治指挥中心已启动试点。金湾区较早打造可视化综治指挥中心，从公共视频共享、多方信息沟通、指挥调度可视三方面着手，有效起到防控违法犯罪、化解矛盾纠纷、排除公共安全隐患的效果。

此外，珠海市还探索互联网+基层治理新模式。珠海市、区两级司法局和基层司法所、各社区均实现网络互通互联，市三级公共法律服务实体平台基本信息、一村（居）一法律顾问查询信息全部上线，群众均可自助查询，就近寻求法律帮助。依托广东省司法厅平台打造网上"12348公共法律服务平台""12348公共法律服务热线"，珠海高新区等地上线公共法律服务App操作系统，实现公共法律服务的全流程、全天候、全地域网上、线上提供。

（二）打通智慧社区健全平安建设神经末梢

智慧社区作为新型社区形态，被普遍认为是智慧城市实质性建设的重要组成部分。社区既是与民众直接关联、提供诸多社会服务的主体，也是政府监管、平安建设的载体。2014年住建部发布的《智慧社区建设指南（试行）》，提出了一整套智慧社区建设指标，包括社区信息基础设施、社

---

① "雪亮工程"是以县、乡、村三级综治中心为指挥平台，以综治信息化为支撑，以网格化管理为基础、以公共安全视频监控联网应用为重点的"群众性治安防控工程"。它通过三级综治中心建设把治安防范措施延伸到群众身边，发动社会力量和广大群众共同监看视频监控，共同参与治安防范，从而真正实现治安防控"全覆盖、无死角"。取"群众的眼睛是雪亮的"之义，称之为"雪亮工程"。

区治理、社区服务和保障体系等多个方面。世界上许多国家推行智慧社区或类似建设，比如加拿大即以建设智能社区并实现可持续发展作为重要目标。

珠海市依托信息化搭建后台支撑，各类平台终端为执法者、办事企业、民众提供便利。公共服务的智能化，值得瞩目。比如，珠海市的远程抄表系统逐步覆盖，不但水表、电表、燃气表不再需要专人上门抄表，可自动统计记录，而且还能在发生故障时实现通断控制。由此，既杜绝了一些别有用心的人以"查水表"等为由入门实施违法行为，也增强了水电燃气系统的运营安全。

珠海市智慧社区服务平台通过手机客户端、有线电视、政务网站等渠道，可实施社保查询、住房公积金查询、预约挂号、学区查询、物业管理、派出所查询、交通规划、在线购票、出入境预约、在线公证、天气查询、市民投诉等，让市民"随时、随地、随需"在线办理政务事务，效率极大提高，市民生活幸福感明显增强。

珠海市推动信息平台建设向农村社区延伸，开展"技防村居"建设，在农村重点开展"治安视频+村联防队"建设，在城市重点开展"住宅单元智能门禁+视频"工程建设，努力实现城市"住宅单元智能门禁+视频"全覆盖。

（三）网格服务数字化：中心+网格+信息化

珠海市通过信息技术实施网格的闭环式治理，形成了"信息化支撑、精细化治理、人性化服务"的良性格局。珠海高新区成立"数字高新"指挥中心，组建网格化社会治理队伍，建立基础数据信息库，形成以综治中心为依托、以综治信息为支撑、以综治网格为基本单元、以综治力量为主导的"中心+网格化+信息化"管理架构。

在中心方面，珠海市整合已有的多个中心为一体。比如，珠海高新区整合应急指挥中心、行政服务中心、城管指挥中心和综治信访维稳中心等，设置统一的数字高新网格化综合服务指挥中心。通过中心信息平台，负责对辖区网格上报的各类信息情况进行汇总、报告、分流、调度、督办、反馈、归档。

珠海市利用城市网格数字化的优势，建立新型的网格治理模式。其基础是科学划分网格，明确网格权责，将城市管理、社会管理和公共服务事项纳入网格管理，明确网格管理对象、管理标准和责任人，通过网络里的数字城管巡查员进行监督。依托基层综合服务管理平台，对市面基础设施、地下管线、城市家具（如报刊亭、公交候车亭等）、执勤车辆、各类场所和社会组织等各类基层信息予以实时采集、动态录入和实时更新，逐步推进实现城市管理全要素数据的收集和整合。这为平安建设的常态化、精细化和规范化，打下良好基础。

同时，珠海市充实网格的信息化水平，将人、地、物、事、组织等基本治安要素予以一揽子纳入。网格员配发手机移动终端，并建立标准化的处置流程，形成"信息收集→建档立案→调度派遣→案件处置→结果反馈→核查结案→综合评价"的七步工作法。在处置模式上依托平台予以类型化，形成"三级互动"式处置体系。即，对于案情简单网格员能处理的问题，现场处置后将结果通过手机端 App 快速上报指挥中心；网格员无法解决的，归类为一般事件，做好必要的前置处理后上报社区受理员，经社区受理员判断，如果社区能解决，交由社区进行处置，处置完成后再将结果反馈到指挥中心，进行办结归档；如果社区无法解决，继续上报指挥中心，由指挥中心按照一定标准派遣到各责任部门，责任部门处理完毕后，由网格员进行核查，确实已经处理完毕则办结归档，若未处理完毕案件将重新回到派遣环节。对于应急事件，网格员可采取紧急上报方式，直接上报中心。通过建立"三级互动式"处置体系，形成反应灵活、由下而上、逐级递进的服务格局。

基层发现问题的及时性、解决问题的有效性均大大改观，从救火队员式的疲于奔命变为主动巡查自动预警，从事后统计静态数字变为动态实情及时掌控，对全区社会治理相关事务实现了全天候、无缝对接的处理机制。

（四）信息系统初步互联互通走向集约化

珠海市已初步建立起公共服务平台建设和应用的统筹协调机制。新一代公安数据中心等项目已告一段落，智慧交通、治安监控和数字城管系统整合初见成效，构建起大数字城管平台。在对外应用方面，整合市民和企业专属网页，办事民众、企业可通过同一平台在线办理各类事务。

比如，珠海高新区按照中央和广东省关于综治信息系统"9 + X + N"的建设模式，把原有"数字高新"通用信息系统，整合综治维稳、安全生产、三防应急、卫生计生、城市管理、社区服务等各项工作，作为综治信息系统的拓展和延伸，突出"大综合、大网格、大数据"三大内容，整合部门职能，打破数据壁垒，完善了 35 种基础数据库，实现了各类行政数据资源融合共享，在功能上集网格化服务、政务数据共享、视频监控和应急指挥于一身，大大提升了社会治理专业化和智能化水平。

三 珠海市智能平安社会建设的成绩

总体上，珠海市智能治理建设以人为本进行创新探索。从人民群众的需求出发，而非从硬件设备、从服务管理的角度进行创新，在便民、利民、惠民上下大功夫，在增强民众平安感、幸福感、获得感方面成效显著。

（一）以技术应用促进治理精细化

以信息平台为枢纽，完善立体化社会治安防控体系，加强化工、建筑、交通等领域安全监管信息化，提升对社会治安和安全生产的综合治理水平，促进治理的精准化、瞄准率。

提升交通管理水平。对于很多地方而言，大型展出、活动均往往带来交通拥堵，导致普通市民出行不便。对此，珠海市发挥技术之力，通过智慧交通予以治理。2016 年，第十一届中国国际航空航天博览会期间，珠海市以大数据分析系统作为现场指挥的辅助决策系统，首次告别"航展堵"。2017 年 11 月，珠海智慧交通运行管理平台正式投入使用，实现了对全市人流、车流、路网和重点区域的全面检测。即将投入使用的智慧交通信号协调控制系统，更将成为引人注目的"治堵神器"。

珠海智慧交通运行管理平台现已能够采集到珠海全市 111 个主要路口交通参数，根据路面车流情况进行实时调整，减少路口延误时间，通行效率将提高 15%—30%。比如，珠海引入"绿波带"技术，可根据道路车辆平均行驶速度与各路口的距离等要素，自动设置信号灯的启动时间差，以保证车辆从遇到第一个绿灯开始，只要依照规定路口行驶，之后多个路口均为绿灯。显然，不仅通行效率大幅提升，发生交通事故的可能性也由此明显下降。

珠海市建立了流动人口与出租屋管理的信息化平台，利用物联网技术对流动人口、出租房屋等予以实时关联，铺开"视频+门禁"系统，掌握并及时更新与实有人口相关的各类要素信息，动态掌握能力有了质的飞跃，进而完善以出租屋管理为重点的流动人口管理。

（二）大数据提升政务服务精准化

现代社会的企业、民众不再作为整体而存在，更多体现出需求、风格的多样化。智慧平台的建设应用，有利于改进服务质量，提供定制化、菜单化和精准化的个性服务。珠海市以智慧化政务为依托，促进政府职能转变和放管服的贯彻落实。一是依托互联网络探索从分散服务到集中服务、从纸质化办公到信息化办公的改革；二是形成政务大数据基础，现已建立2391个主题，汇集全市75个部门的业务数据，数据总量达1.2亿条，为社会诚信体系、综合治税、商事主体登记、廉情预警等应用提供基础数据支撑。

自2013年起，珠海市利用各类网站、微博、微信等新型互动平台，推进"网上警务室"建设，深化网络问政、网络问策，全面提升"网上见警率"，回应公众期待和民众需求的效能大幅提升。

同时，珠海市大力推动村（居）信息系统建设。通过整合社区公共服务信息资源，推进社区公共服务综合信息平台建设，逐步实现社区公共服务事项的一站式受理、全人群覆盖、全口径集成、全区域通办，一个窗口或一个网页入口受理企业、民众各类办事诉求。创建大数据便民服务平台，推出政府类掌上便民服务，为市民免费提供权威、准确的数据信息，实现一站式集中查询；统筹发展政务与商用，政务服务、公共服务、民生服务无缝对接，在医疗保障、卫生计生、养老服务、教育文化、交通、旅游等领域的智慧应用，同时便利了政府、民众和企业。

此外，珠海市还应用现代科技发现违法线索并有效处置。珠海市各区积极引入无人机等高科技设备、仪器，通过驻点管理、机动巡查等机制，执法监管向自动化、智能化迈进。无人机360度无死角摄像头拍摄的高清画面，成为执法人员对违法建筑进行调查处理的有效证据。2016年年底，珠海市数字城管巡查员发挥城市移动探头优势，对市内"僵尸车"进行了统一排查，协调交警部门进行集中整治，上报废弃车辆案件 375 宗，全市 506 辆废弃车辆得到清理。

（三）依托信息化提升监管效能

2015 年起，珠海数字城管指挥中心健全巡查网络，实现了数字城管巡查全覆盖，先后组建斗门、金湾、高新、高栏港及横琴巡查大队等，全天候、地毯式、无死角开展巡查工作。2016 年，珠海全市安装数字城管系统终端 470 多家，全覆盖所有区、镇（街）、村（居）。由此，执法及时性得到大幅提升。比如，以往发生流动商贩占道经营行为，由于执法力量有限往往查处滞后、处理周期长，当事人违法成本不高且同一问题反复发生，"普遍违法、选择执法"现象凸显；在数据城管模式下，通过路面巡查、网格巡查员和普通民众投诉举报，以及实时监控系统，实现了第一时间发现、用最直观的形式在系统中得到反映并得到处置。监管及时性的提升，不仅缓解了人少事多的矛盾，而且客观上抬高了违法成本，有利于破除潜在违法行为主体的侥幸心理。

2015 年，横琴自贸区的"政府智能化监管服务新模式"荣获全国自贸区最佳实践案例。横琴新区推出商事主体电子证照卡，以营业执照信息为基础，集合企业其他登记、许可、备案、资质认证等证照基础信息的可读写标准电子介质。商事主体电子证照卡业经国家密码管理局认证，是可作为数字证书使用的"企业电子身份证"。商事主体可持卡在横琴片区工商、税务、质监、海关、检验检疫等部门办理审批、许可、备案等业务；相关签约银行等金融机构通过审查电子证照卡，可快速审核企业身份，为企业办理相关金融服务业务。

珠海市探索依托信息化提升情报研判处置能力。在珠海城轨拱北站、明珠站、唐家湾站等地设置"城轨珠海站派出所视频监控系统"，全天 24 小时无间断视频监控，对于旅客出行安全和社会治安掌控发挥了积极作用。在治安复杂场所、重点部位、主要街道、案件多发地段、重要路口、卡口等地点设置视频监控，将监控图像、视频实时传输到有关机关，使其直观地了解、掌握现场动态，联网视频监控互联共享。由此，以联网安防视频为基础，涵盖公安、交通、城管、安监、教育、环保、应急等跨部门、多领域的综合化管理应用体系，对于平安建设发挥作用与日俱增。智慧平安建设从公安部门一家为主走向主体多元化，应用的多家部门共享化。在快递安全领域，珠海研发并推广"快递物流实名制信息管理系统"，在多家寄递企业的营业网点试点运行，采集到从业人员信息192条，收寄信息35000多条。

（四）科技创新倒逼公权力规范化

信息技术的应用，不仅提升了公权力运行的效能，而且使得公权力运行过程得到更加全面客观的监督评价。以数字城管为例，其系统现已实现对案件巡查、业务受理、正式立案、任务派遣、现场核实和系统结案等环节的自动记录存档和收据保存。系统开设了综合评价的子系统，依托全市唯一的综合性城市管理大数据业务平台，对区级城市管理责任单位和镇（街）每个问题处理的环节进行量化考核，各项指标清晰明了，存在问题一目了然，依托大数据的综合评价客观、全面、可信、针对性强。该综合评价系统与政府效能监察联网，定期开展月度、年度绩效考评，根据综合评价结果向社会公布城市管理综合评价得分，建议有关部门对较差部门实施问责，年度发布珠海城市管理白皮书。

珠海市开通了"珠海市民监督平台"（http://wen.hizh.cn），设置"我要监督"栏目，下设"党风政风监督曝光专栏""行政效能投诉"等子栏目，民众可按规定向各级党政机关表达意见、反映问题；"我要举报"栏目提供网上举报、信件举报、短信举报等渠道的指南，网上举报还可选择实名举报、匿名举报进行。网络问政的方式给民众监督公权力运行提供了新的方式，对于倒逼政府行为规范不无积极意义。

（五）智慧化促进政社企协调合作

政府部门之间、政民之间、政企之间的有效互动、协作、配合，形成多元共治格局，是应对新时代挑战，以及提升政务效能、质量的关键所在。信息技术的深度应用，畅通了政府、企业、社会之间的互动渠道，协调合作迈进了一大步。

在促进部门协调方面，依托综合化的信息指挥平台，政府职能部门之间联动配合更加顺畅。为完善社会化民营中小企业公共服务体系，以珠海企业服务平台（政企云平台，http://www.zhsme.gov.cn/main/toMainIndex）为核心，全市8个区（功能区）、35家职能部门，涉及企业的人才培训、创业辅导、知识产权保护、管理咨询、市场营销、项目开发、投资融资、财会税务、产权交易、技术支持、对外合作、法律咨询等各类普惠性、公益性涉企服务均被整合在内,从以往的部门导向供给本位,走向了企业导向需求本位,部门协调提供整合性、一体化服务。

在改进政民互动方面,珠海数字城管指挥中心推出"城市管家",市民安装手机 App 后即可提供违法线索并参与执法,给城管执法插上了"千里眼"和"顺风耳",软件将通过现场核实、定期回访、执法考核等举措,做到每次举报的问题在一小时内受到查处,两小时内得到反馈,一周内进行回访。由此,把城市的管理权还给广大市民,让各类违法行为陷入人民战争的汪洋大海之中,从"大家骂城管"变为"大家当城管"。

(六) 智慧化服务多元纠纷化解

以网格化管理、社会化服务为方向,健全基层综合服务管理平台,加快推进多元矛盾纠纷化解信息化平台建设,及时反映和协调人民群众各方面利益诉求,有效预防和妥善化解各类矛盾纠纷。

依托网络平台畅通群众诉求表达机制。面对各地此起彼伏的各类舆情事件,珠海改堵为疏,利用现代科技放下身段、积极听取、主动回应。珠海市开通全市统一的网络问政综合信息平台,将市级各部门、各区的相应平台资源予以整合、集中化,在市委、市政府门户网站、珠海新闻网、珠海网等网站展示推广。通过该平台,市民可快捷地链接到全市、各区的网络问政资源,向政府部门咨询投诉和反映问题。珠海市政府门户网站设置了"互动"的专门栏目(http://www.zhuhai.gov.cn/hd/),包括"民生在线""咨询投诉""征集调查""回应关切""网上信访大厅"等栏目,为公民表达诉求提供了统一、便捷的渠道,并及时答复,答复内容还在网上公开便于各界监督。

建构纠纷化解的"网上数据一体化处理"平台。珠海市斗门区人民法院、珠海市交通警察支队斗门大队、区司法局、市保险行业协会联合签署方案,推动道路交通事故损害赔偿纠纷一体化处理。斗门区人民法院正式上线道路交通事故一体化平台,当事人通过该系统即可进行理赔计算、在线调解、在线鉴定、在线诉讼,并申请一键理赔。由此,充分发挥网上一体化处理工作机制的优势,助力道路交通事故受害人在最短时间内化解纠纷，获得救济并避免矛盾冲突的升级扩大。

四 珠海市智能平安社会建设完善方向

"明白一切事相曰智，了解一切事理曰慧。"平安的智能化建设，既要实时、全面、动态掌握相关咨询信息，又要把握其来龙去脉、深层原因和趋势走向，进而适时介入，以收四两拨千斤之效。

未来，要加快建设立体化、信息化社会治安防控体系。着力抓好科技信息化运用，打造"信息资源一体化、打防管控一体化、网上网下一体化"的立体化、信息化社会治安防控体系。同时，进一步加强大数据应用统筹规划，健全各类基础技术规范标准，推进数据信息整合共享，按照"大整合、高共享、深应用"的要求，着力打通政法综治部门之间以及同一部门内部不同业务模块之间的信息数据通道，探索搭建全域平安建设大数据应用平台，打通上下信息数据通道，加快推进各级政法综治部门数据流、业务流、管理流的有机融合，在确保信息安全的前提下加强与其他部门的信息互联互通和综合利用，把数据信息联通到基层一线，真正发挥科技信息的实战效用，拓展智能化应用的广度和深度，进而实现从信息化向智能化，从智能化向智慧化，并不断走向高度智慧化的治理体系转化升级。

（一）与时俱进强化信息化基础设施建设

技术条件是智能治理、智能平安的必备工具和载体。信息化建设及其运维，是智能平安的基础性、核心性问题。公共基础设施的建设，应将5G、高速互联网、大数据平台等信息技术软硬件设施纳入在内。应加快综治视联网建设，并积极整合视频资源，扎实推进"雪亮工程"建设，加大公共视频项目的投入建设和升级改造，推动联网共享应用。

发挥好现代信息技术的优势，形成与经济社会发展相匹配的基层治理与平安建设能力，是必由之路。"工欲善其事，必先利其器"，在科技引入和使用上，既要注重稳定性、成熟性，以免社会治理成为新型科技的小白鼠；也要适度前瞻，避免因技术、设施的过时导致迟滞、卡顿或不安全。为此，不仅仅靠政府出面投资建设，更多要依靠专门从事数据业务的公司来实施。数据行业应当作为一方主体更多地参与到治理智能化的过程中来，形成以政府为主导、技术型企业为主力、公众参与为纽带，覆盖有线与无线，各种社交网络、各类使用终端的社会化一体化数据平台。

立足需求导向，增进智能平安的针对性。通过大数据发掘和分析技术，有针对性地梳理并解决社会治理难题，形成信息技术应用与平安建设机制的良性互动。

（二）破除瓶颈障碍强化大数据深度应用

信息化重在应用，智能化重在效果。面对方兴未艾的大数据，如何发掘其潜能服务治理、服务平安，至关重要。

数据采集、补充和更新常态化。在已建成的数据库基础上，实现数据资源融合共享，解决信息资源采集重复、采集空白和动态更新困难的难题，并有效满足各部门、企业、市民的生产、生活、科研、创新等需求。一方面，强化行政许可、执法检查、行政确认、社会诚信等全要素数据的采集、整合，形成真正全面、实时更新的大数据乃至全数据；另一方面，在此基础上，建立完善用数据说话、用数据决策、用数据管理、用数据创新的新机制，形成以大数据为基础的平安运行体系。

破除瓶颈障碍互联互享。数据采集整理、数据发掘分析、数据整合开放与共享等环节的滞后，是影响智能建设的重要因素。对此，应当加快整合平台建设。当下，政府各部门、司法机关、立法机关分头建立各类系统平台，各自为政未能形成合力。从今后来看，应当力促跨界数据共享、数据安全协同。通过顶层设计，各个部门应强化数据的统筹管理，在不侵犯国家秘密、个人信息与个人隐私、商业秘密的基础上引导企业、行业组织、科研机构、社会组织等对数据主动共享。

通过电子化手段，对监管对象实施动态监督，完善事先预警机制。强化数据库的分析应用，运用大数据及时排查、发现各类隐患和苗头性事件，切实提高预警预判和决策处置的科学性、准确性。

为社会治理提供数据支撑。通过信息技术和大数据的深度应用，将为政府决策提供充实、客观的数据支撑。大数据能够获得前所未有的全面信息，如对其进行有效处理能够发现事物发展的真正规律。基于大数据的应用，有利于克服以往"拍脑门决策、拍胸脯蛮干"的弊病，而立足于数据做出决策，根据动态数据调整决策，确保阻力最小化和效能最大化。

实现功能复合化与平台集约化。其思路是，综合运用物联网等现代信息技术，推动城市综合运行管理平台建设和功能扩展在功能定位上，既要满足民众高度关切的治安、交通、环保、应急处置等需求，着力统筹推进电力、水务、环保等市政设施智能化建设以更好地服务民生；又要考虑突发事件预警、事故监控、天气、消防、重大活动管理等需求，为决策、监管提供实时录像和类型化、定制化的数据资源服务。针对以往公安、交通、城管、环保、安监等各自为政重复上马平台、平台技术水平滞后、平台二次开发困难等问题，有必要经过系统规划、整合设计，一步到位设置统一平台，并事先充分考虑其可扩展性、与上下左右的兼容性，以及信息传输的可扩容性。

（三）信息产业发展与智能治理良性互动

信息技术发展日新月异，既给社会治理现代化与打造服务型政府提供空前利器，也为信息产业等相关产业发展，乃至对发达国家地区实现弯道超车提供天赐良机。在中国崛起过程中，对新一代信息技术产业给予有力引导扶持，塑造良好业态生态，关键时刻"扶上马送一程"，既有利于物联网、车联网、人工智能等新一代信息技术产业转型升级，也必将使得政府治理智能化更上层楼。

以信息化推动多元共建共治再上台阶。大数据、互联网、云计算等技术的应用，便于企业、公众获得更丰富、即时的信息，进而有效参与政府决策的制定、政府活动的监督。包括第五代移动通信、公共无线网络、电子政务网、行业专网等，以及各种类型的数据库、数据中心、云计算平台建设，从广覆盖走向全覆盖的视频监所网络、大传感器网络、地理信息系统（GIS）和视频浓缩监控系统、视频图像信息图建设等，是平安建设的利器。在互联互通方面，不仅应注重打破政府部门之间的割裂现象，还应注重强化政府与社会、政府与企业的互动反馈，扩大在教育、医疗、养老等领域的应用，形成数据驱动型的社会治理新模式。

以政务应用引导促进信息产业进步。信息产业发展的政务应用与商务应用、民事应用形成相互促进的效果。以政务应用带动商用、民用，推动智能化、自动化的蓬勃发展，既形成数据驱动型的社会治理、创业创新、政务治理一体化，更为信息产业持续健康发展提供源源不断的驱动力。

（四）完善信息安全保障与个人信息保护

通过信息技术等"智能化"手段取得的线索、素材，可否作为证据实施监管处罚？如何避免侵犯相对人和相关主体的个人隐私？这是智能治理快速推进所无法回避的问题。"道高一尺，魔高一丈。"在技术进步日新月异的背景下，信息安全与个人信息保护，正面临前所未有的风险和挑战。2017年，瑞典遭遇了创历史纪录的数据泄露事件，不仅给国家安全带来巨大风险，也侵犯了数以百万计民众的隐私和信息安全。在2012年至2016年间，美国涉及金融公司、保险公司、零售商以及其他企业的数据泄露事件总共有950起，其中大约有2亿4450万条数据受到了影响。美国国家安全局（NSA）前承包商雇员Harold Martin盗窃了超过50TB的政府机密数据，涉及NSA、美国中央情报局、美军网络司令部、美国国家侦察局等多个政府机构。2018年3月，美国社交网络巨头Facebook也陷入了史上最大规模的数据泄露丑闻。

确保智能平安本身的安全运维，其重要性无与伦比。一方面，智能平安的安全运行，是其发挥作用、提升效能的先决条件；另一方面，信息与网络安全也是国家安全不可或缺的组成部分。习近平总书记强调，网络安全和信息化是一体之两翼、驱动之双轮，必须统一谋划、统一部署、统一推进、统一实施。为此，必须加强顶层设计，并加强相应立法和制度建设，明确主管机关、相关部门、数据公司各方的权力责任。

一是注重建章立制形成完善的制度体系。对信息安全管理责任制、等级保护、安全测评、电子认证、应急管理、调查处理、安全检查等制度机制予以强化规范。在智能建设外包为主的背景下，应当在合同中明确数据企业的义务职责，要求数据企业完善内控机制，设置严格安全标准，限制敏感数据的接触人员范围，提高通信的安全传输标准，规范业务流程，严控分包、转包等行为。二是完善网络安全通报与风险披露机制。一旦发生漏洞或严重黑客攻击事件，应及时与其他大数据企业通报，向政府有关部门汇报。三是建立强有力的应急处置协调机制。随时处置、协调大数据相关安全事件，最大限度地减少因重大事件造成的损失，避免影响扩散。四是完善个人信息保护制度机制。中共珠海市委、珠海市人民政府《关于社会领域制度建设规划（2016—2020年）的意见》已明确提到要"防止个人信息泄露,加大对泄露个人信息行为处罚的力度"。在智能平安快速推进的同时,其可能的个人信息泄露风险也不容低估。比如,各个领域的信息采集、上网数据收集整理,对于个人信息安全不无风险。对此,珠海应考虑在全国人大常委会、国务院和有关部门的文件决定基础上,吸取其他地方经验教训,强化个人信息保护。五是强化相关违法犯罪的打击力度。保持高压态势,提高违法犯罪的行为成本。

第六章　珠海市平安社会建设经验和面临的困难

一　珠海市平安社会建设取得的经验

(一) 守住法治底线是珠海平安社会建设的前提

法治化是实现国家治理体系和治理能力现代化的必由之路。[1] 习近平总书记强调,"法治是平安建设的重要保障","深入推进平安中国建设,发挥法治的引领和保障作用,坚持运用法治思维和法治方式解决矛盾和问题","提高平安建设现代化水平"。[2]

法治是法律之治、规则之治、程序之治。依法治理是依据社会规范所进行的治理活动。在社会治理体系中,法律居于基础性地位,依法治理首先是依据法律法规对社会事务方面的关系进行调整规范。由于社会事务的纷繁性、复杂性,调整规范这些社会事务的规则体系呈现出不同类型、不同层次、不同效力的集合性系统性特征。社会治理规范除相关法律法规外,还包括市民公约、乡规民约、行业规章、团体章程等形式。其效力对所涉及的组织和成员个人具有约束作用,这也是治理社会公共事务的依据和遵循。

珠海市注重把平安社会建设全面纳入法治轨道,以法治思维和法治手段解决平安社会建设中的问题。首先,珠海市充分运用经济特区立法权和

---

[1] 参见张文显《法治与国家治理现代化》,《中国法学》2014 年第 4 期。
[2] 《习近平就深入推进平安中国建设作出重要指示强调:发挥法治的引领和保障作用,提高平安建设现代化水平》,《人民日报》2014 年 11 月 4 日第 1 版。

较大的市（设区的市）立法权，为社会治理和平安建设提供法制保障。近年来，珠海市先后制定了《珠海经济特区道路交通安全管理条例》（2005年5月）、《珠海市消防条例》（2006年4月）、《珠海经济特区志愿服务条例》（2012年11月）、《珠海经济特区见义勇为人员奖励和保障条例》（2014年7月）、《珠海经济特区安全生产条例》（2016年9月）和《珠海经济特区公共安全技术防范条例》（2016年9月）等地方性法规。其中，2013年10月，珠海市八届人大常委会第十四次会议审议通过《珠海经济特区社会建设条例》，是全国出台较早的同类地方性法规之一，为此后珠海市推进社会治理和社会建设提供了重要法律依据。社会治理是一项综合性工程，牵一发而动全身，加强顶层设计是前提和保障。2016年6月，全国首部以市委、市政府名义出台的社会领域制度建设专项规划《中共珠海市委、珠海市人民政府〈关于社会领域制度建设规划（2016—2020年）〉的意见》在珠海发布，该意见对珠海市社会领域法制体系框架和重点项目进行整体统筹设计和规划，全面加强社会领域法规规章的"立改废"。根据该意见，五年内珠海市将制定或修订47项社会领域制度，到2020年基本形成涵盖主要社会领域的法律制度体系，夯实社会建设法制化示范市的制度根基，使社会领域各项事务更加规范化、制度化。自创建社会建设法制化示范市以来，珠海市社会领域法制建设初见成效，先后出台了社会建设地方性法规5部、政府规章7部、规范性文件45件。《珠海经济特区行政执法与刑事司法衔接工作条例》《珠海经济特区相对集中行政处罚权条例》《珠海经济特区养犬管理条例》等一批具有创新性、示范性的社会建设领域地方性法规的出台，进一步完善了以《珠海经济特区社会建设条例》为总纲，覆盖各项社会事业和社会治理领域，由地方性法规、政府规章和规范性文件三个层次制度规范构成的社会建设制度体系，珠海市基层治理制度体系基本形成。

其次，珠海市努力培育办事依法、遇事找法、解决问题用法、化解矛盾靠法的良好法治环境。一方面，按照法律规定严格执法，严厉打击违法犯罪行为，清除人民群众身边的不安全因素，保障人民群众安居乐业。2015年以来，珠海市连续开展重点地区整治工作、综治专项治理行动，整治效果显著，为人民群众安居乐业扫除了障碍。另一方面，珠海市坚持处理好维稳与维权的关系，处理好活力与秩序的关系，坚持法治思维和法治方式，在法治轨道上统筹社会力量、平衡社会利益，调整社会关系、规范社会行为，建立健全依法维权和化解纠纷机制、利益表达机制、救济救助机制，畅通群众利益协调、权益保障的法律渠道，依靠法治解决各种社会矛盾和问题，确保社会在深刻变革中既生机勃勃又井然有序。2013年以来，珠海市持续推进"法律顾问进村（居）"和"公共法律服务体系建设"工作，实现公共法律服务中心全覆盖，努力满足基层群众的法律需求。同时，珠海市利用走访、现场宣传、法制课等多种形式，深入开展禁毒、防诈骗、防范邪教、法律援助、安全生产等方面的宣传工作，进一步提高重点地区群众的法律意识和安全防范意识，引导群众通过法律渠道有效化解社会矛盾，维护自身合法权益。

（二）推动体制创新是珠海平安社会建设的关键

古人云："世异则事异，事异则备变。"党的十九大报告强调，实践没有止境，理论创新也没有止境。世界每时每刻都在发生变化，中国也每时每刻都在发生变化，我们必须在理论上跟上时代，不断认识规律，不断推进理论创新、实践创新、制度创新、文化创新以及其他各方面创新。全国社会治安综合治理创新工作会议指出，创新是一个民族进步的灵魂，也是推进社会治理现代化的不竭动力。[1] 必须坚持向改革要活力、向创新要动力，积极推动体制机制、技术手段、管理方法创新，建立健全符合中国国情、具有时代特征的社会治理体系，提高社会治理现代化水平。[2]

完善的工作体制机制是推动平安建设的基础，体制机制创新是珠海市做好社会治理创新和平安社会建设工作的关键。平安建设是一项系统工程，牵涉面广，工作内容复杂，必须通过不断推进机制创新及时防范和应对层出不穷的新矛盾、新问题，打破政府包办一切、政法综治部门"单打独斗"的模式，推进协同治理，综合运用行政、法律、经济等手段，推进平安建设体制机制的现代化。[3] 2014年年初，珠海市作出将社会管理综合

---

[1] 参见《孟建柱在全国社会治安综合治理创新工作会议上强调：坚持创新引领，提高预防各类风险能力，进一步增强人民群众安全感》，《法制日报》2016年10月14日第1版。

[2] 参见周庆智《社会治理体制创新与现代化建设》，《南京大学学报》（哲学·人文科学·社会科学）2014年第4期。

[3] 参见徐汉明《推进国家与社会治理法治化现代化》，《法制与社会发展》2014年第5期。

治理委员会与创建平安珠海工作领导小组合二为一并设立办公室的决定，奠定了平安社会建设工作的体制机制基础。2018年3月，中共中央印发了《深化党和国家机构改革方案》，决定不再设立中央社会治安综合治理委员会及其办公室，不再设立中央维护稳定工作领导小组及其办公室，将中央防范和处理邪教问题领导小组及其办公室职责划归中央政法委员会、公安部，这对于加强党对政法工作和社会治安综合治理的集中统一领导，更好地统筹协调政法机关资源力量，加快社会治安防控体系建设，强化平安中国建设工作的系统性、整体性，推进平安中国建设，建立健全党委和政府领导、部门分工负责、社会协同参与的平安中国建设工作机制，提高组织、协调、执行能力，形成工作合力和常态化工作机制，具有重大意义。应当说，珠海市将社会管理综合治理委员会与创建平安珠海工作领导小组合二为一的改革，与中央构建平安中国建设大格局的方向是一致的，为全国其他地区此项改革提供了有益借鉴。

在实际工作中，珠海市创新完善新形势下预防和化解矛盾纠纷，推进人民调解与行政调解、司法调解的协调联动，深化诉前联调工作，促进调解、仲裁、行政裁决、行政复议、诉讼等有机衔接，切实抓好各单位落实矛盾纠纷多元化解的工作职责，深化重点领域社会矛盾专项治理，推动了社会矛盾纠纷化解和平安珠海建设。行政执法与刑事司法的良好衔接，对于提升执法威慑力，确保构成犯罪的违法行为被追究刑事责任，未构成犯罪的一般违法行为被追究行政责任，具有关键意义。实践中，由于缺乏部门间协调，证据标准不统一，各方法律适用理解有别等多种原因，行政执法机关对于事实上构成犯罪的违法行为未能移送导致刑事制裁落空，司法机关对于不构成犯罪的违法行为未能转送行政执法机关导致行政制裁未能实施等一系列问题广泛存在。自2012年1月1日起，珠海市"两法衔接"信息平台正式联网运行。2015年3月1日，《珠海经济特区行政执法与刑事司法衔接工作条例》施行。作为全国首部关于"两法衔接"工作的地方性法规，对于行政执法与刑事司法形成合力，避免以罚代刑，克服滥用处罚权或司法权，实现执法有力、司法公正，以及最大限度地形成合力维护经济社会秩序，都有着积极意义。

同时，珠海市从本地实际出发，发挥独特区位优势，以《粤港澳大湾区城市群发展规划》的出台和港珠澳大桥通车为契机,加强珠港澳在社会治理创新方面的合作交流,探索研究珠港澳社会治理合作新模式,以维护社会稳定和改善社会民生为重点,促进社会、经济、文化等领域的良好发展,推进社会协同治理,打造珠港澳"平安共同体",共建大湾区优质生活圈,保障粤港澳大湾区的长期繁荣稳定。2010年以来,珠海市公安机关联合澳门特别行政区警务部门先后举办4届"澳门·珠海警务论坛"。其中2016年5月召开的第四届"澳门·珠海警务论坛"围绕"共融、共进、共享——澳门·珠海警务合作的新探索"的主题,就跨法域执法对接、跨区域电信诈骗案件的防范与打击、跨法域社会治安治理、澳珠警队建设与警员互助培训等问题,进行了深入交流、广泛研讨,对于打击跨区域电信诈骗、保障人民群众生命财产安全具有积极意义。

(三)激发基层活力是珠海平安社会建设的基础

社会治理和平安建设的重点和难点在基层,活力和动力也在基层。加强和创新社会治理,推动平安社会建设,必须激发基层内在活力,推动基层自治,实现基层共治共享。[①]

一方面,珠海市积极推动基层自治,不断提升基层自治能力。近年来,珠海市不断完善社区自治制度,推进基层自治建设。完善社区居民自治体系,健全社区居民(代表)会议制度,规范社区民主决策程序,落实居民群众的知情权、决策权、参与权和监督权。贯彻落实《珠海市社区行政事务准入管理办法(试行)》,逐步完善社区行政管理事务准入制度,保障基层群众性自治组织的法律地位。建立非本市户籍人口参与社区事务管理和服务的机制,保障非本市户籍人口平等参与社区自治和管理。制定《珠海经济特区物业管理条例》,创新物业管理体制机制,加快形成推进老旧小区改造的机制。规范商业开发项目公共服务设施建设及移交管理。探索物业管理与社区居民自治相结合的模式,推行居民代表与业主代表、居民委员会成员与业主委员会成员交叉任职,推动社区居委会、业主委员会、物业管理公司三方合作机制建设。2014年年底以来,珠海市建立平安指数动员、研判、预警、督导、责任、考核"六位一体"工作机制,

---

① 参见周庆智《基层社会自治与社会治理现代转型》,《政治学研究》2016年第4期。

通过平安指数机制，将平安创建落实到小区、企业、学校等基层单位，通过"解剖麻雀式"建立镇（街）、村（居）"平安指数"工作体系和长效机制，并对全市"平安指数"工作机制落实情况及治安重点地区整治工作开展专项督导，进一步激活了村（居）作为平安社会建设的地位和作用，成效明显。

另一方面，珠海市着力配齐配强基层平安建设专业力量。近年来，珠海市合理调配警力配置，深入推动机关警力下基层、基层警力下社区工作。2017年全市派出所警力占分局警力的55.15%，社区警力占派出所警力的40.5%，民警与辅警比例达到1∶1，基层警力得到有力保障。在总结中国已有实践经验的基础上，珠海市大力推进基层群防群治队伍建设。按照"社会治理网格化"要求，进一步厘清并界定珠海市各类群防群治队伍的地位性质、权利义务、保障奖励等，进一步整合各类群防群治队伍，推进制度化、规范化建设。不断加大综治队员、巡防队员、禁毒社工、交通协管员、户管员、保安员等专职群防群治队伍的建设，落实经费保障，广泛动员党团员、民兵、青年志愿者、离退休人员等参与治保、调解、帮教、禁毒、防范邪教、普法等平安建设工作，充实社会治安群防群治的辅助力量。2016年，珠海市香洲区在拱北、前山等重点辖区以政府购买服务的方式增加治安巡防队员60多人，不断夯实基层"人防"基础；金湾区根据区内治安巡防实际，强化治安巡防大队建设，队员已达183人；斗门区努力开展各村（居）治保组织和巡逻队的组建，目前127个村（居）均已建立治保组织，治保会工作人员有339人，其中40个村（居）已建成巡逻队，巡逻人员共有294人。基层平安建设专业力量的强化，为珠海市社会治理创新和平安社会建设工作的开展打下了坚实的基层基础。

同时，珠海市不断创新网格化管理模式，为基层社会治理注入新动能。近年来，珠海市深入推进综治网格化管理试点工作，对香洲区梅华街道和斗门区斗门镇两个试点的综治网格员进行了岗前培训，大大提高了综治网格员的实际操作能力。2016年8月以来，金湾区委托专业机构对全区近300名综治网格员进行了轮训，并为保障第十一届航展顺利召开做出了贡献。2017年，珠海市创新推进"中心+网格化+信息化"

建设，初步形成以综治中心为依托，以综治信息为支撑，以综治网格为基本单元，以综治力量为主导的"中心+网格化+信息化"管理架构，完善了基层平安建设机制。一是推进中心建设，强化实体运作。根据国家标准《社会治安综合治理综治中心建设与管理规范》和广东省珠海市实施方案，珠海市各区严格落实综治中心规范化建设，着手规范办公场所、硬件设施，设置受理大厅、接访室、调解室、联席会议室、档案室、心理咨询室等功能室。二是落实"四定"机制，推进网格管理。定格定人，各区合理科学划分网格，并且各区已全部规范制作完成综治网格图和上墙公开；定责定流程，按照"3+10+X"模式，进一步深化各区网格管理工作，细化网格员工作任务，确保每一名网格员履职清晰、任务明确。三是强化信息支撑，加快推进力度。推进综治信息系统建设，统筹组织"珠海市综治信息系统"接入通信服务运营商选定招标工作，确定了各区服务运营商，为综治信息系统运用提供稳定的通信服务。

二 珠海市平安社会建设面临的困难

近年来，珠海市在加强和创新社会治理、推动平安建设方面取得了明显成效，但也存在一些问题和薄弱环节。一是社会治理和平安建设创新举措仍处于探索阶段，缺乏必要的法律支撑，平安建设的不少经验呈现碎片化，缺乏必要的提炼和升华。例如，目前关于志愿警察工作依据的立法仍是空白，法律主体地位边界模糊，虽然广东省公安厅出台了《关于规范全省警务辅助人员管理使用的指导意见》，为志愿警察的工作开展提供了一定的依据，但该指导意见仅是政策性文件，未能形成志愿警察的制度支撑，志愿警察在经费、培训等方面面临不少尚待解决的问题。二是社会治理和平安建设领导责任制落实力度不够，社会治理和平安建设工作尚未实现常态化，平安建设长效机制亟待建立。随着平安建设工作进入第五年，珠海市个别地区和单位开始出现懈怠，对综合治理和平安建设的重视程度有所下降，人财物保障弱化，平安建设措施落实不力，基层基础工作相对薄弱，综合治理和平安建设政策工具的使用还失之于"软"，需综合采用法律手段和政策工具进一步促进综合治理和平安建设。三是社会治理和平安建设新问题不断涌现,但综合治理和平安建设工作机制难以及时调整完善,在一些发案集中、群众反响较大的社会问题应对上力量相对不足,亟须加强。近年来,以珠海市为代表的中国东部沿海城市逐渐迈入"流动社会",流动人口的大量涌入给当地综合治理与平安建设带来巨大压力,由于编制管理等限制,有限的公安等综治力量面对庞大的管理服务群体显得捉襟见肘、力不从心。加之综合治理和平安建设信息化运用中的问题,人口基础信息采集率不高,人口统计数据失真失准,缺乏有力统筹管理机构,社会公共安全存在隐患,严重影响了综合治理和平安建设效果的进一步发挥。

第七章 社会治理与平安建设的发展方向

调研发现,虽然中国不少地方在社会治理和平安建设方面进行了不少探索和创新,但囿于各方面的限制,很多创新显得零散而庞杂,可复制的模式较少,可推广的经验不多。[①] 应该看到,加强和创新基层治理,推进平安中国建设,有赖中央统筹顶层设计和整体制度安排。党的十九大报告强调"打造共建共治共享的社会治理格局"。在新时代背景下,打造共建共治共享社会治理格局,为加强和创新社会治理、建设平安中国提供了科学指引,是完善和发展中国特色社会主义制度、推进国家治理体系和治理能力现代化的重要内容。应当按照党的十九大要求,不断完善党委领导、政府主导、社会协同、公众参与、法治保障的社会治理体制,全面提升平安建设的社会化、法治化、智能化、专业化水平,打造共建共治共享的社会治理格局。

一 坚持依法治理,完善平安建设法治保障

党的十九大把全面依法治国作为全党同志必须全面贯彻的新时代坚持和发展中国特色社会主义的基本方略之一,强调全面依法治国是中国特色

---

① 参见钟哲《地方政府社会治理创新可持续性提升的路径选择》,《东北师大学报》(哲学社会科学版) 2015 年第 2 期。

社会主义的本质要求和重要保障。

法治是推进平安建设的根本保障。习近平总书记强调，法治的精髓和要旨对于各国国家治理和社会治理具有普遍意义。时任中央政法委主要领导同志指出，法治作为社会治理的最优模式，具有权责明晰、程序公开、预期稳定的优势。

平安中国建设要坚持运用法治思维和法治方式解决问题，最关键的是要完善平安建设的法律支撑。在协调推进"四个全面"战略布局的背景下，应该补齐社会领域立法短板，整合社会治理领域立法，以法律的形式统一各地在社会治理与平安建设方面的创新和经验，明确平安建设的基本原则、主要内容和有关部门的义务和责任，为社会治理和平安建设创新提供制度保障。[1] 另外，要进一步完善平安建设行政执法与刑事司法衔接工作机制，依法打击违法犯罪行为，实现社会治理和平安建设领域的严格执法和公正司法，让人民群众在社会治理和平安建设的执法、司法过程中感受公平正义，切实保障人民群众合法权益，推进依法治理落到实处。[2] 同时，要推进社会矛盾纠纷多元化解，加强矛盾纠纷多元化解机制地方性法规政策制度建设，推进人民调解与行政调解、司法调解的协调联动，深化诉前联调工作，促进调解、仲裁、行政裁决、行政复议、诉讼等有机衔接，切实抓好各单位落实矛盾纠纷多元化解的工作职责，创新完善新形势下预防和化解矛盾纠纷的方法，深化重点领域社会矛盾专项治理。

二 坚持协同治理，扩大平安建设公众参与

社会治理和平安建设中要转变政府包办一切的传统思维，正确处理政府和社会的关系，发挥政府机制（法治）和社会机制（自治）双重作用，实现社会行为多主体的"协同治理"。[3] 在发挥好社会治理和

---

[1] 参见徐汉明《习近平社会治理法治思想研究》，《法学杂志》2017年第10期。
[2] 参见江必新、王红霞《社会治理的法治依赖及法治的回应》，《法制与社会发展》2014年第4期。
[3] 参见燕继荣《社会变迁与社会治理——社会治理的理论解释》，《北京大学学报》（哲学社会科学版）2017年第5期。

平安建设主导作用、履行好社会治理和平安建设兜底责任的前提下，充分发挥社会组织和社会力量的积极作用，有序扩大公众参与。一方面，要持续做好平安建设宣传工作，进一步加大社会动员体系建设力度，深入推进平安宣传"五进"① 工作，切实提高人民群众对平安创建工作的知晓率、支持率、参与度。各有关部门要结合工作职能和特点，利用自身资源优势，坚持面上宣传和线上宣传有机结合，充分发挥传统媒体和新兴媒体的积极作用，广泛深入开展平安创建宣传活动，保障人民群众的知情权和参与权，提高人民群众在平安建设中的获得感。另一方面，要充分发挥社会组织和专业机构作用，创新和探索社会组织参与社会治理的领域、手段、方式方法。② 积极发挥志愿服务协会、见义勇为协会等社会组织作用，不断扩大平安志愿者队伍，引导、激励更多群众参与社会治安工作，营造"全民创安、共建共享"的社会氛围。同时加强对社会组织规范管理的政策研究，推进社会组织明确权责、依法自治，充分发挥其在参与社会事务、维护公共利益、救助困难群众、化解矛盾纠纷等社会治理中的重要作用，实现从国家主导到多元治理的治理模式。③

三 坚持创新治理，增强平安建设基层活力

基层是平安中国建设的第一线，也是社会治理的活力之源。建立健全富有活力和效率的新型基层治理体系，是平安建设的基础。增强平安建设基层活力，要发挥好乡镇（街）和村（居）在社会治理中的基础性作用，完善权力清单、责任清单，推动其把工作重心转移到公共服务、公共管理、公共安全等社会治理工作上来，通过改善考核、激励方式提高基层干部参与平安建设的积极性。一方面，推动行政体制和管理方式创新，实现扁平化管理，适当减少管理层级，把更多的力量充实到平安建设一线，总结各地网格化管理经验，充实基层治理力量，实现资源下沉、服务下沉、管理下沉，不断提升基层治理

---

① 即进家庭、进学校、进社区、进场所、进企业。
② 参见鲍绍坤《社会组织及其法制化研究》，《中国法学》2017 年第 1 期。
③ 参见马金芳《社会组织多元社会治理中的自治与法治》，《法学》2014 年第 11 期。

能力。① 另一方面，要重视基层社会自治，发挥群众参与的基础作用，② 发挥村规民约作用，促进群众在城乡社区治理、基层公共事务和公益事业中依法自我管理、自我服务、自我教育、自我监督，通过村（居）民自治完善民意收集、协商互动机制，把各行各业中的从业人员和社会组织发动起来，让其成为社会治安基本要素掌控的"千里眼"和"顺风耳"，弥补专业力量和专业手段的不足。

四　坚持智慧治理，强化平安建设技术保障

信息化和大数据是当今社会的大趋势，"互联网＋社会治理"是创新发展"枫桥经验"的新路径。③ 社会治理和平安建设要把握国家大数据战略和"互联网＋"战略发展机遇，顺应社会治理和平安建设对象多元化、环境复杂化、内容多样化的趋势，应用信息化和大数据提升社会治理和平安建设的精准性、预见性、高效性。当前，中国各地区、各部门在智慧政务建设方面取得了积极成效，但在深度运用信息化和大数据处理相关问题方面还存在明显不足。未来，要加快建设立体化、信息化社会治安防控体系，着力抓好科技信息化运用，打造"信息资源一体化、打防管控一体化、网上网下一体化"的立体化、信息化社会治安防控体系。④ 同时，进一步加强大数据应用统筹规划，健全各类基础技术规范标准，推进数据信息整合共享，按照"大整合、高共享、深应用"的要求，着力打通政法综治部门之间以及同一部门内部不同业务模块之间的信息数据通道，探索搭建全域平安建设大数据应用平台，打通上下信息数据通道，加快推进各级政法综治部门数据流、业务流、管理流的有机融合，在确保信息安全的前提下加强与其他部门的信息互联互通和综合利用，把数据信息联通到基层一线，真正发挥科技信息的实战效用，拓展社会治理和平安建设成效的广度和深度。

---

① 参见梁平《正式资源下沉基层的网格化治理——以河北"一乡一庭"建设为例》，《法学杂志》2017年第5期。
② 参见魏礼群《积极推进社会治理体制创新》，《光明日报》2014年6月20日第1版。
③ 参见刘树枝《构建"互联网＋社会治理"新模式　打造"枫桥经验"升级版》，《社会治理》2017年第2期。
④ 参见刘佳《大数据时代的社会治理困境与创新发展路径》，《学术探索》2015年第4期。

Abstract: The peaceful China initiative is a basic work in the current social governance in China. Strengthening and innovating social governance is the basic way to build the peaceful China. The key and difficult points of social governance and peace initiative are at the grass-roots level, and vitality and motivation are also at the grass-roots level. Strengthening and innovating social governance and building the peaceful China depend on the overall planning and the overall institutional arrangement of the Central Committee of the CPC, and it is necessary to give full play to the initiative of the local and grass-roots units. In recent years, Zhuhai City, in accordance with the Central Committee of CPC, the State Council of PRC and the relevant central departments concerned with the strengthening and innovation of social governance and peaceful China initiative, persisted in the social, legal, intelligent and professional requirements of social governance and peace initiative, and focused on improving the system mechanism of peace initiative to promote the fine management of peace initiative. To expand the social participation of the peace initiative, build the basic work of the peace initiative, strengthen the construction of the three-dimensional social security prevention and control system, and carry out positive exploration and innovation with the characteristics of Zhuhai while doing a good job in the routine work of social governance and peace initiative, and have achieved positive achievements. The practice of building a peaceful society in Zhuhai shows that keeping the bottom line of the rule of law is the premise of social governance and peace initiative, and promoting system innovation is the key to social governance and peace initiative, and the basic of social governance and peace initiative is to stimulate the vitality of the grass-roots units.

Key Words: Peace Initiative; Social Governance; Collaboration, Participation, and Common Interests; Guarantee of the Rule of Law

第五编

社会治理：潍坊智慧城市实践

摘　要：智慧城市是全球城市化发展的进阶，开展智慧城市建设有利于提升城市综合承载能力，推进新型城镇化，促进城市产业提质增效，提升社会治理和公共服务水平。随着物联网、云计算等新一代信息技术的快速发展，全球智慧城市建设掀起新一轮发展浪潮。中国社会科学院国家法治指数研究中心、中国社会科学院法学研究所法治指数创新工程项目组以山东省潍坊市为样本，展示中国智慧城市建设的显著成效。报告认为，以潍坊市为代表的各试点城市在智慧政务、智慧医疗、智慧教育、智慧交通、智慧物流、智慧园区等重点领域大有作为，为智慧城市建设全面铺开积累了一批可复制、可推广的有益经验。报告同时指出了中国智慧城市建设中遇到的难题。报告指出，中国智慧城市建设具有得天独厚的优势，随着国家大众创业万众创新、"互联网＋"、大数据等战略规划的实施，中国智慧城市建设必将向纵深发展。

关键词：智慧城市　"互联网＋"　社会治理　公共服务

第一章　智慧城市：城市化发展的进阶

"智慧城市"的概念源于国际商业机器公司（IBM 公司）在 2008 年提出的"智慧地球"理念，最初的目标是实现城市的经济稳定增长、可持续发展以及社会管理进步。现阶段，世界各国对"智慧城市"的概念有不同的理解，智慧城市是指以宽带泛在互联网络和数据中心等基础设施为基础，综合运用物联网、云计算、移动互联网、大数据、高性能计算、人工智能等新一代信息技术和宽带通信、绿色通信等通信技术手段，实现基础设施、资源环境、社会民生、经济产业和市政管理城市五大核心功能系统的全面感知、泛在互联、智能融合应用以及全方位、全体系、全过程的可持续创新的理想城市模型。智慧城市的发展先后经历了数字城市、无线城市和智慧城市三个发展阶段。其中，数字城市实现了信息的数字化转换，无线城市通过网络化实现了城市的信息共享，而智慧城市是智能化的阶段，实现了城市智慧应用。

城市是人类走向成熟和文明的标志，随着城市化步伐的不断加快，城市人口膨胀、教育医疗、社会管理、资源短缺、环境破坏等一系列"大城市病"问题越发突出。智慧城市是全球城市化发展的进阶，开展智慧城市的建设将有利于提升城市综合承载能力，推进新型城镇化，促进城市产业提质增效，提升社会治理和公共服务水平，改善民生，进而实现城市的可持续发展。随着物联网、云计算等新一代信息技术的快速发展，全球智慧城市建设将掀起新一轮的发展浪潮。

一　全球智慧城市的兴起

自公元前 3500 年到公元前 3000 年间，尼罗河流域和两河流域出现人类历史上早期的城市以来，人类文明衍生出了社会、经济、文化、宗教、工业、建筑等社会形态。城市的形成和发展，加快了人类文明的进程，从手工、农耕为主的古代城市，到近代的工业化城市，再到现代科技化的综合性城市，城市的发展也是人类走向成熟和文明的标志。2008 年，IBM 公司总裁在美国对外关系委员会会议上首次提出了"智慧地球"的概念，进而衍生出了"智慧城市"的概念,从而引发了全球智慧城市建设的热潮。IBM公司在2009年发表的《智慧城市白皮书(IBM)——智慧的中国 智慧的城市》中写到,城市是由组织、政务、交通、通信、水和能源等协作的相互连接的系统组成的宏观系统,"智慧城市"能够实现对城市的精细化和智能化管理。

当前,"智慧城市"的建设已经引起了全球多个国家的关注,包括美国、欧洲、韩国、新加坡、日本等众多国家和地区相继提出了"U-City""智慧国2015""智慧增长"等战略规划,纷纷将智慧城市纳入国家级战略发展规划进行部署。

美国作为世界第一的经济强国,尽管在2008年受到了世界金融危机的沉重冲击,但其智慧城市方面的建设计划完全未受影响。2008年,美国积极回应IBM公司提出的"智慧地球"概念,并将其上升为国家战略,这使得美国众多陷入困境的企业看到了全新的希望。无论是从基础设施、技术水平,还是从产业链的发展程度来看,美国在新一轮技术创新浪潮中仍然走在全球前列。[1] 一方面,2009年,美国爱荷华州东部城市——迪比克市,与IBM合作通过IBM-迪比克市计划建立了美国第一座智慧城市。该市利用IBM的最新先进技术,在一个有6万居民的社区里将水、电、油、气等资源连接起来,收集、监测、分析以及整合各项数据,并实现了所有数据的数字化转换,智能化地为市民提供更加便捷的服务。另一方面,美国早在2008年就出现了智能电网城市。2013年6月,美国首个大规模智能电网在佛罗里达州投入运行,系统共有450万个智能电力仪表以及超过1万个其他仪器设备,其突出的特点就是实现了全部电力仪表和仪器设备的互联。此外,美国哥伦布市致力于构建信息基础设施部署完善、绿色可持续发展和开放创新的智慧城市,该市于2013年被"全球智慧论坛"列入"全球七大智慧城市"之一,这也是美国当年唯一入选的城市。[2]

日本智慧城市兴起较早,建设成就在亚洲属佼佼者。早在2004年,

---

[1] 巫细波、杨再高:《智慧城市理念与未来城市发展》,《城市发展研究》2010年第11期。
[2] 周丽君:《美国哥伦布市的"智慧城市"建设》,《中国信息化周报》2015年11月2日。

日本总务省就已经提出了"U-Japan"战略计划，其目的在于推进日本泛在网络基础设施建设、ICT 应用推广和网络环境优化，发展泛在网络及其相关产业，并由此催生新一代信息科技革命，带动整体经济发展。2009 年 7 月，日本政府财政年度补拨了 1 万亿日元预算，IT 战略本部也同步推出"I-Japan（智慧日本）战略 2015"，这是日本政府继"E-Japan（电子日本）"计划、"U-Japan"计划之后提出的更新版本的国家信息化战略，其明确指出要让现代信息技术全面融入生产生活，改革经济社会，催生出新的活力，实现积极自主的创新。[①] 该战略旨在构建以人为本，并且由与公众生活密切相关的电子政府、医疗和健康、教育和人才培养等关键部分组成的数字化社会，提出了日本相关产业发展、信息基础设施建设的发展目标和战略措施。日本政府希望通过智慧城市的建设，改革日本经济社会发展，开拓和培育新产业，切实推进数字化基础设施整顿和智能交通系统等重大建设项目。目前，日本智慧城市的建设已经取得了令人瞩目的成就，在智慧城市与信息技术的建设方面都处于世界先进水平。

韩国是亚洲地区网络覆盖率最高的国家，根据经济合作与发展组织 2012 年公布的数据显示，到 2011 年年末，韩国成为全球第一个高速网络覆盖率达到 100% 的国家。2004 年，面对新一轮"U"化战略的政策动向，韩国信息通信部制定了国家信息化战略，称为"U-Korea"战略。2016 年，韩国信息通信部又在原韩国情报通信部于 2004 年发布的 IT-839 计划中引入了"无处不在的泛在网络"的概念，将其修订为 U-IT839 计划，作为"U-Korea"战略的核心行动计划。与日本推出的"U-Japan"战略类似，"U-Korea"战略旨在使所有人可以在任何地点、任何时间享受现代信息技术带来的便利。[②] 作为"U-Korea"战略的重要组成部分，韩国政府于 2009 年通过了 U-City 计划，并宣布将 U-City 建设经费纳入国家预算，在 2010 年 9 月底开始正式大举启动规模高达 5000 亿韩元的 U-City 计划。[③] 此外，2009 年，韩国仁川市开始与美国思科公司开展战略合作，提出了

[①] 方旸、方苏春、王金翎：《日本国家信息化发展战略研究》，《情报科学》2012 年第 11 期。

[②] 王雅芃：《韩国 U-IT839 计划给我们的启示》，《人民邮电》2007 年 4 月 11 日。

[③] 金江军：《韩国城市进入 U-CITY 时代》，《信息化建设》2009 年第 10 期。

名为"Eco-city"的绿色生态城市理念,以建造低碳绿色成长及亲环境城市开发的模范城市为目标,以设置低碳基础设施(构筑亲环境基础设施)、吸收排出的碳(FIX)(建造城市生态环境)和减少碳排放量为战略,推进建造世界高水准的Eco-City集经济性、环境性和节能于一体的生态型和智慧型城市。

新加坡致力于打造"智慧国",在信息技术发展和应用方面一直处于世界领先地位,IDC公布的2015年度"亚太区领军智慧城市项目"的优胜获奖国家及地区,新加坡在其中四项类别中夺魁,成为最大赢家。早在2006年,新加坡就已经启动了"智慧国2015"计划,其目的主要是通过物联网、云计算、大数据等新一代信息技术的推广应用,将新加坡建设成为经济、社会发展一流的国际化智慧城市。如今10多年过去了,"智慧国2015"计划的目标大部分已经超额完成,作为升级版的"智慧国家2025"的智能城市计划也逐渐提上了日程,未来势必将建设覆盖新加坡全岛的数据采集、连接和分析基础设施和操作系统,为全国市民提供更好的公共服务。2015年,新加坡政府又发布了《2025年资讯通信媒体发展蓝图》,为新加坡未来10年的资讯通信业(即信息通信业)与媒体业发展指明了基本方向,新加坡政府希望通过实施该项十年发展方针,资讯通信业和媒体业能够激发创造力和提高生产力,并且有能力应对国家挑战,并丰富公众的生活,为智慧城市的建设提供应有的助力。

欧洲智慧城市的实践起源较早,在2000年前后就已经开始智慧城市建设的探索实践。2002—2005年,欧洲实施了"电子欧洲"行动计划,2006年到2010年间,又完成了第三阶段的信息社会发展战略。[1] 英国是欧洲也是全球最早启动智慧城市建设的国家之一。早在2000年,南安普敦市就启动了智能卡项目,开启了英国建设智慧城市的历程。紧接着在2005年,英国政府又启动了游牧项目,旨在推进移动泛在政府管理与公共服务。根据英国奥雅纳全球公司(ARUP)统计结果,在最近五年的时间里,英国政府已经先后投入了5亿英镑到智慧城市建设项目中,还另外通过国家科技艺术基金会等类似非营利机构,颁发了多项竞争性项目奖

---

[1] 童腾飞、宋刚、刘惠刚:《欧洲智慧城市发展及其启示》,《办公自动化》2015年第7期。

励，以支撑和鼓励智慧城市建设项目的开展。瑞典自20世纪60年代以来始终致力于智慧城市的探索，积极协调城市建设与资源环境、经济发展、人口结构等多方面的关系，在城市合理规划及系统性解决方案制定方面积累了宝贵的经验。瑞典首都斯德哥尔摩市于2006年开展的智能交通建设是瑞典智慧城市建设最具代表性的建设实践之一，因此斯德哥尔摩也成为智慧交通的标杆城市。斯德哥尔摩市交通拥挤非常严重，特别是中央商务区，平均每天约有45万辆汽车驶过。在IBM公司的助力下，瑞典公路管理局设计、构建并运行了一套先进的智能收费系统，自动识别驶入斯德哥尔摩市中心的车辆，对车辆收取"道路堵塞税"，从而减少了车流，解决了交通拥挤，同时也减少了交通污染。美国麻省理工学院比特和原子研究中心首创了Fab Lab（微观装配实验室）。2007年，巴塞罗那创建了欧盟第一家Fab Lab，到2017年，已经建成了四家Fab Lab。随着"欧洲2020战略"和"欧洲数字化议程"的实施，总体来看，欧洲智慧城市的建设始终是将市民需求放在第一位，注重以人为本、市民参与、社会协同的开放创新，从而实现城市经济、社会、环境的协调、可持续发展。

二　中国智慧城市发展概况

"智慧城市"是IBM公司提出的"智慧地球"从概念到落地我国的重要组成部分，智慧城市对于我国全方位推进新型城镇化转型具有至关重要的意义。2014年3月，IBM公司在"中国智慧城市发展与合作论坛"上，首次联合IDC发布了智慧城市白皮书——《引领更具竞争力的智慧城市3.0时代——创新、和谐、中国梦》。在可预见的未来，我国将迎来智慧城市3.0的新时代。

我国智慧城市的发展相对来说起步较晚，但发展迅速。早在2010年，深圳和武汉两个城市就被科学技术部认定为"国家863智慧城市项目试点城市"。2012年，住房和城乡建设部在北京召开了"国家智慧城市试点工作会议"，2013年1月29日，召开国家智慧城市试点创建工作会议，发布包括北京市东城区、天津市津南新区、河北省石家庄市、山西省太原市、上海市浦东新区等在内的首批90个国家智慧城市试点（涉及北京市、天津市、河北省、山西省、上海市）名单，开启了我国智慧城市规模推广的建设阶段。同时，我国也在不断健全和完善智慧城市联盟的培育、发展和服务能力的提升机制。2011年5月，在工业和信息化部和国家信息中心的指导下，成立了"中国智慧城市规划建设推进联盟"；2012年9月，"国家智慧城市产业技术创新战略联盟"成立；2013年1月，在工业和信息化部信息化推进司的指导下，由工信部计算机与微电子发展研究中心发起成立了"中国智慧城市发展促进工作联盟"；2013年10月，"中国智慧城市产业联盟"成立。

2013年8月，国务院印发了《关于促进信息消费扩大内需的若干意见》，正式提出要在有条件的城市开展智慧城市试点示范建设。2014年，中共中央、国务院联合印发了《国家新型城镇化规划（2014—2020年）》，这是国家层面颁布实施的第一份城镇化规划，重点推进创新城市、智慧城市、低碳城镇试点建设，首次将智慧城市建设写入国家规划。同年8月，国家发展改革委、工业和信息化部、科技部等八部委联合印发了《关于促进智慧城市健康发展的指导意见》，提出我国要以城市发展需求为导向，让智慧城市的建设回到健康发展的轨道上去，并明确目标是到2020年建成完成一批特色鲜明的智慧城市。[①]

截至2016年年底，国家发改委、住建部、工信部、交通部、科技部与国标委、国家旅游局、国家测绘局等部门组织的智慧城市相关试点共有597个。各地区政府主管部门也高度重视智慧城市建设，大多数城市都在2016年和2017年政府工作报告或相应的"十三五"规划中明确提到了"智慧城市"。其中，深圳、昆明、宁波等城市与IBM公司签署战略合作协议，共同推进智慧城市建设；北京市政府于2012年印发了《智慧北京行动纲要》，提出了八大行动计划，简称"4+4"行动计划；2014年和2016年，上海市分别发布了《推进智慧城市建设行动计划（2014—2016）》和《上海市推进智慧城市建设"十三五"规划》，2016年也是上海市在连续发布了3个信息化五年规划后，首次编制智慧城市建设五年规

[①] 国家发展改革委、工业和信息化部、科学技术部、公安部、财政部、国土资源部、住房和城乡建设部、交通运输部：《关于促进智慧城市健康发展的指导意见》（发改高技〔2014〕1770号），2014年8月27日，http://www.ndrc.gov.cn/gzdt/201408/t20140829_624003.html，2017年8月18日。

划；2015年4月，浙江省政府继《关于务实推进智慧城市建设示范试点工作的指导意见》之后，又发布了《浙江省智慧城市标准化建设五年行动计划（2015—2019年）》，推进智慧城市标准化建设；2017年2月，南京市政府印发了《"十三五"智慧南京发展规划》，提出到2020年，成为中国智慧城市示范引领者。

2016年，我国启动了新型智慧城市建设工作。2016年4月19日，习近平总书记在网络安全和信息化工作座谈会上的讲话中指出："要以信息化推进国家治理体系和治理能力现代化，统筹发展电子政务，构建一体化在线服务平台，分级分类推进新型智慧城市建设，打通信息壁垒，构建全国信息资源共享体系，更好用信息化手段感知社会态势、畅通沟通渠道、辅助科学决策。"

2016年12月7日，《"十三五"国家信息化规划》明确提出新型智慧城市建设，到2018年，分级分类建设100个新型示范性智慧城市；到2020年，新型智慧城市建设取得显著成效，形成无处不在的惠民服务、透明高效的在线政府、融合创新的信息经济、精准精细的城市治理、安全可靠的运行体系。

按照国务院部署，国家发展改革委、中央网信办牵头，会同国家标准委、教育部、科技部、工业和信息化部等25个相关部门成立了新型智慧城市建设部际协调工作组，并明确了未来几年的主要任务。2016年11月，国家发展改革委、中央网信办、国家标准委联合印发了《关于组织开展新型智慧城市评价工作务实推动新型智慧城市健康快速发展的通知》，正式启动了首次国家层面的新型智慧城市评价工作。

中国智慧城市建设经过近几年的推进，智慧政务、智慧医疗、智慧教育、智慧交通、智慧物流、智慧园区等重点领域方面的建设项目取得了一定的成效。

一是智慧政务。近年来，中国不断加快行政体制改革和政府职能转变步伐，大力推进智慧政务建设。2016年4月，国务院办公厅转发了国家发展改革委等部门《推进"互联网+政务服务"开展信息惠民试点实施方案的通知》，推进政务信息资源共享开放机制，实施信息惠民工程，打造智慧政府服务。9月，国务院发布了《关于加快推进"互联网+政务服务"工作的指导意见》（国发〔2016〕55号），要求各地区构建一体化网上政务服务平台，有效提升政务服务智慧化水平，让政府服务更加智慧，企业和公众办事更加方便快捷。另外，我国在政府网站建设、政务公开、政务信息资源共享、大数据监管等方面也不断从国家层面出台相应文件，明确建设任务，深化信息技术与政府管理深度融合，大力推行"智慧政务"建设。

二是智慧医疗。自2009年中国实行新医改以来，有关部门相继发布了《健康中国2020战略研究报告》《全国医疗卫生服务体系规划纲要（2015—2020年）》等政策规划，持续推动医疗卫生服务模式和管理模式的转变，致力于解决中国医疗资源配置不均衡、医疗信息共享不畅通、医疗监督体制不健全等问题。随着智慧医疗建设的开展，全民电子健康系统工程、医疗一卡通、新型农村合作医疗平台建设、区域卫生信息平台建设、预约挂号系统等重点工程落地实施，并持续深化。根据《健康中国2020战略研究报告》提出的目标，到2020年，中国卫生总费用将占到总GDP的6.5%—7%，智慧医疗建设将惠及全民。

三是智慧教育。中国是人口大国，同时也是教育大国。教育是一个国家发展的基石，中国也始终坚持把教育放在优先发展的战略地位。智慧教育是中国智慧城市建设的核心内容之一，也是中国教育体制改革和深化发展的新趋势。北京、上海、广州等城市相继出台了相应的战略规划。2012年和2016年，国家教育部印发了《教育信息化十年发展规划（2011—2020年）》和《教育信息化"十三五"规划》，提出要构建网络化、数字化、个性化、终身化的教育体系，充分发挥信息技术对教育的革命性影响作用。

四是智慧交通。随着中国城市化的发展，城市机动车数量急剧增长，交通事故数量逐年上升，交通拥堵问题日益突出，汽车尾气排放造成的大气污染，严重阻碍了公众的日常出行，智慧交通的建设和发展是解决交通拥堵、事故频发等问题的根本路径和必然趋势。经过几年的发展，中国在公路交通信息化、城市交通管理和公交信息化等领域已经取得了一定的成效。近年来，滴滴出行、Uber、共享单车等新型平台的推出，逐步改变了人们的出行方式，"智慧出行"成为社会关注的热点。根据滴滴出行2016

年发布的《2016年智能出行大数据报告》显示，滴滴平台注册用户累计已经达到4亿人，覆盖超过400座城市。智慧出行在缓解城市交通压力的同时，也一定程度上为节能减排做出了贡献。

五是智慧物流。2015年，国务院印发了《中国制造2025》，指出我国已经成为世界制造业的大国，制造业的发展壮大一定程度上带动了中国现代物流业的发展。随着"互联网+"时代的到来，国家发展改革委于2016年印发了《"互联网+"高效物流实施意见》，大力推进"互联网+"物流产业的发展，为中国发展智慧物流营造了良好的政策环境。随着物流大数据、物流云平台、智能仓储、智能机器人等新兴技术在物流行业的深化应用，中国现代物流业正在向智慧物流转变，进一步激发物流行业新动能，智慧物流将成为未来传统物流业发展的新方向。

六是智慧园区。智慧园区实际上是智慧城市的表现形态，是智慧城市的重要组成部分。其实质是从产业园区的角度，构建智能化的产业园区。中国智慧园区的建设已经初步表现出了集群化的分布特征，智慧园区数量日益增多，园区经济规划也在不断扩大，可以说，中国智慧园区的发展已经粗具规模。江苏省连云港市、福建省厦门市、广东省汕尾市、上海市临港地区等智慧园区的建设，初步实现了对建设模式的探索。中国产业园区已经进入智慧化发展的崭新时期。

建设智慧城市是一项长期的复杂工程过程，其本质在于信息化和工业化的高度融合，与美国、欧洲、日本、新加坡等发达国家和地区相比，中国智慧城市建设尚处于起步阶段，经过近几年的发展，无论是从智慧城市数量，还是从智慧城市建设的进展来看，虽然取得了一定成效，在一些重点领域积累了较为丰富的经验，但普遍面临着一些亟待解决的问题。

一是顶层设计模糊，缺乏科学的统筹规划。智慧城市的建设离不开物联网、云计算、大数据等信息通信技术的发展，国家已经先后颁布了《国务院关于推进物联网有序健康发展的指导意见》《国务院关于积极推进"互联网+"行动的指导意见》《国务院关于印发促进大数据发展行动纲要的通知》《云计算发展三年行动计划（2017—2019年）》等技术的发展规划和指导意见，同时也在国家相关的规划中体现智慧城市建设，一些地方城市也出台了针对智慧城市建设的规划。但一方面，多数规划只是提到了智慧城市的概念，并没有从根本上提出系统的智慧城市理论体系；另一方面，在国家层面，关于智慧城市建设路径和步骤的专项规划尚未出台，缺乏长期可持续性制度的保障。

二是智慧城市建设缺乏统一的标准体系。中国智慧城市的建设普遍存在着"重建设、轻标准"的现象，总体标准化程度较低，标准体系和关键标准的缺失极大制约了中国智慧城市的建设和发展。2013年7月，中国电子技术标准化研究院发布了《中国智慧城市标准化白皮书》，阐述了由基础标准、支撑技术、建设管理、信息安全和应用标准五大类别标准构成的标准体系框架，并提出了包含《智慧城市术语》《智慧城市标准应用指南技术参考模型》《智慧城市评价模型及基础评价指标体系》等26项急需研制的标准。

三是智慧城市建设商业模式不明确。智慧城市的建设需要大量资金支持，涉及政府、企事业单位和公众等多元化的主体，传统的政府自建自营的建设模式已经不能够满足资金的需求，将市场机制、企业、融资机构融资等引入智慧城市成为必然趋势。国外政府智慧城市建设主要有五种商业模式，包括政府独立投资建设运营、政府投资委托民间资本建设运营、民间资本独立投资建设运营、BOT模式以及政府和社会资本合作（PPP）模式。中国智慧城市的建设还需要根据现阶段建设现状和实际，合理选择商业模式，走中国特色的智慧城市建设之路。

四是"重建设、轻应用"现象严重。自"智慧城市"的概念被提出已经过去近10年了，智慧城市也已经完全从概念炒作走向了落地实施。中国智慧城市的建设也进入崭新的阶段，但仍然存在着"重建设、轻应用"的现象，大多数城市出台了建设规划，却极少关注智慧城市平台的运维和应用，从而使得智慧城市建设项目成为一种单纯的"高技术"象征工程。

2016年7月，由国家发展改革委指导，国家发展改革委和小城镇改革发展中心、智慧城市发展联盟主办的以"互联网+智慧城市"为主题的第二届中国智慧城市国际博览会，向社会各界展示了中国智慧城市建设的阶段性成果，促进国内外城市间的互动交流，推广中国智慧城市领域的科研成果和科技产品。从中国智慧城市发展实际来看，中国智慧城市的建设同样也要秉承新时期"创新、协调、绿色、开放、共享"五大发展理念：创新是智慧城市建设的核心，协调是智慧城市建设的内在要求，绿色是智慧城市建设的重要内涵，开放是智慧城市建设的固有属性，共享是智慧城市建设的最终目标。①

中国智慧城市的建设具有得天独厚的优势，未来更可谓是机遇难得、挑战空前。随着国家大众创业万众创新、"互联网+"、大数据等战略规划的实施，城市的发展和管理发生了重大变革，智慧城市的建设也将向纵深方向发展。

三 潍坊智慧城市建设背景

山东是中国经济最发达的省份之一，中国经济实力最强的省份之一，也是发展较快的省份之一。在2016年的省级地区国民生产总值榜上，山东排名第四。2016年年末，山东常住总人口9946.64万人，位列全国第二，常住人口城镇化率达到59.02%。较高的经济发展水平和人口城镇化率是智慧城市得以扎根、发展的前提和保障。除此之外，山东的信息化水平一直领跑全国。早在2010年，山东省即印发《山东省物联网产业发展规划纲要（2011—2015）》，其物联网建设无论在时间上还是水平上均在全国处于领先地位，为落实信息化国家战略，以及后续的"智慧山东"建设，尽早打下了坚实的硬件基础。

2013年1月24日，山东省政府办公厅印发了《关于开展"智慧山东"试点工作的意见》，提出了"'十二五'末，'智慧山东'试点工作形成比较突出的示范效应"的基本目标，并确定了"试点先行"的工作方法，其中一项重点内容就是明确了潍坊市积极推进山东省首批"智慧城市"试点，探索建设、运营和服务模式。该《意见》规定重点围绕交通、能源、物流、工农业生产、金融、智能建筑、医疗、环保、市政管理、城市安全等重点行业的应用热点和难点找出突破口，加强信息资源共享，以保障和改善民生为重点，以智慧应用和服务为核心，充分发挥地方智慧型产业的优势，选择物联网应用基础较好的领域，分期分批建设应用示范工程和项目。由此，山东的智慧城市建设驶入快车道。截至2014年年底，

---

① 丛晓男：《五大发展理念引领我国智慧城市建设》，《中国党政干部论坛》2016年第4期。

全省两个副省级城市、90%的地级城市和45%的县级城市提出了建设智慧城市的规划目标。相关部门已累计批复县级以上试点示范53个，建设覆盖面涉及交通、市政、教育、应急等20多个领域。

2015年6月，《山东省"互联网+"发展意见》为"智慧山东"建设的进一步发展谋篇布局。"智慧城市"的概念界定更为清晰，目标定位是提升城市的智慧式管理和服务水平。该《意见》要求加强对民生、环保、公共安全、公共服务等需求的智能响应，重点建立涵盖资金、技术、管理的智慧城市产业发展服务平台，组建智慧城市产业发展联盟，建设智慧城市产业发展体验中心。积极试点推行PPP、BOT、BT等运营方式，完善智慧城市产业发展融资机制。加快智慧城区、社区建设，推进城市智慧管网建设和智慧社区服务。

2015年8月1日，山东省经信委出台《山东省智慧城市体系规范和建设指南（试行）》，从而使山东省智慧城市建设有了专门的指导性文件，以便更好地引导开展智慧城市建设工作，提高投资效益，保障建设质量。

潍坊市是山东半岛的区域性中心城市、环渤海重要港口城市，陆地面积1.61万平方公里，常住人口约930万人，是著名的世界风筝都、中国画都、中国食品谷、中国动力城和全国文明城市，2016年地区生产总值超过5522亿元。潍坊信息基础设施完善，借助于山东半岛通信枢纽的区位优势，已经建成"城市—乡镇—农村—山区—偏远山区"五级覆盖的现代化的综合信息网络和广播电视体系，实现了村村通电话、宽带、光纤和广播电视，电话普及率、互联网用户数量全省第一。城区全部住宅楼已实现光缆到楼，乡镇全部村庄实现了光缆到村，基本建成了城乡一体化的高速宽带、智能化、全覆盖的宽带综合信息网络。

近年来潍坊市以创新发展理念为指引，以建设国家新型智慧城市示范城市为目标，坚持"以人为本、创新驱动"。"以人为本"解决了智慧潍坊做什么的问题。经过认真思考，潍坊智慧城市转型发展的理念是：城市首先是市民的城市，市民是城市的主人。智慧潍坊首先应满足城市主人的需求，充分尊重和突出市民的智慧城市主体地位，让市民充分体验到智慧城市带来的生活舒适和便捷，吸引市民真正融入和参与到智慧潍坊建设中来，形成良性社会氛围，进而在更高的维度上布局智慧城市建设。"创新驱动"四个字解决了智慧潍坊如何做的问题。智慧城市既是平台，也是入口，潍坊市通过创新表达对智慧城市的独特理解，以创新突出潍坊城市的特色和个性，以创新赋予智慧潍坊灵魂。

潍坊市先后承担了国家和省首批智慧城市试点任务、首批信息消费试点市、信息惠民试点市、智慧城市时空云试点市、电子政务公共平台示范地区、电子商务示范市以及两化融合试验区、无线城市试点市、测绘地理信息产业基地、物联网产业基地等试点任务，荣获了巴塞罗那世界智慧城市博览会2017智慧城市提名奖（全球共5个城市，国内唯一获奖城市）、中国智慧城市示范城市奖、中国领军智慧城市奖、中国智慧城市最具潜力城市奖、新型智慧城市规划设计奖、中国智慧城市惠民发展优秀城市、中国信息化50强城市、"互联网+公共服务"领先城市、中国智慧城市建设50强、中国信息化最受关注城市等荣誉，入选2017年达沃斯世界经济论坛典型案例（国内唯一），并连续五届入选中国信息化50强城市，智慧潍坊建设取得了初步突破和惠民成效。如果说把PC互联时代的智慧城市建设称作智慧城市1.0，移动互联时代称作智慧城市2.0，那么今天，随着物联网春天的到来，潍坊市以实际行动探索建立智慧城市3.0的发展。物联网能够健全和丰富城市的神经网络，真正搭建起城市的全方位感知系统，从人与人、人与物、物与物互联的维度，重新定义智慧城市的内涵。或者说，借助云计算和大数据的双翼，物联网将带动智慧城市坐标的整体迁移，完成对智慧城市的重塑。在这一智慧城市发展的历史潮流中，潍坊勇敢地充当了先行者。

多年来，潍坊在智慧城市建设方面取得了一定的成绩，积累了丰富的经验，同时也对建设过程中发现的突出问题有着清醒的认识和总结。因此，以潍坊为样本考察山东乃至全国的智慧城市建设工作，极具代表性，能够较为客观地反映智慧城市的普遍发展水平，其经验和问题总结也可为其他建设中的智慧城市所借鉴。

第二章 潍坊智慧城市建设概况

潍坊市高度重视智慧城市建设工作，将建设智慧城市作为贯彻落实创新、协调、绿色、开放和共享新发展理念的具体行动。开展创建工作两年来，潍坊市委、市政府深刻把握"互联网+"、智能制造以及云计算、大数据、物联网、人工智能等发展趋势和时代脉搏，以创建国家新型智慧城市示范市为目标，遵循"接地气、惠民生"的基本思想，坚持"以人为本、创新驱动"的基本原则，立足解决市民的热点与难点需求，通过融合新一代信息技术手段，高起点谋划智慧潍坊建设，围绕城市精准治理和公共服务体系搭建智慧基础框架，探索建设独具潍坊特色的智慧城市。潍坊市以"潍V"手机App为总抓手，启动智慧政务及教育、医疗、旅游、环保、交通等民生项目，促进消费升级和民生改善，优化城市精准治理，实现"互联网+"与民生领域的深度融合，让社会公众和企业能够切实感受到智慧城市建设带来的便利，提高市民幸福感和获得感。

一 重视体制机制，完善总体架构

（一）创新智慧城市建设工作体制

为有效推进智慧城市国家试点城市建设，潍坊市在工作机制上完善智慧城市建设管理的顶层设计和管理机制，创新建立"一盘棋"智慧城市建设体制机制，形成统筹管理和一体化推进的工作方式，用制度机制创新实现相关利益格局的再调整，打破信息壁垒。2015年4月，潍坊市在山东省率先成立了智慧城市建设办公室，负责统筹协调全市智慧城市建设工作，将智慧城市建设纳入全市统一顶层设计和城市总体发展规划。推行部门首席信息官CIO联席会议制度，根据全市信息化及智慧潍坊总体部署，负责本部门、本系统信息化工作规划、决策和管理等工作，参与全市信息化及智慧潍坊规划、工作计划编制及项目落实，形成工作协同、步调一致的全市一体化发展格局，有力推进智慧潍坊的"全景式"发展。

（二）完善智慧城市建设管理机制

一是以标准规范保障一体化建设。通过制定发布区域内的智慧社区、景区、医院、养老、幼儿园、停车场、平安校车等一系列智慧应用标准规范，保障各智慧应用系统与智慧潍坊云服务平台的互联互通和数据共享共用，实现了区域内资源共享、业务协同和集成创新。二是以考核促进一体化建设。将智慧潍坊建设列为全市各级科学发展观的重要内容，由市智慧办制定考核指标及完成考核工作，推动了各级按照智慧潍坊总体规划实施各自建设任务。三是通过制定智慧潍坊建设方案，出台《智慧潍坊建设管理办法》和《智慧潍坊建设三年行动计划》等相关政策，从规划设计、项目建设管理、基础设施统筹、信息资源共享和开放利用、人才队伍建设、信息安全保障六个维度进一步规范全市信息化和智慧城市建设管理。

二　着眼整合共享，提高服务能力

（一）构建先进、移动、泛在的"一张网"

1. 光网城市深化

围绕"宽带中国"战略，大力推进"光网城市"建设，加快"光纤到户"进程和骨干网优化升级，推进下一代移动互联网演进升级，深入推进光纤网络融合。截至 2016 年，全市电信企业实现电信业务总量 86.7 亿元。年末电话用户总数 1067.8 万户，普及率达 119.5 部/百人。其中，固定电话用户 96.6 万户；移动电话用户 971.2 万户（包括 3G 用户 78.5 万户，4G 用户 445.5 万户），移动电话普及率 108.7 部/百人。互联网用户达到 718.1 万户（包括无线上网用户 531.1 万户），互联网普及率达到 80.3%；通信光缆总长度 160.1 万芯千米；互联网出口带宽 2120G。光纤网络已覆盖城区所有居民小区，城市家庭 20Mbps（兆比特每秒）及以上宽带接入能力覆盖率达到 100%。4G 基站超过 14000 多个，建成 NB-IoT 基站 2600 个。全市形成统一的高速宽带网络——"信息高速公路"，促进"宽带中国"战略的有效落地，助推智慧潍坊向更广领域、更深层次拓展。

2. 无线城市网提升

潍坊市依托城区骨干照明线路，通过 EMC（合同能源管理）方式，以城区 2 万余盏路灯市场获取企业投入。在更换城区 LED 路灯的同时，布设和"超级 Wi-Fi"设备一体化的 LED 路灯，设置提供 Wi-Fi 的"潍 V"热点，依托与公安部门联建的无线城市网安全管控平台，为市民和商家融入"互联网+"提供统一标识、统一标准、统一管理、安全可靠的免费 Wi-Fi 上网服务。目前，已在市区主要道路开展建设，市民通过"潍 V"热点享受到了沿街沿路重点场所的免费 Wi-Fi 冲浪。下一步将实现市区免费 Wi-Fi 全覆盖，建成国内首个基于城市照明系统的"超级 Wi-Fi"免费无线城市网。

3. 城市物联网建设

潍坊市与国内信息与通信行业领先企业合作成立了"潍坊物联网创新研发中心"。按照"一张网、一个平台、N 类应用"的总体设计，统筹推进基于 NB-IoT 标准的"物联潍坊"建设。依托潍坊统一的云计算中心和无线城市网等基础设施，构建统一的城市神经传感网络，搭建统一的物联网公共服务平台，先期在智慧停车、车联网、智慧市政、智慧环保、智慧环卫、智能抄表、智慧水务、智慧养老、智能楼宇、智慧物流、智慧农业、智能制造等领域开展项目建设，带动人与人、人与物、物与物等各领域的交互感知应用建设和产业发展。依托物联网创新研发中心，为物联网企业研发基于 NB-IoT 标准的产品和推进应用提供孵化和产品检测等服务，引进国内外物联网企业集聚潍坊市发展，建设物联网大厦及产业园区，努力打造全国首个窄带物联示范城市。

（二）打造通用共享的智慧云服务平台

1. 城市云服务概况

一是城市云服务平台建设。潍坊市立足"互联网+"，充分尊重市民的城市主体地位，从重构城市生活服务的全新角度，构建面向市民的一体化城市云服务平台，让公众通过手机等终端即可体验智慧城市便捷生活。二是加强政务云服务平台建设。潍坊市在 2014 年启动了政务云建设，完善政务信息资源共享平台，着力打破信息孤岛，为"互联网+政务服务"提供基础支撑。编制印发了《潍坊市政务信息资源共享交换平台使用管理规范》等 10 项管理制度，为各级、各部门政务信息资源共享交换提供了标准规范。2015 年，基本建成市级政务云平台，提供虚拟服务器 400 多台、存储容量超过 500TB，为各部门提供了集约高效的政务信息化服务，80% 的县市区实现了信息化基础设施物理集中。三是企业云服务平台建设。潍坊市为全市中小微企业提供技术创新、融资担保、管理咨询与诊断等覆盖全业务流程、整个生命周期的全方位、"一站式"服务。

2. 城市云计算中心

潍坊市云计算中心旨在通过搭建统一的分布式云计算基础设施，促进智慧潍坊统筹、集约、绿色发展。潍坊市以银澎云计算中心机房为主体，整合市政务中心、部分县市区政务中心和通信运营商等现有机房设施，整合统一各分布资源，组建了潍坊市云计算中心（浪潮）建设管理公司，负责云计算中心项目建设和运营，这是国内首个城市云计算中心类的PPP模式探索。目前，首期建设面积达到2000平方米，形成300个机柜规模，已为60多个部门的260多个业务信息系统以及300多台托管设备提供了政务云服务支撑。正在按照"积极稳妥、先易后难"的原则，推进市直部门和部分县市区业务应用向云计算中心迁移，实现高效、安全和可持续发展。

3. 大数据交易中心

以争创山东省大数据交易中心为目标，潍坊市成立了大数据交易公司，积极推进大数据交易中心建设，完成了交易大厅、交易平台等硬件配套建设，通过编制《潍坊市大数据交易中心可行性研究报告》，明确了交易规则、交易品种、管理制度、监督保障制度等。利用已有的云计算中心和"物联潍坊"建设基础，搭建大数据公共服务平台，开展大数据应用重点工程，以大数据中心等项目为载体，在政务、商务、民生、产业发展等领域开展大数据整合、开发、运营以及政府数据开放和服务，吸引上下游相关企业到潍坊发展，建设大数据产业园区，培育壮大大数据产业，形成全市信息产业发展新的增长极。

4. "潍V"云服务平台

潍坊市以"接地气、惠民生"作为智慧潍坊建设的着力点，从市民关注的焦点、市民生活的痛点入手，通过搭建"潍V"云平台，整合全市医疗、健康、教育、交通、旅游、电商购物以及行政审批等本土化公共资源，融合社交、支付、购物、服务等"互联网+"元素，打造精准化的公共服务体系。市民通过"潍V"手机App即可轻松体验到"吃、住、行、游、娱、购"的智慧便捷生活，让市民生活得更安心、更省心、更舒心，该App自2014年9月份上线以来，全市已有100多万用户下载应用。目前，基于"潍V"云平台及手机App，已建成200多个智慧社区，完成了200余家幼儿园、18处景区、5家养老院、6个停车场和8家医院的智慧化改造，全市1800辆校车全部安装了GPS和监控安全设施，实现城区

6万多辆公共自行车以及县市区公共自行车的"潍V"扫码租用、全市数千项政务服务事项的手机端"一站式"办理等。

（三）完善信息资源共享交换体系

潍坊市加快推进基础库和共享平台的建设，初步建立了企业基础信息和法人数据库，建设完成了全市统一、权威、通用的地理信息数据库。2015年市智慧办牵头成立了全市政务信息资源共享工作协调小组，完成了对人口、财税相关部门信息资源的调研和梳理，形成了信息资源目录，搭建了全市统一的信息资源共享交换平台。目前已开始了30多个部门间信息交换运行，设计开发了基于地理信息的人口和综合财税专题应用，为基于大数据的政务云平台建设提供了数据交换支撑。形成了十余个信息资源共享交换和目录梳理的标准规范，为智慧政务建设、政务大数据开放和惠民服务奠定基础。

三 立足以人为本，营造智慧生活

围绕惠民服务和城市精准治理目标，聚焦民生热点和难点问题，潍坊市深入推进智慧城市民生建设工作，优化民生服务流程，持续推进民生十大特色领域建设工作，逐渐形成了方便快捷、公平普惠、优质高效的公共服务信息体系，在十大领域推广智慧应用，不断提升市民满意度和幸福指数。

一是面向公众推出指尖上的智慧潍坊。潍坊市围绕着市民日常工作生活所需、所急，从重构城市生活服务的全新角度，在2014年建成了国内首个"潍V"智慧城市手机App，为市民打造了动动手指即可获得服务的智慧城市平台。

二是"V派"城市通行证促进市民生活品质持续提升。结合智慧城市建设，综合应用移动互联网、互联网金融、互联网实名认证等技术，以潍坊市实名认证和"云支付"两大创新平台的综合应用为支撑，创新打造了"V派"城市通行证。以手机App方式集成居民身份证、驾照、医保卡以及银行卡、公交卡、自行车卡、门禁卡、图书借阅卡、旅游一卡通等各类IC卡，实现市民事项办理、交通出行等的手机便利化应用以及购物、消费、充值、医保、水电气暖和行政事业性缴费等的移动支付，让市民畅享"一机在手、通行全城"的便利生活。据此，潍坊市发起"三无智慧生活联盟"，倡导"无卡、无证、无钱包"的智慧城市品质生活，创新品质城市建设内容。目前"V派"已有60多万活跃用户。

三是建设智慧社保综合服务平台，为居民提供"一站式"社会保障业务办理和服务，提升社会保障智慧化水平，推动社保信息服务向街道、社区和乡镇延伸。社保卡实现了健康卡、金融IC卡等多卡合一，集电子凭证、信息记录、就医结算、缴费和待遇领取、金融支付等多项功能于一体，制卡800余万张，市民持卡率达90%。

四是开展智慧医院建设，发展基于互联网的医疗卫生服务。通过"潍V"App及其他方式，开展预约挂号、报告单查询、费用支付等服务。建立居民电子病历和健康档案查询系统，实现实名在线查询、慢性病跟踪服务、分级转诊等。建设医院业务管理平台，实现检查化验、医生诊断、医药费支付、药房取药信息共享等业务全流程信息化管理。逐步实现医生移动查房，完善智能陪护功能。自2015年以来，多数二甲以上医院已完成智慧化初级改造，二级以上医疗机构100%建立了电子病历，已为全市约90%的常住居民建立了健康档案。

五是加强教育信息基础设施建设，深入探索"智慧教育"服务模式，打造智慧校园。建设智慧学习平台，促进优质教育资源向社会公平开放，在全省率先实现光纤接入"校校通"和多媒体教学"班班通"，为所有教师和学生开通网络学习空间，支撑开展了多种方式的多媒体教学。数字教育平台实现了市、县、镇学校的网络交流和资源共享，是全省覆盖面最广、注册人数最多的区域性教育平台。持续推进全市幼儿园的智慧化改造，搭建统一的校车视频管理平台。

六是智慧化养老服务平台在社区推广应用。实施"互联网+"养老服务工程，搭建全市统一的养老公共服务信息平台，为老年人提供日常生活照料、紧急救助、主动关怀、医疗保健等服务，打造"没有围墙"的养老院，显著提高了老年人生活幸福指数。

七是建设"潍坊就业网""潍坊人才网"两大服务网站，开展"一站式"综合就业服务，通过网站开展政策宣传、求职招聘等公共就业人才服务。

八是建成全市社会图像信息资源共享平台，实现了视频资源的条块网络互联、资源共享、优势互补。通过海量视频信息的全面整合、全市共享、动态分析，实现了人过留影、机过留号、车过留牌。

九是完善食品药品协同监管体制，通过深入推进全省食品药品安全"智慧监管"工程，完成食品日常监管系统和检验检测系统的搭建。在食品生产企业中推行以条形码、二维码、自编码和追溯卡为载体的电子信息追溯，实现90%以上药品企业进入国家食品药品监管局电子监管网。

十是建设社区公共服务综合信息平台。为使生活更便捷、更安全、更和谐，根据《潍坊市智慧社区建设示范标准》，推动各县市区开展智慧社区试点示范建设，促进社区服务智能化、个性化与平民化。实现社区一站式在线办理的公共服务事项全覆盖，建成涵盖居民信息、退休人员服务、低保救助、残疾救助、社区卫生等信息资源的数字化管理体系，实现数据资源的信息化管理。

四 基于"物联潍坊"，打造智慧城市3.0

潍坊市出台了《加快建设"物联潍坊"实施方案》（潍政办字〔2017〕83号），统筹推进基于NB-IoT标准的"物联潍坊"建设，全面开启了"智慧城市3.0"实践探索。

一是网络覆盖范围位居全国前列。潍坊市各通信运营商按照物联潍坊实施方案，领先其他城市，积极争取上级集团公司建设资金等资源，建设潍坊市NB-IoT网络。目前，潍坊市建设了2600多个NB-IoT基站，基本建成"一张NB-IoT网络"，为全市开展物联网应用和产业发展夯实了基础。

二是已建成全国首个城市级物联网公共服务平台。物联潍坊公共服务平台是物联潍坊的核心，本着"立足潍坊、服务全省"的目标定位，为各类物联网应用提供设备链接、数据传输等公共服务，解决物联网应用碎片化问题，汇聚物联网数据，快速形成城市大数据。平台一期提供10万个链接接入能力，已为3500余个物联设备提供链接服务，为智慧河长、智慧路灯等项目提供支撑。

三是已开展物联网应用试点。在平台支撑下，启动了智慧河长、智慧泊车、智慧路灯、智慧农机等物联网应用试点项目，取得良好成效。昌乐县作为试点县市区，在十余个领域也开展了试点建设。其中，智慧河长项目已开始试运行，智慧路灯项目已在试点路段规模部署，智慧农机项目以及市级机关综合办公大楼、阳光大厦智慧泊车等典型应用项目正在建设，其他项目也同步在规划建设中。

四是建设了物联网创新研发中心。整合华为公司 OpenLab 开放实验室资源，为相关公司开展 NB-IoT 物联网应用的创新研发提供直达服务，为在潍坊市发展的国内外物联网公司节省研发成本、缩短开发周期，从而营造吸引外地企业来潍坊市落地发展的良好生态；承担国家级、省级物联网课题研究，推动"物联潍坊"标准上升为省级、国家级标准（以潍坊市应用为案例的《智慧城市设备联接管理公共服务平台技术要求》，已上报国家信标委审核，通过后将成为全国标准），帮助潍坊市企业申请国家及省的物联网产业发展政策等扶持；展示基于 NB-IoT 的物联网最新产品和方案，营造物联网创新发展氛围；结合创新创业，为落户潍坊市发展的公司提供孵化办公场所。

五是运营了物联网产业联盟。该联盟已聚合了 52 家国内外优秀 IT 公司。潍坊市与国内外 IT 企业就潍坊市开展的物联网应用进行了百余次洽谈，目前，多家企业已确定在潍坊市成立公司落地发展，并入驻潍坊物联网创新研发中心。

五 落实"互联网+"，发展智慧商务

（一）创建互联网金融平台

潍坊市围绕互联网支付资金在潍坊区域内的闭环流动，着眼于区域内互联网支付资金收益，结合国家和省互联网金融政策，创新开发了本土化的互联网支付平台——云支付平台，打造潍坊本土化的"支付宝"，实现了市内互联网支付资金区域内闭环流动和安全可控监管。目前，已成立了国有控股的潍坊市云支付科技有限公司，平台已在潍坊的社保医疗系统、交通系统、公共资源交易和各大商圈、电商平台等上线运行。依托该平台，市民通过手机即可实现购物、交通、充值等各种安全便捷支付，以及

水电气等生活缴费和社保、教育等支付。

（二）推进产业可持续发展

一是大力发展"智慧农业"，推进农业与互联网融合。通过实施"互联网＋农业"专项计划，实现农业生产过程的精准智能管理，提高劳动生产率和资源利用率。建设农业大数据平台，推动农业数据开放，集聚涉农信息资源。优化农机调度管理，实现农机精准定位、田间作业质量监控和跨区作业调度指挥。二是促进机械装备、汽车制造、石化盐化、纺织服装、食品加工、造纸包装等传统产业技术改造，以敏捷制造、柔性制造、云制造为核心，集成各类制造资源和能力，共享设计、生产、经营等信息。建设基于 CRM 的云制造平台，推动传统制造业向中高端迈进，实现"潍坊制造"向"潍坊智造"的转型发展。三是电子信息产业快速发展，增强数字经济产业基础。潍坊市电子信息产业形成了电声器件、虚拟现实、半导体照明、软件和信息服务业等产业重点，地理信息、3D 打印、呼叫中心、文化创意、动漫等产业特色鲜明、发展迅速。全市电子信息产业主营业务收入居全省第五位，增幅居全省第二位。以歌尔为代表的虚拟现实产业形成规模，已申请专利百余项，产品占据了全球 VR 高中端产品 70% 的市场份额，产销量全球第一。正在依托"歌尔智慧城"，打造在国内外具有影响力的虚拟现实产业基地。四是推动互联网模式和业态创新。发挥潍坊创业大学、蓝色智谷等高端平台作用和"互联网＋"集众智汇众力乘数效应，创造知识型创业就业岗位，发展众创、众包、众扶、众筹等新模式。实施高技术服务业创新工程，提高生产性服务业专业化、生活性服务业精细化水平。推动各企业"触网上云"，提高大数据在各垂直领域应用率和市场规模。发展信息消费，打造新的消费热点，挖掘信息化和网络消费潜力。目前，潍坊市正紧紧围绕国家大数据发展战略，构建以数据为关键要素的数字经济，推动物联网、大数据、人工智能等与实体经济深度融合。重点实施"智慧潍坊3.0"，打造以"物联潍坊"和"城市大脑"为核心的数字经济发展模式。

六 建设智慧政务，推进智能管理

潍坊市大力推进"互联网＋政务服务"，充分利用基于新一代互联网技术，以政务服务平台为基础，以信息惠民为主要内容，将涉及政府对公民、法人、社会团体提供服务的政务事项进行整合，向社会提供透明服务、精准服务、高效服务和智能服务。目前，潍坊市已逐步形成了全市"一张实现市、县、镇及社区四级联网的电子政务网络，一个电子政务私有云平台，一个支撑政务信息化集约建设的数据中心，一张共享共用的时空云电子地图"的格局，电子政务云服务能力初步具备，市级部门主要业务信息化覆盖率达到82%。

（一）勤政善政，建设智慧服务型政府

1. 深入推进政务信息系统整合共享

政务信息系统的集约化建设是智慧潍坊建设的一项重点工作。潍坊市按照国家、省有关要求，制定了《潍坊市政务信息系统整合共享工作实施方案》，扎实推进相关整合共享工作。按照"12345"目标任务要求，统筹全市电子政务云，完善电子政务内网和电子政务外网，建设数据资源体系、政务服务体系、业务协同体系，落实保障措施，形成设施集约统一、资源有效共享、业务有机协同、工作有力推进的良好发展格局，满足政府治理和公共服务改革需要，最大限度地利企便民，让企业和群众少跑腿、好办事、不添堵。

2. 建立一体化审批大厅

依托统一的电子政务网，启动政务平台互联互通工作，建设了市、县两级统一的网上审批服务平台，全面实现行政审批服务事项网上咨询、表单下载、远程申报、在线受理和实时查询，让基层和群众享受到更为优质便捷的服务。新增网上办事大厅和网络自助服务终端等，实行手机短信评价，进一步增强了网上审批平台支撑能力。建立完善市、县、镇网上联动办理机制，将市、县两级部门的事项受理、办理、反馈、监督融为一体，梳理规范县市区初审上报、市级审核的各类事项1036项，实现网上办理事项信息、公众申请信息及业务办件等信息的实时交换和共享，解决了层级间"信息孤岛"现象和办事群众反复递交材料问题，推动了市、县、镇三级"网上联审联办"。

3. 创建"掌上政务厅"

依托"潍V"网上政务厅，全面梳理编制政务服务事项目录，探索

建立涉及多部门的政务服务事项协同办理机制，整合构建综合服务窗口，做好政务服务个性化精准推送，实现政务服务"一窗"受理、"一网"通办。目前，已将全市50多个部门及水、电、气等10个便民服务单位2000余项政务服务事项整合至"潍V"掌上政务厅，开辟了手机"一站式"行政审批办理新模式，以数据"多跑路"实现了群众"少跑腿""零跑腿"。2015年掌上政务厅回复各类政务咨询、投诉和建议8000多条，群众满意度达到100%。目前，潍坊市正在按照国家、省要求，落实"零跑腿"政务服务试点工作任务。创新研发了实名认证技术和平台，实现了"互联网+身份认证"新突破，结合"V派"城市通行证，将政务服务全流程搬到移动互联网上，市民通过手机即可办理所需事项。潍坊市承担的国家教师资格认证、执业药师注册"零跑腿"等试点建设业已完成。

4. 网上实名认证难题得到破解

基于公安的户籍系统，潍坊市创新建设了"V派"城市通行证的电子身份认证功能，实现了与公安户籍系统的数据对接，通过读取"V派"手机二维码信息，即可实时显示居民的身份证照片及相关身份信息，解决了市民无证出行和网上办事实名认证难题，建立了统一身份认证体系，为实现"一号申请、一窗受理、一网通办"提供了有力保障。

5. 创建"潍V·单位群"

依托"潍V"手机App，目前全市50多个部门已经全部加入了"潍V·单位群"，在确保信息安全的前提下，促进了部门之间实时沟通。依据工作属性和业务类别，各部门自主选择建立了"潍V·工作群"，就具体工作进行交流，提高了部门间业务协同效率。为发挥好两类群的作用，各部门均配备了"潍V"专管员，负责两类群的建立、管理和维护。两类群自上线运行以来，有效提升了部门间和部门内部的沟通、协作效率。

6. 开展民意大数据分析

潍坊市以解决群众"记号难、办事难、投诉难、举报难"问题为目标，整合12345市长热线、12319市政服务热线和其他热线号码资源，构建"统一受理、分类处置、定期评估、持续优化"的政务服务热线，形成了汇集社情民意的统一渠道。除了传统的电话方式外，群众通过登录

"潍V"，可以随时随地向热线反映问题和诉求，政府利用网络平台及时回应社会关切，畅通了市民网络诉求渠道。通过对民意大数据进行分析、综合研判和溯源问责，提炼、发掘公众需求，打造社情民意综合分析"数据大脑"，为政府科学决策和制定政策提供参考依据。2014年全省社情民意调查结果，潍坊市的群众安全感列全省第一名。2015年企业"双评"活动参评率98.9%。12345市长热线办结率和群众满意率都在98%以上。2016年12月，潍坊市通过"潍V"平台、微信公众号、报纸等媒体广泛发放了智慧潍坊建设满意度调查问卷，通过汇总分析，潍坊市民对智慧潍坊的满意度明显提高，达到92%以上。

（二）精准治理，实现数字化科学管理

1. 建立数字化城市管理体系

运用物联网技术，实现了对供水、供气、供热、污水处理等城市公用产品的在线监测，建设了以GPS监控和市政设施视频监控为主要内容的市政工作状态管理系统、以城市网格化管理为主要内容的市容秩序管理系统和相配套的城市管理质量考核评价系统，形成了数字环卫、数字园林、数字执法、数字设施、数字照明、数字养护、数字节水、数字防汛八大行业模块构成的数字化城市管理新框架以及集便民服务、城市管理、政府治理、执法监督和应急指挥于一体的数字化城市运行指挥中心。系统运行以来，年办理城市管理案件约50万件，案件办结率99.2%，市民满意率达99.9%。

2. 视频监控全覆盖和共享开放

潍坊市建设了全市社会图像信息资源共享平台，实现全市视频监控资源的整合与共享，提升了公安业务应用和实战能力。建立了视频图像信息数据库，统一调用PGIS地图服务，通过大数据分析研判，提升了视频图像信息在反恐维稳、指挥处置、治安防控、侦查破案、安全管理、服务民生、执法监督、内部管理和部门共享等方面的综合应用能力。目前已联网全市公安、交警、高速公路等一类目标监控超过2万路，基本覆盖了全市社会图像信息相关监控目标。

3. 构建智慧潍坊服务体系

一是发展智慧文化，加快图书馆、博物馆等文化资源的数字化，建设具有潍坊特色的公共文化资源共建共享数据库，为广大群众提供"一站式"的公共数字文化服务。二是推动智慧交通发展，实现了道路交通状况实时查看和交通诱导，以及手机在线查询公交车次、运行状态等，实现了手机查询公共自行车站点信息、扫码免费骑乘和最短路径导航。三是建设智慧环保，构建环境信息通用数据库，建设环境风险及预警信息平台，通过"潍V"平台等载体，向社会公众提供环境预警和应急响应等信息服务。四是推进智慧旅游项目实施，建设智慧景区，形成智慧旅游服务平台和营销体系，实现电子门票、自助导览、自助讲解、网上虚拟景区、周边设施查询等功能，为游客提供旅游"一站式"服务。

4. 共建共用时空信息云平台

潍坊市不断完善矢量数据、影像数据、三维数据、2.5维数据、全景数据、街景点云数据和地名地址数据在内的基础空间数据，并从时间维度上充实历史和现时数据，建立了标准统一、内容丰富的地理信息数据库。依托时空信息云平台，为城市管理、规划管理、国土资源管理、智慧城市、社保、农业、教育、旅游、水利、物流等38个部门的80多个业务系统提供了地理信息共享引用服务。"天地图·潍坊"为公众提供便捷、精准的位置服务，点击率超800万人次。

第三章　潍坊智慧城市建设经验

智慧潍坊建设的重中之重是立足以人为本，营造普惠化的智慧生活。首先考虑的是聚焦民生热点和难点问题，充分尊重公众的主体地位和真实意愿，提高公众、企业参与智慧潍坊建设热情，以建设成果普惠全体公众为原则。因此智慧潍坊建设的核心战略是深入实施信息惠民工程，推进与公众生活密切相关的公共服务信息化，基本实现基于互联网的教育、医疗、社保、养老、交通、旅游、文化等新兴服务全覆盖。充分调动各方资源，整合服务内容，拓展服务渠道，创新服务模式，构建政府、企业、社会组织三位一体公共服务体系。

一 加强顶层设计，确保有序发展

当前，潍坊市正处在转型发展的关键历史当口，面临稳增长、调结构、防风险、惠民生等多重挑战。潍坊深刻把握"互联网+"、智能制造以及云计算、大数据、物联网等发展趋势和时代脉搏，创新一体化工作体制机制，创新智慧城市建设和投融资模式，改变以往技术导向、项目驱动的信息化建设模式。有效整合孤立、分散的公共服务资源，强化多部门联合监管和协同服务，鼓励市场参与，创新服务模式，拓宽服务渠道，更加注重建设效能，构建方便快捷、公平普惠、优质高效的公共服务信息体系。[①]

提升城市便民惠民水平，优化城市精准治理，提高居民幸福感和获得感，让社会公众和企业能够切实感受到智慧城市建设带来的便利，务实推动新型智慧城市健康有序发展。

潍坊市积极践行新型智慧城市建设要求，以"接地气、惠民生"为主旨，注重以人为本，突出市民主体地位，立足解决市民的热点与难点需求，融合最新信息技术手段，高起点谋划智慧城市建设，围绕城市精准治理和公共服务体系构建两大核心任务，努力探索智慧城市的创新发展。

（一）探索体制创新，实施建设新机制

1. 建立起上下一体的管理体制

2015年4月，潍坊市、县两级在山东省内率先成立了智慧城市建设办公室，负责统筹协调全市智慧城市建设工作。将智慧城市建设纳入全市统一顶层设计和城市总体发展规划，通过推行部门首席信息官CIO联席会议制度，CIO由部门班子成员担任，根据全市信息化及智慧潍坊总体部署，负责本部门、本系统信息化工作规划、决策和管理等工作；参与全市信息化及智慧潍坊规划、工作计划编制及项目落实。形成工作协同、步调一致的全市"一盘棋"推进和一体化战略引领，有力推进智慧潍坊的"全景式"发展。

[①] 国家发展改革委等十二部委：《关于加快实施信息惠民工程有关工作的通知》（发改高技〔2014〕46号），2014年1月9日，http://www.ndrc.gov.cn/zcfb/zcfbtz/201401/t20140113_575467.html，2017年8月18日。

2. 以标准规范保障一体化建设

健全智慧潍坊标准体系。按照新型智慧城市建设的新要求，结合潍坊实践，不断完善"智慧潍坊"顶层设计，不断调整优化智慧潍坊各领域示范建设标准，制定新型智慧潍坊建设管理办法，狠抓落实，以考核确保项目建设规范统一，实现各项目汇集数据的共享集成和整合利用，为智慧城市更高层次发展奠定基础。制定发布了区域内的智慧社区、校区、医院、养老院、景区、停车场等一系列智慧应用标准规范，打破了信息孤岛，保障了各智慧应用系统与智慧潍坊云服务平台的互联互通和数据共享共用，实现了区域内资源共享、业务协同和集成创新。

3. 以考核促进一体化建设

潍坊市将智慧潍坊建设列为全市各级科学发展观的重要内容，由市智慧办制定考核指标、负责考核，有效推动了各级按照智慧潍坊总体规划实施各自建设任务。智慧潍坊建设办公室分别制定和发布了"智慧潍坊建设"考核指标标准和活力城市考核"智慧潍坊活力指数"指标体系，包括智慧政务、智慧民生、智慧潍坊基础设施等定量指标和政务信息资源共享的减分项指标。

4. 以制度规范智慧城市建设

先后出台了《潍坊市信息惠民国家示范城市创建工作方案》、《潍坊市人民政府办公室关于印发潍坊市信息化发展规划纲要的通知》（潍政办字〔2014〕71号）、《潍坊市信息惠民国家试点城市建设工作方案要点》等文件。协调小组制定出台的信息惠民相关文件均报市政府办公室通过，以市政府办公室的名义，先后下发了《潍坊市人民政府办公室关于成立潍坊市无线通信基础设施建设工作领导小组的通知》（潍政办字〔2015〕135号）、《潍坊市人民政府办公室关于成立潍坊市云计算中心筹建小组的通知》（潍政办字〔2015〕105号）、《潍坊市人民政府办公室关于印发潍坊市信息化促进办法的通知》（潍政办发〔2009〕13号）、《潍坊市人民政府办公室关于加强无线通信基站规划建设工作的通知》（潍政办字〔2015〕23号）、《潍坊市人民政府办公室关于进一步加强市级信息工程建设管理的通知》（潍政办字〔2011〕29号）、《潍坊市人民政府办公室关于印发进一步推进网上审批工作实施方案的通知》（潍政办字〔2013〕

92号)、《潍坊市人民政府办公室关于印发潍坊市市民卡工程实施方案的通知》(潍政办字〔2012〕133号)等18个文件,保障潍坊市智慧城市建设工作顺利开展。目前,正在推动出台《智慧潍坊建设管理办法》和《智慧潍坊建设三年行动计划》,以智慧城市统领全市信息化建设,从规划设计、项目建设管理、基础设施统筹、信息资源共享和开放利用、人才队伍建设、信息安全保障六个维度,进一步规范全市信息化和智慧城市建设管理。

(二)着眼项目管理,探索建设新路径

潍坊市积极探索PPP等市场化运作模式,形成政府、国企、民企多渠道投融资机制,推出12项信息惠民重点工程,通过财政资金引导鼓励社会资本投入。鼓励第三方公共云计算数据中心建设,通过与通信运营商、IT企业签订战略合作协议,引进建设资金,加快信息基础设施建设和信息惠民应用的运营。

潍坊市云计算中心作为国内首个城市云计算中心的类PPP模式探索,按照"政府主导、市场化建设和运营"的模式,实行政府购买服务和市场化运营相结合。潍坊市云计算中心旨在通过搭建政务云、民生云和工业云、农业云、商务云等统一的分布式云计算基础设施,促进智慧潍坊统筹、集约、绿色发展。按照"政府主导、市场化建设和运营"的模式,由潍坊市国有资本与国内知名IT公司合作,按照现代企业制度组建了潍坊市云计算中心(浪潮)建设管理公司,负责云计算中心项目建设和运营,这是国内首个城市云计算中心的类PPP模式探索。同时,借助合作伙伴上下游产业链和相关产业联盟资源优势,吸引云计算、大数据、物联网、"互联网+汽车"、软件外包、信息消费等智慧城市领域相关企业来潍坊聚集发展,培育智慧产业集群。

创新建设免费无线城市网。潍坊市依托城区骨干照明线路,通过合同能源管理方式,以城区2万余盏路灯市场获取企业投入。结合城市路灯改造,布设"V热点",为市民和商家提供统一标识、统一标准、统一管理、安全可靠的免费Wi-Fi上网服务,建成国内首个基于城市照明系统的"超级Wi-Fi"免费无线城市网。

（三）紧扣时代脉搏，发展建设新理念

潍坊市积极响应《山东省人民政府关于促进大数据发展的意见》和《促进大数据发展行动纲要》（国发〔2015〕50号）要求，将大数据战略与"智慧潍坊"建设紧密结合，密切跟踪云计算、大数据、物联网等新一代信息技术发展趋势，全新打造智慧城市新项目应用。

2014年9月，率先利用移动互联思维，借助移动互联思维，以信息惠民、便民和打造宜居宜业的智慧城市典范为目标，开发建设了国内首个"潍V"智慧城市手机App，为市民打造了指尖上的智慧城市。立足"互联网＋"，充分尊重市民的城市主体地位，从重构城市生活服务的全新角度，构建面向市民的一体化在线公共服务体系。目前已为全市100多万市民提供9000多万人次的便民服务。

其中，"健康宝"为市民提供医疗机构预约挂号、医保支付、电子病历、远程坐诊等服务；"掌中宝"为家长提供城区幼儿园和校车实时视频；"爱旅游"为市民提供景点查询、智能导游、电子门票等服务；"网上政务厅"联通市、县两级政务服务中心，实现2000余项政务服务事项的手机端"一站式"办理；"骑行"实现了城区公共自行车手机扫码骑乘，自上线以来提供近千万人次骑乘服务，减少碳排放约2190吨；"查询"为市民提供了公积金、交通出行、车辆违章及高考成绩等信息查询功能。

2015年，为落实国家"互联网＋"行动计划，成立了潍坊市云支付公司，打造了国内首个区域性的互联网金融服务平台，潍坊各大商场超市、酒店、加油站等都可以使用，并将在未来覆盖全市4万余家商场超市。

2016年，制定《潍坊市"互联网＋文化产业"实施方案》，旨在2018年形成一批国内有影响力的"互联网＋"重点文化企业、文化产业项目和园区，以"互联网＋"为主要形式的文化信息传输服务业占文化产业增加值的30%以上，目前推进效果明显；2016年11月，潍坊举行智慧城市物联网产业联盟峰会，与国内信息与通信行业领先企业联手打造全国首家窄带物联示范城市；率先响应NB-IoT新一代物联网技术标准，打造中国首个基于NB-IoT新一代标准的"物联潍坊"，建设国内物联网样板城市；成立了山东省首个大数据运营公司，并启动了山东省大数据交易中

心建设。

（四）勇于理论创新，探索建设新模式

2016深圳高交会智慧城市主题论坛会议上首次提出以云计算、物联网和大数据为支撑，以"以人为本，创新驱动"为战略引领的"智慧城市3.0"概念，引起了与会专家、业内人士的关注和共鸣。

为贯彻《国务院关于积极推进"互联网＋"行动的指导意见》（国发〔2015〕40号）精神，加快推动互联网与潍坊智慧城市经济社会的深度融合和创新发展，培育互联网经济新的增长点，推动经济发展提质增效，打造新常态下潍坊发展新优势，严格落实《山东省"互联网＋"行动计划（2016—2018年）》，智慧潍坊建设从政府宏观视野的角度，从市民切身体验的维度，积极探索出了可持续发展、可复制推广的新理念和新模式，为其他城市的智慧城市发展提供了样板。

截至2016年年底，"潍V"App已通过合作伙伴的努力，在云南大理、贵州贞丰、河北馆陶、内蒙古鄂尔多斯、山东枣庄等十余个城市实现（启动）了本土化落地；创新实施的免费无线城市网解决方案，在2016年巴塞罗那智慧城市大展上大放光彩，吸引了马来西亚、卡塔尔、西班牙等国家的广泛关注。

（五）加持互联互通，健全建设新规范

潍坊市严格落实《潍坊市信息化发展规划纲要》《智慧潍坊建设工作方案》《山东省政务信息系统整合共享实施方案》有关要求，坚持信息共享、互联互通原则，突破区域、部门、行业界限，充分利用电子政务设施，整合政务信息资源和城市公共信息资源，推进跨部门、跨领域的信息化协同，提高城市整体运行效率和管理服务水平，提升全社会信息资源利用水平。

积极贯彻《政务信息资源共享管理暂行办法》（国发〔2016〕51号）、《山东省政务信息资源共享管理办法》（鲁政办发〔2015〕6号）和《山东省人民政府办公厅关于加快我省电子政务集约化发展的实施意见》（鲁政办发〔2015〕7号）要求，推动建立完善政务信息资源目录分类、采集、共享交换、平台对接、网络安全保障等方面的标准，制定了《潍坊市政务信息资源共享管理办法》以及包括《潍坊市政务信息资源共享交换平台使用

管理规范》《潍坊市政务信息资源共享交换平台运维安全管理规范》《潍坊市政务信息资源共享交换平台咨询服务规范》《潍坊市电子政务数字证书使用管理规范》《潍坊市政务信息资源共享交换平台对接指南》《潍坊市政务信息资源共享交换平台交换节点使用指南》《潍坊市政务信息资源共享交换平台接入要求》等在内的十余个信息资源共享交换和目录梳理的标准规范，为智慧政务建设、政务大数据开放和惠民服务奠定基础。

（六）优化审批管理，完善建设新制度

为进一步提高行政服务效能，加快推进服务型政府建设，潍坊市认真贯彻落实《中共中央办公厅、国务院办公厅关于深化政务公开加强政务服务的意见》（中办发〔2011〕22号）、《省委办公厅、省政府办公厅印发〈关于深化政务公开加强政务服务的实施意见〉的通知》（鲁办发〔2012〕18号）、《山东省人民政府办公厅转发省行政审批制度改革工作联席会议办公室〈关于进一步深入推进我省行政审批制度改革的意见〉的通知》（鲁政办发〔2012〕20号）精神和有关要求，就进一步深化行政审批制度改革，在行政审批及管理流程优化政策与制度创新上做了大量的工作，为推进落实"互联网+政务服务"重点任务扫清了第一层障碍。

精简行政审批事项。下发《潍坊市人民政府办公室关于加强行政审批事中事后监管的实施意见》《潍坊市人民政府关于调整规范市级行政审批事项目录有关事宜的通知》《潍坊市人民政府办公室关于成立潍坊市行政审批制度改革工作领导小组的通知》《潍坊市人民政府关于精简下放部分行政审批事项和承接省政府2014年第二批下放事项的通知》，全面下放市级审批权，减少审批层级，缩短审批链，建立扁平化、一体化的新型审批制度。

创新行政审批运行机制。建立完善集行政审批、政务公开、便民服务、效能监督等功能于一体的网上审批服务大厅，将市、县两级部门的事项受理、办理、反馈、监督融为一体，梳理规范县市区初审上报、市级审核的各类事项1036项，打造"全市一张网"，实现网上办理事项信息、公众申请信息及业务办件等信息的实时交换和共享，解决了层级间"信息孤岛"现象和办事群众反复递交材料问题，推动了市、县、镇三级"网上联审联办"。

全面推行行政服务标准化建设。以政务服务中心为载体，以进驻窗口为依托，全面推行行政服务标准化建设，积极引进标准化管理理念，建立以规范服务为核心、提升效能为重点、监督制约为保障的行政服务标准化体系，使服务质量目标化、服务手段规范化、服务过程程序化，构建完善的标准化服务平台。

（七）争取上下联动，统筹建设新政策

统筹推动全省智慧城市建设工作。自《关于同意深圳市等80个城市建设信息惠民国家试点城市的通知》发布以来，山东省委、省政府大力推进智慧城市和信息惠民试点建设工作。省信息惠民工程推进牵头部门省发改委，先后多次召集相关省直部门进行座谈讨论，就省统筹推进、数据共享、试点市支持等工作进行协调。尤其是国务院办公厅转发国家发展改革委等部门的《推进"互联网+政务服务"开展信息惠民试点实施方案的通知》（国办发〔2016〕23号）下发后，山东省委、省政府进一步统筹部署智慧城市建设工作，推动试点城市加大力度落实，潍坊市积极响应，迅速出台了《潍坊市推进"互联网+政务服务"开展信息惠民工作实施方案》，加快推进"互联网+政务服务"各项工作落实。

组织专题研讨培训。省发改委等省级部门结合各自领域信息惠民和"互联网+政务服务"工作的任务分工，推进组织开展了多项信息化专题技术培训。

制定信息共享政策制度。为整合多部门资源，提高共享能力，促进互联互通，有效提高公共服务水平，山东省出台了《山东省政务信息资源共享管理办法》《山东省人民政府办公厅关于加快我省电子政务集约化发展的实施意见》《山东省省级政务服务平台总体技术方案》《山东省政务服务平台建设指南》《山东省人民政府办公厅关于做好全省政务服务平台互联互通试运行有关工作的通知》等一系列政策文件，为各地市做好政务信息资源共享和政务服务平台建设工作提供了指导。

二 优化运行机制，保障协同配合

（一）完善领导机制，统筹工作推进

智慧潍坊建设是"一把手"工程，以"统一规划、统一网络、统一平

台、统一标准和分级实施"为原则。完善的领导机制有效地防止了各县区、行业和部门信息化建设的各自为政、重复混乱问题的出现，是智慧潍坊建设坚强的组织保障。潍坊市出台的政策文件多次强调，各级各部门主要负责同志要高度重视，严格执行智慧潍坊建设总体规划，亲自部署，落实责任，密切配合，基于全市统一的云计算中心和共享交换体系建设各自的业务应用系统和业务数据库，同时按时保质完成市里统一安排的建设任务。

1. 明确领导负责机制

第一，创建智慧潍坊建设工作领导小组。

2012年10月，为切实加强对智慧潍坊建设工作的组织领导和统筹协调，扎实推进智慧城市建设，经潍坊市政府研究确定，成立智慧潍坊建设工作领导小组。该领导小组由市委副书记兼市长出任组长，成员包括市级领导班子主要领导和各市属各局、人民银行潍坊市中心支行、法制办、发改委等部门的主要领导。这为智慧潍坊建设的启动和初期顺利推进打下了坚实的基础。

第二，创建智慧城市建设办公室和信息惠民示范城市工作协调小组。

2014年申报信息惠民国家试点城市时，潍坊市成立了以市长为组长，2名副市长、1名政协副主席任副组长，各相关政府职能部门主要负责人为成员的潍坊市创建信息惠民示范城市工作协调小组。在获批成为首批国家信息惠民试点城市之后，市政府主要领导亲自组织研究、协调解决信息惠民工作中的重大实际问题；分管副市长具体靠上抓，统筹推进信息惠民城市试点工作；32个市直单位以及部分企事业单位主要领导为协调小组成员，将创建工作任务责任分解到相关部门，形成了信息惠民协调小组统筹协调，部门合力推进的工作局面。

2015年4月，潍坊在山东省内率先成立了智慧城市建设办公室，负责统筹协调全市智慧城市建设工作。规格为正县（处）级事业单位，编制39人。潍坊市将智慧城市建设纳入全市顶层设计和城市总体发展规划，注重规划对接、政策协同、步调一致，形成智慧城市建设全市"一盘棋"推进和一体化战略引领，力求智慧潍坊的"全景式"发展。先后出台了智慧潍坊工作方案，制定发布了智慧社区、校区、景区、医院等一系列智慧潍坊项目建设规范标准、评价考核体系。12个县市区智慧办均设立到位，在市智慧办统一规划下同步开展建设，通过统筹规划、示范带动与科学考核相结合，实现了全市内优势资源共享、业务协同、运转高效、集成创新。市直各部门信息化建设项目必须经市智慧办统一审核后方可建设，有效避免了重复建设，提高了财政资金利用率，推动了各部门信息化项目的统一规划、集约建设。另外，在市级推行部门信息主管 CIO 制度，全市已有 60 余人被认定为 CIO。当前潍坊市形成了政府主导、各部门协调联动、市民和企业积极参与的全市"一盘棋"格局。

第三，设立工作协调小组。

自 2014 年创建工作开展两年以来，围绕机制建设、资源整合、任务落实、协调推进等核心问题协调小组主持或出席信息惠民有关工作会议 15 次，进行现场调研 8 次，召开跨部门协商决策会议 6 次，解决了大量惠民工作推进中的实际问题。协调小组讨论通过了《潍坊市信息惠民国家示范城市创建工作方案》等文件，其制定出台的信息惠民相关文件均报市政府办公室通过，以市政府办公室的名义先后下发了《潍坊市人民政府办公室关于成立潍坊市无线通信基础设施建设工作领导小组的通知》（潍政办字〔2015〕135 号）等 18 个文件。在协调小组的有力推动下，潍坊市各领域信息惠民工作顺利开展。

2016 年 4 月 26 日，《国务院办公厅关于转发国家发展改革委等部门推进"互联网+政务服务"信息惠民试点实施方案的通知》（国办发〔2016〕23 号）文件下发后，市委、市政府高度重视，市信息惠民协调小组专门召开会议，传达落实文件精神，对潍坊市推进"互联网+政务服务"工作进行具体安排部署，要求尽快制定潍坊市推进"互联网+政务服务"信息惠民工作实施方案，明确责任分工，推动各项工作全面开展。同时，根据山东省政府关于建设政务服务平台、拓展"互联网+政务服务"的要求，潍坊市成立了以市委常委、常务副市长为组长，市直相关部门负责人为成员的政务服务平台建设工作协调小组，统筹协调全市的政务服务平台建设工作。

2. 完善工作推进机制

针对长期以来各县区、行业和部门信息化建设的各自为政、重复混乱的问题，潍坊市积极完善工作推进机制，在分工与配合之间较好地实现了平衡。

第一，设立专门领导机构，分工体系严明。

市、县两级政府都成立了智慧城市建设办公室，形成了上下一致、协同推进的一体化工作机制。各县市区政府、市属开发区管委会在市委、市政府统一领导下，结合本地实际情况建立相应的工作机制，积极推进区域内信息惠民发展。市、县两级政府及政府组成部门建立起多主体、多层次、分工协作的组织保障体系。以政府为主体，积极引导企业、第三方机构等社会力量开展专业化、多元化、个性化的服务，鼓励和支持各类市场主体共同培育信息惠民的可持续发展模式，形成优势互补、多元参与、开放竞争的发展格局。

明确市发改委、经信、财政、商务、人社、民政、卫生计生、教育、食品药品监管、农业、公安、质监等职能部门在智慧城市重点工程和项目推进、重点行业和企业扶持等方面的目标、任务和责任，对于重点部门建立目标考核机制，各部门结合各自职责分工和工作特点，制订详细计划，令顶层设计落地，形成整体推进智慧城市建设工作的合力。

明确的责任分工使得各部门各司其职，各项工作皆有责任部门，相关工作进行得有条不紊。例如，为贯彻落实《国务院关于印发政务信息资源共享管理暂行办法的通知》（国发〔2016〕51号）、《国务院办公厅关于转发国家发展改革委等部门推进"互联网＋政务服务"开展信息惠民试点实施方案的通知》（国办发〔2016〕23号）、《山东省人民政府办公厅关于印发山东省政府信息资源共享管理办法的通知》（鲁政办发〔2015〕6号）等文件精神和要求，进一步加快推进政务信息资源共享，潍坊市成立了潍坊市政务信息资源共享工作协调小组和工作小组，贯彻落实国家、省关于信息资源共享工作的部署，协调推进政务信息资源共享交换体系以及相关专题应用建设，研究解决工作推进中的相关重要问题。市政务信息资源共享工作小组，在市政务信息资源共享工作协调小组领导下，定期召开工作推进例会，负责具体推进政务信息资源目录梳理编目、共享交换平台建设、基于地理信息系统的人口和财税等专题建设工作等。

第二，建立联席会议制度，各级多部门联动。

《关于开展"智慧山东"试点工作的意见》规定，建立由相关部门参加的"智慧山东"试点工作协调机制，日常工作由山东省经济和信息化委员会负责，组织协调和推进试点工作的实施，研究解决试点工作的重大问题。建立省与试点城市、重大项目的日常沟通协调机制，及时解决产业发展、项目建设、应用推广中的问题。加强部省合作，建立省与工业和信息化部、国家发展改革委、科技部等部委的合作机制，争取国家重大专项支持。

潍坊市建立首席信息主管（CIO）制度，统筹各部门信息化项目建设，各部门设立首席信息官主抓本单位信息化项目，各级智慧城市主管部门建立定期培训 CIO 机制。CIO 全权负责本部门、本系统信息化工作规划、决策和管理等工作，参与全市信息化建设决策。推行首席信息官联席会议制度，作为常态化组织协调机制，定期召开联席会议，对涉及多部门、多领域的重要事项、重大项目实行跨部门协商决策机制和多部门联合推动，统筹全市信息化建设。围绕公共信息资源开发利用，开展智慧政务、智慧民生（教育、医疗、社保、养老、交通、旅游等）、智慧园区等方面的标准规范落实和制定工作，推进新技术、应用、管理规范的建立和实施。

为进一步推进落实信息惠民和"互联网＋政务服务"各项工作，加快推动政务信息资源共享，潍坊市建立了信息惠民发展工作联席会议制度，先后召开多次联席会议，及时传达了《国务院关于印发促进大数据发展行动纲要的通知》（国发〔2015〕50 号）、《国务院办公厅关于转发国家发展改革委等部门推进"互联网＋政务服务"开展信息惠民试点实施方案的通知》（国办发〔2016〕23 号）、《国务院关于印发政务信息资源共享管理暂行办法的通知》（国发〔2016〕51 号）、《国务院关于加快推进"互联网＋政务服务"工作的指导意见》（国发〔2016〕55 号）等一系列国家、省关于推进落实大数据、信息惠民、"互联网＋政务服务"、政务信息资源共享工作的政策文件，听取各部门关于推进落实相关工作的进展情况汇报，并对有关工作进行具体安排部署。

（二）确保政策落地，实现长效运行

智慧城市建设是一项涉及面广、持续时间长、投入巨大的系统工程，其产出需要经过一定的时间和过程才能显现。为了智慧城市建设达到理想效果，避免工程"烂尾"，需要建立长效运行机制。

1. 听取专家意见，科学制定政策

潍坊市结合智慧潍坊建设、信息惠民、"互联网+政务服务"工作，在全国范围内选聘信息技术、产业、法律、管理等有关领域的专家。对出台的相关政策及时发布专家解读，帮助公众理解、扩大公众参与、打消公众疑虑，实现信息共享与惠民；对于建设过程中的规划制定预先开展专家咨询，从根本上保障出台规划符合专业性要求；对建设过程中出现的问题积极邀请有关专家进行解答，及时处理，排除隐患；对已有方案和阶段性成果开展专家评审与验收，围绕综合发展环境、应用水平、配套支撑条件等方面进行科学分析和评估，协助指导试点城市建设，形成事后监督，保证建设质量。专家参与智慧城市建设主要有以下几种形式。

（1）方案指导。潍坊市邀请有关专家进行实地调查和专题研究，在智慧城市建设的顶层设计、机制创新、特色领域建设、创新投融资模式等方面提出大量宝贵意见，有力提升了智慧潍坊工作的前瞻性、科学性和实操性。

（2）技术指导。部分专家为数据共享交换平台、智慧潍坊"城市云"、全市网上审批系统、公共信息平台等项目建设实施提供了指导和建议，为有关特色领域工程建设方案优化建议，有效促进相关工作的顺利开展。

（3）专题培训。潍坊市先后邀请多名专家围绕大数据促进政务治理能力、政府公共服务外包、"互联网+政务服务"、政务信息资源共享开发利用等主题做了专题讲座，市委市政府领导、相关部门及县市区"一把手"和分管领导业务人员参加了培训，取得了良好的培训效果。2016年，潍坊市智慧城市建设专题培训班在浙江大学举办，培训采取课堂授课、现场教学、专家座谈等多种形式，课程涵盖物联网与智慧物流、云计算与大数据、"互联网+政务服务"、"互联网+电子商务"等内容，有效提升了工作团队的履职能力和工作水平。

2. 细化实施方案，确保政策落地

山东智慧城市建设，设计层面开始就注重规划引导。《关于开展"智慧山东"试点工作的意见》要求：加强"智慧山东"重点领域专项规划的编制和实施工作，加快实施一批重大示范项目，强化对信息技术产业发展的带动作用。重点地区要紧密结合实际，抓紧制定本地区建设规划和实施方案。对技术先进、优势明显、带动和支撑作用强的重大项目，及时纳入省重点项目规划和年度实施计划，确保有效实施。潍坊紧紧围绕智慧潍坊建设整体布局，制定了《智慧潍坊建设三年行动计划》和《智慧潍坊建设工作方案》，将国家层面、山东省层面和潍坊自身有关政策措施细化为适应本地特点的政策和方案。

例如，推进政务信息资源共享，政策制度保障是关键。国务院印发《政务信息资源共享管理暂行办法》（国发〔2016〕51号），对政务信息资源定义与共享原则、政务信息资源目录编制、政务信息资源分类与要求、共享信息的提供与使用、共享工作监督和保障等内容做出了明确规定。一方面，潍坊市积极贯彻落实国家政策，推动建立完善政务信息资源目录分类、采集、共享交换、平台对接、网络安全保障等方面的标准，制定了《潍坊市政务信息资源共享管理办》《潍坊市政务信息资源共享交换平台使用管理规范》等七项管理制度，并在潍坊市统一数据共享交换平台运转过程中贯彻执行。另一方面，潍坊市将按照中央网信办制定的国家政务信息资源共享网络安全管理制度，加强政务信息资源从采集、共享到使用的全过程网络安全保障工作。

又如，作为智慧潍坊建设的重要战略组成部分，按照信息惠民创建工作要求，潍坊市编制了《潍坊市信息惠民国家试点城市创建工作方案》《潍坊市信息惠民国家试点城市建设工作方案要点》，提出了创建工作的总体任务、具体步骤和工作计划，细化了创建任务和保障措施，形成了推进机制方案、技术方案、资金保障方案、任务分解方案等多个专题方案，并经专家评议、信息惠民发展工作联席会议讨论通过。2016年，为贯彻落实《国务院办公厅关于转发国家发展改革委等部门推进"互联网＋政务服务"开展信息惠民试点实施方案的通知》（国办发〔2016〕23号）、《关于印发推进"互联网＋政务服务"开展信息惠民试点实施方案重点任务分工的通知》（发改办高技〔2016〕2145号）文件精神和要求，潍坊市制定了《潍坊市推进"互联网＋政务服务"开展信息惠民工作实施方案》，市政务办、智慧办、经信、财政、商务、人社、民政、卫生计生、教育、食品药品监管、农业、公安、质监等职能部门对各自承担的信息惠民和"互联网+政务服务"工作落实并细化创建实施方案,明确实现目标的具体步骤和工作计划,细化创建任务和工作措施。

各个领域的进一步政策和方案的出台,使得智慧城市建设的各项工作计划和设想在潍坊真正落地,从而使这项系统建设工程得以环环紧扣,长效进行。

(三)强化监督考核,强化工作成效

山东智慧城市建设注重预先建立监督考核机制,以确保工作效果。《关于开展"智慧山东"试点工作的意见》明确要求建立考核评估机制。各地市要建立健全"智慧山东"试点工作目标责任考核体系和激励机制,细化目标任务,明确责任部门,落实考核内容,定期通报各项目标任务的进展情况,对责任单位完成情况进行督促检查,确保试点工作目标实现。

为了落实山东省的要求,潍坊市出台多项政策措施,建立和完善智慧山东建设考核监督机制,确保各项工作落到实处。《潍坊市深入推进智慧潍坊建设实施意见》专门规定建立督促检查机制,并要求潍坊各级、各部门要依据该实施意见,按照职责分工,进一步细化各自的实施计划,落实工作责任,加强协调配合。各级智慧城市主管部门要建立完善智慧潍坊建设统计制度和评估体系,定期发布智慧潍坊建设统计公报和评估报告,确保实施意见有效落实。具体而言包括以下内容:(1)制定统一的智慧城市评价指标体系;(2)探索建立智慧城市重大项目监督听证制度和问责制度;(3)将智慧城市建设纳入科学发展综合考核体系重要内容;(4)以督察或依托第三方评估机构等方式,对项目建设任务完成情况进行督促检查,并定期通报。

在每一项重点任务的落实过程中,均建立起详细而具有针对性的监督考核机制。例如,《潍坊市信息惠民国家试点城市创建工作方案》中有"加强监督检查,建立绩效评估机制"的专项规定。要求潍坊市各部门在信息惠民国家试点城市创建工作中建立部门联动、决策对接、政策衔接的信息惠民跨部门协同管理体制。一是加强与国家发改委及中央相关部门的沟通协调,及时提出创建工作方案,依托专家组,对潍坊市信息惠民试点城市创建工作给予指导和论证,争取国家发改委及相关部门的大力支持。

二是完善潍坊市各相关部门之间的协同工作机制，协调制定和完善促进信息惠民发展的政策措施，重点解决瓶颈问题，及时掌握信息惠民服务发展动态及民众需求，提高政策措施制定的针对性和时效性。三是建立针对信息惠民发展的统计和监督检查体系，依托专家委员会建立项目咨询监理机制，对示范工程项目审查、指导、监督、检查、验收。定期汇总发布专项统计报告，定期检查信息惠民示范工程建设及推广情况。对潍坊市信息惠民发展进行科学分析和评估，协助指导信息惠民国家试点城市建设。如此详尽且具有可操作性的监督考核机制是潍坊信息惠民工程收效良好的制度保障。

（四）做好人财物保障，夯实工作基础

潍坊各级政府鼓励信息化人才的培养和引进，为智慧潍坊建设提供了坚实的人才保障。潍坊市多措并举，加强智慧城市理论和实践的研究与创新，发挥智慧潍坊研究院作用，并延请外脑，实现有限资源的最大效能。智慧潍坊研究院牵头组建服务智慧潍坊建设的新型专家智库队伍，引入专家评估机制，构建充满活力的智库辅助决策机制。专家群体面向实务部门、企业组织开展智慧潍坊相关培训。此外，潍坊市鼓励和支持高等院校开设相关专业，建设公共实训基地，探索订单式、复合式、实训式等多种人才培养模式，引导企业与高校、科研院所等联合培养紧缺专业人才，结合职业教育，探索建立信息化人才队伍梯次培养体系。

山东省在智慧城市建设中持续加大财政投入力度，充分利用各类专项资金，进一步优化资金支出结构，集中力量推进物联网关键核心技术研发和产业化，大力支持标准体系、创新能力平台、重大应用示范工程等建设，加大对物联网发展的支持力度，为经过认定的具备相关资质的物联网企业按规定享受相关所得税优惠政策。在省级政策引领下，潍坊市研究制定财政、土地、税收、政府采购等方面的政策措施，对与此相关的各项事业给予重点支持，为智慧潍坊建设顺利推进创造良好的政策环境。

潍坊市贯彻落实省级规定，完善投融资机制。各级财政设立智慧城市建设引导资金，吸引社会资金参与智慧城市建设，推动形成全市智慧城市自我完善和发展的良性互动模式。创新智慧城市建设和运营机制，完善贷款贴息、资本金注入、服务外包补贴、融资担保等政府资金支持方式，保

障重点智慧项目建设需要。坚持"政府引导、市场化运作、多元化投入"原则,加大市场投入力度,通过特许经营、购买服务、政府和社会资本合作(PPP)等形式,引导优质社会资本参与智慧城市建设,探索智慧城市领域政府与企业联合建设运营模式。例如,潍坊市云计算中心作为国内首个城市云计算中心的类PPP模式探索,按照"政府主导、市场化建设和运营"的模式,实行政府购买服务和市场化运营相结合,招标选取国内知名IT公司,会同潍坊市国有资本和本地相关公司,按照现代企业制度组建了潍坊市云计算中心建设管理公司,负责云计算中心项目建设资金筹集和方案制定,整合建设分布式云计算中心,开展整体运行维护和运营推广,承担全市各级各部门已建成项目的代行管理与维护。另外,潍坊市本着"政府主导、市场化运作"的原则,以全市LED路灯改造升级为契机,以项目换取投资,吸引企业以合同能源管理方式(EMC)参与路灯改造,投资建设无线城市网。

(五)突出安全保障,防范化解风险

智慧潍坊建设未雨绸缪,在制度设计中重视安全保障问题。《潍坊市深入推进智慧潍坊建设实施意见》指出,要完善网络和信息安全基础设施建设,做好政务数据备份和灾难恢复工作,构建公共网络、政务网络信息安全体系,提高综合防范水平。以关系城市安全、社会稳定和经济社会发展的重要信息系统为重点,建立健全以等级保护、网络信任体系和应急处理机制为重点的信息安全保障体系。

1. 加强信息网络与系统安全保障

潍坊市严格落实省各项信息安全管理制度,加强规章制度建设,制定了符合网络管理特点、可操作性强的网络与信息安全管理规章制度,先后出台了《潍坊市电子政务外网管理办法》《潍坊市电子政务专网管理办法》《潍坊市电子政务网网络安全应急响应管理办法》《潍坊市政务信息化数据中心机房管理制度》《电子政务IP地址管理办法(修订版)》《潍坊市网络与信息安全信息通报机制成员单位联络员管理办法(试行)》《潍坊市网络与信息安全专家管理办法》《潍坊市信息网络安全突发事件应急处置预案(试行)》《潍坊市网络与信息安全信息通报任务分工及报送规范(试行)》《市电子政务专网接入流程》等文件,做到了在网络与信息安全工作中有法可依，有章可循，同时注重制度的执行力，用规章制度规范信息安全管理工作，细化各个操作环节的管理和责任，严格按流程办事，确保了网络与信息安全。印发了《进一步深化我市信息安全等级保护制度建立网络与信息安全信息通报工作机制的通知》，通过电话、邮件、QQ、微信、企业版微信等方式建立了全市信息安全快速通报机制。

加强对基础电信网络安全监督管理，定期对三大运营商开展安全检查，确保各项安全管理制度和技术措施到位。成立市电子政务外网安全事件应急响应领导小组，制定应急预案。积极推动重点行业、企业、党政网站、重点网站信息系统等级保护工作开展，提高系统和网络安全防护能力。积极推进等级保护备案工作。协调国内相关安全厂家对潍坊市政务外网及重要 Web 服务器做可控渗透入侵测试、弱点分析，并根据测试分析结果划分市外网安全域，制定响应安全策略和优化方案。在公共上网服务场所、交互式栏目网站全面推动落实实名认证制度和互联网安全保护技术措施，确保公共互联网服务的网络和信息安全。按照保密工作要求，对市级综合办公大楼内网进行涉密改造，保障了信息网络与系统安全。部署信息系统网络安全设备，保障网络通信安全。扩容升级了市电子政务外网，升级了核心路由器、防火墙，增加负载均衡设备，部署了网页防篡改软件、WEB 应用防火墙、防毒墙及互联网行为审计设备。配置了网络和信息安全防护设备，有效保障了潍坊市政府门户网站群的可用性、可靠性及安全性，有力提升了潍坊市电子政务网络通信安全水平。

自 2016 年以来，潍坊市认真开展智慧城市网络安全工作的统筹协调和顶层设计，市委、市政府制定了落实信息安全等级保护制度的具体措施，落实各级各部门网络安全责任；出台了加强网络与信息安全信息通报工作的文件，确定了 172 个通报机制成员单位，要求各级各部门建立网络与信息安全通报机制，建设网络安全预警和应急处置体系，从人员、经费、考核、追责等组织保障方面提出了明确要求。制定了《潍坊市网络与信息安全信息通报机制成员单位联络员管理办法（试行）》《潍坊市网络与信息安全通报任务分工及报送规范（试行）》等工作规范文件，建立和完善了网络安全应急处置机制。落实关键信息基础设施等级保护措施，67 个三级信息系统全部完成相关备案工作，加强关键信息基础设施监管，每年定期依法开展等级保护监督检查，2016年远程技术监测2380余家次，检查网站等重要信息系统370个、工控系统10个，整改安全隐患2422个。

潍坊市已与多个技术公司开展合作，充分发挥专业机构和专家在信息安全与流程风险管理等方面的作用，开展面向潍坊市信息基础设施和云计算、大数据、移动互联服务以及各类智慧应用的第三方安全检测评估，从网络层、应用层、数据层、终端用户访问等不同层面优化升级信息安全保障体系，提高智慧潍坊运行效率和安全可靠性。

2. 强化信息资源安全保障

潍坊市实行信息资源应用与安全管理同步建设、同步落实的保障模式，确定在智慧潍坊免费无线宽带网络工程中同步落实网络安全管控措施，制定出台了《关于印发〈加强党政机关网站等重要信息系统安全保护工作实施方案〉的通知》《关于加强全市电子商务平台等信息系统安全保护工作的通知》《关于在全市统计系统开展信息系统安全等级保护建设整改工作的通知》《关于印发〈推进"网络平安"工作实施方案〉的通知》等一批文件，全市信息资源安全保障工作得到全面加强。

强化政府网站规范化管理。印发了《潍坊市人民政府办公室关于加强政府网站信息内容建设和管理工作的实施意见》（潍政办字〔2015〕71号），建立以潍坊市政府门户网站为主站，各级各部门政府网站为子站的全市政府网站群体系，全市各县市区、市属各开发区和市直各部门的建站率达到100%。理顺政府网站由政府主办主管的管理体制，推行政府网站的备案和督导机制，形成市、县级政府办公室，市直各部门办公室对本级和下级政府网站管理、指导、监督、协调的主体责任机制。完善信息内容协调机制，由市府办牵头，建立网站信息内容协调共享工作群，整合全市各级各类政府网站信息，在政府网站集中发布信息，统筹调配、运用信息资源，做到一点发布，多点应用。强化安全防范机制，进一步提高政府网站安全防范意识，严格控制信息来源，做好信息上网前的保密审查工作，杜绝网站内容出现政治错误、内容偏差。

派专人负责接入政务网络系统的安全管理，定期检查网络接入设备运行状况，定期检查口令安全情况，及时排除故障隐患。派专业技术人员定期巡检，各专网接入单位分别配备一名安全保密意识强的工作人员管理使用专网终端计算机，做到专人专用。

在全市各级部门共同努力下，截至目前，潍坊市未发生信息惠民和"互联网＋政务服务"领域的信息安全事件。

三 实施惠民政策，深化建设成效

近年来，潍坊市认真贯彻《关于促进智慧城市健康发展的指导意见》（发改高技〔2014〕1770号）、《智慧潍坊建设工作方案》（潍政办字〔2015〕44号）以及《潍坊市深入推进智慧潍坊建设实施意见》等文件精神和信息化发展总体要求，以创建国家新型智慧城市为目标，在政务服务、社保、医疗、社区、公共安全、就业、养老、食品药品安全、教育、家庭服务十大惠民领域取得明显成效，信息惠民综合服务能力显著增强，公共服务水平及公众满意度得到进一步提升，城市各政务部门的互联互通、信息共享和业务协同进程实现突破性进展。

（一）各项惠民领域成效显著

1. 政务服务领域

潍坊市按照山东省政务服务平台建设总体部署和本地实际，制定了《潍坊市政务服务平台建设实施方案》和《潍坊市推进"互联网＋政务服务"开展信息惠民工作实施方案》，以实现"一号一窗一网"为目标，进一步转变政府职能，完善市级政务服务平台功能，推动实体政务大厅向网上办事大厅延伸；简化优化公共服务流程，加快推进部门间信息共享和业务协同；简化群众办事环节，提升政府行政效能，畅通政务服务渠道，切实解决困扰基层群众"办证多、办事难"问题，构建方便快捷、公平普惠、优质高效的政务服务体系。

首先，"一号"申请建设成效。

基于全市统一的信息资源共享交换平台，潍坊市"一号"申请服务体系得到健全。

第一，启动居民电子证照目录建设工作。作为山东省简化优化公共服务流程4个试点市之一，潍坊市于2016年完成了市、县、镇、社区四级公共服务事项清单编制工作，梳理出公共服务事项底数。利用已有政务信息资源共享交换平台目录管理系统，潍坊市启动了居民电子证照目录编制工作，对教育、医疗卫生、社会救助等涉及群众办事的政务服务事项逐项开展证照梳理，完成了全市证照目录库梳理工作。

第二，启动电子证照库建设。基于潍坊市政务信息资源共享交换平台目录系统，采集证照生成过程中所需的基础数据和生成后的结果数据，以公民身份证号码或统一社会信用代码作为唯一标识，以最为实用、效果最为显著的新生儿出生登记、离婚登记、残疾人证办理等服务事项为切入点，逐步完善公民证照信息，建设电子证照综合管理系统，实现制证系统与业务系统对接，建设电子证照共享服务系统，与政务事项审批系统对接，实现群众办事"一号"申请。

第三，启动跨区域电子证照互认共享机制研究工作和法规与相关标准的研究制定工作。积极组织相关负责同志和工作人员到福建省等在"一号一窗一网"建设方面有着丰富经验的试点城市学习考察，并同步启动了本市跨区域电子证照互认共享机制研究工作。参考福建省电子证照库体系建设经验，启动开展电子证照政策研究探索，制定电子证照关键技术标准和跨地区互认共享标准，并推动相关标准实施应用。

其次，"一窗"受理建设成效。

第一，建立政务服务事项优化管理机制。潍坊市汇总形成49个部门的行政权力和公共服务事项资源信息类1600余个，并在潍坊市网上政务大厅公布行政许可清单。同时开展证明、盖章类材料规范清理工作，有效地解决群众办事难、办事慢问题。

第二，升级政务服务大厅功能，整合构建综合服务窗口。潍坊市已建立市县两级统一的审批服务平台，实现行政审批事项100%网上办理。建立完善市、县、镇网上联动办理机制，梳理规范县市区初审上报、市级审核的各类事项1036项，打造"全市一张网"，实现网上办理事项信息、公众申请信息及业务办件等信息的实时交换和共享。

第三，整合构建统一的数据共享交换平台和政务服务信息系统。潍坊市已建成了全市统一的信息资源共享交换平台，建设了目录管理系统、数据交换系统和交换流程管理系统，实现与人口、法人、空间地理、电子证照等基础信息库和业务信息库的联通，现在各部门按照约定的更新频率定期提报数据，平台的数据总量在持续增长。

第四，构建线上线下一体化政务服务体系。潍坊市依托全市统一的信息共享交换平台建立完善集行政审批、政务公开、便民服务、效能监督等功能于一体的网上审批服务大厅，通过优化网上申报、在线审核、实时监督的网上审批办理流程，健全网上审批运行机制，确保实现审批流程公开化、网络运行一体化、审批服务便捷化、网上监督全程化的目标。并依托"潍V"网上政务厅，拓展了自助服务渠道，探索建立涉及多部门的政务服务事项协同办理机制，整合构建综合服务窗口，实现政务服务"一窗"受理，构建跨区域、跨层级、线上线下一体化的政务服务体系。

再次，"一网"通办建设成效。

第一，"五位一体"推动"一张网""一网通"。潍坊市在已建成的行政审批系统和网上政务服务大厅的基础上，制定了潍坊市市级政务服务平台建设方案和实施方案，建设集行政权力运行、政务公开、便民服务、法制监督、效能监察功能"五位一体"的市级政务服务平台，推动实体政务大厅向网上办事大厅延伸，实现全市主要行政权力"一张网"运行和企业、群众办事"一网通"，向社会提供便捷高效规范的网上政务服务。

第二，实现省、市、县三级互联互通。潍坊市市级政务服务平台建设内容包括全市统一网上政务大厅、行政许可网络运行系统、建设工程项目并联审批系统、市场主体设立联审联批系统、法制监督系统、电子监察系统、大厅智能化服务大厅等。目前，包括行政权力网络运行系统、电子监察系统、法制监督系统、统一身份认证系统、政务服务网等已搭建完成，并实现省、市、县三级互联互通，相关数据已推送到省级平台。

第三，整合多服务终端媒介。潍坊市整合"潍V"手机App、政府网站、自助终端、服务热线等媒介，运用"互联网+"思维和大数据手段，让"数据多跑路、群众少跑路"，做好政务服务个性化精准推送，为公众提供多渠道、无差别、全业务、全过程的便捷服务，实现多渠道服务的"一网"通办。

最后，提升跨区域服务水平。

潍坊市提出了跨区域服务的目标。争取与其他试点城市间，初步实现政务服务跨区域、跨层级、跨部门"一号申请、一窗受理、一网通办"。

2. 社保领域

首先，社保卡（市民卡）应用广泛。

第一，参保人群覆盖100%，持卡率达90%。作为全国首批发行隐形磁条社保卡的城市，2010年潍坊市开始批量发行全国统一标准的社会保障卡，发卡量稳居全省前列，是潍坊市发行量最大的个人实名金融芯片卡。潍坊市坚持便民利民原则，参保人员首次申领社保卡、采集个人基本信息和照片信息全部免费，真正使社保卡成为便民卡、惠民卡。目前，全市社保卡的发行包括城镇职工和城乡居民，已实现参保人群覆盖100%。

第二，社保卡应用范围不断扩大，功能更加丰富。潍坊市按照"急用为先、逐步扩展"的原则，将人民群众急切盼望、迫切需求的应用功能优先实现和落实，再逐步扩大应用范围，打造特色应用，不断丰富功能，真正实现将社保卡打造为人民喜爱的市民卡、便民卡。目前，潍坊市社保卡已实现集电子凭证、信息记录、就医结算、缴费和待遇领取、金融支付等多项功能于一体。

第三，创新服务手段，保障社保卡应用。为解决群众在申领卡和用卡不方便等方面的突出问题，潍坊市加快推进快速补换卡模式、大力拓展服务渠道，力争为人民群众提供高效便捷的社保卡服务。为进一步方便广大参保群众，潍坊市推出了潍坊市社会保障卡微信公众号，并于2016年3月底正式上线。微信平台设有社保卡余额查询、缴费明细查询以及定点医疗机构网点查询等功能模块，并开通了在线咨询及答复功能。昌乐县、高密市等县市区更是通过微信公众号实现了就业人员缴费，居民医疗、养老缴费等，为人民群众带来了极大的方便。

其次，社保业务办理效率大幅提升。

近年来，潍坊市加快推进电子社保建设步伐，"多走网路，少走马路"成为群众共识，越来越多的参保单位和个人通过社保网上服务系统、自助设备、手机"掌上社保"等智能终端办理业务。据统计，全市85%以上的社保业务能够通过网络自助办理，有效地提高了经办效率，提升了服务质量。

第一，全省率先实现即时发卡。潍坊市在全省率先开通了即时制卡，与工商银行联合在青州、寿光、昌邑、昌乐、临朐5个县市实现了挂失即时换卡，制发周期由原来的 2 个月缩短到现在的 30 分钟，大大方便了参保群众，给群众提供了高效优质服务。

第二，网上服务推动社保经办实现新跨越。潍坊市社保网上服务系统于 2009 年 9 月正式上线运行，业务类型涉及企业、机关事业单位所有业务和城镇居民医疗三大类，功能涵盖社会保险登记、参保人员增减、缴费基数申报、网上缴费、缴费凭证打印、登记证年检、社保卡信息采集、个人权益管理、社保政策宣传等几十项业务。目前，全市超过 11000 家用人单位利用此信息网络平台开通网上服务系统，85% 的社保业务通过网上办理，全市社保经办机构平均每天对外服务 26 万余人次，极大地提高了工作效率，方便了参保群众。

第三，自助终端应用开创经办服务模式新时代。2014 年，潍坊市首批社保自助服务终端设备共 25 台正式投入使用。该终端在硬件和软件方面都是省内甚至国内领先，就业参保人员可以在自助设备上选取缴费档次，实现个人自助缴费；支持指纹、掌纹静脉、人脸识别等多种认证方式，退休人员可就近完成资格认证；在银行自助设备实现社保功能，参保对象可以在银行自助设备上办理缴费、查询等业务。

第四，移动终端服务实现社保经办无缝覆盖。为提供方便、快捷的个性化服务，潍坊市开发了"掌上社保"移动终端应用系统，建设了手机 WAP 网站、社保微信平台、手机短信平台等移动社保服务系统，为广大参保对象提供个性化社保经办服务。

第五，实施"互联网+"战略，创造经办服务新模式。潍坊市充分利用互联网平台和信息通信技术，把互联网与社会保险经办服务相结合，不断提升经办能力和服务水平。通过与金融部门合作，实现了用人单位"五险合一"网上缴费，有效解决了以往集中办理、距离较远、排队等待等难题，实现了参保单位足不出户就能缴纳社保费、居民医疗保险。同时，居民医疗保险、工伤保险、生育保险也同步实现了报销费用的网银发放。截至目前，全市范围内医疗、生育、工伤医疗费用与定点医疗机构联网结算，与市外 110 多家医院实行异地就医联网即时结算。

第六，搭建全民参保登记信息管理平台。潍坊市以荣获全国电子社保示范城市为契机，借力电子社保向智慧社保换挡升级，充分利用互联网、移动互联网、大数据、云计算等技术手段，成功研发了包括社区管理平台、移动登记平台、网上自助平台、个人手机 App、数据同步交互等九大子系统的"全民参保登记信息管理系统"，满足数据比对、入户调查、自助登记、审核录入、动态维护等全民参保登记各个业务环节的经办需求，支持在线、离线及跨区域参保登记，同时又与具体社保业务经办有效衔接，可完成社保登记信息、社保卡信息、个人权益记录单邮寄信息一站式采集，还具备生存状况认证等其他业务功能。

第七，提升社保转移接续的便捷性与时效性。潍坊市按照《企业职工基本养老保险关系转移接续暂行办法》要求，明确了参加城镇企业职工基本养老保险人员在跨省、自治区、直辖市流动就业时转移接续基本养老保险关系的有关政策和经办要求。实现社保数据跨地域、跨上下级共享，有利于维护参保人员特别是广大农民工的养老保险权益，有利于完善覆盖城乡居民的社会保障体系，进一步扩大养老保险制度的覆盖范围，有利于促进城乡统筹，引导农村富余劳动力向城镇有序转移就业，推动工业化和城镇化进程。

第八，以电子社保为支撑，强化基础数据整理。社保数据准确完整是社保电子化的基础，也是实施全民参保登记计划的具体要求。以个人权益记录单寄送为契机，将以前的手工台账信息重新核对扫描，形成电子台账。同时利用登记证年检、社保卡办理、缴费申报、人员增减等业务环节，加强对参保人员基本信息的核查，确保了信息资料的准确完整。

第九，强化智慧医疗服务手段，参保对象就医时效性得到提升。一是社保卡替代就诊卡看病更快更方便。目前潍坊市在二级以上医院均可实现"二卡合一"，通过社保卡可以自助挂号、自助缴费、自助打印化验单、自助查询费用清单及社保卡余额等功能，大大缩短了参保对象就医等待时间，提升了时效性。二是与智慧城市建设相对接，开发了"潍V"手机App，这个 App 集社交、出行、教育、医疗等功能于一身，其中的"智慧医疗"手机支付平台是"潍V"智慧城市建设的重要组成部分。就诊人只需操作手机即可成功从医保个人账户中支付就诊应缴费用。

最后，社保数据共享利用成果丰硕。

借助全民参保登记计划实施，建立部门间数据共享机制与公安、工商、税务、质监、民政、国土等部门进行数据交换，实现数据共享。通过与公安数据库数据进行交换、比对，成功使用公安系统的身份证照片，减轻了社保卡信息采集的工作量；定期与公安、民政部门进行数据同步，动态更新户籍人员信息及生存状况信息，自动维护参保登记数据库；与市质量技术监督局实现组织机构代码信息共享，以利于完善用人单位参保登记信息。

潍坊市在保障业务数据安全的前提下，与上级单位及同级业务部门建立了数据共享机制，制定了信息数据共享协议，实现了社保数据与其他单位之间的数据共享，促进了业务工作的全面开展。实现社保数据跨部门、跨上下级共享。建设单位和个人基本信息库，通过共享质检、工商、国土等部门的单位信息，构建了覆盖全市 29 万余家单位的基本信息库。通过采集社会保障卡数据，与公安部门共享户籍信息和个人照片，构建了覆盖全市 900 万人的基本信息库，达到"同人、同城、同库"标准，为全市信息共享、业务协同奠定基础。

3. 医疗领域

首先，医疗服务优化程度逐渐加深。

建成覆盖二级以上公立医院的"掌上医院"。潍坊市"掌上医院"涵盖预约挂号、预约检查、在线支付、费用查询、检查检验结果查询等多项便民应用。潍坊市人民医院、潍坊市中医院等十几家医院的"掌上医院"已上线运行。"掌上医院"转变了挂号模式、创新支付方式、再造就诊流程，减少了患者挂号、检查、候诊、缴费排队等待时间，解决就诊"三长一短"，改善就医体验。

第一，开展面向基层的远程医疗系统建设试点。首批在安丘试点利用区域信息平台建立区域远程医疗系统，包括区域影像、区域心电、远程心电监控、远程会诊等功能，2015 年 10 月至今，已开展远程会诊 3000 余例，其中远程门诊会诊 500 余例，远程影像会诊 1200 余例，远程心电会诊 1100 余例，有效促进了优质医疗资源放大下沉，极大地方便了群众在基层就医，降低了医疗费用，减轻了患者负担。

第二，建成以高血压、糖尿病等慢性病为重点的健康管理系统。基于安丘市信息平台试点开发了手机 App 和网站社群，为安丘市高血压、糖尿病患者提供慢性病管理服务。利用该系统进行绩效考核，构建慢性病"三师共管"体系和公共卫生服务考核体系，促进分级诊疗工作开展。

第三，建成协同医疗服务云平台。遵循"政府主导、多方参与、市场化运营"的原则，建设潍坊市协同医疗服务云平台，打造互联网医联体。通过协同平台，实现了上级医疗机构优质医疗资源下沉，提高了基层医疗卫生服务水平，推进了分级诊疗工作，有效促进了就医双向转诊。

第四，建成"云天使"养老护理平台。以潍坊市市直机关医院为依托，建设"云天使"网络保健中心平台、全科医生呼叫中心、老年护理院、健康小屋，创立线上线下医养一体化服务模式。采用移动互联手段，提供健康管理、慢性病干预、居家护理、医疗专护、中医保健康复等专业服务，方便居民自我监测血压、血糖、体脂、体重等，进行自我健康管理。

其次，医疗信息共享深度广度持续提升。

潍坊市卫生信息平台采用国家卫生计生委统一的卫生信息化框架和标准建设，实现了个人健康档案、电子病历、医疗服务管理等卫生信息数据在卫生系统内部的互联互通和信息共享。

第一，居民电子健康档案建档率约达90%。2011年起，潍坊市以电子健康档案信息系统为基础，在全市开展县级集中部署的基层信息系统建设，目前已建成标准统一的基层卫生计生信息综合管理系统，支撑公共卫生服务、电子健康档案管理、基层医疗服务等功能。

第二，医疗信息实现多方共享。加快推进信息平台建设，实现全市人口健康信息互联互通。目前，市级平台和安丘、寿光、高密、昌乐、诸城等县级平台已完成建设，正在进行互联互通；昌邑、寒亭、临朐、高新、青州等地正在建设，同步与市级平台进行互通。市、县两级平台互通的同时，省、市平台间也正在进行联通测试，数据已开始上传。信息互通共享，可促进优质医疗资源向基层流动，方便居民在基层就医，减少重复检查，降低医药费用，进行个人健康管理；可提升卫生计生管理决策科学水平，加大主管部门对医疗行为监控力度，有效控制医疗费用不合理增长等情况的发生。

4. 社区领域

首先，社区服务能力有效提升。

建设社区公共服务综合信息平台，推进社区公共服务事项一站式在线办理。潍坊市指导县市区按照"先试点后推广"的原则，大力推进社区公共服务综合信息平台建设，在 25 个镇街进行试点。试点区域以街道为基本单元，整合社区公共服务信息资源，推动部署在不同层级、不同部门、分散孤立、用途单一的各类社区信息系统向社区公共服务综合信息平台迁移和集成，实行"前台一口受理、后台分工协同"的运行模式，社区公共服务实现跨部门业务协同。

例如，潍坊市高新区打造的社区公共服务综合信息平台包括了社区三维图、社区概况、社区组织、人口管理、单位管理、房屋管理、公共服务、事件管理、统计分析、日常办公等功能模块，涵盖了绝大多数社区事务。可以直观、形象、有效地管理社区，处理各种社区事务，为居民提供更好更便捷的服务。

针对困难群体提供多渠道、多领域的主动式信息服务和代办服务。针对困难群体实际，指导县市区综合利用互联网、物联网等现代技术手段，搭建以企业为主体、社区为纽带、信息化为手段、服务实体为支撑的发展平台，畅通有效服务供给和消费诉求表达两个渠道，实现信息查询、数据统计、信息咨询、跟踪定位、服务代理、直流配送、居家服务、紧急救援、信息发布九大服务功能。

其次，社区信息集中采集多方共享成效显著。

第一，建立社区信息化管理服务平台，实现了居民信息一次录入、多方共享。从 2011 年开始，潍坊市各县市区结合自身实际建立具备查询、统计、定位等功能的社区信息化管理服务平台，建起县、镇、社区三级信息网络系统，基本实现了居民信息一次录入、多方共享。目前，潍坊市社区居民基本信息已全部录入完成。

第二，建立信息资源数字化管理体系，为政府部门提供基础性数据支持。对社区常住人口、流动人口、志愿者、计生对象、残疾人、优抚对象、社区内企业、出租房、营业用房、物业等基础数据按照统一标准进行收集、存储和管理，建立起涵盖居民信息、退休人员服务、低保救助、残疾救助、优生优育、社区卫生等信息资源的数字化管理体系，为进社区开展服务的所有政府部门提供基础性数据支持，实现数据资源的信息化管理。

例如，针对社区居民流动性加大、居民信息经常出现变化的现状，建立居民信息反馈网络，城市社区信息员由网格长担任，农村社区信息员由村民小组组长担任。居民信息发生变动，由信息员负责及时上报社区，确保居民信息的真实性、准确性，实现了居民信息动态管理。所辖范围内居民的流入流出、居民信息的变动由信息员负责在第一时间内上报社区及时进行修改，确保居民信息的真实性、准确性。

最后，社区服务多元化模式创新进展顺利。

第一，打造潍城"烛光公益"志愿服务品牌。潍城区坚持把开展志愿服务与创新社区治理结合起来，"扩面、搭台、建制"，使志愿服务与居民需求有效对接，全面推进社区志愿服务活动制度化、规范化、常态化，打造潍城"烛光公益"志愿服务统一品牌，建立区、街、（村）居三级联动的志愿服务平台，构建覆盖全区的志愿者联合总会、志愿者联合分会、志愿者服务站三级志愿服务组织网络。

第二，建立"四社联动"社区治理和服务机制。潍坊市积极开展"四社联动"协同治理探索，确定了33个城市社区开展社区、社会组织、社会工作者、社区志愿者"四社联动"试点，取得了初步成效。指导社区建立"四社"信息联通、组织联建、服务联办机制，完善"四社联动"信息收集、反馈、调处机制，努力探索"以社区为平台，政府扶持监督、社会组织承接、专业社工引领、项目化运作、志愿者参与"的社区服务新途径。

第三，"多村一社区"的诸城模式。自2007年以来，为有效解决政府公共服务在农村相对缺乏的问题，诸城市创造性地开展了农村社区建设工作，按照地域相近、规模适度、方便群众的原则，把相邻的几个村庄和相关单位规划建设为一个社区，坚持因地制宜，采取改建、扩建、新建等形式建设社区服务中心。全市1249个村庄共规划建设成为208个农村社区，形成了"多村一社区"的诸城模式，实现了农村社区建设的全覆盖，被民政部首批命名为"全国农村社区建设实验全覆盖示范单位"。

5. 公共安全领域

首先，视频监控能力持续提升。

第一，视频监控能力建设不断完善。潍坊市按照"社会合力共建、资源高度整合、运维机制完善、管理应用规范"的原则要求，加强视频监控能力建设，通过系统建设、升级改造、整合统筹，在全市建成规划布点合理、技术标准统一、视频资源共享、管理应用规范的数字化、集成化、网络化、智能化的全天候视频监控网络。

第二，视频监控辅助破案和查处比例逐年上升。2016年潍坊市从监控资源的整合共享、视频图像结构化处理、视频数据与其他警务大数据的关联应用几方面入手，打牢视频大数据综合应用平台的框架与基础，建设以人、车、案件为基础的视频资源库，围绕服务实战、服务维稳、服务警钟三条主线继续开展"数据侦查"工作。运用视频监控技术破案率提升至40%以上，视频监控辅助破案和查处比例逐年上升。

第三，建设城市设施及执法状态视频和GPS监控系统。为全面提升数字化城市管理及执法水平，实现城市管理的标准化、规范化、精细化，把建设城市设施及执法状态视频和GPS监控系统作为数字化城市管理工程又一重要内容。在对城区全面摸排、功能定位、精准选点的基础上，利用视频监控和GPS监控技术，加强对城市事件以及市政工作状态、市容环境秩序等城市管理问题的全方位监控，实现管理可视化，把各项管理置于全方位无盲区监管之下，对确保市政设施完好运行、加强执法管理监督及预防突发事件发挥了重要作用。

第四，群众安全感指数明显提高。潍坊市公安局立足动态化、信息化条件下治安问题的解决，牢固树立强基固本工作理念，健全完善长效工作机制，整合各种社会资源，齐抓共管群防群治，实现了治安防控体系立体化、社会化的创新升级，社会面治安防控水平明显提高，人民群众安全感、满意度指数明显提高。

其次，视频资源共享与开放推进顺利。

第一，建成全市社会图像信息资源共享平台，为视频监控资源价值最大化扫清了障碍。2015年，潍坊市社会图像信息资源共享平台一期建设完成，实现了条块网络互联、资源共享、优势互补，解决了长期困扰发挥视频监控资源最大价值的诸多问题和障碍。

第二，视频资源共享与开放应用不断丰富。目前潍坊市社会图像信息资源共享平台已联网16个县级公安机关及城区约21000万路视频监控图像，全市卡口数据联网达到732处。接入公安机关内部监控4500路，接入道路卡口、重点部位、制高点、校园周边、社区农村、治安复杂区域、商贸中心等视频监控13500多路。通过海量视频信息的全面整合、全市共享、动态分析，实现了人过留影、机过留号、车过留牌。同时，打通了与潍坊市信息资源共享交换平台通道，建立了数据共享机制，利用共享平台引进信息资源数据8500余万条，通过专线以接口调用方式提供了全市常住人口、机动车、房屋租赁等信息的查询服务。

最后，视频资源得到有效整合。

潍坊市社会图像信息资源共享平台，是全市视频监控全覆盖工程的重要组成部分，主要实现全市社会图像信息资源的整合与共享。市政府在市公安局利用社会视频专网建立一级社会视频资源共享平台，汇集全市公安机关自建和社会监控系统，具有对下级平台的资源调用和系统管理权限；市交通、市政、教育、卫生、金融、水利等部门在本部门，各县市区政府在公安（分）局建立二级社会视频资源共享平台，高度整合、存储本部门、本系统、本辖区重要的社会视频图像资源，实现对上级平台提供调用资源和对下级平台分配权限的功能；县市区有关部门在本部门，乡镇街道在派出所建设三级社会视频图像资源共享平台，依据授权对本部门、本辖区监控资源实时调度和应用。三级社会视频资源共享平台安全对接，并实现互联互通。已联网16个县级公安机关及交警支队、高速支队一类目标监控约2万路视频监控图像，包括道路监控、治安监控、重点部位监控等，占全市社会图像信息资源一类目标监控总数的一半以上。同时，全市公安、交通、教育、城管、卫生、水利、金融等具有社会管理职能的部门全部建立视频监控中心和专项应用平台，视频监控在城市管理、校园安保、绿化防汛、应急处置等社会管理方面的应用效能明显提高。

6. 就业领域

首先，就业服务能力及质量不断提升。

第一，加大城乡就业统筹力度，就业服务不断向基层延伸。近年来，潍坊市以贯彻落实就业优先战略为指导，以统筹城乡就业为抓手，以实现社会充分就业为目标，积极整合公共就业服务资源。截至目前，全市实现了公共就业服务资源的整合统一。潍坊市就业信息化基础设施建设已经全面延伸至城市社区、行政村，覆盖率已经达到100%。

第二，充分借助信息化手段，不断提升"一站式"就业综合服务体验。潍坊市高度重视利用信息化手段，不断提升"一站式"就业综合服务体验，目前潍坊市就业信息服务平台已经全面做到为待业人群提供信息发布、表格下载、办事指南、政策查询、岗前培训、就业指导、就业扶持、咨询问答互动8种"一站式"就业服务。其中，潍坊人才网主要提供人才招聘信息发布、个人免费求职、人才简历查询、企业形象宣传、人才素质测评等多方位的人力资源服务。目前，每年参与网络招聘的会员企业1000多家次，注册的个人会员近10万名，点击量达500多万人次，已成为潍坊市乃至山东半岛规模最大、影响力最强的专业人才网站之一。

第三，建设网上就业服务电子地图系统，着力打造半小时就业服务圈。依托"潍坊就业网"，潍坊市创新打造了"潍坊市就业服务机构电子地图"系统，提供全市所有就业服务机构具体业务经办及就业人才服务项目信息，让广大用户通过电子地图能够快捷方便地了解潍坊市就业服务机构的服务项目、地理位置、通信方式等信息，方便广大用户就近享受就业服务机构的优质服务。

第四，实现手机App、短信及电子邮件方式将各类公共就业人才服务信息及时推送给各类招聘单位和求职者。开创主动推送市场供求信息的新模式，变"人找信息"为"信息找人"。高密市专门为农民工开发了短信主动推送服务系统，及时将农民工用工信息免费发送到广大农民工客户的手机上，让广大农民工能够及时获得市场供求信息，获得了广大农民工的一致好评，取得了良好的社会效益。同时，潍坊市依托潍坊人才网，开发手机版人才服务网站，广大用户通过手机就能获得网站的各项服务，不受时间和空间的限制，随时随地享受网站提供的各项优质服务。

其次，就业信息共享覆盖范围显著加大。

近年来，潍坊市不断提升全市人力资源信息化服务水平，改变传统的就业服务模式，形成了以市信息中心为核心，各级就业服务机构为基点，构建起市、县、镇、社区四级就业信息服务网络，基本实现了"数据向上集中、服务向下延伸、系统管理开放、资源信息高度共享、就业服务效率提升、工作决策科学"的目标。

从就业情况来看，近年来，潍坊市每年城镇就业、农村劳动力转移就业都在10万人以上，全部录入全省公共就业人才服务信息系统，实现了实名制管理，确保就业数据全省共享。全省统一使用一个平台，全市四级就业服务机构统一使用全省公共就业人才服务信息系统，各级业务经办机构所有业务办理工作均通过该平台进行，为信息在全省范围内实现高度共享提供了保证；数据集中存放在省厅，"全省公共就业人才服务信息系统"业务数据统一在省厅信息中心服务器集中存放，各县市区只设立网络中心，不再设数据库服务器，实现了数据向上集中、服务向下延伸，从技术上确保了数据的共享共用。数据的统一存放从根本上改变了过去数据不共享、多头存放和管理难的问题。

最后，就业服务模式创新多元。

潍坊市充分利用信息化先进手段，不断创新工作模式，为求职者提供全面权威、精准便捷的信息服务，并通过服务网站和手机短信、彩信、微信平台服务等多种渠道，及时传递给各类招聘单位和求职者。加快实现内外网结合发展。内网强化省、市、县、镇、社区五级专网，形成上下贯通信息流。外网进一步完善就业网站的服务功能，实现与企业、院校、个人联网，形成横向贯通的信息流；企业用户、院校用户、个人用户通过外网申报办理就失业登记、享受就业政策、用工需求登记、个人网上求职登记、就业培训等各项业务，内网予以审核、办理，建立内外网互联互通的工作模式，实现各项就业服务的高效运行；实现多种信息平台互通互联工作模式。结合自身业务实际和劳动者服务需求，畅通业务流程，充分发挥信息网络、无线通信、广播电视等多种信息媒体功能，完善信息发布、政策宣传、咨询问答互动等服务功能，逐步建立起多媒体就业互动信息平台。

7. 养老领域

首先，机构养老信息化服务种类丰富。

潍坊市养老机构信息化改造步伐加快，积极构建覆盖城乡的机构服务网络。全市共建成养老服务机构206家，床位5.9万张，平均每千名老年人35张。为促进养老机构服务规范化、科学化，潍坊市对大型养老机构安装实时监测系统、紧急呼叫器、智能化服务设施，构建养老机构管理服务信息化系统。目前，潍坊市大中型养老机构全部安装了紧急呼叫系统等信息化服务工具，完善智能化升级改造。养老机构提供的养老服务信息化的业务种类多达十余种，包括智能照护、夜间监测、卧床检测、呼叫救助、餐饮服务、定位服务、亲情电话、费用管理、接待管理、主动关怀系统等。

其次，居家和社区养老信息化服务效能提升。

第一，搭建养老服务信息服务平台。潍坊市按照"政府主导，信息支撑，社会参与，市场运作"原则，以老年人服务需求为导向，以社区信息化管理服务平台为依托，运用互联网、物联网等技术手段，健全老年人信息数据库，创新居家养老服务模式，构建市、县、镇、社区四级联动，层级分明，物理分散，逻辑集中的养老服务信息服务平台，实现信息查询、数据统计和跟踪定位服务三大服务功能。

第二，居家和社区养老信息化服务范围广泛、种类丰富。在社区建立居家养老服务网点，借助居家养老信息化服务平台，为居家老年人提供助餐、助浴、助急、助医、助洁、助行等多样化、可选择的六大类定制服务，形成有着力点、有支撑面、满足老年人各种服务需求的居家养老信息服务网络。全市已有78处社区日间照料中心、126处居家养老服务站引进居家服务实体，为老年人提供菜单式、套餐式服务。潍坊市开展居家养老和社区养老信息服务覆盖老年人比例为84%。潍坊市12343民生万事通以语音网、无线网、互联网、物联网为依托，打造了呼叫、网络、短信、平面媒体、服务大厅五大平台。奎文区、潍城区、寿光市等县市区搭建了"12349居家养老服务平台"，诸城市建立了为民服务中心12341热线平台，向社区居民提供政务咨询、养老、医疗法律服务等十余类200多项社会服务。全市目前建成养老服务信息平台11处，覆盖率达70%以上。为老年人发放"一键通"等电子辅助终端5万多部，形成了一座座没有围墙的虚拟养老院。整合1600多家服务单位，为老年人提供紧急呼叫、家政预约、医疗康复、健康咨询、物品代购、服务缴费等多元化服务。

第三，大力培育居家养老服务实体。制定扶持政策，对居家养老服务机构给予运营补助，积极引进、培育居家养老服务组织，引入医疗、康复、家政、物业等服务实体，引进培育了济南阳光大姐、北京勤好颐和康、上海人之缘和幸福9号等市外服务实体，培育发展了潍坊佳益居家养老服务中心、开心居家养老服务中心等当地品牌养老服务实体，形成了养老服务实体多元参与、公平竞争、有序发展的良好态势。

最后，养老信息实现整合和多方共享。

第一，养老信息整合利用。潍坊市利用山东省养老服务管理平台，及时录入老年人、养老服务设施、养老服务组织等基础信息，建立具有统计分析功能的养老基础信息数据库，实现市、县、镇、社区四级养老数据在线查询统计、业务在线审批、资金在线管理和养老机构日常管理等功能。依托医疗保险结算服务平台，建立包括"五保""三无"等老年人在内的民政对象医疗救（补）助即时结算服务系统，对符合条件的救（补）助对象，通过所在定点医疗机构直接予以结算。

第二，社区信息共享。根据90%以上的老年人居家养老的现状，加强养老服务信息平台与社区信息化服务平台之间的数据互联共享，及时更新社区居家老年人基本信息，借助社区活动室、卫生室等公共服务资源为老年人提供更加优质的养老服务。

第三，医疗机构信息共享。大力推进医养结合式养老。在有条件的养老机构设置内部医疗机构，纳入居民基本医疗保险范畴。在中小型养老机构和场所，通过设置医疗工作室（站）、医务人员巡诊、确定家庭医生等方式，有效利用与更新与老年人健康有关的信息，提升老年人晚年生活质量。

第四，社会服务组织共享。依托居家养老信息服务平台，社会服务组织可以结合老年人基本信息，为其提供个性化精准服务。

8. 食品药品安全领域

首先，协同监管体系日益完善。

潍坊是国家食品安全示范城市，建立和完善了食品药品协同监管体制。潍坊市食品药品监督管理局牵头，通过食品安全委员会与市直相关部门（单位）主动沟通信息，加强业务协同，特别是与公安部门联合查办了一些食品药品安全方面的案件，建立了良好的互动机制。问题产品一经发现，一方面通过媒体告知公众，引起警示；另一方面，迅速交市食品药品稽查支队查处，必要时移送公安等相关部门处理。

其次，互联互通能力不断提升。

第一，遵循国家和省定标准规范，采用统一的信息化标准及数据规范。潍坊市在开展食品药品电子监管工作推进过程中，始终严格按照国家和省定标准和技术规范进行［采用了国家食品药品监管信息化标准（CFDAB/T 0101—2014）］，对于没有标准规范的，遵循方便互通共享的原则，确保互联有支撑，互通有保障。所使用的业务系统均为国家食品药品监督管理总局和山东省食品药品监督管理局开发部署的监管应用，业务数据实现国家食品药品监督管理总局、山东省食品药品监督管理局和地市、区县以及市场监管所五级行政机构互联互通，绝大部分业务数据在市场监管所均能够按需使用。积极开展药品电子监管工作，所使用的软件和硬件，均依据国家和业务主管部门的要求开发采购，符合信息共建共享的要求。

第二，与省级平台实现互联互通。潍坊市积极参与全省食品药品安全"智慧监管"工程建设，成为首批试点单位，并顺利完成食品日常监管系统和检验检测系统的试点建设，信用信息系统的试点正在进行中，行政审批有关的系统已进入正常应用环节。这些数据和应用均由省级投资建设，市、县、镇免费使用，平台内数据全省互联互通。

再次，"阳光厨房"提升餐饮质量安全水平。

潍坊市在全市开展餐饮单位"明厨亮灶"行动，提升全市餐饮质量安全水平。"明厨亮灶"主要分为透明厨房、视频厨房和阳光厨房三种展现形式。透明厨房是餐饮服务单位采取透明玻璃幕墙、隔断矮墙、设置参观窗口等有效方式，使消费者能够直接观看餐饮食品加工制作过程。另一种是视频厨房，餐饮服务单位在食品加工制作场所安装摄像设备，通过视频传输技术（无线或有线）和显示屏，使餐饮服务单位食品安全管理人员和消费者能够实时观看餐饮食品加工制作过程。最后一种是阳光厨房。阳光厨房是采用全高清视频解决方案，将后厨的高清视频回传至市食药监局监管指挥中心,通过统一管理平台管控后,将部分数据在公众视频网络中公开展示,潍坊市食药监局监管中心全程管控、调度,被监管企业以及广大老百姓可以通过互联网、手机、电视等多种渠道观看厨房视频,起到食药监局监管、社会大众监督的作用。潍坊市已在主城区建设阳光厨房300家,2018年在此基础上继续向各县市区延伸,力争到2019年年底全市阳光厨房达到800家。

最后,食药安全溯源服务扎实推进。

第一,食品生产和流通电子监管。(1)生产环节。潍坊市在食品生产企业中推行以条形码、二维码、自编码和追溯卡为载体的电子信息追溯。在乳制品行业,潍坊市要求乳制品企业建立乳制品电子信息记录系统,将规定的关键工序或关键控制点形成的信息实现电子化记录和传输,实现对原辅料供应商、生产过程控制指标、质量责任人员等信息的追溯查询功能,复现企业生产信息、产品检验过程信息,实现产品可追溯。全市7家乳制品生产企业已全部建立电子信息记录系统。(2)流通环节。潍坊市要求食品经营企业通过电子信息系统记录商品名称、生产厂家、生产日期、保质期等相关信息,完善索证索票制度。目前,中百佳乐家、泰华福乐多、银座商城、丰华超市、中百超市、家家悦超市、全福元超市、利群超市等多家超市实现电子化信息管理。同时,实现部分食品代理商使用电子信息化管理,详细记录了食品的商品名称、生产厂家、生产日期、保质期、购货方等信息。(3)餐饮服务环节。潍坊市市区已有50多家餐饮服务单位与商务部门肉菜追溯体系成功对接。同时,潍坊市专门出台了推进肉菜追溯体系建设的工作方案,督促各县市区积极参与,抓好动员、培训和接入工作。全市部分生猪屠宰企业、大型食品批发市场、大型食品超市和餐饮单位100多家已纳入该追溯网络。

第二,药品生产和流通电子监管。潍坊市按照《国家药品安全"十二五"规划》提出的"完善覆盖全品种、全过程、可追溯的药品电子监管体系"工作任务,认真贯彻落实国家《2011—2015年药品电子监管工作规划》,药品企业参与国家食品药品监管局电子监管网的入网率在90%以上。(1)药品生产环节。实现电子监管全品种覆盖的药品制剂生产企业为11家,其中10家为基本药物生产企业,已加入中国药品电子监管网,所有在产基本药物实现赋码生产。(2)药品市场环节。潍坊市44家药品批发企业已有43家实现电子监管,另有1家正在办理入网手续;全市64家连锁总部、2152家连锁门店、811家单体药店已完成零售企业入网导入模板数据填写,待统一导入中国药品电子监管网后将全面展开入网工作。实现了可通过电话、短信、微信、二维码等查验方式,自主查询产品真伪、物料来源、会员积分、产品价格、生产期、查保质期、经销商、商品码等方面的综合信息。

同时,潍坊市还制定了《实施药品生产全品种电子监管工作推进方案》,签订了《药品制剂全品种电子监管承诺书》,加大对药品制剂生产企业实施电子监管的督促检查力度,未按规定时限进行电子监管赋码的在产药品制剂品种一律不得上市销售。

9. 教育领域

首先,教育信息化应用步伐加快。

第一,加快教育城域网建设,实现全市学校"百兆校校通"。2002年开始搭建全市教育城域网,到目前所有学校已经全部入网。2013年年底完成了全市城区学校、乡镇驻地以上学校百兆校校通接入工程,2014年年底教育专网提速增效改造工程顺利完成,中小学全部实现光纤100兆以上宽带网络校校通、网络多媒体教学设施班班通,教育专网市县骨干线路实现双千兆光纤传输,支持万兆升级,市、县中心互联网出口带宽达到千兆,县市区学校光纤直连县市区中心互联网出口,全网络实现光纤化。

第二,完善基础设施配备,"班班通"多媒体设备覆盖率达到100%。2011年完成全市所有学校班级的多媒体教学设备配备,"班班通"多媒体教学设备覆盖率达到100%。到2017年上半年,全市配备电子白板教室2483间,多媒体投影教室18002间;教学用机达到199502台,教师人手一台;学生用机总数76629台,生机比达9∶1,超过省标准配备要求;建成录播教室64座,城乡一体化数字录播系统硬件框架已基本完成。

第三,建设教育部试点"潍坊市数字教育应用服务平台",提升优质教育资源整合共享能力。2009年,建设教育部试点项目——潍坊市教育应用服务平台,实现了"一点登录,全网通行",解决了应用平台重复建设、农村学校和较小学校无力建设的问题,有力推进了城乡教育均衡发展。2014年,全面升级了平台的基础架构,新增数据填报平台、网络云盘、智能终端移动办公等模块,具备内部办公、教育管理、网络教研、网络培训、教育即时通、教育资源、数字图书馆等多种功能。到目前,潍坊市数字教育应用服务平台现已在全市教育系统运行推广,实现了市、县、校等各级各部门之间的网络交流、网络管理、同一数据库、资源共享,开辟建设城乡一体化数字化校园的有效载体,基本满足了全市广大教师和学生教育教学的需求。目前注册账户101434人,其中注册学校数1598个、班级数2792个、教师数86057个、学生数12433个、家长数为2944个,成为全省覆盖面最广、注册人数最多的区域性教育应用服务平台。

其次,教育资源均等化成效凸显。

潍坊市认真贯彻落实《中共中央关于全面深化改革若干重大问题的决定》中关于"构建利用信息化手段扩大优质教育资源覆盖面的有效机制,逐步缩小区域、城乡、校际差距"的精神和要求,深化文化教育服务,推进优质资源共享,积极推进教育平台建设,提升市、县、校三级系统的资源整合和共享能力,促进已有资源效益最大化。

第一,创新优质教育资源共享模式。潍坊市建设应用的潍坊市数字教育应用服务平台利用网络教研、教育资源、数字图书馆三大模块实现优质教育资源共享,有力推进了城乡教育均衡化发展。

第二,建设网络学习空间云数据平台。建成供全市10万教师交互共享的网络学习空间云数据平台,每一位中小学教师在数字教育应用服务平台上享有一个独立的、交互式的网络学习空间,在网上实现网络教研、自主学习、教学资源共享等功能。基本完成"网络空间人人通"建设。

第三,建成中小学数字教育云资源平台。在县市区、学校广泛开展基于云资源平台的市、县、校三级资源管理、审核上传、分级共享的资源应用模式,初步实现了全市数字教育资源规范化管理、"一站式"登录,形成了基于网络的市、县、校三级资源共建共享机制。开发了新版小学语文、英语及初中英语电子书包,并向全市中小学师生免费推广应用账号近30万个,惠及20多万师生,尤其是在农村中小学取得了明显的教学效果。

第四,积极引进教学急需的工具平台和资源。结合全省电教教材征订工作，围绕重点项目和基层中小学需求，先后引进了《3D智能化教学助手与工具平台》《微课教学平台》《交互式多媒体课件制作发布平台（电子白板）》《视频点播系统——微课程资源》《名师课例库》等多种教育软件，进一步提升了全市网络环境下多媒体课堂教学和学生在线自主学习水平。

最后，教育管理服务进一步提升。

第一，搭建政务公开、学校安全系统平台，及时准确公开教育系统网上资源。一方面，认真贯彻落实《中华人民共和国政府信息公开条例》要求，在教育系统网站重要位置及时准确公开政府信息公开制度、信息公开指南、信息公开目录、网上申请等信息。潍坊市教育局机构信息与联系方式、领导成员及工作分工信息、人事信息、教育经费及重大事项招标采购信息、教育统计信息、教育局公文、工作规划、计划、总结等重大事项及时向社会公开发布。另一方面，学校与政府主管部门信息系统基本实现100%覆盖。建设潍坊教育信息港网站，对接整合连接各县市区教育局网站以及市直属单位和学校网站，发布组织机构、工作计划、总结、工作文件、统计信息等，自2012年以来共发布教育工作动态信息4000余条，政务公开信息累计30000余条，很好地宣传了全市在教育改革发展中的典型经验，促进了教育科学发展。

第二，建成全市教育统一的视频监控互联互通平台。潍坊市2014年开始实施校园视频安全监控全覆盖工程，建成全市统一的视频监控互联互通平台，连接市、县、校三级监控中心，实现了全市1054所中小学、7985处重点部位监控点的覆盖，并与市公安局海康视频监控管理平台相连接，实现了教育、公安两部门的视频信息实时共享和轮巡查看，24小时全天候实时监控，安全视频图像记录存储时间达到30天以上，为平安教育和平安学校建设提供了坚实的基础保障。在市、县两级部署视频会议系统，部分重点学校安装视频会议硬件终端，其他学校安装视频会议软件终端，建成全市教育系统内部的高清视频会议系统，实现了内部会议的网上直播和交流互动。

第三，创新教育管理，开展新应用。结合潍坊市教育管理的需求，开发完成了潍坊市初中学生综合素质评价平台、潍坊市学校卫生综合管理信息平台，初步实现了潍坊市初中学生综合素质评价、中小学生体质健康档案与近视防控数据管理规范化、信息化和程序标准化，达到国内领先水平。

10. 基于"潍V"的民生服务体系

潍坊市民通过"潍V"手机App即可享受医院挂号、图书借阅、无线热点、公交到站查询、校车监控、电子门票、扫码骑乘公共自行车等20多项民生服务。

其中，"潍V·生活缴费"创新打造以手机NFC（近场支付）功能为支撑的全虚拟化市民一卡通，实现市民日常购物、充值、医保、水电气等生活缴费，各项公共事业缴费及公交车、出租车、公共自行车的手机便捷支付，让市民享受"出门不用带钱包，理财不用跑银行"的便捷服务。

"V热点"为市民提供免费无线城市网接入服务，市民可以在城区主要道路周边和重点商圈、学校、医院、广场等公共场所便捷享受上网服务。

"潍V·掌中宝"和"潍V·校车"让家长通过手机可随时观看孩子在幼儿园及校车内的实景视频，了解孩子每日食谱、上下校车及到校离校记录，还可即时与幼儿园老师沟通，真正让家长放心。

"潍V·健康宝"为市民本地就医提供手机预约挂号、查看诊断报告、支付诊费等服务。同时，接入互联网医院，使市民足不出户即可享受国内名院名医在线健康咨询、专家问诊、在线药房等服务。

"潍V·景区"为居民（游客）提供智能出行及景区周边服务设施查询、智能导游、电子门票等服务。

"潍V·购物"集合了超市、商场、社区商店的米、面、油、肉、果蔬等生活快销品，构建了市民半小时便捷生活圈。

"潍V·公交车"为市民提供公交线路及实时公交到站信息查询。

"潍V·骑行"实现了城区公共自行车手机扫码骑乘，自上线以来提供近千万人次骑乘服务，减少碳排放约2190吨。

"我的E天"搭建了市民智慧生活场景，完善生活服务类信息交互功能。

"潍V·社区"实现社区、物业信息发布，物业、水电费缴纳，物业报修和信息交互等功能，居民不管是在家还是在外，都可以通过手机远程缴纳物业费、水电费，申请物业报修，极大地方便了居民生活。

（二）综合服务能力显著增强

1. 集约化服务能力明显增强

首先，提升"一站式"服务水平。

第一，打造市、县两级统一的审批服务平台，实现行政审批事项100%网上办理。潍坊市高度重视行政审批事项改革工作，按照《潍坊市2015年网上审批工作方案》的有关要求，在加强实体大厅建设的同时，依托统一的电子政务网，强化纵向联通和横向集成，建设了市、县两级统一的网上审批服务平台，并将服务延伸到镇街和社区，建立起虚实结合、虚实运行、系统整合的"双轨运行"机制，实现实体大厅与虚拟大厅有机融合，确保让数据多跑路、让群众少跑腿，实现行政审批服务事项网上咨询、表单下载、远程申报、在线受理和实时查询基本达到100%，让基层和群众享受到更为优质便捷的服务。

第二，精心设计"中国潍坊"政府门户，实现"一站式"服务。潍坊市通过开展事项梳理、流程再造，充分整合了全市范围内所有政府办事服务资源，打造"中国潍坊"政府门户网上办事大厅，实现了所有惠民公共服务的"一站式"服务。通过设立场景式"办事服务"大厅，与所有政府部门相链接，开发劳动就业、企业开办、交通出行、养老保险、公安便民等多种服务，为个人、企业和部门等不同用户群体提供快捷、人性、清晰、准确的网上办事服务，为投资者、老幼病残、军人、农民、学生、外国人开辟绿色通道。目前，可提供办事指南、表格下载、在线预约、在线办理、状态查询、咨询投诉及常见问题等各种服务，并汇总各部门办事结果信息，为公众提供统一的办理结果网上查询服务。

第三，依托全市统一的数据共享交换平台，打造"一窗式"办理。依托"潍V·政务厅"，联通市县两级政务服务中心，将全市60多个部门的实时服务搬到云上、移到手机上，促进了政务公开，实现了政府负面清单、权力清单和责任清单的透明化管理，创新了政府管理与服务。

其次，依托12345服务热线，及时反馈市民诉求。

潍坊市12345市长公开电话自2003年投入运行以来，电话受理中心依托先进的办公平台、优质的服务理念和持续的改革创新，已接听群众来电超过 700 万人次，平均每天处理群众来电 1200 多人次，高峰期达 5000 余人次，办结率和群众满意率都在 98% 以上，反馈率 100%，得到了广大群众和社会各界的普遍认可和信赖，社会影响力和知晓度不断扩大。

2016 年，为进一步强化社会治理和公共服务，中共潍坊市委办公室、潍坊市人民政府办公室关于印发《潍坊市政务服务热线整合建设方案》的通知，按照通知要求，潍坊市充分整合了市直相关部门（单位）的热线服务资源，升级改造 12345 热线号码平台，构建了"统一受理、分类处置、定期评估、持续优化"的 12345 市政务服务热线平台，实现了全市热线号码"并行呼入、统一受理"。科学制定了受理、交办、督办、反馈、回访、办结等热线工作流程，建立健全了"统一受理、分类处置、综合研判、全程督察、按时回访"的运行机制，全方位、全天候、高质量地受理群众诉求、接受举报投诉。

市政务服务热线受理中心实行 24 小时值班制度，并通过语音电话、短信平台、互联网网站、微信、"潍 V"手机 App 等方式，集中受理群众的各类咨询救助、投诉举报、批评建议等民生诉求，限时办结，制定《潍坊市政务服务热线管理规定》，保障受理、交办等各项工作有序有效运行。同时，建成集呼叫、受理、知识库、考核评价、结果反馈、分析研判于一体的政务服务云平台，通过电话、网络、微信、短信等多种渠道为群众提供"一站式"综合服务，并面向市级领导、县市区政府、市直部门、社会群体以及被投诉对象等，实时动态地提供投诉重点分布、办结率、满意率等数据服务。

2. 延伸化服务能力不断拓展

潍坊市在推进信息惠民工程过程中，高度重视推动公共服务事项和社会信息服务向基层延伸。市政府明确要求，加强统筹有序开展信息惠民城市试点工作，各县市区大力推进县级电子政务网络与市级网络对接，制定的信息惠民城市相关建设规划以及智慧制造、地理信息、智慧交通、智慧社区、智慧教育、智慧旅游、智慧物流等加快向镇（街道）、村（社区）拓展，推动政务服务向基层延伸。

首先，行政审批和公共服务事项延伸到社区。

建设市、县两级统一的网上审批服务平台，实现市、县、镇三级"网上联审联办",并将服务延伸到镇街和社区,梳理市县均可办理的行政许可事项 172 项,办事人可以就近进行审批业务办理。同时,为方便群众办理公共服务事项,在全市 1240 个城市社区和农村社区建有"一站式"服务大厅,30 余项事项可在社区办理,"1 公里政务便民服务圈"基本形成。通过实行"多点受理,综合接件,一站办结,全城通办",群众足不出户就能在网上提交申请,足不出村(社区)就能"一站办结",全城任意网点均能就近办理,确保了就近办事、就近服务。

其次,部署全民城管社区服务终端。

积极开展社区服务,在全市 100 个居民小区试点安置了全民城管社区服务终端,可实现市政公用信息、公交出行线路、公共自行车、周边兴趣点等公众信息的查询。市民通过社区服务终端可以对城市管理问题进行采集上报,并可对城市管理问题的实时上报、处置及处理信息进行查询。推进"智慧潍坊"建设,在全市 219 处重要站点设有智能终端,公共自行车卡挂失等 23 项事项可通过手机 App 远程办理。

再次,无线城市网建设工作正式启动。

以合同能源管理(EMC)方式,结合城区 LED 路灯升级改造,通过在路灯上加装"超级 Wi-Fi"设备,构建覆盖市区、标准统一、管理规范和安全可控的无线城市网,为市民提供免费 Wi-Fi 服务。目前,免费 Wi-Fi 已覆盖人民广场、风筝广场、鲁台会展中心等公共场所,实现了胜利街、东风街、福寿街、东方路、新华路、四平路、和平路 7 条主要道路及部分公共场所免费 Wi-Fi 覆盖。将实现城区免费无线城市网全覆盖,同时开展基于无线宽带网络的信息惠民、便民和兴业应用。

然后,惠民公共服务"一网通办"。

依托"中国潍坊"网上办事大厅,为个人、企业和部门等不同用户群体提供快捷、人性、清晰、准确的网上办事服务,实现惠民公共服务"一网通办"。

最后,设立农村信息服务站。

潍坊市 80%以上的镇街设立了与农业综合服务中心合署办公的农业信息服务站,专兼职农业信息人员 287 人,各农村社区、行政村、农产品加工龙头企业、农村合作社、农产品批发市场的各类农村信息员已达

9800余人。基本建成了以潍坊农业信息网市级平台为龙头,县(市、区)农业信息网络为骨干,向下延伸到乡镇、农产品批发市场、农业产业化龙头企业和一部分村、户的农业信息网络服务体系。

3. 多渠道服务能力持续强化

首先,建设"网上政务厅",实现市、县、镇三级"网上联审联办"。

潍坊市在加强实体大厅建设的同时,充分运用云计算、大数据、移动互联网等新一代信息技术,拓宽服务渠道,整合政府资源,市、县两级分别建立行政服务大厅。整合已有的"协同办公"系统和"网上审批系统",创新建设"网上政务厅",建立起虚实结合、虚实运行、系统整合的"双轨运行"机制,实现了企业、市民和政府部门的网上实时沟通,促进了阳光政务的开展。

其次,开通12316"三农"服务热线,惠农成效显著。

潍坊市在2008年开通了12316"三农"服务热线,主要受理农资打假投诉举报和农业技术咨询。全市12个12316"三农"服务热线值班室每年接听12316服务热线电话5万多人次,解决各类问题3.5万多个;寿光、诸城、昌乐、安丘等县市区每年通过视频解答群众咨询3万人次,解决各类问题2.4万多个。12316已成为农民的贴心助手,深受广大群众的喜爱。

再次,建设"潍V"掌上政务厅,实现手机"一站式"。

整合50个部门2000余项政务服务和9类400余项公共企事业单位服务事项,开辟了手机App网上行政审批和政务沟通新渠道。以"潍V"手机App为载体,将全市50多个部门及水、电、气等10个便民服务单位2000余项政务服务事项整合至"潍V"掌上政务厅。开辟了手机"一站式"行政审批办理新模式,以"数据多跑路"实现了"群众少跑腿",降低了市民和企业办事成本。2016年掌上政务厅回复各类政务咨询、投诉和建议8000多条,行政审批服务事项网上办理率100%,群众满意度达到100%。

然后,优化部署自助智能终端。

潍坊市在行政服务大厅设有自助终端办理设备,实现与取号系统、审批系统的自动关联。市民在自助终端填写好信息后,系统会自动推送到办件窗口，窗口自动调取，提高办事效率，极大地便利了民众和企业。以前，要填写多份表格，次数多了，容易填写错误，导致多次返工，既耗时又费纸。现在有了自助便民服务终端更加方便，不到一分钟信息全部填写完毕。

最后，大力推广微信服务。

潍坊市推出了潍坊市社会保障卡微信公众号，用户只需验证身份证号、社保卡号等信息即可完成绑定。截至2017年上半年已有28291个微信用户手机绑定，46100人添加关注。同时，潍坊市各县市区也开通了各自的微信公众号，为广大群众提供更加差异化的本地服务，昌乐县、高密市等县市区更是通过微信公众号实现了就业人员缴费，居民医疗、养老缴费等，为人民群众带来了极大的方便。

4. 主动服务能力加速提升

潍坊市正在积极推进大数据发展，成立潍坊市大数据运营公司，进行大数据交易和应用，开展大数据公共服务平台、大数据交易平台、智慧医疗提升、城市运营大数据平台等重点项目建设，解决各级各部门履职过程中信息不共享和政务数据难以有效归集等问题，真正形成统一归集、跨界融合和具有鲜活度、使用价值高的城市级数据宝藏，开展跨领域、跨渠道的综合分析，为群众提供个性、精准、主动的政务服务。

例如，开展民意大数据分析，促进政府科学决策。以解决群众"记号难、办事难、投诉难、举报难"问题为目标，运用大数据和云计算技术，整合12345市长热线、12319市政服务热线和其他热线号码资源，构建"统一受理、分类处置、定期评估、持续优化"的政务服务热线。除此之外，群众还可通过登录"潍V"App，随时随地向热线反映问题和诉求，利用网络平台及时回应社会关切，畅通市民网络诉求渠道。在此基础上，通过对民意大数据进行分析、综合研判和溯源问责，提炼、发掘公众需求，打造社情民意综合分析"最强大脑"，增强政府政策制定、决策评估的针对性，通过大数据开放利用开辟惠民新通道。

再如，潍坊市建设智慧潍坊运行指挥中心，通过整合数字城管、应急联动、智能交通、环保监测等相关信息系统，集便民服务、城市管理、政府治理、执法监督和应急指挥于一体，开展大数据分析和决策支持服务，实现城市管理的精细化、动态化、科学化。

（三）公共服务满意度进一步提升

1. 政务服务群众满意度逐步提升

首先，委托第三方机构每半年开展一次政务服务满意度调查。

为进一步了解民生需求，明确建设成效，从而更好地指导信息惠民和"互联网+政务服务"工作开展，潍坊市委托第三方机构每半年对全市各级政务服务工作满意度情况进行抽查回访，并将抽查回访情况纳入全市政务服务工作考核，将其作为改进全市政务服务工作的重要依据。2017年上半年委托市社情民意调查中心对全市随机抽取的3000名办事群众政务服务群众满意度进行了测评，测评显示，全市政务服务工作群众满意度达到97.18%，同比提高0.6个百分点。

其次，在全省率先建立了政务服务工作回访制度。

为不断提高全市政务服务工作质量和水平，更好地服务全市经济社会发展，潍坊市在全省率先建立了政务服务工作回访制度。

第一，回访实现全覆盖。组织全市各级政务服务部门通过各种回访形式对办事群众实现了全覆盖回访，详细了解办事群众对全市政务服务工作的满意情况以及对改进政务服务工作的意见建议。

第二，建立满意度抽查回访和考核机制。每半年委托第三方机构对全市各级政务服务工作满意度情况进行抽查回访，并将抽查回访情况纳入全市政务服务工作考核，将其作为改进全市政务服务工作的重要依据，通过回访制度的建立，全市政务服务群众满意度不断提高。

第三，实施政务服务质量再提升专项活动。针对上半年抽查回访发现的问题，以市政府名义印发了政务服务质量再提升专项活动实施方案，组织在全市开展政务服务质量再提升专项活动，活动自2016年10月开始至2017年12月结束，以切实解决群众反映最强烈、最迫切的政务服务问题为切入点，转变工作作风、完善政务服务体系、严格落实各项制度、优化政务服务流程、强化政务服务监督，不断提高政务服务群众满意度，营造全市一流的政务服务环境，更好地服务全市经济社会发展。

2. 群众安全感满意度明显提高

潍坊市始终坚持把提升群众安全感作为市政府工作的重要内容，高度关注事关群众切身利益的违法犯罪活动，2017年创新推行"平安指数"工作机制，全市万人治安案件发案率同比下降10.479%，36.6%的村居、56.7%的小区实现"零发案"，进一步增强了群众的安全感。

（四）惠民信息共享实现突破性进展

1. 信息资源开发利用成效显著

首先，基础信息资源利用效果凸显。

建成了市级人口、法人、空间地理信息资源库，启动了全市电子证照库建设。

人口库是存储、管理市民有关共享公共事务信息的数据库，采用国务院信息化工作办公室、国家标准化管理委员会制定《政务信息资源目录体系》国家标准，按照"一数一源、多元采集，动态更新、共享校核"原则建设。其主要功能是记录市民的基本信息以及政府面向市民进行公共服务和社会管理服务的各种专业共享信息。依托潍坊市电子政务外网，建成了全市信息资源共享交换平台。目前，已有市发改委、市公安局、市民政局、市财政局、市人社局、市国土局、市住建局、市卫计委、市工商局等多数市直部门接入，形成了人口库、法人库、地理信息库和经济运行库和专题库，累计数据总量数亿条，现在各部门按照约定的更新频率定期提报数据，平台的数据总量在持续增长。

法人库是工商行政管理部门的基础数据库，也是工商行政管理部门开展全程电子化监管工作的基本依托。企业法人库由中央和地方共同建设，主要分为国家、省两级，地市为省平台的延伸。目前潍坊市已初步建立了法人时空数据库，法人时空数据库是由多部门联合共建、共享的数据库，它是加快推进政务信息整合，实现信息资源共享的重要内容。集成由市工商局、质检局、民政局、编委等部门提供的全市法人单位46万个上图，形成法人数据时空数据库。法人时空数据库应用包括政府部门应用和社会应用两个方面。政府部门应用面向市政府各部门提供服务接口，供有法人单位信息需求的政府部门调用，旨在加强部门间的信息共享和联合监管；社会应用面向公众等个人用户，提供法人单位信息查询和统计分析服务。

建设完成了潍坊市统一、权威、通用的地理信息数据库。通过建设全市地理信息数据库，有力支撑了公安、规划、市政等22个部门的近60个业务系统的地理信息应用,形成了全市"一张图"的地理信息建设与应用架构。此外,基于全市地理信息数据库,潍坊市应急联动和社会综合服务系统整合了市政、交警、环保、水利、教育、监察等部门的535路监控视频资源,能够随时进行应急指挥调度和提供社会公共服务。

潍坊市利用已有的信息资源目录管理系统,启动了居民电子证照目录编制及电子证照库建设。对教育、医疗卫生、社会救助、社会福利、社区服务、婚姻登记、殡葬服务、社会工作、劳动就业、社会保障、计划生育、住房保障、住房公积金、公共安全等涉及群众办事的政务服务事项,逐项开展证照梳理,并基于已有的人口库、法人库等,选择不少于10类与公民密切相关的、常用的证照进行信息采集,逐步完善电子证照库。

其次,基础信息利用成果凸显。

第一,基于信息资源共享交换平台,建成了两个专题应用。包括基于空间地理信息的人口信息共享管理系统和基于空间地理信息的综合财税共享管理系统,形成了潍坊市人口专题库和财税专题库。市发改委和国土局共享使用了平台人口库和财税库的相关数据。实现了企业基础信息数据、审批与电子监察数据、城市运行监测数据的交换与共享,已为市公共行政服务中心、公安、国土、工商、国税、地税、经信等部门交换数据520多万条,数据量约120GB。

第二,建成地理信息公共服务平台。为城市管理、规划管理、国土资源管理、智慧城市、社保、农业、教育、旅游、水利、物流等38个部门的80多个业务系统提供了地理信息共享引用服务,实现了与国家、省、县的纵向联通及与市级多部门的横向联通,建立了基础地理信息数据联动更新机制,信息资源得到了充分共享,在推进信息惠民、服务政府科学决策、城市管理服务等方面发挥了重要的作用。

再次,业务信息资源共享开展顺利。

第一,建成了全市统一的信息资源共享交换平台。为实现政府各部门数据共享交换、部门业务协同和提高部门行政管理水平,依托潍坊市电子政务外网,建成了全市信息资源共享交换平台,建设了目录管理系统、数据交换系统和交换流程管理系统。目前,平台已接入部门、单位20多个,汇集数据总量6000多万条,数据交换总量达1.1亿条,为部门间业务协同和提升"互联网+政务服务"水平提供了基础支撑,被省确定为政务信息资源共享交换试点城市。通过数据抽取、比对后,人口库已归集数据900多万条,法人库已归集数据近30万条,梳理完成各部门100多个证照的资源目录。现在各部门按照约定的更新频率定期提报数据,平台的数据总量在持续增长。现有市发改委、市公安局、市民政局、市财政局、市人社局、市国土局、市住建局、市卫计委等多数部门接入平台,已有市发改委、市公安局、市住建局、市民政局、市国土局、市工商局、市质监局等单位签署了相关数据共享协议,正式通过平台进行了部门间的数据共享交换业务。

第二,行政审批事项信息共享取得突破。完善市级网上审批系统,建立全程网上审批"快速通道"。将市县两级部门的事项受理、办理、反馈、监督融为一体,梳理规范县市区初审上报、市级审核的各类事项1036项,打造"全市一张网",实现网上办理事项信息、公众申请信息及业务办件等信息的实时交换和共享。

第三,业务信息资源共享利用成果凸显。

(1)依托信息资源共享交换平台,潍坊市社会信用管理平台、居民低保信息核对系统等项目顺利推进,在避免了数据交换层软件重复开发的同时,显著提高了部门间信息共享程度,实现了20多个部门征信和人口信息的交换。

(2)社保数据实现跨部门、跨层级共享。与公安部门共享个人照片数据的基础上,建设新版数据交换接口进行数据共享,每天可从市公安局获取5000条个人基本信息,共提供照片1200余万条,签发机关户籍地址信息1300余万条。与民政部门共享参保人员的死亡信息,共获取自2014年1月至2016年2月共计121899条殡葬数据,避免社保基金冒领。

(3)建设全市社会图像信息资源共享平台。为解决全市视频监控信息资料共享共用问题,实现跨地区、跨部门视频资料的查询、浏览、调阅、下载、研判等深度应用提供基础平台功能服务,为其他业务系统提供统一的视频服务接口。

(4)养老信息实现多方共享。根据90%以上的老年人居家养老的现状,加强养老服务信息平台与社区信息化服务平台之间的数据互联共享,及时更新社区居家老年人基本信息，借助社区活动室、卫生室等公共服务资源为老年人提供更加优质的养老服务。

（5）智慧潍坊时空信息云平台实现多方数据共享。2015年3月，潍坊市政府通过山东省测绘地理信息局向国家测绘地理信息局提出申报智慧城市时空信息云平台试点的申请。2015年6月，国家测绘地理信息局下发《关于智慧潍坊时空信息云平台建设试点项目立项的批复》（国测国发〔2015〕13号），同意智慧潍坊时空信息云平台建设项目列入2015年国家测绘地理信息局试点计划。2016年3月25日，国家测绘地理信息局在济南组织召开了《智慧潍坊时空信息云平台建设试点项目设计书》评审会，与会专家一致同意通过评审。

为大力开展地理信息公共服务平台和智慧潍坊时空信息云平台的推广应用，市政府专门出台了《〈关于推广应用数字潍坊地理信息公共服务平台〉的通知》，召开了新闻发布会，举办了培训班，市本级平台应用范围逐步扩大，先后在城市管理、规划、国土、经信、社保、农业、教育、旅游、水利、物流等53个部门100多个系统得到广泛应用，据不完全统计，这一平台为市财政节约了财政资金1.9亿元。

在推广市本级平台的同时，全市12个县市区有110多个系统得到应用。例如，诸城有恐龙公园，依托平台建立了山东诸城恐龙地质公园地理信息系统；青州有花博会，依托平台建立了花卉产业地理信息服务平台；昌邑有苗木博览会，依托平台建立了苗木管理交易系统。

在2017年浙江嘉兴智慧城市时空大数据与云平台建设推进工作会上，全国12个城市的40多个时空大数据与云平台试点参与评比环节，智慧潍坊时空信息云平台建设获得第3名的好成绩，受到了国家测绘地理信息局和山东省厅有关领导的好评。

（6）潍坊市不动产登记信息管理平台成效显著。2017年度完成了潍坊市不动产登记信息管理平台的建设任务，五大系统均已上线运行。

①不动产权籍管理系统。该系统实现了不动产登记数据的数据库建设、数据检查、更新维护等管理功能，满足了登记数据的日常维护要求，并为后续林业、海域数据入库管理预留了接口。

②不动产登记业务管理系统。经开展需求调研，进行流程整合再造，

建成了覆盖和支撑全市 4 个行政区、5 个开发区的 9 个分中心，涵盖土地、房产、林木、海域四大类 180 多个登记类型的不动产登记业务管理系统，系统自上线以来运行良好。截至 2016 年 12 月，系统共受理不动产登记业务 59199 件，登簿 48209 件，发放不动产登记证书 19764 本、不动产登记证明 10760 份。

③不动产登记档案管理系统。已根据需求调研进行了系统开发建设，功能满足了日常业务办理档案资料的管理需要，当前系统正在测试运行。

④不动产信息共享服务系统。根据工作实际需要，本年度完成与住建房产交易系统接口开发，实现了交易数据和登记数据的实时共享，满足日常业务办理需要。完成了国家不动产信息管理平台的接入工作，实现了下与 9 区 8 市（县），上与国家不动产登记信息平台的对接，登记数据实时上报。此外，法院对接接口已开发完毕。

⑤不动产登记监管查询系统。按照国家信息平台接入工作要求，建立了市级不动产登记信息数据库，搭建了监管查询系统，能够实时对全市登记信息进行汇总、查询分析和监管。

（7）潍坊市扶贫开发综合服务平台。为打赢脱贫攻坚战，实现精准扶贫、精准脱贫，结合潍坊市推进智慧城市应用项目建设，借助"互联网+"、大数据和云计算技术，将"扶贫工作"与"互联网+""智慧城市"有机结合，打造全市统一，涵盖市、县、镇、社区四级应用网络的智慧扶贫综合服务平台。

本平台主要功能包括扶贫对象、扶贫主体、攻坚地图、数据比对、贫困程度判断、OA 协同办公六大功能。系统涵盖 4018 个村、3.3 万贫困户、6.7 万贫困人口详细数据，各驻村工作队、驻村第一书记、公益慈善机构、各类爱心企业等基础信息，形成了规范、统一、标准、权威的贫困户"基础信息一张表"，精准锁定贫困户基本信息，并根据贫困户自身情况，实施精准施策、精准帮扶。攻坚地图模块调用"智慧潍坊"时空信息云平台的二三维 GIS 地图数据，对 4018 个村、3.3 万贫困户精准定位、检索、统计和分析工作，实现基于空间位置的可视化扶贫管理和服务，提供扶贫决策工作的重要参考依据。

系统支持跨平台数据共建共享，通过开放第三方接口，预留与智慧办共建交换平台对接,实现与民政、人社、公安和国土等部门信息共享;在国家、省级扶贫平台数据标准上增加了十几个"涉贫"属性字段,做到相互兼容,扶贫数据实现一次性采集,避免多次重复采集。

最后,信息资源开放与开发进展较快。

对共享平台已汇集数据进行深入分析,积极发挥共享平台数据的利用价值。从不同维度对数据进行挖掘,为相关部门政策的制定和落实提供了切合潍坊市实际的充分依据。

例如,对市民政局的低保人口数据与市公安局的机动车辆数据进行比对分析。通过共享平台汇集的全市低保人员(共148608人)信息与拥有机动车辆人员信息进行比对,发现全市享有低保的人员中有部分低保人员拥有机动车辆,将这些低保人员从所属地域、车辆购买时间、拥有车辆类型等维度做进一步分析,通过全市低保人员与拥有机动车辆的比对分析,可以全面掌握低保人员拥有机动车辆的情况,相关部门也可以进一步查询拥有机动车辆人员的姓名、家庭住址等详细信息,为充分发挥低保的社会救助功能、推进低保工作健康有序运行提供数据支持。

充分利用移动互联、数据分析、信息聚合、推送定制等新兴技术理念,从用户体验角度出发,完善了"中国潍坊"政府门户网站的互动型、数据型、应用型、定制型等功能。一是整合市长公开电话、审批咨询、微博、微信等渠道,提升了政民互动效果。二是及时公开政府经济、行业、统计等数据,稳步推进政府"数据公开"。三是整合行政审批和便民服务资源,提高了在线办事和公共服务能力。四是利用 WEB 2.0 技术理念,实现了用户自主定制网站功能和信息服务,顺应了"互联网+"的发展潮流。

2. 信息共享配套支撑体系逐渐完善

首先,建立和完善信息共享管理举措。

第一,出台文件规范和促进政务信息资源共享。市政府分别印发《关于开展政务信息资源目录梳理工作的通知》《潍坊市市级信息工程建设管理办法》《关于成立市政务信息资源共享工作协调小组和工作小组的通知》和《关于进一步加强市级信息工程建设管理的通知》等一系列管理办法和通知,完善信息惠民项目在信息共享方面的管理机制和措施,规范和促进政务信息资源共享。主要政府序列部门信息资源目录建立和共享比例超过81%，在宏观决策、信用信息、食品安全、旅游服务、应急处置、安全生产等多个领域实现了政企合作的基础信息资源开发利用。

第二，强化论证、考核、资源整合。按照全市信息化建设规划和《关于进一步加强市级信息工程建设管理的通知》中提出的"共建共享共用、互联互通、防止重复建设"的原则，组织第三方权威机构对项目进行论证审核。做好信息资源整合，项目工程立项、绩效管理和验收时，将信息共享作为重要考核内容。规定信息工程建设原则上要以全市统一的政务云平台为依托，产生的信息资源须按照《保密法》《政府信息公开条例》和《潍坊市市级信息工程建设管理办法》等法律法规的规定，整合到政务云平台中，实现信息资源的共建共享共用。

第三，签署信息共享协议。按照《潍坊市政务信息资源共享交换平台使用管理规范》第十一条，通过平台开展政务信息资源共享交换的资源需求方和资源提供方，应与平台建设管理方签订三方协议《潍坊市政务信息资源共享合作协议》，视同供需双方达成资源共享意向。目前，潍坊市发改委、市公安局、市民政局、市财政局、市人社局、市国土局、市住建局、市卫计委等20多个部门已接入平台并签署了相关数据共享协议，确定了各部门信息共享的责任、权利和义务，并逐步实现业务协同，提高行政效率，方便市民办事。

第四，大力推行集约化建设。本着"整合优化、集约共享"的原则，潍坊市组织专家审核各部门信息化建设项目260多个，减少财政重复投资3亿多元，避免了十多个独立机房的重复建设。同时抓好对已建项目的验收工作，有力促进了全市信息化集约有序发展。

其次，制定信息共享标准规范。

潍坊市在推进落实信息惠民和"互联网+政务服务"工作过程中，积极采纳现有国家标准、行业标准、政策标准，形成了本市信息资源共享标准规范。

第一，参照国标形成本市信息共享一系列标准规范。参照《GB/T 21063.1—2007 政务信息资源目录体系第1部分：总体框架》和《GB/T 21063.4—2007 政务信息资源目录体系第4部分：政务信息资源分类》等标准规范文件，进行政务信息资源目录梳理工作。形成了包括《潍坊市政务信息资源共享交换标准规范体系》《潍坊市政务信息资源共享交换平台使用管理规范》《潍坊市政务信息资源共享交换平台运维安全管理规范》《潍坊市政务信息资源共享交换平台咨询服务规范》《潍坊市电子政务数字证书使用管理规范》《潍坊市政务信息资源共享交换平台对接指南》《潍坊市政务信息资源共享交换平台交换节点使用指南》《潍坊市政务信息资源共享交换平台接入要求》在内的 8 项管理制度，规范信息资源共享流程，包括平台接入方申请接入平台、平台运维方实施和数据共享使用。平台接入方需先提交《潍坊市政务信息资源共享交换平台接入申请表》给市智慧办，市智慧办审核通过后通知平台运维方进行软硬件安装等具体实施工作，平台接入方配合运维方的实施工作，并在交换节点配置完成后在《潍坊市政务信息资源共享交换平台实施工作单》签字、盖章，数据提供方按照约定的更新频率定期提报数据，数据使用方与市智慧办及数据提供方进行相应业务协调，并签署三方合作协议《潍坊市政务信息资源共享合作协议》，方可正式通过平台进行数据的共享使用。

第二，采纳国标、行标强化部门共享互通。推进市民卡时采用的是人社部、住建部、卫生部的国家标准，并印发了《关于规范非金融 IC 卡发放工作的通知》《潍坊市市民卡工程实施方案》，实现共享互通。

第三，采纳国标制定"天地图"基础信息标准规范。"天地图"采用的标准是《关于认真做好地理信息公共平台建设工作的通知》（国测成字〔2008〕7 号）、《基础地理信息公开表示内容的规定（试行）》（国测成发〔2011〕8 号）、《"天地图"省市级节点建设方案》（国测信发〔2011〕1 号）。

最后，夯实信息共享基础设施建设。

潍坊市政府高度重视信息共享基础设施建设工作，统筹规划，坚决杜绝重复建设现象。要求市直各部门、各单位要依托全市统一的电子政务基础设施，开展业务应用，落实好信息化建设"三不"原则（即"没有保密等特殊需要，各部门不再建设专网，不再建设机房，不再购置服务器、存储等基础硬件"）。加强对全市重大信息工程，特别是政府为公众提供公共服务的信息工程的统筹规划，已建立的能够支撑全市应用的信息平台的，逐步在全市推广应用，原则上不再重复建设，做到共建共享共用。

第一，建设统一的非涉密电子政务基础承载网络。分为市电子政务外网（互联网）和市电子政务专网（省专网潍坊子网）。市电子政务外网纵联省、市、县、镇四级，横联市直党政机关、事业单位，是与互联网逻辑隔离的非涉密公文传输网络。市电子政务专网是省专网在潍坊的延伸，按照省专网统一要求进行规划、建设、管理和运维。

第二，建设了统一的云计算中心。建设统一的、绿色节能的、按需分配的分布式云计算中心，建设国内领先的云计算中心基地，促进智慧潍坊统筹、集约、融合和可持续发展。已为70多个市直部门和部分县市区提供了云服务支撑。正在按照"积极稳妥、先易后难"的原则，推进市直部门和部分县市区业务应用向云计算中心迁移，实现高效、安全和可持续发展。

第三，建成了全市统一的政务信息资源共享交换平台。有力支撑了全市综合性信息化项目的建设，目前智慧潍坊时空信息云平台和潍坊市社会信用管理平台等项目都通过共享交换平台与其他部门进行数据共享交换，同时共享使用了平台人口库和财税库的数据。

搭建完成全市统一的政务信息资源共享目录梳理系统。目前正在对行政许可事项和证照资源进行全面梳理，各部门要及时梳理并填报本部门其他信息资源目录，将信息资源目录的更新作为一项常态化的工作。

3. 信息共享平台对接深入推进

2016年10月，省经信委批复同意将潍坊市列为省、市两级信息资源共享交换试点城市，潍坊市正在努力做好市级平台的基础工作，实现了与省平台的对接。按照国家、省政务信息资源共享管理有关办法要求，共享平台在省、市两级部署，县级及以下政府不再建设本级共享平台，潍坊市积极推动县市区接入市共享平台，项目组开发人员到各县市区实地调研市县对接需求，已确认近期要接入市共享平台的县市区有昌乐、临朐、诸城、寿光等，其他县市区也都有不同层面的接入需求。为保障市县对接工作的顺利进行，讨论制定了基本的市县对接方式，确定县市区接入市共享平台的具体流程，制定了《潍坊市政务信息资源共享合作协议（县市区）》，明确了县市区接入平台后的数据安全和责任划分等问题。

第四章 "智慧潍坊"建设的未来规划

未来三年，智慧潍坊建设坚持目标导向、问题导向、需求导向，对标杭州、无锡和威海等先进城市，按照国家新型智慧城市建设要求，以"以人为本、创新驱动"为宗旨，通过政府主导、市场化运作、公司化运营，以"物联潍坊"为基础，以"城市大脑"为核心，围绕"惠民、优政、兴业"三条主线，深化智慧潍坊3.0，探索"城乡一体"的智慧社会建设，为潍坊市"四个城市"建设及新旧动能转换提供支撑。

到2020年，基于"物联潍坊"的各领域智慧化应用水平显著提升。以"城市大脑"为统领的部门信息化集约建设和数据融通不断深入，大数据智能分析广泛应用于各领域决策管理。高速、融合、安全、泛在的下一代信息基础设施基本建成。形成多方参与、协调融合的智慧潍坊发展氛围，民生服务便捷普惠、城市治理精准高效、智慧产业链条趋于完善，智慧潍坊产业园成为国内产业集聚高地。基本建成以物联网、大数据为基础的智慧潍坊3.0，打造国家级新型智慧城市示范城市，实现智慧潍坊建设国内领先、国际一流。智慧潍坊成为全市建设创新型城市和智慧社会的有力支撑。

一 基于"物联潍坊"，搭建智慧潍坊基础框架

按照"一张网、一个平台、N类应用"的总体设计，建设覆盖全市的NB-IoT物联网络，搭建"物联潍坊"公共服务平台，支撑各类物联应用集约建设，归集城市运行大数据。

重点打造13类物联网应用项目。一是智慧泊车。实现对路边公共停车位状态的实时监测、动态分配和数据采集，为市民出行提供便捷、高效的停车引导服务。二是车联网。汇聚车辆位置、轨迹和状态感知等数据，实现车与车、车与人、车与路的互联互通、信息共享，提供车辆动态数据服务。三是智慧市政。实时监测市政设施状态，感知城市运行情况，支撑城市管理决策。四是智慧环保。实时采集大气质量、光照、噪声、污染源等数据，为环境质量监测、监控、管理等提供数据服务。五是智慧环卫。

实现对污染物、垃圾处理及回收利用全过程的跟踪监控，打造"从源头到去向全程量化监控"的物联网管理模式。六是智慧消防。实现全市消防资源和管控对象的统一展现、实时监控和智能管理，构建智能化消防安全管理模式。七是智能抄表。将人工抄表改造为基于物联网技术的远程自动抄表，实现水电气暖的事件预警、应急管理和安全供应。八是智慧水务。实现水资源"源、供、排、污、灾全过程量化监控"和部门间信息的互联互通。加快智慧河长系统建设。九是智慧养老。实现养老机构或子女对老人健康、位置等信息的实时监测、动态监控、分析预警，并与远程医疗系统实现数据共享。十是智慧楼宇。实施采集楼宇电梯运行、通风、照明、温湿度等状态数据，实现楼宇设施相关数据共享，营造人性化的办公及生活环境。十一是智慧物流。将物联网技术及设备应用于包装、运输、存储、配送，以及出库、入库、库存等各个环节，推动现代物流产业发展。十二是智慧农业。利用物联网终端采集农业生产及畜牧养殖有关温度、湿度、空气、光照、土壤等数据，实现对农产品生长和畜牧养殖过程的精准控制。十三是智能制造。鼓励全市企业重点发展基于物联网的生产控制管理应用，提升企业精准、柔性、高效的供给能力。

二 以"城市大脑"为统领，统筹部门信息化集约建设

通过"物联潍坊"、基础通信网等感知和汇聚城市运行各类数据，依托云计算中心、大数据平台、信息资源共享交换体系，融合人工智能、区块链技术，实现交通、警务、政务、城市管理、产业经济五个维度城市运行体征数据的交互融通，打造智慧潍坊"城市大脑"，以数据的智能分析和精准判断执行，在确保城市功能运行流畅的同时，为领导和部门提供决策依据，提升智慧潍坊建设层次和水平。

完善智能中枢。一是完善全市统一的云计算中心，提供高效可靠的计算、存储、网络、安全能力支撑。二是完善数据采集和共享交换平台，连接各类终端和系统，把数据集中输送给"大脑"。三是建设全市大数据中心，实现"大脑"的"思考"能力，对城市运行情况进行智能分析和科学决策。

深入推进政务信息系统整合共享，通过信息资源共享交换平台，汇聚

各级各部门日常履职、行政管理、政务服务等数据，不断丰富政务大数据资源，支撑"政务运行大脑"运行。

完善教育、医疗、社保、旅游、社区、安监、食安、管网等领域智慧化建设，支撑"城市管理大脑"运行。

整合交通、交警、市政等部门交通管理相关数据资源，支撑"城市交通大脑"运行。

依托警务云，建设基于大数据架构的公安警务信息资源库，支撑"公安警务大脑"运行。

汇聚产业经济发展海量数据，支撑"产业经济大脑"运行。全面、准确、动态地展示城市经济态势，打造服务于城市产业与区域经济发展的"经济沙盘"。

三 开展五大行动，实现智慧潍坊全景式发展

一是基础平台支撑体系智能化行动。形成高速融合、安全泛在的"强基"新基础。建设云计算、物联网、大数据、时空信息云、城市运管指挥、"潍V"智慧城市云服务、云支付、信息资源共享交换、信息安全等公共平台，在全省率先实现政务信息系统整合上云和共享。

二是民生服务便捷化行动。建立起以人为本、公平普惠的"惠民"新体系。面向教育、健康、社保、出行、旅游、养老、扶贫、社区、文化等领域，不断满足人民群众日益增长的个性化、多样化需求，不断提高人民群众幸福满意度。

三是城市治理智慧化行动。构建起精准高效、协同共治的"善治"新格局。优化提升市政、综治、应急、环保、安监、食安、安防、环卫、水务、楼宇、管网、人防等领域智慧化治理水平，实现对城市运行治理的精准把控和科学决策，保障提升市区等战略实施。

四是政务服务高效化行动。打造出集约共享、透明便捷的"优政"新模式。落实"互联网+政务服务"建设要求，实现政务服务事项"一号申请、一窗受理、一网通办"。推动政务云、政务系统、政务大数据等整合一体化发展，在国内率先实现公务人员智慧差旅管理，提升政府运行效能和作风建设水平。

五是智慧经济高端化行动。培育出产业融合、创新发展的"兴业"新动能。建设智慧潍坊产业园区和孵化器,争创国家数字经济示范区,发展壮大物联网、大数据产业、VR(AR/MR)产业,培育数字经济成为潍坊经济转型发展的新动能和新引擎。

四 加强保障,消除智慧潍坊发展后顾之忧

第一,加强组织领导。落实智慧潍坊建设"一把手"工程,推动各级各部门主要负责人高度重视,严格按照智慧潍坊建设总体规划和"统一规划、统一网络、统一平台、统一标准和分级实施"原则,落实责任,密切配合,基于全市统一的云计算中心和共享交换体系建设各自的业务应用系统和业务数据库,同时按时保质完成市里统一安排的建设任务。强化各级智慧城市主管部门的地位,会同财政等部门建立项目申报、论证审查、招标采购、建设管理、项目验收、绩效评估等的信息化全流程闭环管理机制。

第二,完善管理机制。建立首席信息主管(CIO)制度,统筹各部门信息化项目建设,各部门设立首席信息官主抓本单位信息化项目,各级智慧城市主管部门建立定期培训 CIO 机制。推行首席信息官联席会议制度,作为常态化组织协调机制,定期召开联席会议,统筹全市信息化建设。围绕公共信息资源开发利用,开展智慧政务、智慧民生(教育、医疗、社保、养老、交通、旅游等)、智慧园区等方面的标准规范落实和制订工作,推进新技术、应用、管理规范的建立和实施。

第三,完善投融资机制。市各级财政设立智慧城市建设引导资金,吸引社会资金参与智慧城市建设,推动形成全市智慧城市自我完善和发展的良性互动模式。创新智慧城市建设和运营机制,完善资本金注入、服务外包补贴等政府资金支持方式,保障重点智慧项目建设需要。坚持"政府引导、市场化运作、多元化投入"原则,加大市场投入力度,通过特许经营、购买服务、政府和社会资本合作(PPP)等形式,引导优质社会资本参与智慧潍坊建设,探索智慧城市领域政府与企业联合建设运营模式。

第四,建立健全潍坊智慧城市建设标准规范体系,开展适合智慧潍坊建设实际的智慧城市评价指标体系的研究与制定,探索建立智慧城市重大

项目监督听证制度和问责制度。将智慧城市建设纳入科学发展综合考核体系重要内容。以督察或委托第三方评估机构等方式,对项目建设任务完成情况进行督促和检查,并实行定期通报制度。

第五,强化信息安全保障。增强安全意识、风险防范意识,完善管理制度,加强网络安全,强化数据安全和信息保护,形成与发展水平相协调的网络安全保障体系。完善网络和信息安全基础设施建设,做好政务数据备份和灾难恢复工作,构建公共网络、政务网络信息安全体系,提高综合防范水平。以关系城市安全、社会稳定和经济社会发展的重要信息系统为重点,建立健全以等级保护、网络信任体系和应急处理机制为重点的信息安全保障体系。

第六,强化智力支撑,培养人才队伍。加强智慧城市理论和实践的研究与创新,发挥智慧潍坊研究院作用,延请外脑,牵头组建服务智慧潍坊建设的新型专家智库队伍,引入专家评估机制,构建充满活力的智库辅助决策机制。面向部门、企业组织开展智慧潍坊相关培训。鼓励和支持高等院校开设相关专业,建设公共实训基地,探索订单式、复合式、实训式等多种人才培养模式,引导企业与高校、科研院所等联合培养紧缺专业人才,结合职业教育,探索建立信息化人才队伍梯次培养体系。

第五章 智慧城市建设展望

一 中国智慧城市建设面临的问题

(一) 智慧城市信息共享与横向联动难

智慧城市建设涉及城市的方方面面,既包括各级政府部门,也将生活在城市中的每一个人和在城市中运转的公司、企业、个体经营户等形形色色主体囊括其中。由此可断言,智慧城市建设工程涉及面之广是作为城市建设主导的各级政府难以精确掌控的。各级政府、各个部门可以通过行政手段相对容易地将各项政策、制度、规划、工程等逐级推进,实现纵向联通;但个别地方部门之间"条块分割""信息孤岛"现象严重,部门之间缺少数据共享与应用,同时,如何充分调动城市中各方的积极性,实现横向上的联通联动则具有相当大的难度,这直接影响资金筹措、规划落实等实际建设中每一个环节的效果。

(二) 智慧城市技术选择与方案优化难

当代科学技术发展速度之快超乎常人想象,特别是在互联网、物联网等新兴领域,诸如"日新月异"之类的词语早已难以形容其以分秒为单位的发展速度。一方面,智慧城市建设迫切需要先进技术的支持。大数据的重要性已得到国家层面的认可与重视,与大数据相关的新技术手段层出不穷,智慧城市建设得益于大数据计算的广泛应用,使得人与城市的关系突破"数字城市"阶段的僵化与隔离障碍,从而实现人与城市的全方位信息感知与互动,从而使得城市生活越来越"智慧"和便捷。智慧城市建设者需时刻保持对技术发展情况的敏感度,及时引入最为先进的技术为我所用。另一方面,先进的技术也可视为一种时尚,有些时尚可以成为经典长久流传,也有些时尚转瞬即逝,不可盲从。中国智慧城市计划投资超万亿,如此巨大的成本投入需要切实的成果作为回报。但现阶段在一些试点城市中,"智慧"二字与市民生活仍存在一定距离,市民对智慧城市建设的成效没有明显感受,空气污染、交通拥堵之类的"城市病"没有得到改善,市民诉求没有得到有效回应。与之形成对比的是,一些地方的智慧城市建设工作过分偏重硬件投入和基础设施建设,却因不适用、不会用、不实用等原因造成闲置与浪费,不久便落后于潮流。在对是否采纳新技术或新方案进行决策时,单一的政府主导体制做出选择的最终效果往往不如充分发挥市场的基础性作用。"智慧潍坊"建设是复杂且庞大的系统工程,在建设初期,政府需要从智慧城市顶层设计、规范标准体系、统筹协调组织等方面发挥引导作用。但是受制于政府管理机制体制和缺乏市场竞争机制,政府投资智慧城市建设项目的效率远远低于市场,从而引发了一系列的问题,应引起其他智慧城市建设者的注意。

(三) 智慧城市之间共性与个性平衡难

我国智慧城市建设采取试点先行的方式逐步推进,虽有国家层面的顶层设计,但适用于全国的政策性文件难免流于宽泛,各省、各试点城市纷纷出台各自的政策文件、技术标准等,各地有独特的做法和运营模式,具体到实践环节各智慧城市的数据平台、应用终端在名称、操作系统方等不尽相同，各城市之间数据不具有兼容性。在人口流动频繁的现实情况下，于个人而言，离开常住城市前往其他城市会在衣食住行方面遭遇诸多不便；于政府部门而言，过分依赖有限的技术手段会在流动人口服务管理等方面形成社会治理的盲区。

（四）智慧城市成果评价与体系完善难

智慧城市建设离不开"标准"支撑，标准在促进城市要素智慧互联、完善基础设施建设、实现城市资源共享、推动公共服务均等化、合理利用能源和资源等方面都有着重要作用，但目前智慧城市的标准建设仍有待加强。中国智慧城市指标体系的研究与开发在各层级均有所动作，如何评价现有的智慧城市建设绩效不仅是对已有经验教训的总结，更是指导智慧城市未来走向的指针。目前国家层面、部分省市均出台了智慧城市指标体系，但这些指标体系设计实行还存在一些问题。例如，一些指标体系在设计之初缺乏问题意识，仅肯定成绩，评估过程中不能及时发现现阶段智慧城市建设存在的问题和不足；再如，一些指标体系设计僵化，难以适应智慧城市建设起步阶段各试点城市发展不均衡的现实，不仅不能在其他城市中推广，即便仅用于自评也有失科学性，其结果难免有自卖自夸之嫌；又如，一些指标体系过分偏重对技术标准和物质投入的考核，而对应用和实际运行状况考核较少。

（五）智慧城市现有技术下安全保障难

智慧城市建设依托信息技术，然而目前互联网、大数据系统等领域的信息安全还得不到充分保障，黑客攻击事件时有发生。智慧城市建设将海量信息收入池中，对其进行计算、分析与应用，这其中为数不少的信息涉及群众个人隐私、企业商业秘密，甚至还涉及政府部门秘密和国家秘密。因此，如何保障信息安全，确保上述信息不被窃取、滥用，是智慧城市建设过程中必须面对的难题。

二　破解智慧城市建设难题的路径

（一）全面培育信息思维模式，增强智慧城市建设认同

信息化席卷全球并渗透社会生活各个层面，虽势头强劲，但信息技术融入人们工作生活的时间并不算长，无论是政府部门工作人员还是普通群众对于信息技术的了解未必充分，除非专门技术人员，人们距离时下最为先进的信息技术皆存在或近或远的距离。欲充分调动各方积极性，推动智慧城市建设和谐有序发展，势必要拉近普通人与信息技术之间的距离，使其明显感受到智慧城市建设在工作生活各方面带来的积极影响，从而自下而上地增强对智慧城市建设的认同感。

（二）建立科学合理决策机制，积极审慎应对技术革新

智慧城市建设对于信息技术的选择需要建立科学合理的决策机制，决策者既要包括技术领域的专家，也要包括管理者、城市建设专家、法学专家，甚至社会学专家、政治学专家，同时也应充分听取城市中生活的个人、企业等不同主体的意见，扩大决策机制的公众参与。从而在做出选择之前充分论证，超越单纯的 IT 思维，避免陷入工具主义的陷阱，在决定是否采纳新技术问题上既要紧跟时代步伐，又不随波逐流。

潍坊市今后在智慧城市建设项目方面，计划根据实际项目的属性，鼓励采用多元化的融资方式，引入市场竞争机制，充分调动企业参与的积极性，发挥市场在资源配置中的决定性作用，形成政府、企业、社会合力推进"智慧潍坊"发展格局，确保智慧城市建设的可持续性。这一思路可以为其他城市提供走出现有决策困境的思路。

（三）智慧城市建设求同存异，兼顾各试点共性与个性

智慧城市的建设者应树立全国甚至全球性的思维，而不能仅将目光限于本地。未来，充满"智慧"的试点城市必将连接成为一张覆盖全国的庞大网络，由"智慧"带来的便利应在网中的每一个点得到兼容，而非稍有位移便"水土不服"。因此，有必要在智慧城市的顶层设计上关注各个试点城市的共性与可持续、开放性发展，为未来城市之间的互联互通留有余地。同时，应为各城市截然不同的发展路径或独具特色的历史文化风貌留下自由选择的空间，避免千城一面。

（四）完善智慧城市指标体系，借助评估谋求长远发展

应加强智慧城市标准建设，形成统一的具有指导意义的标准体系。2017 年 5 月，中央网信办、国家质检总局、国家标准委联合印发《"十三五"信息化标准工作指南》，明确提出了"建立新型智慧城市标准体系，

加快研究制定分级分类推进新型智慧城市建设涉及的管理与服务标准，加快构建智慧城市时空大数据云平台建设标准体系"。潍坊各县区、各部门、各行业现已有所行动，致力于加强合作与协调，推动城市运行管理中应用的软硬件"标准化"，加快智慧城市建设步伐。

在走向标准化的进程中智慧城市指标体系应起到核心作用。指标体系设计应坚持问题导向，立足于发现问题、解决问题；应充分吸收国外已有的指标体系，将其中适合中国国情的部分为我所用；应将国内现有的研究成果进行充分整合，体现中国特色和试点城市地方特色；应具有明确性和可操作性，对智慧城市建设者给予明确的指导；应通过分段赋值或不同权重等技术手段，对设计与运行、投入和实效均进行评价，实现指标体系的科学性和层次性。

（五）时刻严守信息安全红线，多措并举确保信息安全

虽然智慧潍坊建设在安全保障方面取得的成绩足以令公众对智慧城市的信息安全充满信心，但未雨绸缪仍有必要。其他领域信息安全事件时有发生便是对智慧城市建设敲响的警钟。信息安全的保障有赖于信息技术的进一步发展，但技术手段不可能尽善尽美，漏洞与安全隐患不可能被完全禁绝，因此，提升智慧城市全系统的容灾能力，做好处置预案是保障信息安全的当务之急和务实之举。

Abstract: Smart city is the advanced stage of global urbanization. Developing smart city construction is conducive to enhancing the comprehensive carrying capacity of cities, promoting new urbanization, promoting the quality and efficiency of urban industries, and improving the level of social governance and public services. With the rapid development of Internet of Things, cloud computing and other new generation of information technology, the construction of global smart cities has set off a new wave of development. Taking Weifang City of Shandong Province as a sample, the Center for National Index of Rule of Law of the Chinese Academy of Social Sciences demonstrated the remarkable achievements of the construction of China's smart cities. The report held that the pilot cities represented by Weifang City had made great achievements in such key areas as smart government, smart medical treatment, smart education, smart transportation, smart logistics and smart parks, and had accumulated a number of useful experiences that can be replicated and popularized for the comprehensive development of smart cities. The report also pointed out the difficulties encountered in the construction of smart cities in China. The report pointed out that China's smart city construction had unique advantages. With the implementation of the national public entrepreneurship, innovation, Internet plus, big data and other strategic planning, China's smart city construction will develop in depth.

Key Words: Smart City; Internet plus; Social Governance; Public Service

附录一

2017年中国政务公开第三方评估对象

（一）国务院部门（共54家）

1. 国务院组成部门（22家）
中华人民共和国外交部
中华人民共和国国家发展和改革委员会
中华人民共和国教育部
中华人民共和国科学技术部
中华人民共和国工业和信息化部
中华人民共和国国家民族事务委员会
中华人民共和国公安部
中华人民共和国民政部
中华人民共和国司法部
中华人民共和国财政部
中华人民共和国人力资源和社会保障部
中华人民共和国国土资源部
中华人民共和国环境保护部
中华人民共和国住房和城乡建设部

中华人民共和国交通运输部

中华人民共和国水利部

中华人民共和国农业部

中华人民共和国商务部

中华人民共和国文化部

中华人民共和国国家卫生和计划生育委员会

中国人民银行

中华人民共和国审计署

2. 国务院直属特设机构（1家）

国务院国有资产监督管理委员会

3. 国务院直属机构（13家）

中华人民共和国海关总署

国家税务总局

国家工商行政管理总局

国家质量监督检验检疫总局

国家新闻出版广电总局

国家体育总局

国家安全生产监督管理总局

国家食品药品监督管理总局

国家统计局

国家林业局

国家知识产权局

国家旅游局

国家宗教事务局

4. 国务院直属事业单位（5家）

中国地震局

中国气象局

中国银行业监督管理委员会

中国证券监督管理委员会

中国保险监督管理委员会

5. 国务院部委管理的国家局（13家）

国家信访局

国家粮食局

国家能源局

国家烟草专卖局

国家外国专家局

国家海洋局

国家测绘地理信息局

国家铁路局

中国民用航空局

国家邮政局

国家文物局

国家中医药管理局

国家外汇管理局

（二）省级政府（共31家）

北京市

天津市

河北省

山西省

内蒙古自治区

辽宁省

吉林省

黑龙江省

上海市

江苏省

浙江省

安徽省

福建省

江西省

山东省

河南省

湖北省

湖南省

广东省

广西壮族自治区

海南省

重庆市

四川省

贵州省

云南省

西藏自治区

陕西省

甘肃省

青海省

宁夏回族自治区

新疆维吾尔自治区

（三）较大的市政府（共 49 家）

河北省石家庄市

河北省唐山市

河北省邯郸市

山西省太原市

山西省大同市

内蒙古自治区呼和浩特市

内蒙古自治区包头市

辽宁省沈阳市

辽宁省大连市

辽宁省鞍山市

辽宁省抚顺市

辽宁省本溪市

吉林省长春市

吉林省吉林市

黑龙江省哈尔滨市

黑龙江省齐齐哈尔市

江苏省南京市

江苏省无锡市

江苏省徐州市

江苏省苏州市

浙江省杭州市

浙江省宁波市

安徽省合肥市

安徽省淮南市

福建省福州市

福建省厦门市

江西省南昌市

山东省济南市

山东省青岛市

山东省淄博市

河南省郑州市

河南省洛阳市

湖北省武汉市

湖南省长沙市

广东省广州市

广东省深圳市

广东省珠海市

广东省汕头市

广西壮族自治区南宁市

海南省海口市

四川省成都市

贵州省贵阳市

云南省昆明市

西藏自治区拉萨市

陕西省西安市

甘肃省兰州市

青海省西宁市

宁夏回族自治区银川市

新疆维吾尔自治区乌鲁木齐市

（四）县（市、区）政府（共 100 家）

北京市东城区

北京市西城区

北京市朝阳区

北京市海淀区

北京市昌平区

内蒙古自治区呼和浩特市新城区

内蒙古自治区包头稀土高新区

内蒙古自治区乌兰浩特市

内蒙古自治区开鲁县

内蒙古自治区克什克腾旗

内蒙古自治区镶黄旗

内蒙古自治区乌海市海勃湾区

黑龙江省哈尔滨市道里区

黑龙江省齐齐哈尔市龙沙区

黑龙江省东宁市

黑龙江省汤原县

黑龙江省杜尔伯特蒙古族自治县

黑龙江省密山市

黑龙江省肇东市

上海市浦东新区

上海市徐汇区

上海市普陀区

上海市虹口区

上海市金山区

江苏省南京市建邺区

江苏省无锡市滨湖区

江苏省新沂市

江苏省常州市天宁区

江苏省苏州工业园区

江苏省如皋市

江苏省沭阳县

浙江省杭州市拱墅区

浙江省宁波市江北区

浙江省温州市瓯海区

浙江省嘉善县

浙江省义乌市

浙江省江山市

浙江省临海市

安徽省合肥市庐阳区

安徽省蒙城县

安徽省灵璧县

安徽省定远县

安徽省金寨县

安徽省宁国市

安徽省铜陵市义安区

安徽省黄山市徽州区

河南省长垣县

河南省济源市

河南省汝州市

河南省郑州市上街区

河南省开封市祥符区

河南省洛阳市洛龙区

河南省汤阴县

河南省潢川县

湖南省浏阳市

湖南省株洲县

湖南省衡阳县

湖南省常德市武陵区

湖南省平江县

湖南省资兴市

湖南省蓝山县

广东省广州市海珠区

广东省深圳市罗湖区

广东省佛山市禅城区

广东省平远县

广东省博罗县

广东省肇庆市高要区

广东省新兴县

四川省新津县

四川省攀枝花市西区

四川省合江县

四川省什邡市

四川省盐亭县

四川省青川县

四川省万源市

四川省西昌市

贵州省贵阳市南明区

贵州省遵义市播州区

贵州省凤冈县

贵州省六枝特区

贵州省兴义市
贵州省贞丰县
云南省腾冲市
云南省绥江县
云南省楚雄市
云南省姚安县
云南省开远市
云南省弥勒市
陕西省西安市未央区
陕西省岐山县
陕西省彬县
陕西省渭南市华州区
陕西省延安市安塞区
陕西省靖边县
陕西省紫阳县
宁夏回族自治区贺兰县
宁夏回族自治区平罗县
宁夏回族自治区青铜峡市
宁夏回族自治区彭阳县
宁夏回族自治区海原县

附录二

2017年中国政务公开第三方评估指标体系

(一) 国务院部门评估指标

1. 决策公开

二级指标	三级指标	依据
重大决策预公开	年度重大决策事项目录	《关于全面推进政务公开工作的意见》《〈关于全面推进政务公开工作的意见〉实施细则》《2016年政务公开工作要点》《2017年政务公开工作要点》
	栏目设置	
	重大决策的意见征集	
	对征集到意见的反馈	
建议提案办理结果公开	专门栏目	《国务院办公厅关于做好全国人大代表建议和全国政协委员提案办理结果公开工作的通知》
	建议提案办理复文	
	建议提案办理的总体情况	

2. 管理服务公开

二级指标	三级指标	依据
政务服务公开	政务服务事项目录清单	《关于全面推进政务公开工作的意见》《〈关于全面推进政务公开工作的意见〉实施细则》《2016年政务公开工作要点》《2017年政务公开工作要点》
	政务服务事项的办事指南	
	行政审批结果	
"双随机"监管信息公开	专门栏目	
	随机抽查事项清单	
	抽查结果和查处情况	
行政处罚	行政处罚事项清单	
	行政处罚结果	

3. 执行和结果公开

二级指标	三级指标	依据
法治政府建设情况年度报告		《法治政府建设实施纲要（2015—2020年）》

4. 重点领域信息公开

二级指标	三级指标	依据
规范性文件公开	规范性文件备案审查	《2017年政务公开工作要点》《国务院关于加强法治政府建设的意见》
	规范性文件清理结果	
	规范性文件有效性标注	
预决算	预决算说明	《地方预决算公开操作规程》《关于深入推进地方预决算公开工作的通知》
	预决算表格	
	"三公"经费决算信息	

5. 政策解读与回应关切

二级指标	三级指标	依据
政策解读	栏目设置	《关于全面推进政务公开工作的意见》《〈关于全面推进政务公开工作的意见〉实施细则》《2016年政务公开工作要点》《2017年政务公开工作要点》
	政策解读信息	
	解读形式	
	解读内容	
回应关切	主要负责人解读政策	
	网站互动	

（二）省级政府评估指标

1. 决策公开

二级指标	三级指标	依据
重大决策预公开	年度重大决策事项目录	《关于全面推进政务公开工作的意见》《〈关于全面推进政务公开工作的意见〉实施细则》《2016年政务公开工作要点》《2017年政务公开工作要点》
	栏目设置	
	重大决策的意见征集	
	对征集到意见的反馈	
建议提案办理结果公开	专门栏目	《国务院办公厅关于做好全国人大代表建议和全国政协委员提案办理结果公开工作的通知》
	建议提案办理复文	
	建议提案办理的总体情况	

2. 管理服务公开

二级指标	三级指标	依据
权力清单	是否公开本单位权力清单	《关于全面推进政务公开工作的意见》《〈关于全面推进政务公开工作的意见〉实施细则》《2016年政务公开工作要点》《2017年政务公开工作要点》
权力清单	权力清单的动态调整情况	
政务服务事项	政务服务事项目录清单	
政务服务事项	政务服务事项的办事指南	
政务服务事项	行政审批结果	
"双随机"监管信息公开	专门栏目	
"双随机"监管信息公开	随机抽查事项清单	
"双随机"监管信息公开	抽查结果和查处情况	
行政处罚	行政处罚事项清单	
行政处罚	行政处罚结果	

3. 执行和结果公开

二级指标	三级指标	依据
审计结果公开	审计报告	《关于全面推进政务公开工作的意见》《〈关于全面推进政务公开工作的意见〉实施细则》《2016年政务公开工作要点》《2017年政务公开工作要点》
审计结果公开	审计查出问题整改情况报告	
法治政府建设情况年度报告		
政府工作报告		

4. 重点领域信息公开

二级指标	三级指标	依据
规范性文件公开	规范性文件备案审查	《2017年政务公开工作要点》《国务院关于加强法治政府建设的意见》
规范性文件公开	规范性文件清理结果	
规范性文件公开	规范性文件有效性标注	
预决算	预决算说明	《地方预决算公开操作规程》《关于深入推进地方预决算公开工作的通知》
预决算	预决算表格	
预决算	"三公"经费决算信息	
地方政府债务领域信息公开		《2017年政务公开工作要点》
城市水环境质量排名		《2017年政务公开工作要点》

5. 政策解读与回应关切

二级指标	三级指标	依据
政策解读	栏目设置	《关于全面推进政务公开工作的意见》《〈关于全面推进政务公开工作的意见〉实施细则》《2016年政务公开工作要点》《2017年政务公开工作要点》
	政策解读信息	
	解读形式	
	解读内容	
	主要负责人解读政策	
回应关切	网站互动	

（三）较大的市政府评估指标

1. 决策公开

二级指标	三级指标	依据
重大决策预公开	年度重大决策事项目录	《关于全面推进政务公开工作的意见》《〈关于全面推进政务公开工作的意见〉实施细则》《2016年政务公开工作要点》《2017年政务公开工作要点》
	栏目设置	
	重大决策的意见征集	
	对征集到意见的反馈	

2. 管理服务公开

二级指标	三级指标	依据
权力清单	是否公开本单位权力清单	《关于全面推进政务公开工作的意见》《〈关于全面推进政务公开工作的意见〉实施细则》《2016年政务公开工作要点》《2017年政务公开工作要点》
	权力清单的动态调整情况	
政务服务事项	政务服务事项目录清单	
	政务服务事项的办事指南	
	行政审批结果	
"双随机"监管信息公开	专门栏目	
	随机抽查事项清单	
	抽查结果和查处情况	
行政处罚	行政处罚事项清单	
	行政处罚结果	

3. 执行和结果公开

二级指标	三级指标	依据
审计结果公开	审计报告	《政府信息公开条例》《关于全面推进政务公开工作的意见》《〈关于全面推进政务公开工作的意见〉实施细则》《2016年政务公开工作要点》《2017年政务公开工作要点》
	审计查出问题整改情况报告	
法治政府建设情况年度报告		
政府工作报告		
政府信息公开工作年度报告		

4. 重点领域信息公开

二级指标	三级指标	依据
规范性文件公开	规范性文件备案审查	《2017年政务公开工作要点》《国务院关于加强法治政府建设的意见》
	规范性文件清理结果	
	规范性文件有效性标注	
预决算	预决算说明	《地方预决算公开操作规程》《关于深入推进地方预决算公开工作的通知》
	预决算表格	
	"三公"经费决算信息	
地方政府债务领域信息公开		《2017年政务公开工作要点》
集中式生活饮用水水源水质监测信息公开	水源水质监测信息公开	《2016年政务公开工作要点》《2017年政务公开工作要点》《关于印发〈集中式生活饮用水水源水质监测信息公开方案〉的通知》
	供水厂出水水质监测信息公开	
	用户水龙头水质监测信息公开	
棚户区改造	棚户区改造用地计划	《2016年政务公开工作要点》《2017年政务公开工作要点》
	棚户区改造建设项目	
	棚户区改造项目进度	

5. 政策解读与回应关切

二级指标	三级指标	依据
政策解读	栏目设置	《关于全面推进政务公开工作的意见》《〈关于全面推进政务公开工作的意见〉实施细则》《2016年政务公开工作要点》《2017年政务公开工作要点》
	政策解读信息	
	解读形式	
	解读内容	
	主要负责人解读政策	
回应关切	网站互动	

(四) 县(市、区)政府评估指标

1. 决策公开

二级指标	三级指标	依据
重大决策预公开	年度重大决策事项目录	《关于全面推进政务公开工作的意见》《〈关于全面推进政务公开工作的意见〉实施细则》《2016年政务公开工作要点》《2017年政务公开工作要点》
	栏目设置	
	重大决策的意见征集	
	对征集到意见的反馈	

2. 管理服务公开

二级指标	三级指标	依据
权力清单	是否公开本单位权力清单	《关于全面推进政务公开工作的意见》《〈关于全面推进政务公开工作的意见〉实施细则》《2016年政务公开工作要点》《2017年政务公开工作要点》
	权力清单的动态调整情况	
政务服务事项	政务服务事项目录清单	
	政务服务事项的办事指南	
	行政审批结果	
"双随机"监管信息公开	专门栏目	
	随机抽查事项清单	
	抽查结果和查处情况	
行政处罚	行政处罚事项清单	
	行政处罚结果	

3. 执行和结果公开

二级指标	三级指标	依据
审计结果公开	审计报告	《政府信息公开条例》《关于全面推进政务公开工作的意见》《〈关于全面推进政务公开工作的意见〉实施细则》《2016年政务公开工作要点》《2017年政务公开工作要点》
	审计查出问题整改情况报告	
法治政府建设情况年度报告		
政府工作报告		
政府信息公开工作年度报告		

4. 重点领域信息公开

二级指标	三级指标	依据
规范性文件公开	规范性文件备案审查	《2017年政务公开工作要点》《国务院关于加强法治政府建设的意见》
	规范性文件清理结果	
	规范性文件有效性标注	
预决算	预决算说明	《地方预决算公开操作规程》《关于深入推进地方预决算公开工作的通知》
	预决算表格	
	"三公"经费决算信息	
地方政府债务领域信息公开		《2017年政务公开工作要点》
教育	义务教育划片结果公开	《2016年政务公开工作要点》《2017年政务公开工作要点》
	随迁子女入学信息公开	

5. 政策解读与回应关切

二级指标	三级指标	依据
政策解读	栏目设置	《关于全面推进政务公开工作的意见》《〈关于全面推进政务公开工作的意见〉实施细则》《2016年政务公开工作要点》《2017年政务公开工作要点》
	政策解读信息	
	解读形式	
	解读内容	
	主要负责人解读政策	
回应关切	网站互动	

6. 依申请公开

二级指标	三级指标	依据
信函申请渠道畅通性		《政府信息公开条例》
答复规范化程度		

附录三

2018 年政府信息公开工作年度报告发布情况评估指标体系

一级指标	二级指标	三级指标
年度报告发布情况	2017 年年度报告发布情况	是否设置年度报告集中发布平台
		2016 年年度报告是否发布
		2016 年年度报告发布时间
		年度报告是否可复制或下载
	2008—2016 年年度报告发布情况	
年度报告新颖性	内容新颖性	
	形式新颖性	年报中是否配有图表图解、音频视频
		是否附加统计表
		是否有对年报内容的解读
年度报告内容	公开机制推进情况介绍	关于 2017 年政府信息公开制度建设情况的描述
		是否制定指导本地区信息公开的文件
		关于 2017 年政府信息公开机构建设情况的描述
		关于 2017 年政府信息公开人员投入情况的描述
		关于 2017 年政府信息公开经费投入情况的描述

续表

一级指标	二级指标	三级指标
	主动公开信息情况	是否说明2017年主动公开信息的情况
		是否详细说明主动公开数据的公开方式
		是否说明重点领域信息公开落实情况
		是否说明全国人大代表建议和全国政协委员提案办理公开情况
		是否说明公共资源配置领域政府信息公开情况
		是否说明重大建设项目批准和实施领域政府信息公开情况
	依申请公开信息情况	是否说明2017年政府信息公开申请量
		是否对2017年政府信息公开数量居前的事项做说明
		是否对2017年政府信息公开数量居前的部门做说明
		2017年政府信息公开答复情况
	因政府信息公开被复议被诉情况	因政府信息公开申请行政复议的情况
		因政府信息公开提起行政诉讼的情况
	收费情况	2017年依申请信息公开的收费情况
		费用减免情况
	是否说明2017年信息公开工作中存在的问题及改进措施	

参考文献[*]

一　学术专著

1. 蔡枢衡《中国法理自觉的发展》，清华大学出版社2005年版。
2. 后向东：《信息公开法基础理论》，中国法制出版社2017年版。
3. 季卫东：《秩序与混沌的临界》，法律出版社2008年版。
4. 金江军：《智慧城市：大数据、互联网时代的城市治理》，电子工业出版社2017年第4版。
5. 李福亮、唐晟炜：《智慧城市实战攻略——移动互联与大数据时代的城市变革》，电子工业出版社2017年版。
6. 李林、田禾主编：《法治蓝皮书：四川依法治省年度报告 No. 3（2017）》，社会科学文献出版社2017年版。
7. 李林、田禾主编：《法治蓝皮书：四川依法治省年度报告 No. 4（2018）》，社会科学文献出版社2018年版。
8. 李林、田禾主编：《法治蓝皮书：中国法治发展报告 No. 15（2017）》，社会科学文献出版社2016年版。

---

[*] 按作者姓名首字母拼音排序。

9. 李林、田禾主编:《法治蓝皮书:中国法治发展报告 No.16 (2018)》,社会科学文献出版社 2017 年版。
10. 李林、田禾主编:《法治蓝皮书:中国法院信息化发展报告 No.2 (2018)》,社会科学文献出版社 2018 年版。
11. 李晓峰:《智慧城市的建设实践——大数据互联网下的行业切入与发展机会》,机械工业出版社 2017 年版。
12. 吕艳滨、田禾:《中国政府透明度 (2009~2016)》,社会科学文献出版社 2017 年版。
13. 吕艳滨:《透明政府:理念、方法与路径》,社会科学文献出版社 2015 年版。
14. 钱弘道:《法治评估及其中国应用》,人民出版社 2017 年版。
15. [美] 安东尼·汤森:《智慧城市:大数据、互联网时代的城市未来》,中信出版社 2015 年版。
16. 田禾、吕艳滨:《司法公开:由朦胧到透明的中国法院》,中国社会科学出版社 2017 年版。
17. 田禾、吕艳滨主编:《中国政府透明度 (2018)》,中国社会科学出版社 2018 年版。
18. 田禾、吕艳滨主编:《实证法学研究》(第一期),社会科学文献出版社 2017 年版。
19. 田禾、吕艳滨主编:《实证法学研究》(第二期),社会科学文献出版社 2018 年版。
20. 田禾:《公职人员禁止行为研究》,社会科学文献出版社 2013 年版。
21. 王敬波:《政府信息公开:国际视野与中国发展》,法律出版社 2016 年版。
22. 王万华:《知情权与政府信息公开制度研究》,中国政法大学出版社 2013 年版。
23. 王小梅、栗燕杰、张文广等:《中国司法透明度 (2011~2016)》,社会科学文献出版社 2017 年版。
24. 肖卫兵:《政府信息公开热点专题实证研究:针对条例修改》,中国法制出版社 2017 年版。

25. 张玮：《平安建设与社会治安研究》，山东人民出版社 2012 年版。
26. 中国社会科学院法学研究所等主编：《法治与社会管理创新》，中国社会科学出版社 2012 年版。
27. 中国社会科学院法学研究所国家法治指数研究中心、中国社会科学院法学研究所法治指数创新工程项目组：《中国法院信息化第三方评估报告》，中国社会科学出版社 2016 年版。
28. 中国社会科学院法研究所、深圳市律师协会联合课题组：《基本解决执行难评估报告——以深圳市中级人民法院为样本》，中国社会科学出版社 2016 年版。
29. 中国社会科学院国家法治指数研究中心、中国社会科学院法学研究所法治指数创新工程项目组：《社会治理：潍坊智慧城市实践》，中国社会科学出版社 2018 年版。
30. 中国社会科学院国家法治指数研究中心、中国社会科学院法学研究所法治指数创新工程项目组：《社会治理：珠海平安社会建设》，中国社会科学出版社 2018 年版。
31. 中国社会科学院国家法治指数研究中心、中国社会科学院法学研究所法治指数创新工程项目组：《四川省依法治省第三方评估报告（2017）》，中国社会科学出版社 2018 年版。
32. 中国社会科学院国家法治指数研究中心、中国社会科学院法学研究所法治指数创新工程项目组：《政府信息公开工作年度报告发布情况评估报告（2018）》，中国社会科学出版社 2018 年版。
33. 中国社会科学院国家法治指数研究中心、中国社会科学院法学研究所法治指数创新工程项目组：《中国政务公开第三方评估报告（2017）》，中国社会科学出版社 2018 年版。
34. 朱景文：《中国人民大学中国法律发展报告（2016）：基于九个省数据的法治指数》，中国人民大学出版社 2017 年版。

二　期刊论文

1. 白建军：《论法律实证分析》，《中国法学》2000 年第 4 期。

2. 白建军:《少一点"我认为",多一点"我发现"》,《北京大学学报》(哲学社会科学版) 2008 年第 1 期。
3. 陈甦:《体系前研究到体系后研究的范式转型》,《法学研究》2011 年第 5 期。
4. 程金华:《当代中国的法律实证研究》,《中国法学》2015 年第 6 期。
5. 黄平:《中国智库建设应以"小而精"代替"大而全"》,《国际展望》2010 年第 5 期。
6. 蒋立山:《中国法治指数设计的理论问题》,《法学家》2014 年第 1 期。
7. 李林、莫纪宏:《新时代中国特色社会主义法治理论的创新与发展》,《暨南学报》(哲学社会科学版) 2017 年第 12 期。
8. 吕艳滨:《政府信息公开制度实施状况——基于政府透明度测评的实证分析》,《清华法学》2014 年第 3 期。
9. 钱弘道:《中国法治评估的兴起和未来走向》,《中国法律评论》2017 年第 4 期。
10. 邵光学、刘娟:《从"社会管理"到"社会治理"——浅谈中国共产党执政理念的新变化》,《学术论坛》2014 年第 2 期。
11. 苏力:《好的研究与实证研究》,《法学》2013 年第 4 期。
12. 苏力:《问题意识:什么问题以及谁的问题?》,《武汉大学学报》(哲学社会科学版) 2017 年第 1 期。
13. 谈志林:《社会治理创新的成效、挑战与推进路径》,《社会治理》2016 年第 4 期。
14. 田禾、吕艳滨:《论公职人员亲属营利性行为的法律规制》,《马克思主义研究》2014 年第 2 期。
15. 田禾、吕艳滨:《破解反腐难题应加快公职人员财产监督制度建设》,《中国党政干部论坛》2013 年第 2 期。
16. 田禾:《法治指数及其研究方法》,《中国社会科学院研究生院学报》2015 年第 3 期。
17. 田禾:《量化研究:衡量法治的尺度》,《中国应用法学》2017 年第 1 期。
18. 薛澜:《国家治理框架下的社会治理——问题、挑战与机遇》,《社会治理》2015 年第 2 期。
19. 张德淼：《法治评估的实践反思与理论建构——以中国法治评估指标体系的本土化建设为进路》，《法学评论》2016 年第 1 期。
20. 朱景文：《法治评估中的问题指标——中国法治建设面临的难题》，《中国法律评论》2017 年第 4 期。
21. 朱景文：《论法治评估的类型化》，《中国社会科学》2015 年第 7 期。
22. 左卫民：《法学实证研究的价值与未来发展》，《法学研究》2013 年第 6 期。
23. 左卫民：《一场新的范式革命——解读中国法律实证研究》，《清华法学》2017 年第 3 期。

后 记

　　实证研究作为一种分析客观事物的方法，素为社会科学研究者所推崇，面对庞大而又细微的现实世界，实证研究为之提供了定性与定量相结合而更为精准的观察视域、分析方法、描述方式与研究范式。近年来实证法学研究在法学界日渐风起，随着人们对法治运行实态愈加关切，实证研究方法愈加改进，大数据分析工具运用愈加熟练，实证研究面对的法治课题范围愈加广泛，作为解决法治问题分析方法的效果愈加显现，具有理论价值和实践意义的成果愈加丰富，专长于实证法学研究的团队也愈加壮大。

　　中国社会科学院法学研究所是实证法学研究的倡导者和力行者。多年来，法学研究所以其联系实际的科研精神、科学严谨的研究方法、勤勉合作的团队作风、开拓创新的学术勇气、求真唯实的学术担当，着眼并投身中国法治实践最前沿，定位并拓展哲学社会科学发展最前沿，创作出大量具有法学理论创新、科研方法创新和学术品牌效应的实证研究成果。这些实证法学研究成果的形成与发布，更系统全面地向学术界、实务界和全社会展示了中国法治建设的典型样本和重点实态，以增强人们对法治效果的感悟和法治进步的信心，便于法治建设决策者掌握法律及政策的实施效果，以利于及时准确地调整实施中的法律和政策或者更有针对性地制定新的法律和政策。这些实证法学研究成果不仅以其真实的资料、大胆的创新、丰厚的内容和卓远的学术品牌效应，在法学界拥有广泛的学术影响力，也以敏锐的问题意识、坦率的观点表达、新颖的材料发掘和快捷的传播方式，在全国拥有广泛的社会影响力。

实证法学是法学研究发展的重要方向，法治国情调研是做好实证法学研究的基础，法治指数评估是推动法治实践的重要手段，智库报告则是实证法学研究成果的重要载体。本书收录了2018年度中国社会科学院国家法治指数研究中心、中国社会科学院法学研究所法治指数创新工程项目组推出的重要法治指数与法治国情智库报告，有的报告是从宏观、整体的层面对某一专题性的法治发展问题进行总结，有些报告则是就当年度的法治重点问题进行深入分析，体现了中国法治发展的历史坐标。

本书由田禾研究员、吕艳滨研究员总负责，田纯才博士协助负责，导言由田禾和田纯才撰写。与中国社会科学院国家法治指数研究中心、中国社会科学院法学研究所法治指数创新工程项目组推出的其他学术成果一样，《实证法学：法治指数与国情调研（2018）》是课题组集体智慧的结晶。本书各编的作者信息如下（按编章为序排列）：

《中国政务公开第三方评估报告（2017）》课题组负责人为田禾、吕艳滨，项目组成员包括马效领、王洋、王展、王小梅、王述珊、王祎茗、王昱翰、毛宇翔、田纯才、冯天阳、冯迎迎、任昱希、向林、刘迪、刘雁鹏、阮雨晴、杨德世、金俊州、赵千羚、荆涵、胡昌明、侯冰洁、胥开文、栗燕杰、徐斌、黄恩浩、葛冰等（按照汉字姓氏笔画排序），主要执笔人为吕艳滨、田禾、刘迪。

《政府信息公开工作年度报告发布情况评估报告（2018）》课题组负责人为吕艳滨、田禾，项目组成员包括王小梅、王英、王祎茗、田纯才、刘雁鹏、许娜、杨德世、张娜、胡昌明、栗燕杰、高杰冉、高振娟等（按照汉字姓氏笔画排序），主要执笔人为王祎茗。

《四川省依法治省第三方评估报告（2017）》课题组负责人为田禾、吕艳滨，项目组成员包括王小梅、王祎茗、王昱翰、王洋、王展、毛宇翔、田纯才、冯迎迎、刘迪、刘雁鹏、刘颖、宋君杰、邵玉雯、赵千羚、胡昌明、胥文、栗燕杰、徐斌、郭睿、黄恩浩、葛冰等（按照汉字姓氏笔画排序），主要执笔人为田禾、吕艳滨、栗燕杰、徐斌、胡昌明、王祎茗、刘雁鹏等。

《社会治理：珠海平安社会建设》课题组负责人为田禾、吕艳滨，项目组成员包括王小梅、王祎茗、王洋、田纯才、冯迎迎、刘迪、刘雁鹏、赵千羚、胡昌明、栗燕杰、徐斌、葛冰等（按照汉字姓氏笔画排序），执笔人为田禾、吕艳滨、田纯才、栗燕杰、徐斌。

《社会治理：潍坊智慧城市实践》课题组负责人为田禾、张宝庆、李刚，项目组成员包括王小梅、王小斐、王玮、王祎茗、王洋、冯正乾、毕建秀、吕艳滨、刘一鸣、刘雁鹏、李旺、李敏、张立峰、陈军、周鸣乐、胡延年、胡昌明、栗燕杰、戚元华（按照汉字姓氏笔画排序），执笔人为田禾、李刚、王祎茗、胡延年、戚元华、王洋。

多年来，中国社会科学院国家法治指数研究中心、中国社会科学院法学研究所法治指数创新工程项目组系列智库成果的编辑、出版得到了中国社会科学出版社社长赵剑英先生、总编辑助理王茵女士的关心和帮助，责任编辑马明老师为此倾注了大量心血，我们在此一并致谢。

中国特色社会主义进入了新时代，人民群众日益增长的美好生活需要，不仅对物质文化生活提出了更高要求，而且在民主、法治、公平、正义、安全、环境等方面的要求日益增长。2018年是全面贯彻党的十九大精神开局之年，也是中央全面依法治国委员会组建并开展工作的首年，注定成为中国全面依法治国历程中具有非凡意义的一年。中央全面依法治国委员会第二次会议通过了《中央全面依法治国委员会2019年工作要点》《2019年中央党内法规制定计划》《全国人大常委会2019年立法工作计划》《国务院2019年立法工作计划》《关于开展法治政府建设示范创建活动的意见》和《重大行政决策程序暂行条例（草案）》等重要文件，2019年法治蓝图已经绘就，我们将一如既往地坚持跟踪记录法治实践，以双脚丈量中国法治，以双眼洞察时代密码，在新时代实现新作为。

是为记。

著　者

2019年6月